21世纪社会学系列教材
Textbooks of Sociology in the 21st Century

普通高等教育"十五"国家级规划教材

西方社会学理论

下卷

Western Sociological Theory

杨善华　谢立中　⊙主编

北京大学出版社
PEKING UNIVERSITY PRESS

图书在版编目(CIP)数据

西方社会学理论. 下卷/杨善华,谢立中主编. —北京:北京大学出版社,2006.7

(21世纪社会学系列教材)

ISBN 978-7-301-10086-8

Ⅰ.西… Ⅱ.①杨… ②谢… Ⅲ.社会学-西方国家-高等学校-教材 Ⅳ.C91

中国版本图书馆CIP数据核字(2005)第130611号

书　　　名:	西方社会学理论（下卷）
著作责任者:	杨善华　谢立中　主编
责 任 编 辑:	刘金海
标 准 书 号:	ISBN 978-7-301-10086-8
出 版 发 行:	北京大学出版社
地　　　址:	北京市海淀区成府路205号　100871
网　　　址:	http://www.pup.cn
电 子 邮 箱:	编辑部 ss@pup.cn　总编室 zpup@pup.cn
电　　　话:	邮购部 010-62752015　发行部 010-62750672　编辑部 010-62753121
印 刷 者:	三河市北燕印装有限公司
经 销 者:	新华书店
	730毫米×980毫米　16开本　23.75印张　413千字
	2006年7月第1版　2024年11月第16次印刷
定　　价:	59.00元

未经许可,不得以任何方式复制或抄袭本书之部分或全部内容。

版权所有,翻版必究

举报电话: 010-62752024　电子邮箱: fd@pup.cn

图书如有印装质量问题,请与出版部联系,电话:010-62756370

前　　言

　　本书是我们正在编写的多卷本《西方社会学理论》教材中的第三卷（即上、中、下三卷中的下卷）。本卷是以我们以前编写的《当代西方社会学理论》一书为基础，对该书进行删减、修订和补充而成的。

　　目前为社会学理论界较多的人所接受的一种看法，是将西方社会学理论诞生以来的演变过程划分为三个大的阶段。第一个大的阶段是自社会学的创立到 20 世纪初期，主要内容是各种经典取向的社会学理论与方法（如实证主义社会学、诠释社会学、马克思主义社会学、齐美尔的"形式社会学"、帕累托的"普通社会学"等）逐渐形成，为社会学后来的发展确立了基本的思路和框架。第二个大的阶段则是自 20 世纪初期至 20 世纪 70 年代末，主要内容是帕森斯以早期的社会行动理论和后期的结构功能主义理论来对经典社会学理论进行综合的尝试，各种反帕森斯派理论（包括社会冲突理论、社会交换理论、符号互动主义、拟剧理论、现象学的社会学、常人方法论等）的形成，以及由此造成的社会学理论的重新分裂局面。第三个大的阶段即是自 20 世纪中后期迄今，主要内容一是各种"新综合"理论（如新功能主义、理性选择理论、新冲突理论、哈贝马斯的"沟通行动理论"、吉登斯的结构化理论、布迪厄的实践理论或"生成结构主义"理论等）的兴起，二是围绕着"现代性"与"后现代性"问题而展开的理论大争论，以及由此产生的各种相关理论（如福柯等人的"后结构主义"理论、吉登斯和贝克等人的"新现代性"或"自反性现代性"理论、鲍曼关于现代性与后现代性的理论等）。我们正在编写的这部多卷本西方社会学理论教材，大体上即是按照这一思路加以展开。其中上卷主要介绍和讨论经典社会学理论，中卷主要介绍和讨论帕森斯和各种反帕森斯学派的理论，下卷则主要介绍和讨论 20 世纪中后期以来迄今为止的各种"新综合"理论以及与"现代性""后现代性"争论有关的一些有代表性的理论。

2005年初，我们完成并出版了本套教材计划中的上卷，目前正在编写中卷和下卷。考虑到《当代西方社会学理论》一书的内容上大体上与本套教材中计划的下卷相吻合，加之出版社正在准备重印此书，希望我们在重印前加以修订，我们遂决定以此书为基础，按照上述三卷本的计划和要求，对其进行删减、修订和补充，使其能够先行出版。主要的工作是：删除了原书中"舒茨和他的现象学社会学"与"常人方法学"两章（按照上述对西方社会学理论分期的理解，这两章应该挪入本套教材的中卷），增加了介绍和讨论贝克的"风险社会"理论及"自反性现代性"理论、布希亚的社会理论、鲍曼有关现代性与后现代性问题的理论三章。删改、补充后的本书，除了篇幅有所增加外，内容也相对更加完善。

本书的编写方针和原则与上卷相同。一是期望能够写成一部既能够作为教材、同时又带有一定学术研究性质的作品，二是每位作者文责自负，主编只负责确立全书的整体框架、协调编写工作、通读全书并在内容和文字上做必要的把关工作。

和已经出版的本书上卷及《当代西方社会学理论》一样，由于人力和能力上的限制，本书无论在内容方面还是在水平方面都有着许多局限。恳请读者提出宝贵的意见和建议。我们将随着自己的学习和研究进展，来不断地修订和完善本书。

北京大学出版社对本书的出版给予了大力支持。在此再次对他们表示衷心的感谢。

编　者

2005 年 10 月 3 日

目　录

第一章　科尔曼的"理性行动理论" ……………………………… 林　彬（1）
 第一节　理性行动理论的背景 ……………………………………（1）
 第二节　理性行动理论的基本概念和分析框架 …………………（6）
 第三节　法人行动与现代社会结构 ………………………………（14）
 第四节　理性行动理论的影响及评价 ……………………………（20）

第二章　新功能主义社会学理论 ………………………………… 谢立中（28）
 第一节　学术背景、主要代表人物及基本思路 …………………（28）
 第二节　新功能主义与社会学方法论 ……………………………（32）
 第三节　新功能主义与社会行动理论 ……………………………（35）
 第四节　新功能主义与社会结构理论 ……………………………（37）
 第五节　新功能主义与社会过程理论 ……………………………（40）
 第六节　新功能主义与社会变迁理论 ……………………………（45）
 第七节　简要评论：新功能主义的成就与局限 …………………（48）

第三章　哈贝马斯的"沟通行动理论" ……………… 阮新邦　尹德成（56）
 第一节　语言本质与沟通理性 ……………………………………（57）
 第二节　西方理性化发展的悖论 …………………………………（60）
 第三节　"生活世界"、"系统"与理性化过程 ……………………（65）
 第四节　"生活世界"殖民化 ………………………………………（70）
 第五节　事实与规范之间：建立一个法律与民主的商谈理论 …（74）

第四章　安东尼·吉登斯 …………………………………………… 李　康（85）
 第一节　吉登斯的生平与学术历程 ………………………………（85）

第二节　吉登斯思想的基本态度 …………………………………………（89）
　　第三节　结构化理论基本原则的展开 ……………………………………（93）
　　第四节　吉登斯的现代性分析 ……………………………………………（104）
　　第五节　吉登斯思想的对象与源泉 ………………………………………（110）

第五章　乌尔里希·贝克 ……………………………………………郑　莉（119）
　　第一节　贝克其人及主要著作 ……………………………………………（119）
　　第二节　风险社会理论 ……………………………………………………（120）
　　第三节　自反性现代化理论 ………………………………………………（128）
　　第四节　全球化与世界社会 ………………………………………………（136）
　　第五节　结语 ………………………………………………………………（143）

第六章　皮埃尔·布迪厄 ……………………………………………李　猛（151）
　　第一节　布迪厄的学术生涯与思想渊源 …………………………………（151）
　　第二节　关系论的思维方式与反思社会学 ………………………………（157）
　　第三节　实践理论 …………………………………………………………（164）
　　第四节　语言与符号暴力 …………………………………………………（172）
　　第五节　对布迪厄理论的评价 ……………………………………………（180）

第七章　诺伯特·埃利亚斯 …………………………………………李　康（193）
　　第一节　动荡年代的坚定一生 ……………………………………………（193）
　　第二节　文明化的过程 ……………………………………………………（198）
　　第三节　过程性视角的发展 ………………………………………………（207）
　　第四节　投入与超脱：知识的社会生成 …………………………………（213）
　　第五节　整体过程观照下的人类发展 ……………………………………（218）
　　第六节　"过程"社会学——原则与影响 …………………………………（222）

第八章　米歇尔·福柯 ………………………………………………李　猛（232）
　　第一节　福柯的生平与思想渊源 …………………………………………（233）
　　第二节　真理的体制：话语的考古学 ……………………………………（240）
　　第三节　监狱与性：权力的谱系学 ………………………………………（246）

第四节　自我、权力与知识：批判与反抗 …………………… (257)
　　第五节　福柯的影响与评价 …………………………………… (264)

第九章　让·布希亚 ………………………………………… 夏　光(279)
　　第一节　导言 …………………………………………………… (279)
　　第二节　商品和符号的政治经济学 …………………………… (285)
　　第三节　模仿世界中的定局与对策 …………………………… (301)
　　第四节　结语 …………………………………………………… (315)

第十章　齐格蒙特·鲍曼 …………………………………… 郑　莉(328)
　　第一节　鲍曼其人及主要著作 ………………………………… (328)
　　第二节　后现代理论视阈下的现代性分析 …………………… (330)
　　第三节　后现代性的描述性分析与批判性质疑 ……………… (338)
　　第四节　结语 …………………………………………………… (352)

第一章

科尔曼的"理性行动理论"

林 彬

理性行动理论(又称为社会学的理性选择理论)是 20 世纪 80 年代兴起的西方社会学理论学派,目前这一学派在西方社会学研究(特别是经验研究)中有很广泛的影响。理性行动理论借鉴和扩展了经济学的"理性选择理论",它不仅用于解释人们的经济行为,而且还试图解释更广泛的社会行动。这一理论学派的主要代表人物是美国社会学家科尔曼和社会经济学家贝克尔。科尔曼在 1990 年出版的《社会理论的基础》为这一学派建立了较系统的理论体系。本章主要对这部著作加以介绍和评述。

第一节 理性行动理论的背景

一、科尔曼的学术经历

科尔曼(J. Coleman)出生于 1927 年,1949 年获美国普度(Purdue)大学化学工程学士学位,1955 年在美国哥伦比亚大学获社会学博士学位。他在研究生期间的指导教师有拉扎斯菲尔德和默顿。毕业后,他在芝加哥大学任教。60 年代他创建了霍普金斯大学社会关系学系,任系主任和社会学教授。1973 年他返回芝加哥大学任教,一直到 1995 年去世。

50 年代以来科尔曼发表了一些经验研究的论著,如对美国工会的民主制度的研究(他的博士论文,载于他与李普赛特、特罗合著的《工会民主》一书,

1956);对医生之间的社会关系网络的研究(《医药的创新》,1966);对中学教育制度的研究(《青少年社会》,1961)等等。他的成名作是60年代出版的《数理社会学入门》(1964)和《教育机会的平等》(1966)。前者介绍了当时研究各种复杂的社会现象和社会过程的数学模型;后者是受美国教育部门委托进行的政策研究报告,即著名的"科尔曼报告",这一报告对美国教育政策的制定和修改有重要影响。70年代在继续对教育制度和政策进行研究之外,他发表的主要著作还有《社会科学中的政策研究》《社会的权力与结构》《纵向资料的分析》等。80年代初,他与贝克尔共同主持了"社会科学中的理性选择理论"研讨课,这一课程因其跨学科性质和对各学科前沿问题的深入探讨而享有盛誉,吸引了社会学、经济学、政治学、法学、哲学、数学等学科的研究生参加。1989年科尔曼创办了学术刊物《理性与社会》,作为研讨跨学科理论问题的论坛。这一时期他逐渐形成了自己的理论体系。

80年代以前科尔曼是以经验研究和政策研究专家著称,在学术方向上是遵从他的导师们所开创的传统,即布迪厄所嘲讽的"拉扎斯菲尔德与默顿的神圣同盟"。由于这种调查统计与结构功能理论相结合的主流社会学在70年代以来招致各方面的攻击,因此科尔曼开始有意识地探讨社会学理论和方法论的基础问题,经过十几年的努力,他所创建的"理性行动理论"在美国社会学界产生很大影响,并使他成为当代社会学理论界的代表人物之一。1992年他当选为美国社会学学会主席。1993年他与法国著名社会学家布迪厄共同主编了《当代社会学理论》一书,较全面地介绍了90年代社会学理论的流派和前沿课题。

二、科尔曼的理论和方法论倾向

科尔曼创建的理性行动理论在方法论上主要针对主流社会学的整体方法论和结构功能主义。科尔曼认为,尽管社会科学的主要任务是解释社会系统行动,而不是解释个体行为,但系统行动是间接地来源于众多的个人行动。他指出,对社会系统的解释有两种模式:一种是整体方法论,另一种是个体方法论,他主张采用后者。因为以往的整体方法论是侧重"对不同系统的同一行为进行样本分析或是对一个系统在特定时期内的不同行为进行分析"[1],如对各个国家的自杀率与政治变迁进行因素分析,或对某国的社会经济发展进行动态分析。这种整体方法论由于忽视系统的内部层次、特别是忽视个人行动层次而缺乏解释力,并因此受到各种微观社会学派的攻击。

科尔曼所主张的个体方法论是用系统的不同组成部分(如个人、群体、组织、制度)的行为来解释系统的行为,他称之为"系统行为的内部分析"。这种个体方法论不同于心理学和某些行为科学的个体方法论,即不是仅仅依据个人动机和倾向来解释社会现象和人类行为,而是要考虑由个人到系统的多个层次,然后根据所要解答的具体问题来选择令人满意的解释层次。因为社会系统水平的现象虽然与个人行动有关联,"但是这种现象既非凭借个人意愿产生,也不能依据个人行动进行预测"[2]。

另外,结构功能理论是在系统行动的层次上应用社会目的论或功能论进行解释,这容易导致循环论证和宿命论。而理性行动理论是建立在个人行动具有目的性这一基础上,但它对于系统行动的解释并非仅仅以个人目的为原因,因而避开了目的论或功能论的循环论证。另一方面,以个人理性行动为基础的多层次解释是既考虑到个人行动的原因是要满足个人的利益,又考虑到个人在人际交往、在群体、组织、制度中的行动是受到后者制约的,并在种种制约下选择适当的行动方案,这就避开了宿命论和唯意志论两个极端。

在理论视角上,理性行动理论以"理性人"为出发点,它不同于帕森斯社会行动理论的"社会人"假设,也不同于韦伯科层理论的"组织人"假设。科尔曼认为,"社会人"假设把社会规范作为理论的起点,人是社会系统中已被社会化了的元素,他只是被动地按照规范行动;同样,"组织人"假设是侧重对组织结构和角色分工的分析,个人只是机器似地履行他的岗位职责,这种假设忽视了组织中的个人动机和利益结构。科尔曼也不赞同某些文化人类学和文化心理学的理论假设,这些理论是用人类的文化观或价值观来直接解释社会现象和社会变迁,而忽略了从人的观念到系统行动之间的社会组织、社会制度等重要元素[3]。

理性行动理论是以"理性"(rationality)这一概念为基础解释广义上具有目的性的行动,这一假设是指"对于行动者而言,不同的行动(在某些情况下是不同的商品)有不同的'效益',而行动者的行动原则可以表述为最大限度地获取效益"[4],行动者是依据这一原则在不同的行动或事物之间进行有目的的选择。"理性"(或有目的性)与"效益"并不局限于狭窄的经济含义,这就使"理性人"假设不同于"经济人"假设。因为在现实生活中,人们的理性行动不仅仅是追求经济效益,而且还包括社会的(如团结)、文化的(如道德规范)、情感的(如友谊)、政治的(如权威)等目的。理性行动是为达到一定目的而通过人际交往或社会交换所表现出来的社会性行动,这种行动需要理性地考虑(或计算)对其目的有影响的各种因素。但是判断理性与非理性不能以局外人的标准,而是要用行动者的眼光来衡量[5]。

理性行动理论既不企图涵盖也不排斥其他理论视角。科尔曼指出,他之所以选择"最大限度获取效益"的行为假设,一是为了提高理论的预测能力,二是有利于保持理论的简捷。这样就有可能像经济学分析那样建立数学模型,并使用这些模型进行定量研究[6]。他认为,以合理性为基础的社会理论试图解释大部分社会行动,但是这种假设并不是说所有的人类行动都是有目的的行动,所有有目的的行动都是为了最大限度地获取效益。

尽管科尔曼在其著作中很少对其他理论进行评价和褒贬,也很少在抽象层次上介入各种理论和概念之争(这与他注重经验研究的背景有关);但从他的论述中可以看出,对其理论有影响的理论流派主要有:(1)社会学的交换理论。(2)新古典经济学的理性选择理论和新制度经济学的交易费用理论。(3)政治哲学和社会哲学对规范和法规的分析。(4)近期发展的博弈理论。这些理论不仅注重经验分析和逻辑分析的统一,有助于推演出演绎性和形式化的理论,而且还注重从人与人的互动中分析社会系统和社会整合的形成,有助于从基础层次上对社会行动和宏观社会现象作出解释;这些理论的关注点是与科尔曼的理论目标相近或相符的。这也是他将其著作定名为"社会理论的基础"的原因之一。

在理论形式上,科尔曼和贝克尔都借用了经济学的理性选择模型和均衡分析方法,但两者有很大不同。贝克尔是直接应用一般均衡分析和"理性预期"理论来研究人口、家庭、婚姻、利他主义等等社会行为[7],科尔曼则是从社会学角度扩展了理性选择模型,并在分析方法上借鉴了交易费用分析、产权(或法规)分析和博弈均衡分析。在以往的理论中,社会学和经济学关于"人"及其行动的假设和研究侧重点是不同的。经济学认为,人是依据个人稳定的利益偏好在各种行动中作出选择的,社会学则认为,人的行动是受社会环境和社会结构制约的。因此有人形象地说:"经济学是研究人为什么要选择某种行动,而社会学则研究人为什么无法选择某种行动"。80年代在社会学和经济学的理论研究中,都出现了试图将个人与结构(或产权)结合起来以解释社会行动的发展趋势。科尔曼的理论正是要研究人的理性行动是如何受到社会结构制约的,在结构的限制中人们又是如何选择行动方式的。作为社会学家,科尔曼不是直接套用经济学的理论模型,而是将社会学的各种理论(如权威理论、社会关系理论、组织理论和社会规范理论等等)引入到理性选择模型中,以此扩展为一个新的理论模型;作为经验研究专家,科尔曼并不停留在抽象的理论层次上,而是致力于发展一种实证性的分析框架和数学模型。

三、理性行动理论的目标

科尔曼的理性行动理论有三个主要目标:(1)提供一种以个人理性为基础

的社会行动理论,并以此将社会科学的微观理论和宏观理论结合起来。(2)建立各种数学模型,以说明社会系统中微观与宏观相互过渡的各种途径,从而以演绎性、形式化的理论预测和解释社会系统的行动。(3)深入、全面地分析各种形式的社会行动,特别是在现代社会中占有重要地位的法人行动。

社会科学理论都要对人的行动和社会系统的行动作出解释,由此形成了各种微观理论和宏观理论。科尔曼认为,目前各门社会科学(包括经济学、社会学、政治学等)普遍存在的主要缺陷之一是微观理论与宏观理论的联系十分脆弱,未能解决微观到宏观或宏观到微观的转变问题。他以社会学的经典著作《新教伦理与资本主义精神》为例来说明如何解决这一问题[8]。

马克斯·韦伯在其著作中提出了一个宏观社会命题:新教的宗教价值观促进了资本主义经济组织的形成。尽管韦伯认识到经济系统的变化离不开人的行动,但在他的理论中却未能说明人们的价值观如何影响他们的经济行为,众多个人的行动又是如何形成资本主义宏观体制的。科尔曼指出,韦伯的理论解释只停留在系统水平上,如果要将宏观水平与微观水平联系起来,就要对韦伯的命题进行修正。修正的方法是将这一命题分为三个命题:(1)新教教义改变了某些个人的价值观念。(2)这些改变了价值观的个人采取了一定的经济行为。(3)这些个人的经济行为有助于资本主义经济组织的形成(见图1-1)。

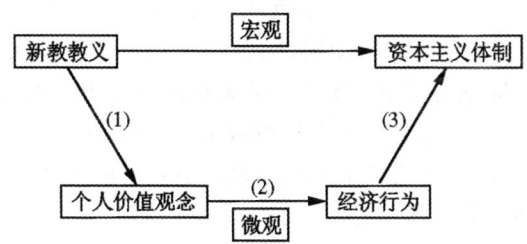

图1-1 社会理论的命题结构:宏观命题与微观命题的联系

科尔曼认为,任何以个人行动为基础,阐述系统行动的理论都由三个部分组成,它们与图1中的三类命题相对应。这三个部分的理论作用分别是:(1)说明宏观到微观的转变。这类命题由表达社会特征的自变量和表达个人特征的因变量组成。(2)说明微观水平的个人行动和人际互动。这类命题由表达个人特征的自变量和因变量组成。(3)说明微观到宏观的转变。这类命题由表达个人特征的自变量和表达社会特征的因变量组成。这样,理论体系的起点和终点都在宏观水平,而在推理过程中却降到了个人水平。

理性行动理论所要解释的社会行动不包括那些不具有目的性的感情行动

和不具有社会性的私人行动。科尔曼区分了社会行动的各种类型,以便分别对它们进行分析并建立数学模型。他将社会行动分为两大类:(1)交换行动。(2)法人行动和规范性行动。前者如企业的销售行动,后者如教徒们去教堂祈祷;它们都涉及对许多人产生外部影响的集体行动。

交换行动涉及行动者之间交换资源或权利,这种交换不会对其他人造成外部影响。交换行动可划分为三小类:(1)市场交换。这里的市场包括经济的、政治的、社会的市场。(2)权威关系中的交换。指行动者把控制自身行动的权利转让给另一行动者,如球员服从教练的行动。(3)信任关系中的交换。指行动者单方转让自己的资源或权利给另一行动者,如将自己的资金委托给另一个人购买股票。以上三种类型的交叉还会形成四个小类[9]。

科尔曼的这部百万字的理论著作就是沿着上述行动结构展开的。全书分为五编、三十四章。第一编介绍基本的行动和关系;第二编分析交换行动的几种形式,并对社会规范和社会资本进行讨论;第三编分析法人行动;第四编讨论现代社会与法人行动的问题;第五编建立了分析各种社会行动的数学模型。

第二节 理性行动理论的基本概念和分析框架

与他的侧重宏观—微观联系的主旨相适应,科尔曼的理论概念主要在两个分析层次上展开:一个是基本行动层次,另一个是系统行动层次。基本行动是指两个行动者相互依赖的行动,与这一层次相联系的基本概念是:行动者、资源、行动者的利益、简单社会关系(包括权威关系、信任关系等)。系统行动包括三方或更多的行动者,与此相联系的基本概念有:复杂关系(如权威结构、信任结构)、社会规范和社会资本、法人行动。

一、基本行动的要素

1. 行动者、资源和利益

科尔曼对社会行动者的定义借鉴了经济学的"具有目的性的理性人"的观点。他认为,行动者都有一定的利益偏好,并且都试图控制能满足自己利益的资源。"资源"的种类很多,如财富、物品、事件、信息、技能、特长、感情等等。行动者与资源之间是控制关系与利益关系。"行动者仅仅通过两种关系与资源(间接地与其他人)建立联系,即控制资源和获利于资源。行动者只有一个行动原则:最大限度地实现个人利益。"[10]

行动者的利益是由一定的需要和偏好构成的,它包括物质的、精神的、社会的需要和偏好。科尔曼对利益并没有下精确的定义,但他区分了两种自我的利益:(1)客体自我,它涉及人的感受和满足程度,并由此形成了人的行为动机。但是对客体自我的利益很难加以观测。(2)行动自我,它服务于客体自我,努力使之感到满意,就如同人手的行动抓到了一只苹果,使自我感到满意一样。行动自我的利益是可以观测的,它表现为获取对于事件控制所必需的资源数量。两种自我的关系可比喻为委托人与代理人的关系[11]。

在大多数情况下,行动者并不能控制能满足自己利益的所有资源,许多资源是由其他人控制着;同样,行动者也控制着其他人所需要的某些资源。这样,最基本的行动是两个行动者交换资源,以此来满足双方的利益,这也是人际互动或行动者相互依赖的起因。基本行动是任何行动系统的基础,两人的社会交换也是一些社会理论(如霍曼斯、布劳的"交换理论")的基础,科尔曼正是以此为基点来扩展他的理性行动理论。

2. 社会最优状态

通过对行动者和基本行动的定义,科尔曼参照经济学的理论结构引入了"社会均衡"和"社会最优状态"的概念。"社会均衡"是在多次交换过程中逐渐实现的。按经济学的理论来说,行动者之间的交换是使双方都获利而又不受损失,这些利益在交换之前是无法得到的;如果这些交换稳定在某种状态而不再改变交换形式或交换比率,那么社会就达到了某种均衡状态。由于不同的交换率和每个人的获利比率不同,所以社会均衡点可以有多个。"社会均衡"不是平均状态或理想状态,而是一种相对状态,即相对于不稳定、不均衡的交换而言。一般来说,处于均衡状态的交换比起交换之前的资源分配所达到的利益满足程度要高。"社会最优状态"是在一定系统中最佳的社会均衡状态,它与亚当·斯密的"看不见的手"相联系。古典经济学假设,个人追求自身利益最大化的行动会自动地(像被一只看不见的手所牵引)导向社会利益的最大化或社会最优状态。在社会系统中,最优状态有许多种,因为有各种不同的行动系统(或区域),每一系统都有自己的最优状态;在有些系统中,还存在着多个最优点(类似于经济学的"帕雷托最优")。科尔曼指出,引入这两个概念,一是为了对各种社会组织和社会状态进行衡量和评价,二是为了像经济学那样构造规范性的社会学理论[12]。

3. 行动的权利

社会交换必须以一定的社会秩序为前提,因为行动者对资源的控制并非是自然而然或毫无疑义的。这就需要建立行动的权利结构。权利可分为"自由(处置)权"和"要求权",权利结构规定每个行动者对何种资源有自由处置权或利用这些资源采取行动的权利。例如,规定奴隶主是否有用他的奴隶交换其他物品的权利,规定吸烟者是否有在公共场所吸烟的权利。通过对吸烟权的讨论,科尔曼指出,"权利既依赖权力,又依赖他人的承认"。权利结构是由行动所涉及的所有人共同决定的。行动者可以依靠强力或影响力强制其他人承认他的要求,也可以依靠共识,形成规范,使"有关他人"承认他的权利。在这两种情况下都涉及社会共识和权力分配。"社会的认可是权利存在、消失以及转让的前提条件。权利的实施必须以权力予以保证。"[13]

二、行动者之间的关系

行动者之间除直接的交换关系、人际(情感、互助)关系外,还存在着与系统行动有关的权威关系和信任关系,这些关系介于微观与宏观之间,它们可以说明众多行动者的基本行动是如何转变为系统行动的。

1. 权威关系

科尔曼对权威关系的定义是:如果行动者甲有权控制乙的某些行动,则行动者甲和乙之间存在着权威关系。也就是说,行动者乙将自己对某些资源或行动的控制权转让给行动者甲,从而建立了支配者与被支配者间的关系。权威关系可分为两种类型:(1)共同的权威关系。即被支配者转让控制权的前提是双方的利益是一致的;支配者行使权威能使被支配者获益。但支配者并不直接用自己的资源换取控制权,而是通过承诺使被支配者预期到未来的利益而转让控制权。如工会、政党领导人的权威。(2)分离的权威关系。在这种关系中,双方的利益并不一致。支配者行使权威是为了达到自己的目的,被支配者服从权威是为了直接获得某些补偿。这种关系类似于市场交换关系。不同的是,被支配者付出的不是物品,而是对自己的某些资源(如能力、时间)和行动的控制权。如企业领导人、行政长官与雇员、下级之间的权威关系[14]。

在实践中,这两种权威关系都存在一定的问题。在共同的权威关系中,主要的问题是支配者超范围地行使权威,使被支配者失去过多的控制权而受损,这就涉及如何监督支配者,使其在必要的范围内为实现一致利益而行使权威。另一问题是由于被支配者未直接获得失去控制权的补偿或他对预期利益的估价较小而不服从权威。因此,共同的权威关系的维持与加强既取决于双方有较多的、一致的长远利益,也取决于双方对权威范围和一致利益的共识。在分离的权威关系中,主要问题是被支配者的消极行动(如怠工)会损害支配者的利益。要有效地监督被支配者的行动就需要建立监控系统和赏罚制度。另一问题也是支配者超范围地行使对被支配者的控制权,例如雇主对雇员的性骚扰[15]。

2. 信任关系

最简单的信任关系包括两个行动者：委托人与受托人，他们的行动目的都是使个人利益得到满足。信任关系是指委托人将自己的资源委托给受托人使用，以便得到比不存在委托关系时更大的利益。委托人在建立信任关系时要考虑三种因素：受托人确实可信的概率（P）、如果受托人不可靠所造成的损失（L）、受托人确实可信所得到的收益（G）。委托人的决定类似于经济学理论中风险条件下的决策模型。对受托人而言，由于他在接受信任时已经获得了利益（使用他人的资源），所以他在以后面临的选择是：违背诺言还是讲信用。对他的选择有影响的因素，一是他本人的道德观念，二是外在的社会结构。科尔曼指出："为了保护委托人的利益，还应该创造某种社会结构，在这种社会结构中，受托人只有恪守诺言才能获得好处"[16]。这种社会结构的形式主要有较持久的互赖关系和内部联系密切的社会组织。经验研究表明，在两人的短暂联系中，受托人违约的概率更大。但在持久的互赖关系中，受托人一次违约所带来的利益远远小于他失去信任所造成的损失。同样，在联系密切、信息交流广泛的社会组织中，受托人如果违约，他也将失去其他组织成员的信任。

3. 复杂关系：权威系统与信任系统

由两个行动者的简单关系发展到多个行动者的复杂关系标志着由微观互动到宏观结构的转变，因为复杂关系不仅涉及超出两个人面对面互动的间接关系，而且还形成了一定的社会结构（如权威结构、市场结构等）。不仅如此，科尔曼认为，由复杂关系形成的社会结构还表明了系统行动的三个组成部分：微观互动、微观到宏观（结构）的转变、宏观结构对微观互动的影响[17]。

以权威系统为例，任何社会都会从简单权威关系发展出各种权威结构，这一方面是社会管理的需要，另一方面是由于只有通过权威结构，才能提供行动者所需的各种公共产品（如法律、安全保障等）。与简单的权威关系相比，复杂的权威结构是由三种角色构成的：支配者（也称权威委托人）、代理人、被支配者。支配者将自己掌握的某些权利委托给代理人，由他们具体行使权威，如国家领导人授予各级行政官员一定的职权，企业主给各级经理一定的管理权，委托人与代理人的关系类似于分离的权威关系，因为两者既有一定的共同利益，也有各自的特殊利益。因此，如何对代理人进行有效监控和激励是现代组织理论所要解决的主要问题，这在马克斯·韦伯的科层组织理论中是被忽视的。

委托人、代理人、被支配者这三种角色的复杂关系和微观互动形成了社会的权威系统(如科层组织、等级制度、法规体系)和系统行动(如行政管理、收入分配),这是微观到宏观的转变。宏观结构和系统行动的结果又对行动者有反馈作用,行动者根据这些结果作出判断(如目标是否实现、分配是否公正、权利和利益是否受损等),并依据这些认识调整自己的行动或改变相互关系,这是宏观到微观的转变。

社会的信任系统也是由简单的信任关系发展起来的。在市场、金融、教育、文化、科技、政治、社会生活等等领域中都存在着信任结构,即由许多复杂的信任关系联结起来的网络。这种信任结构是由三种角色构成的——委托人、中介人、受托人,他们组成了一条信任链,委托人信任中介人,中介人信任受托人。例如,储户—银行—借贷人、用人单位—职业介绍所—求职者、选民—人民代表—候选官员、歌星—经纪人—晚会组织者。中介人需要担保受托人的履约能力。中介人分为三种类型:(1)顾问(或推荐人),他提供受托人的信息和他本人的判断,但不承担责任,如职业介绍所。(2)保证人,他需要承担受托人违约的责任,赔偿委托人的损失,如银行。(3)承办人,他具体经手将委托人的资源转给受托人,如歌星经纪人。除了单向的信任链外,还存在着相互信任的结构,即相互委托自己的资源,这种结构可增强互赖关系,减少违约的可能性[18]。

三、社会规范与社会资本

以往的许多社会理论(特别是帕森斯的"社会行动理论")都假定:社会规范是既定的,个人通过社会化将其内化并依据规范行动。而理性行动理论的基本假设是:个人的利益偏好是既定的,行动者根据利益最大化的原则行动。科尔曼认为,社会规范是在微观互动过程中形成的宏观建构,它伴随着各种赏罚措施又影响着人们的行动,因此规范是与利益考虑结合在一起的。理性行动理论要研究规范是怎样产生的,它在众多行动者的互动中是怎样维持的,即规范的微观基础问题[19]。

1. 社会规范的产生及类型

社会规范是通过社会共识形成的、非正式的有关行动权利的规定,如"不能在公共餐馆吸烟""参加晚会要穿礼服"等等。规范不同于法规,它不具有正式性和法律强制性,但有些规范通过立法可转变为法规。各种规范都是针对某种(或某类)行动制定的,这种行动称为焦点行动(如吸烟、穿着打扮)。规范的产生是由于焦点行动具有外在性,即行动的结果对其他人有影响,例如在公共场所吸烟会影响其他人的健康,损害他人的利益。有些行动的外在影响是使其他人获益,如助人为乐的行动。因此,有些规范是鼓励这些焦点行动。科尔曼认为,"利益为规范提供了基础,即接受外在影响的人们产生了对规范的需求"[20]。受焦点行动的外在性影响的其他人称为"规范的受益者",受规范所限制或鼓励的行动者称为"目标行动者"。

规范可分为几种类型:(1)共同性规范,即规范的受益者和目标行动者都能从规范的实施中获益,如"要礼貌待人"。(2)分离性规范,是对目标行动者的限制,使他的利益受损,但使"有关他人"获益,如禁烟的规范。(3)惯例性规范,是对长期形成的习惯和行为方式的规定,如在许多国家,驾车"要靠右行驶"(而在英国和澳大利亚的惯例是"靠左行驶")。规范还可分为指令性规范和禁止性规范,前者不限制某种行动而是提倡某种行动(如"要尊敬老人"),后者是限制某种行动(如"不能随地吐痰")。

2. 有效规范的实现

规范的制定并不能保证它的实现,它的实现必须有其他手段来保证。如果行动者不服从规范,就需要对他实行惩罚,只有这样规范才能行之有效。有效的惩罚措施依赖于"有关他人"之间的社会关系,这些关系结构可以从两个方面保证惩罚的有效性:第一,受影响的其他人采取联合行动对行动者施加压力,如社会舆论。第二,"有关他人"之间建立利益结构,共同承担实施惩罚的费用(如游说行政和立法部门)。

规范是一种公共物品。如果说规范的建立是一级公共物品,那么规范的实施则是二级公共物品。规范的实施涉及惩罚问题,实施惩罚要付出一定代价,如果有关他人都不愿意付出代价,那么规范就形同虚设。例如,见义勇为是要冒一定风险的,如果不能得到充分的补偿或奖励,那么就没有人去惩罚违反规范的行动者。科尔曼认为,奖励不足就会产生坐享其成(或"搭便车")的现象,即大家都等待其他人采取行动而自己从中受益;奖励充分不仅是实施有效规范的必要条件,而且还会产生热情奉献的现象,即热心公益事业或为集体利益冒风险。有效的奖励措施也依赖于有关他人的社会关系结构[21]。

但规范的实现并不都依靠外在的赏罚措施,例如在无人监督的情况下,许多人都自觉地遵守规范。这就涉及"规范的内化"问题,即个人建立了内在的赏罚系统,它规定哪些行动会受到自我谴责,哪些行动会得到奖励(或自我满足)。"规范的内化"(或社会化)是怎样实现的?科尔曼承认,由于理性行动理论以个人利益是既定的为前提,因此它无法在微观层次上说明个人利益是如何产生和变化的(这涉及个人心理和意识的层次),这是理性行动理论的缺陷[22]。但在宏观层次上,理性行动理论可说明在什么条件下,行动者试图使他人内化规范(如父母对子女)。内化或社会化是通过思想教育和文化熏陶使个人与社会

(他人、父母、团体、企业、社区、国家等)实现认同,使个人利益与社会利益一致。这相当于塑造或改变个人的利益结构。这种内化工作是要付出一定代价的,因此只有当外在惩罚系统失效或代价更高时,社会行动者才会投资于内在惩罚系统。

3. 社会资本

在复杂的行动系统中,人们建立了各种社会关系,并形成了各种人际关系网络,这种关系网络为个人提供了新的资源——社会资本。原始性社会资本是由家庭、村社提供的,它使个人在遇到困难或需要帮助时可以得到必要的社会支持,包括物质支持和感情支持。社会资本是一种表现为相互关心、相互信赖关系的无形资本或公共物品,这种资本很难通过市场交换来提供。创造社会资本的条件是,需要在较稳定、封闭的社会网络中通过较长期的互动形成道德观、文化观的共识。与其他形式的资本(如物质资本、人力资本)不同,社会资本的特征是:(1)社会资本存在于人际关系的结构中,由结构的各个要素所组成,它不依附于独立的个人。(2)社会资本只为结构内部的个人行动提供便利,它具有不可转让性。社会资本的主要形式是相互信任关系(可相互提供资源),其他的形式还有:共享的信息网络、有效的社会规范、权威关系以及合作性的社会组织(可提供公共物品)[23]。

四、基本的分析框架

在科尔曼看来,任何行动系统都是某种社会交换系统,社会系统和社会结构是通过人们的交往和交换行动形成的,它反过来又对人们的行动有制约作用。因此,对人的行动有决定性影响的因素有两个:一是个人的利益和价值偏好,另一个是结构制约。结构可分为三种类型:市场结构、权威结构、信任结构。在不同的结构中,对行动的制约机制是不同的,经济机制在市场结构中发挥着主导作用,而在权威结构和信任结构中,权力(或实力)、社会规范和社会资本都发挥着重要作用。这三种结构的共同特征是,它们反映了行动者的资源和权利的分布状态,行动者据此制定了交往或交换的法规(规范)和制度;同时,行动者也可以改变资源和权利的分布状态,并改变现有的法规和制度。

理性行动理论的分析框架如图 1-2 所示,这一框架可同时用于对基本行动和系统行动进行分析和预测。科尔曼认为,任何行动系统都包含四个主要概念。其中,"个人利益"指个人需求及其满足程度。"控制分布"指每个行动者所控制的资源和权利及其分布。这两个概念说明行动者与资源的关系,它们是微观水平的概念。"资源价值"取决于有实力的行动者在相应资源中具有的利益,"行动者的实力"存在于他控制的有价值的资源之中。这两个概念是宏观水平的概念,它们说明行动者和资源在整体行动系统中的特征。"事件的结果"指交换行动(或互动)所形成的社会安排(如某种社会关系或制度等等)[24]。

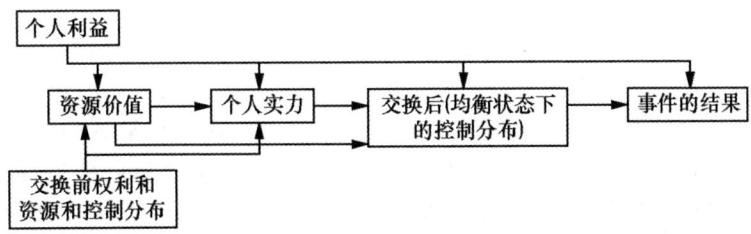

图1-2 理性行动理论的分析框架

科尔曼举了几个简单的例子加以说明。例如,在男女恋爱中,双方是交换他们的感情资源,行动者对于对方的感情需求越高,则对方感情的价值就越高。反之,获利(需求)较少的一方具有较强的实力,由于他(或她)掌握着较高价值的感情,因此在此种交换中起主要控制作用,并能使事件的结果按自己的意愿发展(如建立恋人关系或朋友关系或一般关系)。又如,在分析利益群体的冲突和争议时,根据不同群体与所争议问题的相关利益以及它们对资源的分别控制,就可以预测争论的结局。总之,在这一因果理论框架中,如果已知利益和资源控制在事件中的分布,就可以计算出每个行动者的实力和每一事件的价值,进而可推论出在均衡状态下,每个行动者对这一事件的控制程度以及事件的结果。同样,如果已知交换前和交换后资源控制的均衡分布,那么就可以由图1-2反箭头方向推论出每个行动者的实力和他所控制的资源的价值,以及行动者在每一种资源中的利益。在第五编(数学分析)中,科尔曼首先建立了对简单行动进行这两种因果分析的数学模型和计算公式(第25、26章)。

在上述基本行动分析模型的基础上,科尔曼还发展了对各种复杂的系统行动(包括权威系统、信任系统和法人行动)进行分析的数学模型(第27—34章)。在他看来,这些模型是对经济学的均衡分析模型的扩展,因为社会系统行动并不局限于经济行动,社会交换虽然包含经济交换,但它并不等同于经济交换。这种不同表现在几个方面:(1)许多社会交换不是在相互竞争的市场结构中进行的,而是在各种信任结构和权威结构中进行的,因此交换的制度与结构背景不同。(2)在许多社会交换中,所涉及的资源不是私人控制的物品,而是不可分割或不可转让的公共物品,因此交换对此类资源的控制权不同于纯粹的经济交换。(3)在理想的社会交换系统中,由于社会规范和社会资本的作用,不存在坐享其成的问题,也就是说,系统中的交易成本为零。通过上述界定,他建立了一个与经济学理想竞争市场模型相对应的"理想社会系统"模型[25]。

理想的社会行动系统的关键是通过共识达到交换的均衡,即由共识建立的法规(或社会规范与社会资本)能够降低交易费用,使交换行动得以稳定进行。共识是在社会交往中建立的。这种社会交往系统称为行动的外部系统,但共识又连接着行动者的内部系统,即行动者将法规或社会规范加以内化。"每一行动者均有一与外部行动系统部分一致的内部行动系统。行动者的行动基本上以利益为起源,但同时也源于上述内部系统。一种行动之所以出现,是依据赞同不同事件后果的利益,对于相应事件的价值所作的判断。形成行动内在系统的基础是行动者建立的法规。在这一法规中,行动者观察到各种行动者拥有的权利、资源和利益。"[26]

通过上述分析,科尔曼揭示了由个人动机到社会交换、由基本行动到系统行动的内在逻辑关系,指出了由微观到宏观、宏观到微观转变的途径和机制,提供了在个人理性选择基础上分析各种形式的社会行动的理想模型。他指出,在不同的交换行动中,"行动者自身行动的控制权或者由行动者本人掌握,或者由其他人掌握(行动者把控制权转让给这些人)。其结果,行动者有时依据自身利益行动,有时根据特定的他人利益行事,有时又按照规范采取行动。合理性不仅存在于依据本人利益采取的行动,而且存在于建立内在法规的行动中。因为根据内部行动系统采取的行动能使行动者最大限度地提高生存能力。"[27]

第三节 法人行动与现代社会结构

在科尔曼的分析框架中,法人行动(corporate action,又译为团体行动)也同样体现出微观与宏观的联系。大规模的社会系统是由各种社会组织构成的,如家庭、企业、学校、政党、行政部门、社会团体等等,在这些组织中又建立了规定各自权利与义务的法规、制度和权威结构。在现代法治社会,这些组织称为法人行动者(或法人),它们要对自己的行动负法律责任,正像个体行动者要对自己的行动负责一样。在科尔曼看来,要对现代社会的各种行动作出说明和解释,就必须分析法人行动,因为许多社会行动都表现为法人行动,而且大量的个人行动都与法人组织有关联。现代社会的基本行动方式不仅仅是个人与个人(也称为自然人)之间的交换和互动,而更多的是自然人与法人、法人与法人之间的交换。科尔曼对法人行动的分析主要是想回答以下几个问题:(1)法人组织是如何在个人理性选择的基础上形成的?(2)如何以同一个理论框架来解释和预测法人行动？（3）在现代社会,法人行动产生了哪些主要的社会问题？如何解决这些问题？

一、法人和法规的形成

在传统的社会理论中,对社会秩序和社会规范(或社会契约)起源的认识都依据洛克(1690)的天赋人权和社会契约学说,即任何人都有其基本的权利,但是如果每个人都根据自己的权利各自追逐私利的话,就会陷入无休止的争斗中(如霍布斯所说的"一切人反对一切人的战争")。因此,具有理性的人们共同订立了社会契约,他们放弃了自己的部分权利,把它转让给一个权威机构并建立了共同的法规,以避免冲突并得到某些共同利益。

科尔曼指出,在这一学说的基础上,西方的政治哲学又分为两种传统:自由主义和集体主义。自由主义认为,权威机构制定的社会政策、法规应当体现个人利益,因为社会效益的优化是建立在个人利益优化的基础上的(穆勒、帕雷托、边沁代表了不同的自由主义理论)。集体主义以卢梭的理论为代表。卢梭认为,人们通过社会契约建立的社会组织代表了大多数人的最大利益,因此政策、法规首先应当考虑集体利益和共同意志,某些个人的私利是次要的。这两种传统反映了在政策、法规的制定依据上的分歧。

在社会决策方式和利益比较上,不同的自由主义理论也存在着分歧。帕雷托和边沁主张集体应控制大部分决策权,但边沁以"最大多数人的最大幸福"为利益计算的依据,帕雷托则将社会利益的最优状态定义为"在任何人的个人利益都不受损失的前提下社会效益的最大化"。与此相对,穆勒(1859)则主张个人应控制大部分决策权,只有当个人行动损害了他人利益(即产生了消极外部效应)时,才应当由集体(包括受影响的他人)控制决策权。因为,不管是集体主义政治哲学还是自由主义的集体决策都要假设一个仁慈的、全能的君主来进行裁决和计算,这一方面是很难做到的,另一方面全能的君主也很有可能会损害个人利益。上述分歧也延续到当代关于国家理论的争论(是建立强政府还是弱政府,是建立福利国家还是自由竞争国家),政治哲学家罗尔斯和诺齐克分别为这两种观点提供了道德原则。

在科尔曼看来,各种传统的理论观点都有一定的局限性。首先,它们都是规范性地讨论"应当"怎样建立法规,而不是实证性地分析行动者"实际上"是如何建立法规的。其次,它们所依据的天赋人权学说是有缺陷的,因为在历史上创建权威机构和形成法规时,各人的权利并非是平等的。实际上,法人的形式是多样的(如有些权利由集体掌握,有些权利由个人拥有),最优法规的形式也是多样的。在制定法规阶段,罗尔斯(1971)所提出的两个道德原则("在人人平等的前提下使个人有最大限度的自由","只有在处境最差的人能得到一定利益时,某种程度的不平等才是被允许的"),以及诺齐克(1974)所提出的自由主义原则("只有当法人行动能产生积极的外部影响和提供公共物品时,个人才可以将某些必需的权利转让给法人"),都是行动者要考虑的,但是除了这些理想的原则之外,行动者还要根据实际情况考虑各种具体、可行的原则。因此,实证性的社会理论需要进一步深入分析在什么条件下、不同的行动者是怎样建立某种形式的最优法规的[28]。

科尔曼区分了三种形式的最优法规:(1)个人最优。这类似于帕雷托最优,即每一行动者作为共同行动受益者所得到的利益,都明显大于他为共同行动所付出的代价。(2)效益最优。即法规所确定的权利分配能够使法人(及其所偏重的角色)的效益最大化。例如,在研究机构的行政人员和科技人员之间进行利益分配,法人是偏重经济效益还是政治效益会导致不同的最优法规,而法人的偏重则是部分地取决于既具有利益冲突又有共同利益的这两部分人的资源和实力。(3)影响力最优。在完全处于利益对立状态的组织中,偏重于掌握资源价值(或实力)最大一方的权利分配是最优状态。例如,由农奴和领主构成的庄园制是偏重领主利益的[29]。

在经验分析的基础上,科尔曼指出,尽管许多法人组织不是个人所能选择的(如家庭、国家),但是人们仍是像建立法人组织一样,根据自己现有的利益和资源来选择或协调与法人的(交换)关系,只要他们比不存在此种关系时获益更多,他们就会继续保持这种关系,并承认法人的合法性。反之,他们就会选择退出或消极怠工(或修改法规)。行动者从法人组织中获益并不意味着权益的平等分配。有的人获益可能远多于其他人(如国王),这种分配(或交换)的结果取决于行动者的实力结构和他们所掌握资源的价值,以及由实力和资源分布所决定的法规。当实力和资源结构发生变化以后,法规也会发生相应的变化。例如,在由学生、家长和学校组成的教育系统中,近年来随着学生所掌握的资源的增多,家长和学校的权威相应减少,原有的一些不成文的法规(如家长和学校有权干涉学生的某些行为)也逐渐改变,其结果是学生比过去获得了更多的权益。

科尔曼认为,法人和法规既产生于获取共同利益的社会契约,也产生于对利益冲突的协调,前者称为共同性法规,后者称为分离性法规。在制定法规时,有实力的行动者往往占据主导地位,他们能够创造一种权利分配系统(如宗法制度),其中,利益冲突中的优胜者(如家长、男人)主要充当法人行动的受益者,失败者(如子女、女人)主要充当目标行动者。但是,"被征服者拥有无法转让的资源,这是胜利者无法忽视的,以这类资源为资本,失败者有可能推翻或修改既成的法规"[30]。

二、对法人组织的分析

法人是通过自然人将其权利转让给一个共同的权威机构而形成的,法人行动的目的是为这些自然人获取共同利益,法人行动涉及由个人选择到社会选择的过程。所谓社会选择是依据众多个人的利益和意愿作出集体决策。但法人行动的实施不是由自然人各自行动,而是靠一套职位(或等级)结构执行的,这与自然人的行动不同。科尔曼对法人的分析主要包括以下几个方面:

1. 自然人与法人

与规范性地讨论人的天赋权利不同,科尔曼是从历史的角度分析自然人和法人概念的产生与变化。他认为,在中世纪以前,依据罗马法,权利属于国家(依据其他法规和教规,有些权利还属于教会、村社、宗族),因此自然人(作为个体的人)是没有任何个人权利可言的,也没有多少选择的自由;他们都被固定在某种等级结构中(如奴隶、平民、贵族)。中世纪以后,随着社会分工的发展和启蒙思想的兴起,出现了公民的概念,并从法律上规定了公民的基本权利。同样,现代法人的概念也是在工业革命以后逐渐形成的。传统的国家、社团等法人团体只是封建等级结构的组成部分,它们与最高君主相连接。17世纪以后,法人团体逐渐获得了自主权,并成为新的固定活动单位,为一种全新的社会结构的出现提供了可能。现代法人的特征是:它由职位所组成,它拥有独立的权利和义务,有自己的利益和资源;在法律上,它可以在功能上替代自然人,并对自己的整体行动负法律责任[31]。

科尔曼认为,以个人理性为基础的社会行动研究,需要具体地、历史地分析各个行动者所掌握的资源和权利以及它们在行动系统中的分布。自然人与法人是现代社会的两种基本行动者,但两者有一定的区别:(1)法人行动是系统行动,它的行动基础不是个人动机和利益,而是在内部交换活动中形成的各种利益[32]。(2)法人权利的所有者和行使者是不同的自然人,他们称为委托人和代理人,法人内部的权利转移有两个过程:一是众多自然人把自己的权利转交给法人,二是法人把集中起来的权利授予各个代理人。上述交换不同于自然人之间的交换[33]。(3)对自然人进行社会控制的手段主要是社会规范和社会化,但这些手段对法人不适用。控制法人行动,使其履行社会责任的手段主要是加强外部管理、运用法律和税收政策[34]。尽管有以上区别,法人行动仍可以用

图1-2的分析框架进行定量研究,只不过某些限制条件需要改变或扩充。

2. 现代法人的生存方式

法人的生存取决于它在补偿了行动中所付出的资源(或成本)之后能否得到共同利益。如果获益小于付出,那么法人就会解体或破产。科尔曼区分了法人维持其生存的三种方式:(1)互惠性生存,(2)独立生存,(3)总体生存。互惠性关系类似于市场中买卖双方的交换关系。法人的互惠性生存是指在构成法人的各种职位之间都存在着互惠性交换关系(如由农民、收购商、加工商组成的粮食企业)。独立生存是指职位之间不一定是互惠交换,但每个成员从法人组织中得到的报酬能使他获益,每个成员所做出的贡献都能使法人获益(如由行政人员、科技人员组成的研究机构,其中这两类人员之间的关系不是互惠性的,而是单向服务性的)。总体生存与独立生存相似,不同的是,有些成员不能使法人获益(如行政人员过多产生的"吃大锅饭"现象)。但是,只要其他成员做出的贡献在总体上大于法人付出的总报酬,那么法人组织就能得以维持。

科尔曼指出,随着社会的复杂化和社会交往的扩展,法人组织的规模也不断增大。在大规模的法人系统中,总体生存方式逐渐占据主导地位,尤其是在福利国家和社会主义国家。总体生存的弊病是,由于报酬与贡献的不一致,每个成员的理性选择结果是尽量少做贡献,这会减少法人的总收益[35]。

3. 法人行动的困境

在大规模的法人系统中,除了总体生存的弊病外,法人行动还产生了几种困境(dilemmas),它们都是由于现代法人制度的不完善,使个人的理性选择行动导致了社会总体效益的减少。

(1)囚徒困境。在博弈理论的分析中,两个同案的囚徒所面临的情境是:如果两人都不坦白就无法定罪,两人都能获得最大利益;如果其中一人坦白,另一人不坦白,前者将被判刑一年,后者判刑十年;如果两人都坦白,他们将各判五年。由于他们被分别监禁,无法沟通,因此都担心另一人坦白使自己被判十年。大量实验表明,在这种情境下,两个囚徒各自的理性选择结果都是坦白认罪。这一结果比两人合作行动(通过沟通建立同盟)的结果要差很多。在现代法人结构中,由于各种职位之间缺乏沟通和共识,个人依据理性选择原则很有可能采取相互不合作的行动,例如在金融危机时,股东和储户竞相抽回资金[36]。

(2)公共物品困境。法人行动的目的之一是提供公共物品或共同产品(如社会治安)。但有些法人产品会产生消极的外部效应(如环境污染),这种产品也称为公共灾难。公共物品困境是指某些成员缺乏动机为创造公共物品或消除公共灾难做出贡献,他们宁愿坐享其成。这种困境的产生一方面是由于公共物品的性质使它不能被私人占有,而只能共享(由此产生了"搭便车""损害公共财产"等现象),另一方面是由于随着法人系统规模的不断扩大,平均每个人在公共物品中蕴含的利益和影响力越来越少,这使个人对公共事务越来越缺乏控制(由此产生了"参与动机减弱""政治冷淡"等现象)。此外,由于各个行动者将控制权转让给法人但又缺乏参与和监督,因此有可能使法人代理人利用公共权利为自己谋私利。并损害行动者的利益。坐享其成和损害公共利益(或他人利益)都是法人行动所造成的消极外部效应[37]。

三、法人组织与现代社会

在科尔曼看来,现代法人组织在一百多年来的发展中已经占据了社会的中心位置,并成为社会结构的重要组成部分。社会组织基础的变化产生了一系列新的社会问题。其中与法人组织有关的问题主要是社会资本的减少和组织方式的不完善。

社会资本最初是在初级群体(如家庭、邻里)中形成的,然后逐渐扩展到其他关系网络。科尔曼认为,在现代社会,由于各种人工创建的社会组织逐渐破坏了初级群体的关系网络,因此原始性社会资本受到严重侵蚀,而且缺乏可以替代它的新型社会资本,这是当代社会面临的主要问题[38]。

近几十年来,法人组织方式的弊病越来越受到人们的重视。为克服这些弊病,科尔曼提出的建议是重建责任系统。具体地说,就是尽可能以独立生存和互惠生存替代现有的总体生存方式(通过划小核算单位、授予特许权、采用滞后控制等手段);扩大参与决策的范围;改变现有的在权威、代理人和行动者之间的权利分配方式[39]。

下面以命题的形式对科尔曼的观点作一小结:

(1)随着社会分工的发展和行动系统规模的扩大,行动者更有可能将自己的权利转让给某些行动实体以形成更多的法人组织。

(2)人们从法人组织中获益越多,他们越有可能将法人的制度和权威结构合法化。

(3)在大规模行动系统中,人们相互沟通的机会越少,他们越有可能采取个体理性行动,这种各自独立的行动比起相互合作的行动使他们获益更少("囚徒困境")。

(4)从某种公共物品中获益的人数越多,平均每个人对公共物品做出贡献和获取收益的份额就越少,人们就越有可能不对公共物品的保护做出贡献("公共物品困境")。

(5) 社会生活越是被大规模法人组织的总体生存方式所决定,法人行动对人们的外部效应就越大,而且人们越无法控制这些效应。

(6) 在现代社会,初级群体越是被法人组织所取代,社会资本越是减少,法人行动所产生的消极外部效应也就越大。

(7) 法人组织通过分权和在小单位的直接交换中采用独立生存方式,就能够减少无控制的外部效应,能够更多地内化外部效应,并能创造出新的社会资本。

(8) 法人组织越多地让受其影响的有关他人(包括内部和外部的行动者)参与决策,就越能够内化外部效应。

(9) 总体生存方式越多地被独立生存方式所取代,现代社会就越能恢复其活力。

第四节 理性行动理论的影响及评价

科尔曼的《社会理论的基础》发表以后在美国社会学界产生了很大影响,评论界称之为"继帕森斯的《社会行动的结构》(1937)发表以来又一部最重要的社会学理论著作"。在评论中,丹尼尔·贝尔认为,"这本书是当前社会学和社会理论方面最重要的著作之一,它为社会学今后数十年的发展确立了新的研究方向";默顿指出,"科尔曼教授在分析批判传统社会理论的基础上,创建了新的社会行动理论。他对法人行动者的分析是具有深远影响的新思维"。

由于这部著作的影响,20世纪90年代以来,社会学的理性选择理论不仅在美国而且在国际社会学界都受到日益关注和广泛应用。尽管每一种理论都只是从某一视角提供了一种分析和认识问题的工具,但是不同理论的影响力取决于它们在解答各种实质性问题(包括理论问题和经验问题)时是否得到了更广泛的应用。美国社会学家(也是理性选择学派的代表人之一)赫克特(M. Hechter)考察了1988年以来发表的社会学论文,发现受理性选择理论影响的经验研究的比例不断增多,这些研究涉及的领域也在不断扩展,除了与经济行为有关的劳动力市场、企业组织、分层与流动、管理与决策等传统领域外,还扩展到家庭、宗教、犯罪、种族、性别、社会医学、历史社会学等领域。他认为,这是由于理性选择理论不是单一的、无所不包的理论体系(如结构功能主义),而是在同一个行为假设(个人理性选择)下向不同层次发展的一组理论群,因此它适用于对各种社会现象的分析;另一原因是理性选择理论具有较强的内在逻辑性,借助这一理论视角有助于澄清原有的各种宏观与微观理论中的逻辑线索[40]。

第一章 科尔曼的"理性行动理论"

一、理性行动理论的贡献

科尔曼的理论贡献表现在与其理论目标相联系的三个方面：（1）提供了一种将微观分析与宏观分析相结合的社会行动理论。（2）借鉴经济学的理论和其他学科的成果，为建立一种分析性（规范性）的社会学理论打下了基础。（3）开创了法人行动研究的新方向。

在社会科学领域中，长期存在着微观理论与宏观理论脱节的现象，这一方面是由于不同的方法论预设所致，另一方面是由于缺乏有效的理论工具和操作方法。例如，布劳在创建了微观的社会交换理论之后，曾设想将其扩展到宏观领域，但他很快放弃了这种努力，并改变了自己的方法论立场，认为宏观社会现象只与结构的突生属性有关，与个人行动（或其合力）无直接关系[41]。80年代以来，社会学理论领域中出现了新的整合趋势，亚历山大、瑞泽尔等人提出了将宏观研究与微观研究相结合的理论框架[42]。但他们都是在元理论和方法论层次进行综合。与此不同，科尔曼的理论则进入到经验分析的层次，他对社会行动的概念化和操作化使微观行动与宏观结构的逻辑关系能够得到检验（证实或证伪），使宏观现象能够在基础层次上得到解释，从而使韦伯所倡导的"以"（理解）个人有目的行动为基础的解释社会学得到丰富和发展。

从理论形式上看，理性行动理论借鉴了经济学的均衡分析和理性选择模型，但它不是简单地套用这一模型，而是将其扩展到社会行动领域，并结合其他学科的成果，以解答社会科学领域中共同的前沿课题。社会科学各学科都要研究微观行动与宏观结构（即个人与社会）的关系问题，但各学科的理论视角有所不同。主流经济学的理论模型因其简捷性而在实证分析和解释能力这两方面优于其他学科，但在现实性和丰富性等方面则有所不足。为了扩展其解释能力，经济学的均衡分析模型经历了从局部均衡分析到一般均衡分析、再到90年代的博弈均衡分析的发展[43]。在博弈均衡分析中，需要考虑的因素已不仅仅是个人的利益偏好和资源分布（局部均衡分析的要素），也不仅仅是补充了社会选择与决策、组织与制度、法规或产权、交易费用等（一般均衡分析和新制度经济学的要素），而且还要考虑行动者的知识结构，即由主体间性形成的共享知识或道德共识，由此而涉及众多的非经济因素，如规范、习俗、意识形态、权威、传统、文化等等。这些因素以往属于社会学、政治学、心理学、人类学关注的领域，因此经济学与其他学科在上述领域中产生了交汇，各学科从不同的角度，以不同的理论形式来解答共同的前沿课题。科尔曼对规范性行动、权威性行动和法人行动的分析就是从社会学角度提供的具有独创性的成果。不仅如此，科尔曼在建立分析性的理论框架和数学模型方面也进行了大量的开创性工作,这些努力有助于提高社会学分析的精确性和解释能力。

科尔曼对社会行动理论的贡献更多地体现在他对法人行动的分析上,尽管他大量借鉴了社会学的交换理论、经济学的理性选择理论、法学的代理人理论以及有关学科的研究成果,但是将这些成果组织在一个理论框架中,并以社会学的理论视角来综合和发展对各种形式的社会行动(特别是法人行动)的认识,则是科尔曼的理论贡献。例如,他对法人和法规(包括制度、政策)形成的分析、关于法人权利的行使与分配(包括对代理人的监督)等问题的讨论,以及对法人组织方式的研究等等,都是当前理论界需要进一步深入探讨的课题,他的著作则为这些课题的研究奠定了基础。

二、新社会科学与重建社会

如果按哈贝马斯的知识旨趣分类,科尔曼的理论旨趣主要在实证分析知识上,但他对法人行动的研究则既是分析性也是批判反思性的,如同韦伯对科层组织的研究。他认识到,社会科学的功能不仅仅是认识社会,而且是为了重建社会。工业革命以来,社会的原始基础(家庭和社区)受到严重侵蚀,法人组织逐渐占据了主导地位;由于这种"人工创立"的社会组织产生了许多社会弊病,因此迫切需要改造与重建。要重建社会就需要社会科学理论的指导。科尔曼认为,以往的社会科学理论难以担负这一重任,"迄今为止,大多数社会理论家仅仅描述和解释上述社会变迁,重建社会所需要的理论基础尚未建立,因此,社会学家或从事于揭露现实弊端的对理论建设毫无价值的肤浅研究,或背离科学规律,服从意识形态的需要"。只有新社会科学理论才能指导新社会基础的创立,这种理论必须具有目的性和科学性。这是由于"创建社会组织不仅需要有关系统活动的知识,而且需要了解系统组成部分的活动是怎样结合在一起的",这种理论还必须假设个人理性行动的结合能够影响系统行动。因此,新社会科学理论的基础必然是理性行动理论[44]。

科尔曼对现代社会和大规模法人组织的批判与反思也许不如哈贝马斯和一些后现代主义理论家那样深刻,但他所指出的"社会资本的流失"与后者所称的"现代性危机"都概括了共同的社会现象,即现代社会中"道德共识"或"共享的知识结构"的危机(或解体)。作为实证理论家,科尔曼并不停留在对社会的批判上,他还运用自己的理性行动理论从反思社会学的角度对理论家的作用进行实证分析。他要解答的问题是:社会研究者是谁的代理人?他们提出的重建社会(或解构社会)的理论代表了谁的利益?社会理论是如何对社会现实产生影响的?

通过经验分析,他对上述问题的回答是:(1)尽管在现代的政策研究和应用研究中,研究者主要是一些大规模法人组织(如国家、政府部门、公司、工会)的代理人,但他们的研究结论可以反映委托人和社会的共同利益,即研究者在指导委托人如何在社会系统中更好地实现自我利益的同时,又不使社会利益受到损失,如同律师依法辩护一样。另一方面,研究者利用学科研究的独立性可以部分地摆脱委托人的支配。(2)在学科理论研究中,研究者主要是社会的代理人,这是由于理论研究不直接涉及行动领域,且研究经费主要来源于社会(纳税人或为公益捐款的基金会)。但这并不排除研究者具有个人的利益和价值偏好,这也是各种意识形态理论的产生原因。(3)新社会科学是由应用研究和理论研究这两个部分所组成的,理论部分对社会现实的影响与力学在改造物质环境时所起的作用一样。(4)新的理论应当超越各学科的传统界限,而且应当是客观的、科学的社会理论,而不是主观的、肤浅的意识形态理论。科尔曼指出,社会理论家(包括社会学家、经济学家、政治学家、心理学家、哲学家和法学家)应当认识到,创造新社会科学既不是一种个人消遣,也不是个人主观偏好,"而是为创造一种具有生命力的社会结构提供基础,因为人们长期以来赖以生存的原始性结构已经消失"[45]。

上述对社会科学研究的分析从两个方面发展了社会学理论:一是在科学社会学和知识社会学方面,科尔曼通过将社会研究者置于现代法人组织的系统中来分析科学研究作为一种系统行动是如何影响社会系统的,以及社会研究者作为法人利益和社会利益的代理人是如何提供一种公共物品(客观知识)的。另一方面,科尔曼从社会批判理论的角度提出了重建社会的任务,这种批判是建立在对现代法人组织的客观分析之上的。但他指出,重建社会的方案是由社会系统中的所有行动者通过集体决策制定的,而不是由理论家制定的。社会理论家不能充当政策顾问或哲学先知的角色。社会系统"需要社会理论以指导拥有法定权利控制社会政策的人,使其行使权利时以理论知识为基础。如果设想社会系统依赖于存在社会之外的顾问或哲学先知,那它的发展方向将如柏拉图或孔德所预料的,倒退至社会组织的原始形式"[46]。

三、理性行动理论的局限与潜力

科尔曼的理性行动理论发表以来也受到了许多来自社会[47]学界和经济学界的批评,社会学家的批评主要是:(1)这种理论的经济学色彩太浓,且忽视了许多重要的非经济因素。(2)关于人的理性选择的假设是不现实的,因为人们的许多行动不是理性的或可选择的,而是情感性、习惯性和强制性的。经济学家的批评则认为其理论模型不简捷、概念界定不明确、数学推导不严谨,而且包含了过多的非个人选择因素(如规范、结构等)。这些批评有些是恰当的,有些是出于误解。赫克特指出,许多对理性选择假设的批评是对个人理性这一概念的误解,理性选择理论只是假设个人的行动具有目的性,这种目的(或价值取向)不一定是经济目的或自私自利的,它也可以包括利他主义、社会公平、爱国主义等价值观。另一方面,理性选择理论是关注众多个人的理性行动的社会后果,而不是某一个人的理性(或非理性)选择的结果。

任何理论都有其局限性,但对不同的理论形式有不同的评价标准。在社会学理论中,科尔曼的理论不是以哲学思辨见长,也不是以广博的历史阐释或细致的现象学描述著称,而是在实证分析和解释能力方面具有优势和潜力。对于实证性理论,通常的评价标准是理论解释的有效性、内在逻辑的一致性、理论模型的简捷性和普适性(包括与其他理论的相容性)。在这些方面,理性行动理论的局限或不足之处主要是:

(1)缺乏与其他社会学理论的对话。在科尔曼的著作中,他的理论观点与以往社会学理论成果之间的关系是不清晰的,即使是在与其理论主题有密切联系的领域中(如社会交换、规范的形成、自我的内部结构等),他也没有讨论以往社会学理论(如霍曼斯、布劳的社会交换理论、米德的自我理论和布鲁默的符号互动论)的贡献与不足。这就削弱了理性行动理论与其他社会学理论的相容性,从而使其理论解释的有效性和普适性受到怀疑。

(2)某些基本概念的界定和操作方法还不完善,如利益和价值。尽管为克服测量"利益"的困难,科尔曼区分了客体自我和行动自我的利益,但是对后者的测量仍是像经济学那样对财富的计量(经济学假定财富是可替换物品,由此可间接衡量其他需求或偏好),这就使"效益最大化"假设转变为"财富最大化"假设,使其理论带有经济还原论的色彩。另一方面,理性行动理论是以个人的利益偏好和结构的限制这两个并列的决定因素来解释社会行动及其后果的,但是由于个人利益难以测量,因此许多经验研究都是以社会结构因素进行解释,这就使理性行动理论与主流社会学理论(如结构理论和网络理论)在经验研究中没有什么区别[48]。

(3)数学模型的不完善。由于在社会学中数学模型的应用还不普及,大多数社会学家还缺乏数学方面的训练,因此对数学模型的经验检验和理论修正还远不如经济学那样完善,这就使理性行动理论的应用受到限制。有人指出,理性选择理论有两种模型:纯(数学)模型和经验模型(thin modal and thick modal)。纯模型不考虑个体行动的具体意向,而只考虑价值偏好的一般形式和行动的基本方式。这种模型可适用于各种行动,它具有很强的解释力,但却缺乏实质内容,它类似于物理学和生物学的一般理论模型[49]。经验模型包含丰富的经验内容,但它有很多限制条件,它只适用于某一类行动,因此很难发展成一个统一的形式化或数学化的模型,而只能采用命题或分类的形式。经验模型以韦伯的理论为代表。韦伯认为,人的理性行动有各种类型(如对财富、权力和声望的追求),每一类型有其特定的行为方式。也许在现阶段,当需要在理论模型的简捷性和形式化与模型的丰富性和适用性之间进行选择时,社会学更偏向于后者。目前许多以理性行动理论为指导的经验研究都是采用经验模型。

尽管有上述局限性,但理性行动理论在未来社会学和社会科学的发展中仍具有很大潜力,这不仅是由于它在各学科交汇的共同领域中处于前沿位置,也不仅是由于它的内在逻辑性和解释能力较强因而可广泛应用于社会学的各个领域,而且还由于它的理论框架可容纳当前各种社会学理论的洞见。例如,在综合微观与宏观、行动者与结构的各种理论中,埃默森的交换网络理论、柯林斯的微观结构理论、布迪厄的实践理论和社会资本理论,以及新经济社会学理论都与理性行动理论有一定的结合点。科尔曼关于法人行动和重建社会的观点与哈贝马斯的交往行动理论和吉登斯对现代性的分析也有许多相通之处。当然,不同的理论形式有不同的功能。在分工发达的现代社会,没有哪一种理论可以兼备各种功能或独占垄断地位。各种知识具有互补性,各个学科具有互补性,各种理论也具有互补性。不同理论之间的对话和交流可以相互启迪,并通过沟通而达到一定的共识。可以肯定,理性行动理论在沟通和启迪各种理论洞见方面将发挥重要的作用。

注 释

[1] Coleman, J. S., *Foundation of Social Theory*. Cambridge: Belknap Press of Harvard University Press. 1990, p. 2.
[2] Ibid., p. 6.
[3] Ibid., p. 11.
[4] Ibid., p. 15.
[5] Ibid., pp. 15—20.
[6] Ibid., p. 21.
[7] 贝克尔:《人类行为的经济分析》,王业宇、陈琪译,上海三联书店1995年版。
[8] Coleman, pp. 6—10.
[9] Ibid., pp. 34—37.

［10］ Ibid., p. 37.
［11］ Ibid., pp. 556—560.
［12］ Ibid., pp. 42—44.
［13］ Ibid., pp. 55—69.
［14］ Ibid., p. 81.
［15］ Ibid., pp. 84—89.
［16］ Ibid., p. 121.
［17］ Ibid., p. 167.
［18］ Ibid., pp. 192—202.
［19］ Ibid., pp. 265—268.
［20］ Ibid., p. 276.
［21］ Ibid., pp. 300—305.
［22］ Ibid., p. 321.
［23］ Ibid., pp. 333—345.
［24］ Ibid., pp. 141—146.
［25］ Ibid., pp. 795—797.
［26］ Ibid., p. 1075.
［27］ Ibid., p. 1075.
［28］ Ibid., pp. 377—378.
［29］ Ibid., pp. 384—386.
［30］ Ibid., p. 389.
［31］ Ibid., pp. 583—594.
［32］ Ibid., p. 1065.
［33］ Ibid., p. 507.
［34］ Ibid., p. 632.
［35］ Ibid., pp. 465—475.
［36］ Ibid., pp. 222—224.
［37］ Ibid., pp. 373—376; pp. 494—499.
［38］ Ibid., pp. 717—721.
［39］ Ibid., pp. 469—472; pp. 722—726.
［40］ Hechter, M., Sociological Rational Choice Theory. *Am. Annual Reviews. Sociology.* 23: pp. 215—231.
［41］ Blau, Peter, "Microprocess and Macrostructure", in K. Cook (ed.), *Social Exchange Theory*, Beverly Hills, Galif. Sage: 1987, p. 87.
［42］ Ritzer, G., *Sociological Theory*, McGraw-Hill, Inc. 1992, 第14章。
［43］ 汪丁丁:《在经济学与哲学之间》,中国社会科学出版社1996年版,第10—15页。

〔44〕 J. 科尔曼:《社会理论的基础》, 邓方译, 社会科学文献出版社 1990 年版, 中文版序言。

〔45〕 Coleman, 1990, pp. 675—695; pp. 714—717.

〔46〕 Ibid., p. 872.

〔47〕 Hechter, Sociological Rational Chioce Theory, pp. 192—194.

〔48〕 Goldthorpe, J. H., "The Quantitative Analysis of Large-scale Data and Rational Action Theory", *Eur. Sociol. Rev.* 12: pp. 109—126.

〔49〕 Ferejohn, J. A., "Rationality and interpretation", in K R. Monroe (ed.), *The Economic Approach to Politics: A Critical Reassessment of the Theory of Rational Action.* New York: Harper Collins: 1991, pp. 279—305.

参 考 文 献

科尔曼:《社会理论的基础》, 邓方译, 社会科学文献出版社 1990 年版。

Coleman, J. S., *The Introduction to Mathematical Sociology.* Free Press, 1964.

Coleman, J. S., *Equality of Educational Opportunity.* U. S. Government, 1966.

Coleman, J. S., *Policy Research in the Social Science.* General Learning Press, 1972.

Coleman, J. S., *Power and the Structure of Society.* Basic Books, 1974.

Coleman, J. S., *Individual Interests and Collective Action.* Cambridge University Press, 1986.

Coleman, J. S., "Social Capital in the Creation of Human Capital", *AJS.* V. 94: 95—120.

Coleman, J. S., Free Riders and Zealots: the Role of Social Networks. *Sociological Theory.* V. 6: 52—57.

Coleman, J. S., *Foundation of Social Theory.* Belknap Press of Harvard University Press, 1990.

G.S. 贝克尔:《人类行为的经济分析》, 王业宇、陈琪译, 上海三联书店 1995 年版。

T. 埃格特森:《新制度经济学》, 吴经邦等译, 商务印书馆 1996 年版。

汪丁丁:《在经济学与哲学之间》, 中国社会科学出版社 1996 年版。

Blau, Peter, "Microprocess and Macrostructure", in K. Cook (ed.), *Social Exchange Theory.* Sage, 1987, 83—100.

Ferejohn, J. A., "Rationality and interpretation", in K R. Monroe (ed.), *The Economic Approach to Politics: A Critical Reassessment of the Theory of Rational Action.* Harper Collins, 1991, 279—305.

Goldthorpe, J. H., "The Quantitative Analysis of Large-scale Data and Rational Action Theory", *Eur. Sociol. Rev.* 12, 1996, 109—126.

Hechter M., Sociological Rational Choice Theory. *Am. Annual Reviews. Sociology.* 23: 215—231.

Ritzer, G., *Sociological Theory*, McGraw-Hill, Inc, 1992.

第二章

新功能主义社会学理论

谢立中

　　新功能主义是当代西方社会学中的一股重要思潮,它的影响据说遍及欧美许多国家。自 1985 年亚历山大等人明确倡导新功能主义以来,这股思潮已经有了十余年的历史。经过十余年的发展,新功能主义社会学不仅在理论与经验研究方面都取得了相当的成就,而且还显示出一定的发展潜力。对这样一种在国外已产生并将继续产生广泛影响的社会学思潮进行深入、系统的了解和研究,对正在发展中的中国社会学来说,无疑会具有重要的意义。20 世纪 90 年代以来,我国学者对西方新功能主义社会学曾作了一些介绍,对我国社会学界产生了一定的影响。但总的来说还显得很不够,有必要对它作更为详尽、具体的研究和探讨。本文拟在我国学者对西方新功能主义社会学已了解的基础上,就新功能主义的社会学理论作更进一步的介绍和评析,以期推动我国社会学理论研究的进一步开展。

第一节 学术背景、主要代表人物及基本思路

　　功能主义是西方社会学理论中相对来说最久远也最深厚的理论传统之一。作为社会学的一种理论范式,它始于孔德、斯宾塞的著作,经过人类学家拉德克利夫－布朗、马林诺夫斯基和社会学家涂尔干等人的明确阐发,最终由现代社会学大师帕森斯等人集其大成,终于发展成为一个宏伟的"巨型理论"体系。这个被称为"结构功能主义"的理论体系,在第二次世界大战以后曾一度被西

方社会学界公认为社会学理论的主导或统治范式。20 世纪 40 年代中期至 50 年代末,西方社会学似乎在结构功能主义基础上取得了短暂的理论统一,以至于有人公开宣称:"功能主义方法根本上就是一切社会科学所使用的方法,无论他是否自称为功能主义者。"[1]然而到了 60 年代,形势却发生了急剧的变化。"结构功能主义"理论日渐受到来自多方的强烈批评,它被指责为具有"反个人主义、反对变迁、保守主义、唯心主义以及反经验主义"[2]等等缺陷或偏见。这些激烈的批评迅速地导致了结构功能主义理论及其主宰地位的衰退。各种从不同角度反对功能主义的理论——冲突理论、交换理论、符号互动论、社会现象学、拟剧理论、本土方法论等相继兴盛起来,逐渐占据了社会学理论的中心舞台,成为新的主流社会学范式。自 20 世纪 60 年代至 80 年代初期,西方社会学理论一直处于这种多元并存、百家纷争的对抗性局面之中。各家各派画地为牢,各执一端,虽然在一定时期内促进了学术的繁荣,但也给社会学者之间的沟通和社会学理论的发展设置了人为的限制或障碍。80 年代中期以来,西方社会学家们逐渐意识到这种局面的消极后果,意识到打破现存的理论疆界,对各派理论进行恰当综合的必要性。各派社会学家纷纷行动,"以极大的兴趣去向其他的理论传统伸展",以弥补因各派纷争而在行动与秩序、冲突与稳定、结构与文化、主观与客观等不同理论维度上所造成的鸿沟,"努力发展出一种新的更为综合性的理论"[3]。西方社会学理论由此进入了一个新的阶段,即在一个新的基础上对过去分离的理论传统重新进行大综合的阶段。"新功能主义"就是在这个"新的综合"阶段上产生和兴盛起来的一个具有重要影响的新理论思潮或理论倾向。

"新功能主义"影响广泛,欧美国家中的许多社会学家都被这一标签的提出者亚历山大和柯罗米认定为"新功能主义者"。以下是依据亚历山大、柯罗米编撰的《新功能主义》《新功能主义社会学》等著作中的资料开列的一个"新功能主义者"名单:亚历山大(J. Alexander)、柯罗米(P. Colomy)、芒奇(R. Munch)、艾森斯塔德(S. Eisenstadt)、斯梅尔塞(N. Smelser)、罗西(A. Lossi)、巴伯(B. Barber)、莱希尼尔(F. Lechner)、古尔德(M. Gould)、苏里(D. Sciulli)、普拉格(J. Prager)、卢曼(N. Luhmann)、贝拉(R. Bellah)、蒂尔阿肯(E. Tiryakian)、格尔兹(C. Geertz)、罗伯特森(R. Robertson)、鲍姆(R. Boum)、莱文(N. Levine)、格斯坦(D. Gerstein)、利兹(V. Lidz)、泽利泽(V. Zelizer)、普拉特(G. Platt)、罗德斯(G. Rhoadse)、施卢赫特(W. Schluchter)、钱帕基(D. Champagne)、博里库德(F. Bourricaud)、阿切尔(M. Archer)……其中最主要也最自觉的代表人物是亚历山大、柯罗米、芒奇、艾森斯塔德、斯梅尔塞、阿切尔等人。新功能主义者的主要代表性作品有:亚历山大的个人著作《社会学的理论逻辑》(1982—1983)、《结构和意义》(1989)、《行动和它的环境》(1988)、《文化和社会》(1990),亚历山大编辑的文集《新功能主义》(1985),亚历山大与柯罗米合编的文集《分化理论与社会变迁》(1990),柯罗米编辑的文集《新功能主义社会学》(1990),亚历山大等编辑的文集《微观—宏观之环》(1987),艾森斯塔德的专著《帝国的政治体系》(1963),艾森斯塔德与库雷诺合著的《社会学的形式:范式与危机》(1976),芒奇的著作《帕森斯与行动理论》(1980),阿切尔的专著《文化与主体性》(1988),卢曼的专著《社会分化》(1984)。

"新功能主义"这个词明确地表达了它与传统功能主义(主要是结构功能主义)的区别与联系。作为一种新的"功能主义",它与传统的功能主义尤其是帕森斯的结构功能主义有着明确的继承关系。按照它最积极的提倡者亚历山大的说法,他们之所以采用了"新功能主义"这个提法,是为了表明,只有"帕森斯的分析模式为(社会学理论的)一种新综合提供了唯一可行的基础"[4]。为了表明这种看法的合理性,亚历山大对帕森斯的理论进行了重新解释。他认为帕森斯的著作实际上体现了一种宏大的企图,即对实证主义、功利主义、功能主义、唯意志主义、帕累托主义等古典社会学理论传统的归纳与综合。因此,帕森斯理论的内容是异常丰富的,但同时也是非常模糊且常常是自相矛盾的。它"给予社会学家们许多不同的选择,他们基于自己的知识和历史条件而从中做出各自的选择"[5]。那种导致其衰退的对它的解释——"反个人主义、反对变迁、保守主义、唯心主义及反经验主义的偏见等",正是在20世纪六七十年代特定的知识背景与历史条件下,学术界对帕森斯理论所进行的选择性诠释的结果。亚历山大认为,在新的知识背景与历史条件下有必要也有可能对功能主义理论做出新的解释和发现。在1985年他为《新功能主义》一书所撰的序言中,亚历山大描述了他自己对"功能主义传统"的重新解释。按照他的解释,"功能主义传统"由以下六个特征构成:

(1)功能主义在描述性而非说明性的意义上提供了一种社会各部分间相互关系的一般图景,它认为社会是由彼此联系相互作用的各要素所组成的、多元的与开放的系统;(2)功能主义不仅关注结构而且关注行动,不仅关注行动的实践性与手段性,而且也关注它的表意性与目的;(3)功能主义关注社会整合及社会控制的变异及过程;(4)功能主义假定人格、文化与社会之间的区别是社会结构所必需,它们之间的相互渗透所产生的张力是变迁与控制的持续根源;(5)功能主义认为分化是社会变迁的主要形式;(6)功能主义强调概念化与理论化的独立性[6]。亚历山大认为,"虽然功能主义上述六个特征的每一方面都与社会科学中的其他线索相关,但是没有哪一种其他的理论传统可以认同于功能主义的上述所有特征"[7]。就此而言,功能主义传统实际上比其他的社会学理论传统具有更大的包容性,它"具有成为一种成功的社会学理论所需要的基本素质"[8],因而是当前对社会学理论进行新综合的最合适的基础,甚至是"唯一可行的基础"[9]。亚历山大的这些说法,明确地表达了新功能主义者对"功能主义"传统的坚定信念。

另一方面,"新功能主义"作为一种"新"功能主义,又意味着它并不仅仅是要简单地复活"老"的功能主义。亚历山大说:"引进'新功能主义'这个词是为了强调继承性和内部批判这双重要素"[10]。正如"新马克思主义"是在批判传统马克思主义的机械性缺点和吸收20世纪社会思想最重要的进步成果的基础上重建了马克思主义一样,新功能主义也是要在一方面对老功能主义的一些缺陷进行内部批判,另一方面在充分吸收20世纪60—80年代间产生的许多新理论成果的基础上"重建"功能主义。亚历山大等人指出和批判了帕森斯理论中的一些缺陷,如思想上的矛盾、前后完全一致等,认为后期帕森斯的著作确实逐步向系统、整合、文化、均衡等维度倾斜,偏离了他早期的"综合精神"。在此基础上,亚历山大等人强调要使功能主义向冲突理论、互动理论、交换理论等理论传统开放,把它们的基本思想整合进功能主义的框架中去,建立起一个新的"多维性质"的综合性一般理论。例如,为了能把冲突论思想综合入功能主义,亚历山大批评了帕森斯关于系统总是趋向于均衡的观点,指出系统不必然是均衡的,并且强调在帕森斯的著作中,尤其是关于分化过程产生不均衡的思想中,本来就包含着大量关于社会冲突的命题;为了把行动的偶然性与创造性思想引入功能主义,亚历山大强调要在功能主义范围内综合米德、戈夫曼以及舒茨、早期加芬克尔等人的思想;为了把"批判理论"及其他新马克思主义理论导入功能主义,纠正帕森斯对现代社会过分乐观的观念,亚历山大强调要去发现帕森斯思想中具有批判性的一面。除了亚历山大之外,其他的新功能主义理论家们也致力于重新发现或"重建"帕森斯功能主义的冲突取向、互动取向、批判取向和变迁取向等,力图在坚持功能主义上述基本特征的基础上,总结吸收其他理论传统的思想,使这些思想最终以功能主义的方式结合起来。

迄今为止,新功能主义者们已经遵循上述思路,在理论研究与经验研究层次上进行了大量的研究工作。可以说,这些工作已经使得以帕森斯结构功能主义为代表的传统的"功能主义"理论逐渐呈现出一种新的面貌。往下我们拟从五个方面——方法论基础、社会行动理论、社会结构理论、社会过程理论和社会变迁理论——来对这种新面貌作一简要描述。

第二节 新功能主义与社会学方法论

众所周知,与在学术研究的其他领域一样,在社会学领域中对理论和经验在科学研究中的作用与地位也一直存在着激烈的争论。争论的观点大体上可以用"经验论"与"唯理论"这两个名称来加以表示。经验论者强调经验观察对科学的社会研究的重要性,认为我们对社会现实的一切科学认识都必须以对社会现实的经验观察为基础。命题、理论是对经验事实(或经验陈述)逐级归纳、上升的结果,这种通过归纳得到的概括性知识只有不断地获得经验事实的支持才能维持其有效性,一切脱离经验事实的命题、理论都是不可靠的、无效的。唯理论者则强调理论思维的重要性,认为在个别的经验事实与普遍性理论知识之间不存在自然的逻辑联结,单纯对经验事实加以归纳永远得不出具有普遍性的理论知识,而后者只有经过思维中的"跳跃"才有可能;同时,经验观察如果没有理论的指导,也将是盲目的,甚至是毫无意义的。与其他学科一样,在现代社会学领域中,逻辑实证(经验)主义者可以看作是经验论者的近似样本,而许多终身以理论研究为主业的社会理论家如韦伯、舒茨、帕雷托乃至孔德、斯宾塞等,都可视为唯理论者的近似样本[11]。之所以说是"近似样本",是因为在现实生活中,很少有人会持极端的经验论或唯理论立场,绝大多数人都只是在这两种立场之间或强或弱地倾向于某一极。

在经验论与唯理论的对立中,帕森斯无疑是倾向于唯理论一边的。"与任何其他的美国社会学家不同的是,帕森斯毕生更多地从事发展一种高度抽象的和概括的理论,而轻视大部分所作的收集和分析经验材料的比较平庸的工作。他(虽然)分析过某些经验现象,像医疗界、美国政治中的麦卡锡时代,或是最近的对美国大学的分析。即使在这些独立的领域中,帕森斯也是用一种抽象的讲课风格进行分析的,而不是牢固地依据系统收集的资料"[12]。帕森斯戏谑地称自己为一个"不可救药的理论家",并将自己的方法论称为"分析的现实主义",意即他的工作目的是要建立一套能够帮助人们理解社会现实的分析性的概念框架,而不是去具体地描述经验现实本身。他认为构造这样一种分析性的概念框架应是社会学的首要任务。只有一个逻辑上完善的概念框架建立起来之后,才能进一步据此去提出操作意义,形成命题陈述,指导经验观察。

帕森斯的理论建构策略很自然地受到了许多人的批评。人们批评帕森斯所建立的概念体系过于抽象、空洞,与社会现实并不相符,至多是一个具有一定的启发性、华美壮观但不结果实的哲学体系而已。对帕森斯的方法论立场进行重新考察,是新功能主义者首先面临的一个任务。亚历山大在其四卷本的巨著《社会学的理论逻辑》一书中,尤其是在第一卷《实证主义、假设和当前的争论》中,首先在这方面做了有益的尝试。

亚历山大指出,在对于科学的本质及其内部各因素关系的问题上,存在着两种不同的理解。一种是实证主义的理解,也是在社会学中影响最为广泛的一种理解。这种理解最关键的预设就是认为事实(经验)陈述可以和非事实(非经验)陈述及关于一般问题的论述相分离。由此出发,实证主义进一步包含以下几个基本预设:由于上述分离,哲学或形而上学性的一般理论对以经验研究为取向的社会科学而言不具有重要意义;没有这种非经验的参照物是自然科学的显著特征,真正的社会学也应具备这种"科学"的自我意识;在完全排除了"哲学"因素的科学里,经验观察无可非议地成为主要任务,任何理论问题只有通过它才能得到恰当的解决。这几项预设在社会学中就表现为强调以经验观察为基础,通过归纳经验观察的方法来逐级概括,最终得出一般性的理论陈述。亚历山大认为,这种将科学研究视为单向运动的观点,必然会导致米尔斯所说的想象力的枯竭。由于过分强调经验观察和证实的作用,必然会极大地缩小经验分析的范围,致使经验概括越来越停留在简单相关分析的水平上;同时,社会认识论问题逐渐变成单纯的方法问题,使社会学研究日益专注于统计分析等量化技术的改进,以为科学进步主要就依赖于这种改进。

对科学本质及其内部要素之关系的另一种理解是非实证主义。这种理解完全忽视经验观察在科学研究中的作用,认为科学知识本质上只是一些非经验性的规则。与实证主义专注于经验归纳活动不同,非实证主义专注于理论之间的分析与综合,忙于"尝试将理论观点还原,或'合并'为种种这样或那样的特殊的非经验规则,比如,理论经验主义就曾尝试将社会学理论还原为关于方法的种种假设,把冲突理论还原为在某一特殊时间点上经验世界的相对均衡,把反功能主义的观点还原为有关科学模型的本质的假设,把意识形态批判论还原为理论家的观点中的政治内容"[13]。

亚历山大指出,这两种理解对于科学本身的发展都是有害的。他认为,"科学是由多维层次构成的连续整体——从最一般的、形而上学的假设到较具体的理论假设和模型,再到更为经验性的假设和方法原则,最后过渡到与经验相关的假设和'事实'"[14]。他以图2-1对他所理解的"科学连续体"进行了形象描述。

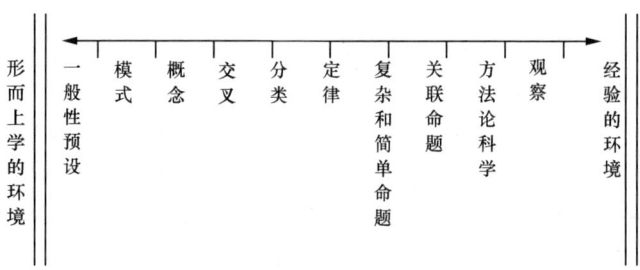

图 2-1 科学连续体及其成分

亚历山大认为,科学连续体中每一层次之间在研究规则上都具有相对独立性,虽然同时彼此间还有高度密切的联系。"社会学理论逻辑的任务就是要解释这些科学规则的作用及其内部相互关系。而且唯有对科学加以这样的区分理解,才能解释唯心主义者同实证主义者或唯物主义者之间的分歧,才能真正理解科学本身。因为这样能够清楚地看到任何科学的结论都是经验环境与形而上学环境两个层次之间交互作用的产物"[15]。

亚历山大称这种关于科学实质的观点为"后实证主义"的观点。他追溯了科学哲学的发展历程,认为当代科学哲学的发展经历了三个时期。20世纪三四十年代,激进实证主义科学观得到学术共同体的普遍支持,科学被认为是在归纳概括和经验证实之间来回摆动。20世纪50年代始,逻辑经验论开始意识到诸如概念化与模型化等理论要素的独立贡献,但仍认为一切理论陈述都必须也可以经受经验检验。20世纪六七十年代后,后实证主义或后经验主义的科学观开始得到支持,虽然它的出现要更早一些。波兰尼(M. Polanyi)强调"观察"的性质依赖于科学家的理论能力以及理论框架;柯耶尔(A. Koyre)则分析了伽利略想出运动原理的哲学与文化背景,指出实验并不能成为把经验归纳成理论的起点。最有影响的后实证主义者当推托马斯·库恩,他把科学描述为双向的过程,由经验观察与先验的"范式"框架之间的互动来决定,因此"范式"或理解的框架同经验具有同等的重要性。

尽管后实证主义将理论研究与经验研究同等看待,但由于后实证主义是作为实证主义的对立立场提出来的,因此它实际上更为强调的是理论研究的作用,只不过与非实证主义不一样,这种对理论研究的强调并不导向对经验研究的忽视。亚历山大概括了后实证主义的四个基本原则:(1)所有的科学资料数据都是由理论内在构成的;(2)经验的承诺并非单纯以实验证据为基础;(3)一般理论在常态上是独断论的和水平向的,而非怀疑论的和垂直向的;

(4)科学信念的根本转变只有当出现了其他理论框架从而是以应付新经验时才会发生,因此理论争论是科学变化的动力之一[16]。这四个原则突出的都是理论在科学研究和发展过程中的地位和作用。亚历山大据此认为,对社会学研究来说,既要重视以经验观察为基础,从经验观察中归纳出概括性的认识,更要注重以一般性的理论分析为指导,从一般性的理论分析过渡到具体的经验研究。概而言之,理论研究与经验研究并重,通过二者的双向运动来推进我们对社会的认识,这就是亚历山大为新功能主义确立的方法论立场。

第三节 新功能主义与社会行动理论

帕森斯以前的功能主义理论都没有包含明确、系统的行动理论。把"行动"及关于行动的研究引入社会学领域,主要是理解社会学的开山祖师韦伯的功绩。而在韦伯的基础上,把"行动"及关于行动的研究引入实证主义的功能主义理论当中,则是帕森斯的功绩。帕森斯试图通过这一做法,将理解社会学对微观个人行动的强调与实证的功能主义社会学对宏观社会结构的强调结合起来,以克服传统功能主义只重宏观不重微观、只重社会不重个人的缺陷。就行动理论本身而言,帕森斯也试图通过多方面的综合来建立起一个更一般的行动理论框架,提出行动是一个包括手段、目的、规范、条件与主观努力等多种要素在内的具有多方面属性的动作过程[17],单纯把其中的某一类要素或属性抽出来对行动进行描述是不合适的。然而,尽管帕森斯试图以微观行动的理论来作为他整个社会学理论的基础,也尽管他的行动理论框架本来具有较大的包容性,但在其总的理论偏好与发展取向上,帕森斯却倾向强调行动受规范制约的一面,偏好于用"规范性行动"或"志愿性行动"作为描述人类社会行动的基本模式。由于这种偏好,行动者为实现目标所做的各种主观努力这个对行动过程具有重要意义的方面被有意或无意地忽略了,行动者成了一个其内部主观状态不明的"黑箱"[18]。在帕森斯中期结构功能主义色彩最浓厚的著作中,这种内部努力状态不明的"规范性行动"过程,逻辑地被演绎成为个体通过社会化在社会规范与社会期望指引下的简单的角色执行过程。这种"过度社会化"的关于人及人的行动的形象,正是帕森斯理论受到强烈批评的一个方面。符号互动论、本土方法论、社会现象学、社会交换论等"微观社会学"理论正是针对帕森斯理论的这个基本缺陷而兴盛发达起来的,对行动者内部努力过程(理解意义、确立规则、计算得失)的探究正是各种微观社会学理论的基本目标[19]。为了消除帕森斯理论的上述重要缺陷,许多新功能主义者做出了积极的努力。亚历山大则是其中的代表人物之一。

亚历山大在吸取符号互动论、本土方法论、社会现象学、社会交换论等微观社会学理论合理思想的基础上,提出了一个更具综合性的微观行动理论模式。亚历山大提出行动总是沿着两个基本的维度进行。这两个基本维度就是解释(或理解,interpretation)与谋划(strategization)。行动不能像帕森斯想象的那样理解为高度规范化或机械化的过程。行动,正如符号互动论/社会现象学者所指出的那样,首先是理解性的;但行动并非只是理解性的,它同时也如交换论者所指出的那样,是实践的与功利性的。解释与谋划,是任何行动过程在任何时间点上都包含着的两个不可分割的方面;它们只能在理论上作为两个分析的要素而被区分开来,因此,绝不能把它们设想为两类不同的行动或同一行动过程的两个不同的阶段。"解释"又包括两种不同的过程:类型化(typification)与发明(invention)。对于类型化过程,舒茨的社会现象学与加芬克尔的"本土方法论"都做了详细的研究。这些研究表明,"类型化"是我们日常生活中解释事物的基本方式。而人们之所以常常采用类型化方式来解释世界,是"因为他们充分期望每个新的印象都将是他们已经发展起来的对世界所作的理解的一个类型。这种类型化方式不仅仅是在传统的总体水平上起作用。即使当我们遭遇某些新的和令人激动的事物时,我们也期望这种新的特性和令人激动的特性是可以被理解的,它将被我们在我们已拥有的参考词汇范围之内所认识。我们无法将自己从我们的分类系统中剥离出来"[20]。就以"类型化"作为认知的一种基本方式而言,最现代的心智与最古老的心智之间并无重大区别。所谓的"社会化",就是学习掌握各种类型:"每个集体的成员都必须学会给每一种可能的情境作出解释,取出名称,找出它们的类型词汇。"[21]然而,"类型化"并不是人们理解现实的唯一模式。尽管我们总是力图将遇到的每一事物都概括到我们已有的分类框架中去,但真实的事物总是每每不同,我们总会遇到一些用现有的分类系统无法涵盖的新现象、新性质,这时我们就需要创造一些新的范畴或类型来表示它们。这个过程就叫"发明"。归类与发明构成了解释过程的两个基本方面。我们就是通过这两种方式来达成对现实的理解。与解释过程并列,"谋划"则构成行动过程的另一个方面。"行动不仅仅是理解世界,它也改变和作用于这个世界。行动者寻求通过马克思所说的实践(praxis)来贯彻他们的意图,由此他们必须协同他人或他物一道行动,或者通过行动来抵制他人或其他事物。这种实践行动肯定只能发生于确定的理解范围之内,但在对事物清楚理解的基础上它引入了策略性的考虑:使成本最小化和使报酬最大化。"[22]因为实现我们的意图需要时间和能量,而时间与能量是有限的,因此它们必须根据最小费用原则来加以配置。"谋划"或"策略计划"由此便成为行动过程中一个必不可少的部分。亚历山大认为,行动中的这两大方面是相互交错又相互影响的。"谋划"须以"解释"作为基础,而我们的策略计划过程也影响了我们对世界的解释或理解过程。我们并不试图去"理解"进入我们意识中的每一种现象。我们对时间、能量、可能获得的知识、目标实现难易程度的考虑,显然会影响我们的认知过程。我们多半会选择在未来的偶然环境中估计最可能、最容易达成的目标来作为我们的优先认知对象。通过这种集符号互动论、解释学/现象学及交换论于一体的对行动理论的"解释学的重建",亚历山大认为他揭示了在帕森斯那里处于"黑箱"状态的行动的内部过程,描述了行动所具有的偶然性与创造性本质。按照这种模式,行动不再是一种木偶式的"规范性行动",而是一种积极的、能动的理性行动;它不再是简单地遵循文化与社会环境的压力,而是积极地去寻求改变它所遭遇的环境。当然,作为一个功能主义者,亚历山大没有忘记划清他与"主观社会学"的界限。他在将行动偶然性与创造性的思想引入功能主义的同时,也重申了功能主义关于环境对行动具有强制性的思想,指出偶然行动的思想也就蕴含了"它所发生于其中的环境的非偶然性";"理解偶然性就是理解它必须趋向于强制,理解偶然性的维度就是理解它在这样一种强制性环境中的变化";"如果我正确地概括了行动,那些环境将被视为它的产物;如果我正确地概括了环境,行动将被视为它们的结果"[23]。既坚持环境对行动的强制性效果,又强调行动的偶然性与创造性,强调行动对环境的变革作用,这就是亚历山大为功能主义提供的一种新的"行动"模式。

除了亚历山大以外,还有一些新功能主义理论家,如芒奇等也对帕森斯的行动理论作了一些新的论述[24]。其基本特征与亚历山大类似,也是试图改变帕森斯理论中"规范性行动"模式的被动形象,将行动的偶然性、创造性特征引入到功能主义的行动模式中去。限于篇幅,兹不赘述。

第四节 新功能主义与社会结构理论

把社会看成是一个由内部各部分、各层次之间相互联系、相互制约而构成的一个相对独立于个人的有机整体,是传统功能主义关于社会结构的基本观点。不过,在帕森斯以前,功能主义传统的社会学家们大都把社会结构当作一种完全独立和超越于个人行动之外的客观实在来加以研究,无视社会行动与社会结构之间的相互作用。与此不同,帕森斯则企图将韦伯关于社会结构不过是个人社会行动之集合的思想与传统功能主义关于社会结构是一个具有相对独立特性之有机体的思想结合起来,以使传统功能主义的社会结构观更为完善。帕森斯首先将"行动"与"体系"相联结,提出了"行动体系"的概念,然后又进一步提出了著名的 AGIL 四功能模式作为分析行动体系之结构的基本工具。按照这个模式,人类是生活在由许多"单位行动"联结而成的行动体系当中,行动体系则是一种多层次的结构系统,每一层次都具有四种基本的功能要求,即适应、目标达成、整合和模式维持;为了满足这四种基本的功能要求,行动体系就必须分化为四个相应的子系统,以分别执行四种系统功能;行动体系首先分化为行为有机体系统、人格系统、社会系统和文化系统四个子系统,每个子系统又进一步分化为四个子系统(如社会系统又分化为经济、政治、社会文化和社区四个子系统),如此一级级分化下去;行动体系各层次的四个功能子系统之间不仅是一种相互区别、相互联系的关系,而且还是一种控制等级关系。根据这种描述,社会系统既是一个由内部各部分之间相互联系、相互制约而构成的一个具有相对独立特性的有机体系,同时又只不过是整个行动体系的一部分;它由人类的"单位行动"所构成,又与行动体系的其他部分(有机体、人格与文化系统)相互区别、相互联结,共同形塑了人类行动本身。帕森斯的"行动体系"概念,以及他用来分析行动体系的四功能分析模式,既表达了社会结构的行动性质,又表达了行动的结构—功能性质。不过,在帕森斯的著作中,他更为强调的实际上是行动的结构性质(强调行动受其结构制约的一面)和行动结构的功能特性(行动体系是一个功能协调的合意系统)。帕森斯著作的这一方面后来受到了来自微观社会学(互动论、交换论等)与冲突社会学两方面的攻击。微观社会学批评帕森斯过于强调了行动对结构的受动性,忽视了行动之间的冲突和行动体系的强制性。对帕森斯行动体系理论的这两个缺陷进行修正,成为新功能主义社会学理论的一个基本生长点。作为"功能主义"者,新功能主义社会学家多数沿袭了帕森斯关于行动体系的概念以及他的四功能分析模式;但作为"新"功能主义者,他们中的一些人如罗西、亚历山大、芒奇、艾森斯塔德等则吸收了微观社会学与冲突社会学的一些合理思想,对帕森斯的行动结构理论及其分析模式作了一系列的修正和改进。

亚历山大区分了行动与行动的环境两个方面,提出 AGIL 四功能分析模式不能用于分析行动自身,而只能用来分析行动的环境。与帕森斯不同,他认为具体的行动是不能被分析性地割裂为不同的系统要素的。人格系统、社会系统、文化系统等并非是作为行动本身的要素,而只是作为行动的环境因素进入行动过程当中的。因此这些系统也只是作为具体行动的一种外部环境来对行动产生影响的。作为具体行动的外部环境,它们为行动提供真实的行动目标、手段、社区支持、规则、意义框架和心理条件等。这些环境要素既是具体行动赖以展开的前提条件,同时又是具体行动的产物。行动者在它们提供的限制范围内展开行动,同时又不断地突破这种限制,创造新的行动环境。因此行动并非只是简单地受人格系统、社会系统、文化系统这些环境因素的规制,行动与环境之间是相互制约、相互构造的[25]。

罗西则对帕森斯 AGIL 四功能模式中蕴含的"文化决定论"倾向进行了批评,提出要对四功能模式进行"辩证再解释"。他明确表示不同意帕森斯的"文化决定论"。"因为,在我看来,行动的四个子系统或更精确地说是四功能范式的组成部分处于辩证地构成的互动之中","四子系统通过它的既相互区别又相互补充的差异而相互建构。一方面,每个子系统都必须保持其分析特征从而使其在组织焦点上与其他子系统相区别,但同时任何子系统的存在又是以其他子系统的相互对立为条件的。就此而言,子系统又是相互建构"[26]。例如,"社会系统和人格系统的相互渗透是指,除非参与一个社会系统,否则人格系统无法存在。……反过来,社会系统无不产生于社会成员的人格所由构成的行动系统诸部分的整合"[27];同样,尽管只有参与文化系统之中,人格系统才能存在,但文化系统也只有当它可以内化于人格系统时才能存在。因此,行动体系的四功能部分之间不是一种机械的控制等级关系,而是一种辩证的相互建构关系。这种辩证的相互建构关系,在四功能部分之间(尤其是行动体系的集体组成部分社会系统和文化系统与个体组成部分有机体系统和人格系统两大部分之间)造成了一种持续不断的辩证张力。这种辩证张力的存在使得行动体系的结构既带有部分决定论的性质,又在一定程度上可以为行动者所改变。

芒奇也通过将"符号复杂性"与"行动偶然性"两个因素引入 AGIL,从而对 AGIL 模式作出了重大的推进,使得帕森斯的 AGIL 四功能模式与微观社会学对行动者主观意义及行动偶然性的强调能够结合起来。他提出行动总是发生于一个可由"符号复杂性"与"行动偶然性"这两个维度来加以刻画的空间之中。首先,人类行动是一种符号控制下的有意义的行动,指导人类行动的这些符号其数目与相互依赖性(也即其复杂性)在不同的行动过程中是各个不同、变化不定的。其次,人类行动是一种符号控制下的有意义的行动,这个特征本身就蕴含了人类行动的偶然性。人类行动潜在的可能性空间是随控制它的符号系统的不同而不同的。越是开放的符号系统,其涵盖的可能性空间就越大,它控制之下的人类行动的偶然性也就越大;反之亦然。将这两个基本维度相交叉,可以将人类的全部行动空间划分为四个在"符号复杂性"与"行动偶然性"方面互不相同的行动领域。这四个行动领域与帕森斯的 AGIL 四功能领域正好是对应的。在执行系统适应功能的行动领域内,行动具备高度符号复杂性和高度偶然性;在执行目标达成功能的行动领域内,行动具备高度的符号复杂性和低度的偶然性;在执行整合功能的行动领域内,行动同时具备低的符号复杂性和低的偶然性;在执行模式维持功能的行动领域内,行动则具备低的符号复杂性和高的偶然性[28]。由于"符号复杂性"与"行动偶然性"这两个行动维度的引入,帕森斯 AGIL 四功能分析模式的决定论色彩大大降低了,行动在结构中的自由度大为拓展,在功能主义范围内来对行动主体的能动性进行考察便具有了可能。

如果说上述几位学者主要是通过吸收微观社会学的一些有关思想来对帕森斯的社会结构理论进行修正,那么艾森斯塔德则是通过吸收冲突社会学的一些有关思想对帕森斯的社会结构理论进行了重要的补充。艾森斯塔德对功能主义社会结构理论的重要贡献之一,是把冲突社会学中的利益群体、利益群体结构以及群体冲突的概念引入了功能主义理论。艾森斯塔德将社会系统的不同功能需求与具体社会群体的利益联结起来,指出社会系统的不同功能部分同时也是有着不同利益和目标的社会群体,它们在履行着社会功能的同时,也在追求着自身的利益,为控制更多的权力与资源而努力。社会结构不仅仅是一种功能关系结构,而且是一种利益关系结构;社会的结构—功能分化过程同时也是社会的阶级或阶层分化过程[29]。由于社会的各个群体在利益与目标上存在着差别,因此社会也不可能是一个简单的合意系统,社会的结合必然带有不同程度的强制性。努力在这种带有一定程度强制性质的社会结合中占据更好的甚至主导的或统治的地位,是各个利益群体的行动目标之一。通过把功能关系结构的概念与利益关系结构的概念相联结,艾森斯塔德把结构功能主义对社会结构—功能关系的强调与冲突社会学对社会利益—强制关系的强调协调了起来,弥补了传统结构功能主义理论忽视社会强制性质的缺陷。

第五节 新功能主义与社会过程理论

包括帕森斯在内,所有的传统功能主义社会学家们都侧重把社会运行过程当作一个合意的、协调的、均衡的过程来加以考察。自然,帕森斯在这方面所做的分析也是最为精致的。按照这种分析,整个社会过程在理想状态下可以描述为构成社会系统的全体成员在某种共同认可的社会意识、社会规范以及社会整合机制的作用下,相互协调、相互配合,共同致力于满足各种社会功能需要的过程。这种描述所涉及的一个关键问题是:无数孤立的个体行动是如何构造出这种合意的、协调的、均衡的总体过程的？帕森斯归纳出两个基本的社会机制来回答这个问题。一是个人的"社会化"。在"社会化"过程中，社会努力将它对个人在能力、规范、价值等方面的期待与要求灌输到个人的人格结构中去，个人则将社会对它的种种要求努力内化到自己的人格结构中来。正是通过"社会化"过程，个人才转变成为一个与社会期待相符合的"社会角色"。社会化了的集体成员，将共同按照社会的需要来进行分工合作、创设规章制度、协调各自的行动，使社会合作得以顺利进行。但"社会化"过程并不是完全的、充分的。个人的需求、意志、能力不可能充分地与社会的期待相吻合，任何时候总有部分"差异行为"出现，因此必须有另一方面的机制来处理这类行为，以确保社会合作的成功。这就是社会控制机制。通过社会控制机制，差异行为或是得到部分的预防，或是在出现后得到部分地减弱和各式各样的矫正，差异行为者的"正常"行为功能得到恢复，社会合作的正常秩序便得以维持。传统功能主义对社会过程的这种描述，凸显了社会过程的整体性质、合意性质和规范性质，忽视或掩饰了社会过程中个体行动的能动性质、利益性质以及社会过程的冲突性。这种社会过程观也理所当然地受到了符号互动论、冲突论、交换论等其他社会学理论流派的批评。为了弥补帕森斯主义社会过程观的缺陷，新功能主义者们吸取了符号互动论、交换论与冲突论者的批评意见，对帕森斯的社会过程观进行了新的阐释。

例如，亚历山大在区分行动与行动环境的基础上，指出社会运行不单纯是行动者（社会成员）被动地服从社会安排，机械地履行社会角色的过程。社会系统、文化系统、人格系统只是作为行动的外部环境进入到个体行动过程当中去，它并不对个体行动形成一种唯一性的约束，而是为个体行动划定一个可能的行动空间。行动者作为行动的主体，随时随地都在对其所处的社会文化环境进行解释和谋划，制定出自己的行动策略，作出自己的行动选择。因此，在社会的结构性约束与行动者的主观能动性之间并不存在着不可调和的矛盾。社会环境只是为行动者的行动限定了一个变化和选择的范围，而行动者所作出的行动选择反过来也会影响整个社会环境的变化。因此，社会过程是行动者与其所处的社会环境之间不断相互作用、相互构造的过程。不过，就亚历山大而言，在行动者与社会环境的相互作用中，他更强调的是社会环境对行动的约束作用，认为这种约束是微观的个体行动秩序形成的基础，宏观社会环境正是通过其对个体行动所施加的一定的约束，确保了整个宏观社会过程的有序运行[30]。

芒奇也从行动与结构相互作用的角度，对社会过程作了新的阐释。与亚历山大相比，他的分析显得更为精细。以他对行动领域的四种基本类型的分类模型为基础,芒奇提出了微观互动的四种基本类型:市场交换、政治决策、社区互动和理性讨论。这四种微观的互动过程构成整个社会过程的基础。芒奇指出,这些微观互动过程具有两方面的性质:一方面它们必须以一定的前提作为自己的出发点,而这些前提无论从时间上和空间上看都是处于它们的互动情境之外的,是在它们之前和在它们之外的人们互动的产物,"就这些前提与结果超越了互动情境而言,它们具有给定的和宏观结构的特征"[31]。从这个意义上,我们说微观的行动与互动必须以宏观的社会结构作为自己的前提,在一定程度上受到后者的约束。另一方面,每一次微观互动的结果也对未来进一步的互动过程产生或多或少的影响。对未来将要进行的互动过程而言,现在正在进行的互动过程的结果也是外在的、既定的,因而也是它们借以发生和受其约束的宏观结构前提的一部分。从这个意义上,我们又可以说微观的行动与互动也影响着或改变着它们借以发生和受其约束的宏观结构前提。可见,微观互动与作为其前提的宏观结构之间是相互作用、相互影响的。"对正在进行互动的行动实体来说宏观结构是给定的、在互动情境中不可改变的,因为它们是在这个互动情境之外的时间中与空间中创造出来的。与此同时。由于互动对宏观结构所施加的影响,它们又是可以被正在进行互动的行动实体所改变的;但这种变化仅仅只是对未来的互动而不是对当前考虑之中的互动情境有效。"[32]芒奇还对上述各种互动类型和其宏观结构性前提之间的相互作用进行了具体的说明。他指出,每种互动类型都有一些与它们各自本身的特征相联系的前提与结果,同时也都有一些与其他互动类型的特征相联系的前提与结果。例如,在市场交换中,自我和他人从一个既定的货币收入、商品和劳务方面的分配格局出发,这个分配格局是先前许多其他交换者交换活动的结果;与此同时,这一次交换的结果又会影响到货币收入、商品和劳务在未来的分配格局。此外,交换也要以结构性的规范作为自己的一种前提,这种结构性规范不是由参与这次交换的交换者创造,而是由一大批在时间和空间上处于这次交换情境之外的交换参与者组成的交换者共同体所创造的。与此同时,就结构性规范会被交换者根据他们在交换中获得的实际经验而加以改变而言,交换也影响着结构性规范的变化。成文的契约法是交换的政治性前提,它也会根据交换者的经历被加以改变。普遍的价值观则是交换的文化前提,它们为契约形式的合法化设立了一个框架,而交换也对普遍价值观不断产生动态的影响,因为它不断地使这些价值观面临一些新的必须"文化地"加以回答的问题。同样,政治决策也是一方面以先前政治决策活动中所形成的一些成文法,以在时空上处于这次政治决策情境之外的许多行动者组成的社区创造的规范性规则,以普遍性的价值观作为自己的前提,另一方面又对这些成文法、规范性规则和普遍价值观产生深远的影响。社区互动和理性讨论也都是如此。芒奇还指出,在现实生活中,各种微观互动与宏观结构之间是相互渗透、相互交错的,因而它们之间的相互作用实际上也是异常复杂的,远不是上面所说的那么简单。通过这些分析,芒奇表明了社会过程并不单纯只是行动者被动地履行宏观结构性安排的过程,而是行动者的微观互动与宏观结构之间相互影响、相互创造的过程。

与其对帕森斯结构理论的修正相适应,艾森斯塔德也把冲突论的有关思想引进功能主义的社会过程观,用冲突论的有关思想来对帕森斯的社会过程观进行修正。与帕森斯对社会过程的描述不同,艾森斯塔德把社会过程描述成为一个充满利益冲突的过程。在早期的两篇文章《制度化与社会变迁》和《社会变迁、分化与进化》中,艾森斯塔德认为,在一定的背景条件上(如人口增长、资源稀缺等),社会必然产生冲突与失序。社会通过发展出一些更为特殊的结构来回应这些冲突,由此产生了社会分化,整个社会系统也由此分化为一些相互联系的子系统。然而社会对冲突与失序的这种回应并没有也不可能终结社会冲突与失序。因为结构分化既是功能性的,又是利益性的,社会的不同功能部分同时也是不同的利益群体,他们在承担社会功能的同时也在追逐着自身的利益,在资源稀缺等背景条件未变的情况下,这种不同群体对各自利益的追逐必然会持续不断地产生群体间的冲突。艾森斯塔德进一步解释道,社会分化最先总是由一些在主要制度领域内占据"策略性角色"位置的人所倡导的。这些人试图扩大自己的影响范围和发展他们各自领域的潜在可能性。"新的分化结构仅仅是通过按自己的利益来行动的那些群体确立起来的,这一事实解释了为什么通过社会变迁而产生的制度反过来又会产生它自己的新问题。"[33]为了维持他们已确立的社会结构,那些倡导者集团将做出持续的努力从不同的群体与个体那里调动各种资源,来维护系统的各种价值、符号和规范的合法性。这些努力将对社会中不同群体的地位产生明显的影响,引起他们之间权力平衡和他们对既定制度体系及其价值观的态度取向上的持续变化。由于分化是由特殊的群体来实施的,以及由于新的分化的制度的维持依赖于只能从其他群体那里获取的各种资源,社会的分化过程必然内在地引起群体冲突。"任何社会或集体中的大多数群体,在他们对任何此类制度的态度方面都倾向于显示出一定的自主性,并且,在他们向新的系统提供所需资源的意愿的程度和能力方面有着很大的差异或变化。"[34]其中,最不愿意或最无能力满足系统资源需求的那个群体,将发展出对新的统治群体的要求更具对抗性的组织与意识形态,他们与统治群体间的冲突也将最为激烈。

在后来与他人合著的《社会学的形式》一书中,艾森斯塔德又提出社会冲突与失序是植根于人类的先天本性的。他认为,人类的基因符码(genetic code)是开放的,它必须通过符号形式和技术性组织来被"强制性地加以结构化"(be arbitrarily structured)。然而这种结构化的行动本身又产生了一种对于变迁和失序的开放性。因为符号形式与工具性技术进步的细节是无法完全确定的,它们只能在具体的互动中逐步显露;这种开放性反过来又产生了有关人类目标与活动的自由性与可变性、有关人格冲动的控制、有关贵重资源的稀缺性以及有关人类生命本身的持续性等方面的巨大的焦虑。这些焦虑一方面通过人类的宗教、哲学、科学和艺术等各种文化形式表现出来,另一方面引起了有组织的努力和冲突,破坏了社会成员之间的信任感。为了寻求和发展人们之间的相互信任感,社会发展出一些组织性的框架和机制来规范劳动分工,一些象征性符码来结构化社会情境。但是,在社会发展出来的意义性合约、符码和用来规范劳动分工的组织框架、机制之间并不存在着完美的适应。这些为促进信任而发展出来的结构之间的紧张反过来又会危及信任的维持。这种紧张产生了新的象征性符码。这些新的象征性符码将人们对劳动分工的不适应感转换成强调失序和组织性专权的批判性意识形态。由于这些批判性符码必须在每一场合具体地加以定义,不同传播群体之间的差别便迅速地发展起来。这些差别反过来又加剧了上述紧张。在这种令人不满的情境下,各行动者群体便纷纷抢占接近关键性资源和位置的通道,颁布支持他们自己的立场与利益的规则。对每一群体之外的社会成员来说,这些规则常常显得是专横的、强制的和不公正的,群体冲突由此接踵而来。作为对这类冲突的反应,在几乎所有的社会中都产生了详细的、不仅用于控制符号互动也用于控制接近贵重资源机会的各种基础性规则。那些基础性规则构成了社会的"深层结构",它们是通过不同类型的"事业家"或发明者之间有意或无意的联盟建立和维持起来的,那些联盟试图控制对社会结构的确定具有关键意义的符号和资源的流动。然而,艾森斯塔德指出,尽管这些基础性规则是用来处理社会秩序问题的,但"它并没有解决它们;它仅仅将它们转换到一个新的水平上"[35]。因此,社会冲突将始终存在。

总而言之,社会运行并非一个合意的、协调的、均衡的过程。在社会运行过程中,社会冲突是无时不在、无处不在的。从这个意义上说,社会运行也不是行动者单纯被动地服从"社会安排"的过程,而是在既定的结构框架内自主地追逐自身利益与目标的过程。社会冲突与失序,正是导源于行动者之间对自身利益与目标的这种自主追求。艾森斯塔德通过将冲突论思想引入到功能主义框架中来,对功能主义社会过程观做出了重要贡献。

第六节 新功能主义与社会变迁理论

帕森斯早期的著作很少涉及社会变迁问题,这使得人们批评他的理论不能描述和解释社会变迁过程。部分地作为对这些批评的一种反应,帕森斯晚期与其支持者们逐渐把注意力转向了对社会变迁过程的研究,提出了一个被称为"分化理论"的功能主义社会变迁理论。这个理论的基本点是:(1) 社会变迁的基本形式是社会分化,社会变迁的基本趋势是不断地从功能重叠的简单结构向功能特化的复杂结构演进;(2) 提出推动社会分化的基本动力是社会的功能需求以及由此导致的结构性压力,每个社会都有一定的功能需求,当这些功能需求未能得到充分有效的满足时,就会对社会结构产生一种压力,迫使社会创造出一种更为有效、更为分化的结构安排;(3) 社会分化的结果是不断提高社会系统的效率和效力;(4) 社会分化过程包括分化、适应性增长、包容和价值概括化几个基本环节[36]。

然而,这个最初的分化理论又引起了人们对它的新的批评。人们指责它:(1) 关于社会分化是社会变迁基本形式的说法过于空洞抽象,缺乏对变迁过程的历史与经验的专门分析;(2) 对社会变迁动力的解释过于简单,未能对卷入社会变迁的具体社会群体的作用进行考察,也忽视了权力与冲突对变迁的影响;(3) 认定分化必然导致系统效率与效力的提高,这点值得置疑;(4) 对现代社会的状况过于乐观,与整个结构功能主义理论一样内在地具有保守倾向。在一定程度上,当代的新功能主义者们承认了上述批评的合理性,并做出了积极的努力,试图在坚持分化理论基本框架的基础上进一步推进分化理论。按照柯罗米的归纳,他们的努力主要指向四个方面:

一、扩展原初分化理论模型的经验范围

虽然几乎所有的新功能主义者依然坚持分化是社会变迁的基本趋势,但他们中的许多人通过自己的研究明确地提出,在经验世界中有许多社会变迁过程与分化的"大趋势"并不一致甚至完全背离。例如,鲍姆和莱切尼尔等人强调指出,除了分化以外,在社会变迁过程中还存在着"逆分化"(dedifferentiation)现象,即拒斥社会的复杂性而促使社会组织朝着较低分化水平的方向变迁,如"原教旨主义"运动等。在现代社会,"逆分化"现象多数是作为一种对现代化不满的结果而出现的[37]。钱帕基(D. Champagne)等人则提出了"不平等的分化"(unequal differentiation)的概念,用来表示不同的功能领域在分化的速度与程度

上存在着较大差异这种现象。钱帕基以他对 Tlingit 社会的经济研究来说明这个概念。他指出在 Tlingit 社会中,由于西方入侵的影响,经济与政治领域同传统的亲属结构之间产生了较高程度的分离,而团结与文化系统却仍然与传统主义混淆在一起[38]。与此相应,柯罗米等人又提出了"不平衡的分化"(uneven differentiation)这个概念来与钱帕基的概念相补充。"不平等的分化"指的是不同领域或制度之间在分化速度与程度上的差异,"不平衡的分化"则指的是某一制度部门或角色结构在不同地域之间分化速度与程度上存在的差异[39]。柯罗米研究了大众政党制度初起时在美国不同地区之间发展速度与程度上的差异,亚历山大、罗德斯等人则分别研究了更为分化的新闻媒介制度、高等教育制度在不同国家之间发展速度与程度上的差异,等等[40]。此外,斯梅尔塞则提出了"受挫的分化"(blunted dicerentiation)这一概念,用来揭示某种分化过程受到阻碍这种现象。他举例说,在英国,允许工人子女进正规的初级学校这一制度当初就曾因资本家和工人家长从维持"家庭经济"角度出发极力反对而受到严重挫折,等等[41]。上述所有这些研究都对传统分化理论对分化的描述作出了重要补充。

二、超越对分化的纯系统论或进化论的解释

许多新功能主义者都指出,分化不能被理解为对结构性压力的"自然的""不可避免"的一种反应,也不能被理解为系统内在固有的趋于更高效率的一种冲动,单纯的结构性压力本身并不会自动地、千篇一律地产生出高水平的社会分化[42]。社会变迁过程是由具体的社会群体来完成的,因此它在很大程度上受到具体群体的动员,群体关系格局以及群体内外冲突等因素的影响。艾森斯塔德在《帝国的政治体系》等著作中,对具体社会群体的动员、群体联盟的形式、群体对相关资源的控制以及群体冲突给予了相当的注意,将它们视为影响制度变迁过程的重要因素。艾森斯塔德还提出了"制度提倡者"(institutional entrepreneurs)的概念[43],认为结构变迁的发生以及它采取的特殊方向在很大程度上也为制度提倡者的活动所形塑。他进一步指出,这些制度提倡者并非"系统适应性"的无私的代理人。相反,他们对新结构的倡导部分地是他们自己的利益所驱使。然而他们也不能简单地将自己的意愿施加于较大社区之上。他们的特殊利益尤其为他们同盟者的利益、为他们所求以使其制度性要求合法化的文化形式、为作为其活动条件的周围社会环境、为他们对手的冲突性的利益所限制。对制度分化的一种充分解释必须考察这些因素。在较晚近的一篇文章中,艾森斯塔德又提出要重视精英群体对结构变迁的影响[44]。他认为精英活动是制度化的一个相对自主的方面,精英的活动与眼光以及精英之间的冲突对结构分化的形式与方向等有直接的影响。艾森斯塔德提出的这些概念与思想被斯梅尔塞、柯罗米、罗德斯等人进一步加以拓展。他们不仅以许多不同的案例研究验证了上述思想,而且还提出了一些相关的新概念、新思想来补充它。如柯罗米在"制度提倡者"概念的基础上,又进一步提出了"制度追随者""制度保守者""制度迁就者"等概念,认为结构分化直接受到这些群体之间相对力量及冲突的形式与过程的影响,等等[45]。新功能主义者们试图以这种突出利益冲突在结构变迁过程中之作用的"利益模式"(interest model)来补充过去那种单纯强调结构压力导致变迁的"压力—分化"(strain-produces-differerfiation)模式,或"问题—解决"模式(problem-solving model)[46],把个人与群体的能动作用、利益与冲突等因素导入分化理论,使分化理论更具现实解释力。

三、增加社会分化结果的可能性范围

效率的增长与整合能力的提高是传统分化理论认定的两个主要社会进化结果。新功能主义者们则普遍认为,效率的增长与整合程度的提高只是理论上与经验上的可能性而非分化过程的必然产物,他们拒斥分化会自动增加系统效率与整合程度的观点,指出社会分化的结果可能是多种多样的[47]。亚历山大提出功能性的分化和相对自主的亚系统及精英的出现会促使现代社会冲突数量的增加,但同时也会缩小冲突的范围[48]。斯梅尔塞等人指出分化出来的制度为各群体提供了重新组合的新的利益基础[49]。罗德斯则指出分化结构中那些保守团体对既得利益的维护将一种僵化的、固定不变的因素导入了社会系统,从而削弱了系统对变化了的环境的适应性[50]。苏里(D. Sciulli)认为高度分化的现代社会存在着趋向专制权力和官僚权威主义的危险,但也存在着以程序规范为前提的"社团结构"来有效控制这种趋势的可能性[51]。芒奇则对"整合"的概念进行了补充,指出各个分化的亚系统之间除了以帕森斯曾经提出的"相互渗透"的形式发生相互关系之外,还存在着其他不同的关系形式,如相互调节、相互孤立、单方面的控制等等[52]。所有这些对分化之后果的重新探讨都对传统的分化理论形成了这样或那样的补充或修正,提高了分化理论在预见分化结果方面的灵活性。

四、改变原初理论"价值无涉"的形象

针对功能主义的反对者关于功能主义及其分化理论内在地具有保守性这种诘难,许多新功能主义者都试图刷新功能主义及分化理论的意识形态形象。

例如，亚历山大承认社会科学中的每一种理论视角都包含一个意识形态的部分，它自动地来源于该理论视角的预设、理论模式和经验命题[53]；他和博里库德（F. Bourricaud）等人认为功能主义的意识形态承诺不是社会稳定和系统均衡，而是个体自主性，任何威胁到个体自由的制度安排都应该受到批判或攻击[54]。苏里和古尔德（M. Gould）对现代社会则采取了更为激进的批判态度。苏里认为现代社会一方面受到政治与经济寡头的威胁，另一方面也受到被绥靖的消极公民的威胁，提出要用自治性的社区或社团来重构现代社会[55]；古尔德则强调现代社会产生的压力只有通过财产关系的转变才可能被缓解，等等[56]。这些用新的批判性眼光重新审视社会进化的现代阶段的种种努力，在一定程度上"都促使功能主义向左转"[57]，使功能主义呈现出一种新的意识形态色彩。

通过上述几个方面的努力，新功能主义者们的确使功能主义的社会变迁理论发生了很大的变化，得到了很大的改进，使之对社会变迁的形式、过程、动力、结果等都能做出更好的描述和解释，从而增加了它的可接受性。

第七节 简要评论：新功能主义的成就与局限

以上我们从社会行动理论、社会结构理论、社会过程理论和社会变迁理论四个方面对西方新功能主义社会学一些最主要代表人物的思想观点作了一个简略的介绍。新功能主义是一个较庞大的学术群体，按亚历山大的说法，它的应和者遍及欧美许多国家，仅亚历山大和柯罗米等人编撰的有关文献上有名可查者即达数十人。由于资料与精力所限，本文未能将他们一一涉及（甚至包括其中的名家如卢曼、阿切尔等）。本文仅对西方新功能主义社会学给出了一个"举例说明"似的描述，期望通过这种描述使读者能对西方新功能主义社会学理论获得一个虽非完备但却较为深入、具体的印象。

根据以上描述，我们应该承认，就将功能主义理论朝着一个新的、更具"多维性质"的综合性理论方向推进而言，新功能主义者确实取得了一定的成就。从亚历山大等人对行动理论的重新阐述中，从罗西、芒奇和艾森斯塔德等人对结构理论的补充与修正中，从芒奇和艾森斯培德等人对社会过程的重新刻画中，以及从柯罗米、斯梅尔塞等人对分化理论所做的种种推进中，我们都可以体会到新功能主义的"新"意所在。我们可以看到，由于新功能主义者们的努力，功能主义社会学的理论空间确实被大大地拓展了。关于行动过程是一个以理解为基础的意义建构过程以及行动过程是一个策略性的理性选择过程的思想，关于社会结构不是一种完全外在于个体行动的既定存在而是一种不断被人们

第二章 新功能主义社会学理论

的行动所建构的未定存在以及社会结构是一种利益—冲突结构的思想,关于社会过程是人们能动地创造自己的生活世界以及社会过程是一个充满了群体冲突过程的思想,关于社会变迁并不必然导源于结构性的功能迫力而是导源于群体冲突以及社会变迁的结构并不一定是系统适应力与整合度的提高的思想等等,现在似乎已不再是符号互动论、社会现象学、本土方法学、社会交换论以及社会冲突论等"反"功能主义社会学理论的专利了。它们与前面所述功能主义的那些传统思想(强调社会的系统性质、关注结构与行动之间的连接、关注社会整合、关于人格—文化—社会三分的假设、把分化看成是社会变迁的主要形式、强调概念和理论的相对独立性等)似乎可以融洽地结合在一起。功能主义社会学不再以一种只重宏观不重微观、只重合意不重冲突、只重客观不重主观的形象呈现于世,而是以一种海纳百川的态度将所有这些对立的要素都包容于自己的理论框架当中。功能主义社会学的确获得了一种崭新的面目。

　　新功能主义思潮的出现也改变了人们对帕森斯理论的不良印象。在20世纪六七十年代的反帕森斯思潮中,帕森斯也遭受了历史上许多伟大思想家曾经遭受过的那种待遇,被像一条"死狗"一样抛在一边。"今天谁还读帕森斯?"——一位西方学者模仿帕森斯的语气如此地嘲讽帕森斯。对帕森斯的理论进行批评一度成为每个初入社会学界的学者表明自己"成熟"的必经仪式。然而,新功能主义者们的努力改变了帕森斯在人们当中的形象,重新唤起了人们对帕森斯理论的兴趣。莫泽利斯在考察了新功能主义的成就之后得出结论说:功能主义的复兴表明,"帕森斯学派的理论建构具有严密性和深刻性,社会学理论的当前任务应该不是对它进行全盘否定,而应该是对它的缺陷和问题进行全面调整"[58]。而按照亚历山大的描述,在20世纪80年代初,"在新功能主义运动出现之前,很多当今世界比较有影响的思想家都相信,目前已经完全可以撇开帕森斯的观点来考察上述(社会学的各种)论题了。而到了现在,只有极少数人还坚持这一观点。'帕森斯'已经从一种占统治地位的知识力量,变成了一种被许多重要的社会理论家质疑其真正意义的对象,变成了一种当代知识生活中的'经典'形象"。"帕森斯贡献的重要性现在已经得到人们的承认,尽管他的理论体系不再那么受到欢迎。……在当代生活中,作为一个理论形象,他的学术声誉不免会有升有降;但作为一个历史形象,在社会科学和社会理论的发展史上,他的地位在目前看来是确定无疑的,其著作和生平也已日益成为社会学史的重要资料。"[59]

　　由于以上原因,新功能主义在20世纪80年代中期至90年代中期一度引起了广泛的影响和注意。连那些曾经激进反对帕森斯思想的人都承认新功能主义的出现是功能主义的一个"令人震惊的成功回归",是"对当代理论的重大冲击"。另一位学者则认为,"帕森斯学派的复兴是 80 年代社会学的一个显著特征"[60]。然而,90 年代末期以来,新功能主义运动却似乎声浪渐息,有从人们的视野或注意焦点中逐渐远去的趋势,究其原因,恐怕有如下几点:

首先,尽管新功能主义者们取得了一定的成就和影响,但新功能主义社会学在理论研究方面目前已取得的成就与他们期望达到或者应该达到的境界之间还存在着相当的距离。阅读新功能主义者们(尤其是亚历山大、柯罗米等骨干分子)的著作,在获得启发之余,也能感受到许多不足之处。如尽管他们大都承认结构与行动之间的相互作用,但在许多实质性的具体讨论中,他们仍更多地侧重探讨如何重新解释结构对行动的约束作用,而对于人们如何通过行动来建构社会这一点仍然缺乏足够的说明;尽管引入了利益关系与群体冲突的概念,但它们仍然被认作是功能关系和系统运作过程的伴生物,而不是一种相对独立的关系与过程;尽管承认分化理论的种种不足,但分化仍被视作是社会变迁的基本形式;等等。这些缺陷都不能不使新功能主义者们的理论视野受到很大的限制,阻碍他们更好地去吸取其他理论学派的思想精华,从而使人们对他们的思想和观点始终抱有一种陈旧之感,对其理论创新的潜力产生怀疑。

其次,新功能主义运动始终未能产生一部代表性的作品。亚历山大和柯罗米是新功能主义运动最自觉、最主要的倡导者,但无论是亚历山大还是柯罗米都未能拿出一部像样的著作来对新功能主义的理论主张进行全面的、系统的、具体的讨论和阐发。亚历山大曾经写过四卷本的《社会学的理论逻辑》,但按他自己的说法,那还是他产生"新功能主义"的理论构想之前的著作,虽然可以看作是新功能主义理论运动的前兆,但其基本内容、研究思路和理论主张却与后来的新功能主义构想并非完全一致,因而难以被视为新功能主义社会学理论的代表作。在提出新功能主义的理论构想之后,亚历山大和柯罗米对新功能主义理论的论述多是通过一些零散的论文来展开的,篇幅的简短、论题的随机性都使得人们仅仅通过这些论文难以对新功能主义理论获得一种全面系统而又深入细致的理解和把握。这在一定程度上也影响到新功能主义对人们吸引力的可持续性。

最后,是其内涵过于模糊、外延过于宽泛。按理,新功能主义应该是一种"新"的"功能主义",它既应该超越传统的"功能主义",使之具有"新"意,但又应该坚持"功能主义"的一些基本内核(譬如前述亚历山大所宣称的"功能主义"的那六个基本特征),使之仍然能够被称之为是"功能主义"。这既是人们在听到或看到"新功能主义"这个名词时在心里可能产生的期待,也是亚历山大

第二章　新功能主义社会学理论

在 80 年代中期提出"新功能主义"一词时对其含义所做的实际阐释。然而,与此相悖的是,在许多场合,亚历山大等人又对"新功能主义"一词的内涵和外延作了过于宽泛的解说。按照亚历山大在许多场合的说法,似乎只要在论题或观点上直接或间接吸取了帕森斯功能主义理论成分的理论就都可以列入"新功能主义"的行列。因此,像卢曼、贝克、哈贝马斯乃至吉登斯这样一些在他人看来与"功能主义"传统大相径庭的理论家都被亚历山大一手拉进"新功能主义"的阵营。这种做法表面上看似乎是壮大了"新功能主义"的声势,但实际上却模糊了人们对新功能主义的理解。既然当今社会理论界的几乎所有重要思想家都可以在这样或那样的程度上被看作是一个新功能主义者,那"新功能主义"这个概念又还有什么用处呢?这也不能不说是"新功能主义"的口号对人们的吸引力逐渐削弱的原因之一。

其实,作为人类思想发展过程中历史最悠久的知识传统之一,无论"功能主义"有多少局限,都不失为一种具有持续存在价值的理论框架。它确实为人们提供了一种其他理论框架所不能提供的理论视角,让我们看到从其他视角出发所看不到的一些世界景观,从而为我们的思想和行动提供了其他理论框架所不能提供的资源和参照系统。正如一些学者们所说的那样,我们需要的不是完全、彻底地放弃这种传统,而是应该随着时间的流逝、空间的转换,随着我们的知识视野的扩大,而不断地对其进行调整、修正,推动其发展。在这一方面,"新功能主义"的确不失为一种有意义的构想。在坚持这种构想的基础上,努力克服上述缺陷,应当是新功能主义社会学的重要任务之一。当然,这并不是说,社会学的未来发展只能有新功能主义这一条道路。说新功能主义应该是社会学未来发展过程当中的一条道路,这并不意味也不妨碍社会学还可以有千千万万条其他的发展道路。我们既不应该轻易地放弃一条曾经有过多年积累的社会学发展思路,也不应该简单地用其中的一条来取代其他的思路。因为,正如瑞泽尔早就指出过的那样,社会学本就是一门多范式的学科,多样性乃是社会科学的本来特色。

注　释

〔1〕　斯温杰伍德:《社会学思想简史》,社会科学文献出版社 1988 年版,第 236 页。
〔2〕　Alexander, J. (ed.), *Neo-Functionalism*, Sage, 1985, p. 5.
〔3〕　Ritzer, G. (ed.), *Frontiers of Social theory: the New Syntheses*, Columbia University Press, 1990, p. 1.

〔4〕 Alexander, J. and Colomy, P., "Newfunctionalism Today: Reconstructing a Theoretocal Tradition", in Ritzer G. (ed.), *Frontiers of Social theory: the New Syntheses*, Columbia University Press, 1990, p. 36.

〔5〕 亚历山大：《论新功能主义》，《国外社会学》1991年第3期，第3页。

〔6〕 同上书，第1、3页。

〔7〕 同上。

〔8〕 同上。

〔9〕 Alexander, J. and Colomy, P., "Newfunctionalism Today: Reconstructing a Theoretocal Tradition", in Ritzer G. (ed.), *Frontiers of Social theory: the New Syntheses*, Columbia University Press, 1990, p. 40.

〔10〕 Ibid., p. 34.

〔11〕 由此可见，不可以把经验论等同于实证主义，把唯理论等同于反实证主义。虽然逻辑实证主义可以大体被视为经验论，但并非所有的实证主义者都是经验论者。同样，也并非所有的反实证主义者都是唯理论者。"实证主义—反实证主义"的划分与"经验论—唯理论"的划分涉及的是两个虽有关联、交叉但却并不相同的问题。

〔12〕 D. 约翰逊：《社会学理论》，国际文化出版公司1988年版，第498页。

〔13〕 Alexander, J., *Theoretical Logic in Sociology*, Vol. 2, preface, University of California Press, 1982, p. 2.

〔14〕 Ibid., pp. 2—3.

〔15〕 Ibid.

〔16〕 Alexander, J., *Theoretical Logic in Sociology*, Vol. 1, University of California Press, 1982, pp. 30—32.

〔17〕 Alexander, J., *Action and Its Environments*, Columbia University Press, 1988, p. 308.

〔18〕 Ibid., p. 109.

〔19〕 Ibid., pp. 309—311.

〔20〕 Ibid., p. 312.

〔21〕 Ibid., p. 313.

〔22〕 Ibid., p. 314.

〔23〕 Ibid., p. 316.

〔24〕 Alexander, J., Giesen, B., Munch R., Smelser N. (eds.), *The Micro-Macro Link*, University of California Press, 1987; Colomy P. (ed.), *Neofunctionalist Sociology*, Elgar publishing, 1990.

〔25〕 Alexander, J., *Action and Its Environments*, Columbia University Press, 1988, pp. 316—326.

〔26〕 埃·罗西：《对四个功能范式的辩证再解释》，《国外社会学》1991年第3期，第11页。

〔27〕 同上。

[28] Alexander, J., Giesen B., Munch R., Smelser N. (eds.), *The Micro-Macro Link*, University of California Press, 1987, pp. 320—322.

[29] Alexander, J., *Action and Its Environments*, Columbia University Press, 1988, pp. 197—198.

[30] Ibid., pp. 316—326.

[31] Alexander, J., Giesen B., Munch R., Smelser N. (eds.), *The Micro-Macro Link*, University of California Press, 1987, p. 324.

[32] Ibid.

[33] Alexander, J. and Colomy P., "Toward Neo-functionalism", in Colomy P. (ed.), *Neofunctionalist Sociology*, Elgar publishing, 1990, p. 9.

[34] Eisenstadt, S., "Institutionalization and social Change", *American sociological Review*, Vol. 29, p. 246.

[35] Eisenstadt, S. and Curelaru M., *The Forms of Sociology: Paradigms and Crises*, Wiley, 1976, p. 369.

[36] Colomy, P., "Recent Developments in the Functionalist Approach to Change", in Colomy P. (ed.), *Neofunctionalist Sociology*, Elgar publishing, 1990, pp. 290—292; "Revisions and Progress in Differentiation Theory", in Alexander J. and Colomy P. (eds.), *Differentiation Theory and Social Change: Comparative and Historical Perspectives*. Columbia University Press, 1990, pp. 468—469.

[37] Baum, R. and Lechner F., "National Socialism: Towards an Action-theoretical Interpretation", Socilogical Inquiry Vol. 51, pp. 281—308; Lechner F., "Fundamentalism and Sociocultural Revitalization: On the Logic of Defifferentiation", in Alexander J. and Colomy P. (eds.), *Differentiation Theory and Social Change: Comparative and Historical Perspectives*. Columbia University Press, 1990, pp. 88—118.

[38] Champagne, D., "Culture, Differentiation, and Environment: Social Change in Tlingit Society", in Alexander J. and Colomy P. (eds.), *Differentiation Theory and Social Change: Comparative and Historical Perspectives*. Columbia University Press, 1990, pp. 52—87.

[39] Colomy, P., "Uneven Differentiation and Incomplete Institutionalization: Political Change and Continuity in theEarly American Nation", in Alexander J. and Colomy P. (eds.), *Differentiation Theory and Social Change: Comparative and Historical Perspectives*. Columbia University Press, 1990, pp. 119—162.

[40] Alexander, J., "The Mass News Media in Systemic, Historical, and Comparative Perspective", in Alexander J. and Colomy P. (eds.), *Differentiation Theory and Social Change: Comparative and Historical Perspectives*. Columbia University Press, 1990, pp. 323—366; Rhoades G., "Political Competition and Differentiation in Higher Education", in Alexander J. and Colomy P. (eds.), *Differentiation Theory and Social Change: Comparative and His-*

torical Perspectives. Columbia University Press,1990,pp. 187—221.

[41] Smelser, N. ,"The Contest Between Family and Schooling in Nineteenth-Century Britain", in Alexander J. and Colomy P. (eds.), *Differentiation Theory and Social Change: Comparative and Historical Perspectives*. Columbia University Press,1990,pp. 165—186.

[42] Colomy, P. ,"Revisions and Progress in Differentiation Theory",in Alexander J. and Colomy P. (eds.),*Differentiation Theory and Social Change: Comparative and Historical Perspectives*. Columbia University Press,1990,pp. 467—482.

[43] Eisenstadt, S. ,"Social change, differentiation and Evolution", *American Sociological Review* 29.

[44] Eisenstadt, S. ,"Modes of Structural Differentiation, Elite Structure, and Cultural Visions", in Alexander J. and Colomy P. (eds.),*Differentiation Theory and Social Change: Comparative and Historical Perspectives*. Columbia University Press,1990,pp. 19—51.

[45] Colomy, P. ,"Strategic Groups and Political Differentiation in the Antebellum United States",in Alexander J. and Colomy P. (eds.),*Differentiation Theory and Social Change: Comparative and Historical Perspectives*. Columbia University Press,1990, in Alexander J. and Colomy P. (eds.),*Differentiation Theory and Social Change: Comparative and Historical Perspectives*. Columbia University Press,1990,pp. 222—263.

[46] Colomy, P. ,"Revisions and Progress in Differentiation Theory",in Alexander J. and Colomy P. (eds.),*Differentiation Theory and Social Change: Comparative and Historical Perspectives*. Columbia University Press,1990,p. 481.

[47] Ibid. ,p. 483.

[48] Alexander, J. ,*Theoretical Logic in Sociology*,Vol. 4, University of California Press,1983.

[49] Smelser, N. ,"Evaluating the model of structural differentiation in relation to educational change in the nineteenth century", in Alexander J. (ed.), *Neo functionalism*, Sage, 1985,pp. 113—129.

[50] Rhoades, G. ,"Political Competition and Differentiation in Higher Education",in Alexander J. and Colomy P. (eds.), *Differentiation Theory and Social Change: Comparative and Historical Perspectives*. Columbia University Press,1990,pp. 187—221.

[51] Sciulli, D. ,"Differentiation and Collegial Formations: Implications of Societal Constitutionalism",in Alexander J. and Colomy P. (eds.), *Differentiation Theory and Social Change: Comparative and Historical Perspectives*. Columbia University Press,1990,pp. 367—406.

[52] Munch, R. ,"Talcott Parsons and the Action theory II: The continuity of development",*American Journal of Sociology*,Vol. 87,pp. 771—826.

[53] Alexander, J. ,*Theoretical Logic in Sociology*,Vol. 1, University of California Press,1982.

[54] Bourricaud, F. ,*The Sociology of Talcott Parsons*, University of Chicago Press,1981.

〔55〕 Sciulli, D. , "Voluntaristic Action as a Distinct Concept:Theoretical Foundations of Societal Constitutionalism", in Colomy P. (ed.), *Neofunctionalist Sociology*, Elgar publishing, 1990,pp. 119—137.

〔56〕 Gould, M. , "Parsons versus Maex:'An earnest warning...'", in Colomy P. (ed.), *Neofunctionalist Sociology*, Elgar publishing,1990,pp. 61—77.

〔57〕 亚历山大:《论新功能主义》,《国外社会学》1991年第3期,第5页。

〔58〕 Mouzelis, N. , *Sociological Theory:What Went Wrong? Diagnoses and Remedies*, Routledge,1995,p. 81.

〔59〕 亚历山大:《新功能主义及其后》,彭牧等译,译林出版社2004年版,第5—6页。

〔60〕 同上书,第3页。

参 考 文 献

Alexander, J. ,*Theoretical Logic in Sociology*,Vol. 4, University of California Press,1982—1983.

Alexander, J. (ed.),*Neo-Functionalism*, Sage,1985.

Alexander, J. ,Giesen B. , Munch R. ,Smelser N. (eds.), *The Micro-Macro Link*, University of California Press,1987.

Alexander, J. ,*Action and Its Environments*, Columbia University Press,1988.

Alexander, J. and Colomy P. , "Newfunctionalism Today:Reconstructing a Theoretocal Tradition", in Ritzer G. (ed.), *Frontiers of Social theory:the New Syntheses*, Columbia University Press,1990.

Alexander, J. and Colomy P. (eds.), *Differentiation Theory and Social Change:Comparative and Historical Perspectives*. Columbia University Press,1990.

Alexander, J. ,*Neofunctionlism and After*. Blackwell,1998.

Bourricaud, F. ,*The Sociology of Talcott Parsons*, University of Chicago Press,1981.

Colomy, P. (ed.),*Neofunctionalist Sociology*, Elgar publishing,1990.

Eisenstadt, S. and Curelaru M. ,*The Forms of Sociology:Paradigms and Crises*, Wiley,1976.

Eisenstadt, S. , "Institutionalization and social Change",*American sociological Review*,Vol. 29.

Eisenstade, S. , "Social change, differentiation and Evolution", *American sociological Review* 29.

Mouzelis, N. ,*Socilogical Theory:What Went Wrong? Diagnoses and Remedies*, Routledge,1995.

Munch, R. , "Talcott Parsons and the Action theory II:The continuity of development",*American Journal of Sociology*,Vol. 87.

Ritzer, G. (ed.),*Frontiers of Social theory:the New Syntheses*, Columbia University Press,1990.

艾森斯塔德:《帝国的政治体系》,沈原、张旅平译,江西人民出版社1992年版。

罗西:《对四个功能范式的辩证再解释》,《国外社会学》1991年第3期。

斯温杰伍德:《社会学思想简史》,社会科学文献出版社1988年版。

亚历山大:《论新功能主义》,《国外社会学》1991年第3期,第3页。

亚历山大:《新功能主义及其后》,彭牧等译,译林出版社2004年版。

第三章

哈贝马斯的"沟通行动理论"

阮新邦　尹德成

哈贝马斯(J. Habermas)的批判理论在近二十年来成为西方学术界的显学,其学说涉及的广度和深度可以说是罕有比拟的。但颇为悖论的是,哈氏的理论却在一定程度上跟20世纪中叶以后的世界主导思潮相违背。在20世纪90年代的今天,"相对主义"和"文化多元论"可以说是对现代人影响力最大的两股相辅相成的思潮。这些学术思潮跟20世纪下半期的各种社会和政治运动,甚至人类日常生活上的理念和意识形态,有着紧密的相互影响。特别是近年来流行的"文化多元论",似乎更是把学术层面的理念和在社会、政治,以及日常生活层次等事项联结起来。当然,相对主义和文化多元论,跟现代社会的各种思潮的关系十分复杂,不能作简单的化约。然而,所有这些理论和情境都是在传递着一个信息,这再不是一个有绝对和普遍的准则去评估和指引人类行为的年代。

哈贝马斯的"沟通行动理论"(the theory of communicative action)正好是在这样的一个气候里提出来。哈氏的理论引起了广泛的注意和讨论。其中最受争议的地方是他企图建立一个具有普遍性的"规范基础"(normative foundation)来描述、分析和批判现代社会的结构。

"沟通理性"(communicative rationality)是哈贝马斯学说的中心概念,并且是哈氏用来支持其理论的普遍性的主要论旨。然而,恰恰是这个概念引来不同学派的强烈的批评。哈氏用以支持和证实其沟通理性的论据相当复杂,牵涉不同学科和层次上的分析。由纵贯的角度着眼,他跟随帕森斯早期的研究路向,

第三章　哈贝马斯的"沟通行动理论"

试图从西方社会理论的发展来指出沟通理性或沟通行动论的可能性。其中对他这方面的理论影响特别深的,是韦伯的西方理性化发展理论,其次是涂尔干、米德以及帕森斯和马克思有关个人行动和社会结构的分析。在横贯的层面上,哈贝马斯引用了"日常语言学派"(ordinary language approach)的分析,建立他的"普遍语用学"(universal pragmatics)理论,同时也跟随皮亚杰和柯尔柏格的结构发展心理学,以此来进一步说明和证实西方理性化的进程,是具有一种进化色彩的发展方向。

哈贝马斯的《沟通行动理论》[1],可以说是他在这方面理论的最完备及最有系统的论述。本章主要是透过这本书介绍哈贝马斯的社会理论。由于哈氏的理论相当艰涩难懂,因此在下文里,在有必要时会引入他较早期的论点,并且加上本章作者的进一步演绎和解说[2]。

第一节　语言本质与沟通理性

现代社会的一个主要特征,是强调一种价值中立的生活态度,强调个人在一切价值问题抉择上的独立性和自主性。事实上,在学术研究和在日常的事务里,都显示出价值问题到最后是没有客观讨论的余地的。现代社会组织里的科层结构形态,以及组织内的"非人化"统治特征,处处表现出此种现代性的特质。对很多批评现代社会结构的学者来说,这些特质其实是同时构成了现代社会的病态。

哈贝马斯的社会批判论的中心论点,是批判"科技理性"(technical rationality)对人类的控制。在现代人的心目中,"科技理性"变成了"理性"的同义词。哈贝马斯用以抗衡"科技理性"当道的方法,是企图以"沟通理性"代替现时狭义的"理性"概念。他的讨论是以批评"实证主义"做起点。

实证论是当代社会研究的主流学派。在很大程度上,这也是一般人不自觉地接受的理性或知识观。实证论有两个基本假设[3]。首先,实证论者以自然科学作为社会研究的典范。他们认为任何复杂的社会现象都可以还原至一些"基本现象"(brute fact),所谓"基本现象"是指研究者只需要依赖纯感官的触觉,而不用加上任何演绎便可以了解的现象。由于实证论者相信人的纯感官具有客观性或互为主观性(inter-subjectivity),而任何"事实陈述"都是基于不用演绎的基本现象上,因此,事实陈述可以透过没有价值介入的纯感官的触觉得到客观验证。实证论的第二个假设是,有一个独立于人的存在而存在的客观外在世界。一个理论或语句的真值,是取决于该理论或语句的描述是否跟外在世界吻合。这是有名的"相应真理论"(correspondence theory of truth)。

哈贝马斯对实证论的批判主要针对两点:"科学主义"(scientism)和"科学的政治观"(a scientific politics)[4]。"科学主义"认为所有知识的建构应该以自然科学的模式为典范,因为自然科学知识充分表现出其可以"客观验证"的特征。"科学的政治观"则认为科学知识是可以客观地解决一切政治和道德上的问题。现代政治里所特别强调的专家意见或专家统治清楚地反映了这一种政治观点。很明显,这里是预设了知识的客观性,以及其与价值判断的划分。这是实证主义的知识观。其重点是强调知识应局限于具有客观验证基础的研究范围内,而价值及道德问题是不能客观验证的,因而也不是知识,只是代表个人的主观看法。因此,要保持价值中立的态度,才可以获致真确的知识。在一定程度上,哈氏对实证论的批评可以还原为对"价值中立社会研究"(value-neutral social inquiry)的批评。

在对实证论展开严厉批判之余,哈贝马斯尝试从正面的角度以其"共识真理论"(consensus theory of truth)做基础,去抗衡实证主义的验证程序和相应真理论,并希望由此建构出一个具有普遍性的"规范基础",来理解和批判现代社会的结构。

首先,哈贝马斯跟其他非实证论者指出,"社会现象"(social reality)与自然现象(natural reality)有本质上的分别。前者是由相关的社会价值和文化意义所构成的,因而是不可以用自然科学的程序去检视或证实(justify)社会科学理论。其次,根据哈贝马斯的共识真理论,任何对外在世界的了解都必然涉及了解者的演绎,而语句的真假值是由参与讨论者在相关的社群规范制约下而达至的共识(consensus)来决定。这一真理观是假设人有进行理性讨论的能力,而共识是参与讨论的人在没有外在和内在的压力和制约下进行讨论而达成的。这样的讨论"条件"只能够在一个容许自由讨论的社会或"公共空间"(public sphere)才可以出现。在哈贝马斯心目中,这里其实蕴含了一种人类所希冀的理想生活方式,一种没有内外制约下的真诚沟通的人际关系,而此种关系是可以从没有制约的理性讨论的角度来理解。这里同时显示出哈氏的社会批判论所预设的价值理念。

哈贝马斯企图透过对语言本质的分析来证实他的论点。简言之,哈贝马斯认为对这些道德理念的追求是"先验地"(a priori)存在于语言的使用里。在人类使用语言沟通的过程里,已经显示出人是追求此种理想生活方式。我们懂得运用第一句语言和别人沟通或者要达到了解(reaching understanding)的时候,已经显示出我们是在追求一个普遍而没有制约的共识了。换言之,"达至了解"

第三章 哈贝马斯的"沟通行动理论"

是潜藏在人类语言里的一个"目的"(telos),而这个目的是进一步蕴含一个没有任何制约的"理想沟通情境"(ideal speech situation)[5]。

在"理想沟通情境"或者是在语言的使用里,有三个有效宣称(validity claims)规范着语句的使用或人的语言行为(speech act);这些有效宣称可以理解为是一些必要的条件领导说话者以正确地运用语言跟别人沟通。第一个是"真理宣称"(truth validity claim):在认知(cognitive)层面的沟通过程里,我们是期望所使用的句子能够反映外在世界的事实,并且是透过这些认知句子把相关事实告诉别人;因此,这些句子的"有效性"取决于其能否表达事实的真相。第二个是"正当宣称"(rightness claim):正当宣称是语言使用者和别人沟通时,要遵守支配着人与人沟通的社会规范,人际的关系很大程度上是由这些规范构成的;因此,在使用语言作相互沟通的时候,我们是要遵守制约着这些语句的规范,因为只有这样我们才可以合理和正当地使用这些语句和别人沟通。最后是"真诚宣称"(sincerity claim):我们使用的句子是希望别人相信这是真诚地表达我们内心的想法和感觉[6]。

哈贝马斯以"沟通"(communication)和"沟通行为"(communicative action)对此作进一步的解说。为了达至目的或满足一己的欲望,我们很多时会用语言跟别人沟通和协调行为。但这并不等于是说我们正在从事"沟通行为"。因为我们虽然是跟别人沟通和协调资源的运用,但倘若我们协调的手法是以欺诈或只是以满足一己欲望为最终目的,那么,这只是用沟通作手段去满足自己欲望罢了。哈氏认为一个社会行为是否属于"沟通行为",主要是取决于行为者所用的协调(co-ordination)方法[7]。如果其所用的方法是在没有内外制约之下达至相互理解的沟通,并由此而协调资源的运用,去满足各自的欲望,这便是属于"沟通行为"。

这里引出一个提问。在现实的人际沟通里,大多数人是以满足自己的欲望为目的去做协调工作的。因此,从哈氏的角度看,这都不是"沟通行为"。那么,哈氏提倡的沟通模式是否只是一种理想,又或者只是他个人的道德取向呢?事实上,哈氏的普遍语用学或者是他的整个学说,其中一个主要目的是要建立一个道德规范或标准去理解和分析社会行为。从以上简单的分析看,哈氏似乎无可避免地要承认他提出的沟通模式是一种"理想",并且是一种"道德取向"。但在面对现实层次上人际间的欺诈和扭曲的沟通,哈贝马斯如何证明他的理想沟通情境其实已经存在或潜藏在现实的人际交往里呢?

其实上文有关有效宣称的分析里,已经对这一个问题作了初步的回应。现在尝试做进一步的解说。在人际的沟通过程里,当然可以有扭曲或真诚的理解。然而,另一方面,就算在扭曲或相互欺骗的理解里,理解者在第一步的沟通层面上,是要令对方明白自己言词的意义,否则也不能达到欺诈的目的。基于这一点,沟通者是要遵守如哈氏所指陈的那些沟通原则。当对方不明白该言词的意义时,沟通者是要反复解说的。因而,起码在这第一步的沟通层面上,是要依赖哈氏所说的"更佳论据的力量"(the force of the better argument),就是说用论证来使对方明白自己的意思。在这个意义下,我们可以说在第一步的沟通层面上,"令对方明白自己的意思"是唯一的目标或准则指引着反复的讨论。

现在我们可以把上述的分析作一个简单的综合。哈贝马斯对人类言辞行为的分析,显示出人在使用语言时,蕴含追求真理的倾向;而"真理"是透过反复讨论而达至的"共识"来界定。对这个"共识"作进一步分析时,会发现这里涉及一个规范基础。这个规范基础是联系着一个没有内在和外在制约,只由"更佳论据的力量"来指引的言辞情境。因此,言辞情境指涉一个人与人之间的沟通脉络,而只有在一个开放和自由的社会里才容许这样的沟通情境出现。换言之,在人的言辞行为里或人使用语言的情况中,已经显示出人类是倾向追求一种重视自主性和负责任的生活。这是哈贝马斯社会批判论的起点。倘若哈氏对语言使用的分析是正确的话,那么,由这个起点而建构出来的"规范基础"并不纯然是个人的主观意念,而是有一定的客观依据的[8]。这便是哈贝马斯的"沟通理性"的重点所在。

第二节 西方理性化发展的悖论

从现实的层次看,近二三百年西方历史的发展似乎并非以哈贝马斯的"沟通理性"作主导。反之,我们看到的是无处不在的科技理性控制着人类的活动。这一发展主要由启蒙运动引发。毋庸讳言,启蒙运动以后二百多年来科学技术的发展,把人类带进了一个极丰裕、极舒适的物质世界。生、老、病、死虽然仍然是逃避不了的事情,但在一定程度上,从物质的角度看,此等人生阶段带给人的痛苦是大大地减弱了。这似乎是人类长久以来希冀的"乌托邦"式的理想生活。18 世纪启蒙运动所要建构的"现代事业"(the project of modernity)也似乎实现了。然而,事物的发展往往是物极必反的。自 20 世纪五六十年代开始,一直享受着高度物质生活的现代人,慢慢地发觉"现代事业"并非如最初想象般完美。自五六十年代起,科学技术更向前迈进一大步,人类的物质生活更臻完善。但与此同时,人类的精神活动却日见萎缩。到了 20 世纪 90 年代,无论是保守的或激进的学者,不少对现代社会的结构和制度抱有悲观的看法。人类是否会全受制于科技理性,是否完全给感观文化所控制了呢?除了感官上的享受以外,是否已经没有了其他理想?功利社会里的物质追求是否已经是现代的"终极关怀"呢?

对哈贝马斯而言,韦伯是第一位明确地质疑启蒙运动所产生对人类前途的乐观气氛的学者[9]。韦伯虽然在颇大程度上认同了启蒙运动的理想,但他指出,无论在逻辑和方法学的层面上,或者是在现实历史的发展过程里,科学技术的发展,并不如启蒙运动的学者想象般,可以同时解决人类存在上述所遇到的价值和政治问题。科学技术处理的是事实层次的事项,而道德和政治上的问题却属于价值层面的事务,我们不可以从事实层次推出价值层次的结论。从现实的发展历程来衡量,我们反而有理由相信,科技的发展虽然带给了人类物质生活上的高度享受,但却同时建造了一个"铁笼"(iron cage)把人困于其中。

哈贝马斯的理论的一个要旨,是认为18世纪启蒙运动开始的"现代事业"并未走到穷途末路,其历程仍未完结。但他却并不像一些自由主义者般称赞现代科技的成就;反之,他和韦伯及其追随者一样,严厉地批判科技理性对现代社会产生的坏影响。但他和韦伯等人不同之处,是他坚持现代西方社会的发展并非是一个必然的现象,而是有其他发展上的可能性。从他早期在预设理论、哲学层面和方法学上的讨论以及后期较具体的社会现实层面的分析,哈氏都是要宣扬这一个主张。

对哈贝马斯而言,我们当然要批判现代社会结构对人类的压抑,对这些批判是要有正确的理解才能触及问题的核心。西方社会发展至现在,科技理性几乎控制了人类的生活每一片段。这是历史发展的事实,但这个"事实"并非是西方近代历史发展的必然产物,我们也不必以悲观的眼光来看待这一个现象,只要我们采取另一个分析角度,事物会呈现出不同的发展脉络。

首先,哈贝马斯承认韦伯对西方理性化过程的睿见。但他跟着指出,韦伯对西方理性化过程的分析,只看到事实的一面。不错的是,从二百多年来西方历史发展的过程来衡量,科技理性一如韦伯所预言是把人控制着了,而且有愈变愈烈的趋势。然而,哈贝马斯认为这不是西方历史发展的必然方向。韦伯把理性发展过程的"形式"(form)或"逻辑"(logic)和其发展的"内容"(content)或"动力"(dynamics)混淆了[10]。前者是指理性的所有特质,后者是指西方现实历史发展上的一些偶因,近数百年来西方理性化的发展过程只是展现出这些偶因的特质。因此,我们不能从西方过往的历史发展,来断定科技理性的控制是一个历史发展的必然产物。对哈贝马斯来说,只要我们选用了一个正确的分析架构,会发现人类是可能有其他出路的。

哈贝马斯认为在一定程度上,韦伯是能够指出西方理性化过程的根源。"世界观解咒"(disenchantment of worldviews)是导致社会理性化出现的前奏。"世界观解咒"是指普世式的(universal)宗教在不同的地方发展起来,导致不同的"文化领域"(cultural spheres)的区分,以及具有巫术和神秘色彩的世界观解体。代之而起的是由此种宗教观引发的一种普世的宇宙观和世界观,是相信一个有意义和有秩序宇宙的存在,而人类在此宇宙中是有其特定的位置[11]。但这种世界观的转换是如何可能,又如何产生理性化的发展呢?哈贝马斯认为韦伯并没有对这一个问题做出清楚的解释。韦伯的重点是放在宗教伦理的发展与经济理性行为(economically rational action)上。韦伯从个人行为的取向(orientation)角度来解释世界观的变换和资本主义的出现。对韦伯而言,十五六世纪西方基督教特别是清教徒的生活方式,以及行为的价值取向在一定程度上促生了资本主义的精神。其后个人行为的价值取向愈趋功利和计算,使得原本支配着人行为的新教伦理精神日趋式微。这就播下了工具理性当道的种子。这些普世式宗教的展现在一定程度上蕴含对具有普遍性价值和信仰的接受之心态,亦由此而产生了对宇宙和人类存在的一种较理性的态度。

哈贝马斯接受了韦伯的提问,但却加上他自己的演绎。首先,哈氏认为世界观的变换并非如韦伯所述般那么简单。韦伯忽视了在现代化或理性化过程里个人"意识"上的改变。无论是"世界观解咒"或者是"不同文化领域的区分"(differentiation of worldviews)都预设了个人心路历程和意识上的改变。换言之,现代人类的意识结构的形成是上述有关现代化历程发展和出现的先决条件,或者起码是相辅相成的现象[12]。

哈贝马斯在这里采用了皮亚杰的遗传结构论(genetic structuralism),从个人成长意识的发展过程来解释此等世界观转变的情况[13]。人类从婴孩期至成年人是经过若干个心智发展的阶段。大致上我们可以用"自我中心"(egocentric)意识来指称孩童的心智状况,而用"非自我中心"(decentred)来描绘成年人的心智。前者意指孩童期的人,仍然没有发展出"自我"与"他人"之分别,哈贝马斯把此时期的人类心智状况,来对比生活在具有巫术和神秘色彩世界观的人类情况。当时的人是不能把宇宙和生活上的不同的领域分辨开来的。而另一方面,非自我中心的成年人的心智,却可以用来类比世界观解咒后的情况,是可以把"自我"和"他人"分开,同时亦可以把不同范畴或领域的事物区辨开来。

哈贝马斯在这里的分析,一方面是补韦伯理论上的不足,另一方面是提出一个新的分析架构。从韦伯的理论角度着眼,西方现代化或理性化的历程是以个人的自利行为取向为主作解释,其侧重点很自然地是放在工具或目的理性的

第三章 哈贝马斯的"沟通行动理论"

层面上。从这一个层次看,人类对外在世界的认知能力被凸显出来。换言之,韦伯对理性化的解释是与工具理性扣连着;同时也是重视人类形式(formal)和经验层面验证(empirical verification)的认知能力。而这特别在人类对自然科学技术层面的认知能力里反映出来。但对哈贝马斯而言,韦伯看不到不同文化领域的区分或世界观解咒,其实是发展出人类另一种思辨的理性能力。不同文化领域存在的确认,提供了人类用不同范围的演绎架构去理解外在的自然世界,以及互为主观的社会世界和主观的内心世界。这是说人类对不同领域的事项,以及不同层次的事物,是有其相应的逻辑或理据作评估和理解标准的。

至此,哈贝马斯明确指出不同文化领域或者是不同世界观的区分,是指涉三种世界领域的区分:是区分为"客观世界"(objective world)、"社会世界"(social world)和"主观世界"(subjective world)[14]。此三种不同的世界是对应着三种不同领域的事物:自然现象、道德法律以及艺术。每一种领域或事物,如上所述,是有各自不同的理解和判断的标准,或者说是具有不同的"有效宣称"。对应着客观世界的是"真理宣称",社会世界的是"正当宣称",而主观世界的是"真诚宣称"。

从以上的分析,我们看到有不同的理性标准去理解和评估不同领域的事物,这是人类理性化过程的结果。从这个角度来看,哈贝马斯对西方理性化过程的理解跟韦伯不同之处,在于前者并没有把这一过程等同于目的理性的理性化过程,而是用一个更广阔的角度去解释理性这一个概念。在哈贝马斯眼中,对形式认知层面的掌握和对不同事物相应着的理性标准的掌握,同时是理性化过程的成果,也由于此,构成了人类认识和批判外在和内在世界的能力。

哈贝马斯这里提出一个崭新的"理性角度",亦在这里显示出哈氏的批判论的"批判"重点所在。哈氏指出,一直以来西方学者都循着一条"单向理解"(monological understanding)模式分析社会及人的现象,而这一研究模式是涉及一个备受争议的哲学课题,那是"笛卡儿范式"(Cartesian paradigm)[15]。简言之,笛卡儿是相信有绝对客观真理的存在,而追求这种真理的方法是要建筑在没有偏见、没有价值污染及不受传统影响的基础上。换言之,笛卡儿相信作为主体的个人,外在世界的客体是独立于此主体个人而存在的,而认知此独立存在的客体的方法,是不要把认知主体的个人偏好或价值信仰介入。

这一个"单向理解"模式,无论在认知的层面上、在验证的程序上,或者是在建构"理性"此概念的过程里,都预设了认知主体和被认知客体之间存在着一道鸿沟,并且是有一套不受主体影响的客观方法或程序去达至这些目标的。这是实证论者在社会研究方法学及认识论上的基本预设,同时也是韦伯用来解释西方理性化过程的"理性架构"(rationality framework)。在这里,我们可以看到方法学上的研究架构是如何跟现实世界的解释结合起来。

很明显,循着这条单向理解模式,再配合了主客二分法(subject-object dichotomy)的观点,塑造了一套主宰近代西方传统的思考模式[16]。用这套模式了解西方理性化的发展过程,是会得出如韦伯等人的悲观态度和看法的。然而,如果我们换了另一个理性的角度,我们会发现西方历史是可以有截然不同的发展。

这里显示出哈贝马斯和其他的现代社会批判者显著不同之处。对哈贝马斯来说,现代社会并非只能够提高人的物质享受,而在其他层面的发展上是一无是处。现代社会虽然产生了科技理性的独断,但同时亦显示出人类解放之可能性。在不少现代社会批评者的眼中,科技理性的独断把人和外在世界的关系变成了一种纯粹工具式的关系。大自然的一草一木在现代人的眼里再不是有机的生命体,也不和人的存在有任何首先价值上的联系,而只是一些工具或物料供人类使用,改进人的物质生活罢了。人与人的关系也呈现着一样的道理。人使用语言与其他人沟通,但这一切只是一些手段,其最终的目标是满足一己的欲望,特别是感观层面的欲望。

哈贝马斯认同以上的看法,但他跟着指出,现代社会的批判者虽然正确地描绘现代社会的症候,他们却像韦伯一样,站在同一个角度上,用同一样的模式——单向的理解模式去理解这些现象。哈贝马斯认为,由这一角度研究或检视西方理性化的过程,是看不到人类其实有另一条可能的出路,看不到人类的存在并非以一个独立的个人做基础,而是以"双向理解"(dialogical understanding)的沟通做起点[17]。

从这一个双向理解模式出发,结合着共识真理论和普遍语用学,便可以较清楚看到哈贝马斯的"沟通理性"是如何可能代替目的理性,作为分析社会行为的架构。首先,正如上文指出,哈贝马斯的分析重点是在人与人之间的沟通层面上。从人存在的基本层次上看,这是意味着"沟通"是人性的一种本质,或者是说人际间的相互理解是人存在的基本要求。而这一人类的基本诉求,对哈氏而言,是有更深一层的方法学和认识论上的意义。哈氏要显示出语句或理论的真假值,主要是决定于参与讨论者在没有压力和约束下的沟通所达成的。他的共识真理论和普遍语用学便是要证实这一点。

倘若我们由此回到上文有关哈贝马斯对实证论的讨论,会进一步看到哈氏和实证论者最大不同的地方,是无论在决定语句的真假值或客观性上、在对社会现象的理解上、还是在人的基本存在的结构上,前者是以人的相互沟通为依据并以此为分析人类行为的架构,而实证论者却以主体和客体二分的单向理解模式,结合着个人如何利用外在世界资源满足其欲望的生活取向来做分析基础。哈贝马斯认为只有在改变了此理解观感,我们才能够看清楚现代社会的病源及其可能的超越和演变。哈氏从预设理论及方法学的层次上出发,进而至较实质的分析层面,在这里亦显示了哈氏批判理论的"批判"意义。倘若我们接受了一个较广泛的理性观——"沟通理性",那么,在检视西方近二三百年来的历史演变及其理性发展的过程,我们会得出跟韦伯对人类前景不一样的结论。

第三节 "生活世界"、"系统"与理性化过程

上文指出,对哈贝马斯而言,西方的理性化过程包括认知宇宙观的发展以及个人自我心态和意识上的提升。在一定程度上,后者是指个人层面的理性化过程。在哈氏的心目中,世界观解咒不单是指人类采取了一个认知的态度去理解外在世界的事物,同时亦是指人类懂得用理性的态度跟别人交往,并且接受不同的演绎角度去解决问题。当然,这里所说的理性是指沟通理性。

哈贝马斯从沟通理性的角度出发,认为人类的自我意识是循着一个进步的方向发展的。从个人层面看,世界观解咒和不同文化领域区分丰富了人类对事物的演绎角度,增加了人类对不同意见的容忍胸襟,同时也促使人类透过沟通来疏解冲突的意见和纠纷。这里我们可以看到的是,哈贝马斯心目中的现代社会救赎之路,是建立在沟通理性的可能性上,而此可能性是呈现于个人意识的提升和发展。然而,个人的发展只能够在相应的社会脉络和系统下进行。这里引出一个在社会科学讨论里备受争议的课题,是有关个人与制度之间的关系。

我们可以分别从解释和政治两个层面来看待此二者的关系。在解释的范围里,其重点是涉及理解社会现象是以微观个人层面抑或是宏观的社会层面作解释的起点呢?至于在政治的领域里,问题的关键是个人面对制度的压力下,其自主性如何可以开展呢?哈贝马斯尝试建立一个糅合个人和制度层面的"双重"架构——"系统—生活世界"(system-lifeworld)回答这些问题。

哈贝马斯虽然是采取了"系统—生活世界"这一"双重"架构去理解和分析社会现象,但从早期哈氏的学说以至较晚期的理论,他都是以个人或生活世界为主导,由此引出"系统"层面的理性化,也由此展现现代社会救赎的可能性。

上文的讨论指出,哈贝马斯的沟通理性的一个证立点,是在人的交往或语言使用里显示出人希冀着相互的真诚了解。也就是说,不用任何内在或外在的压力加诸对方身上,而只是用论证来说服对方达成共识或了解。这种以"最佳

论据"作为人相互沟通的准则,是具有深远的道德和政治上的意义的。此种人际交往是意味着人类是放弃了用武力或其他内外的制约来协调人的行为,以沟通和对话去处理人际间的冲突。然而,另一方面,人类之所以能以"最佳论据"的模式作沟通,其中的一个先决条件是人类可以分辨不同的文化领域,并且懂得使用不同的演绎法则和角度去理解和处理不同文化领域的事务。一如上文所述,这是理性化进程的结果。但我们是否可以进一步较具体地描绘此进展的历程呢?在这里我们引出哈贝马斯的"生活世界"这一个概念,以及生活世界理性化这一个历程。

对哈贝马斯来说,"沟通行为"和"生活世界"是两个相辅相成的概念。人类之所以能够沟通并且发展出以没有制约的论辩来作为协调的准则,主要是每一个人都拥有,而且在一定程度上是共同拥有的,一组庞大而"并不明确的"(non-explicit)背景资料和知识作为人类沟通的指引。哈贝马斯跟随着现象学的传统,把这些背景资料名之为"生活世界"。

从社会学的角度来看,生活世界是使得社会存在的其中一个重要的基础,但不同的学派对生活世界的社会功能有不同的理解。从现象学社会学的角度来衡量,生活世界是促使"文化复制"的场所和重要条件。生活世界可以被视为文化资料的储存库,是生活在一起的社群所共享和共有的,其主要作用是促使人类相互间的沟通。对功能学派的传统来说,生活世界的功能是牢固社会稳定和秩序的确立。至于符号互动论则认为生活世界的作用是促使个人社会化,帮助个人建构其在社会的角色[18]。

哈贝马斯认为,倘若以生活世界作为社会结构的"符号意义上的复制"层面,亦即是指促使人类相互沟通成为可能的层面,那么,上述学派对生活世界的理解显然是片面和不足够的。从预设的层次看,传统的社会学派把生活世界作为一个描绘社会功能的概念。但哈贝马斯把生活世界和沟通行为相连,使得生活世界这一概念不但具有描述的功能,并且具有批判的意义。另一方面,哈氏指出,从较具体的角度来看,人类透过生活世界所达至的沟通,不单使得人类相互间的交往成为可能,而且进一步发展、改进和更换其在社会的角色和自我的认同[19]。换言之,生活世界对哈贝马斯来说,一方面是代表着一种规范人类互动的整合准则,指谓以人类共同接受的价值理念,同时也构成了个人行为取向的养料;但另一方面,生活世界被理解为是一个研究架构,代表着研究者同时是社会参与者,采取了一个介入自己价值判断的研究进路。

哈贝马斯指出,生活世界包括文化、社会和人格三种结构。在文化层面上,人类间的相互沟通不单只是依赖文化资料和媒介,而在沟通的过程里,会同时

第三章 哈贝马斯的"沟通行动理论"

传进和更新文化的知识。在社会层面上,此沟通行为不单只调节不同意见或社会行为,并且会促使社会整合和人类的归属感。至于在人格方面,沟通行为达到社会教化的过程,以及促使个人自我观的建构[20]。现在我们可以看到社会结构及其演变是部分地取决于生活世界的存在和变动。更具体地说,生活世界构成了社会的符号意义层面,由此推动社会的发展和更新。换言之,这也代表了调节社会的机制由依赖制约转为依赖理性讨论。

虽然生活世界理性化是显示生活世界的结构转变,但这并不是说文化、社会和人格这三个结构的加多或减少,而是指此三者的相互关系及其各自的界线变得愈来愈清晰。哈氏认为我们可以从三个层面看生活世界理性的过程:生活世界结构上的区分;其结构上之"形式"与"内容"的分离;符号意义层面上的复制过程之反思性增加[21]。这三个层面的变动是显示理性化过程的进展。

所谓生活世界结构上的区分,是指文化、社会与人格这三种结构再不笼统地受具有神秘色彩的世界观所控制,而是各自顺应着理性交往的角度独立起来。就文化这一个结构而言,传统规范加诸人身上的制约,再不是以不可争议的权威角色而进行。相反,传统文化是处于一个不断作自我反思和改进的状态。至于在社会方面,秩序的建立及其合理性是愈来愈依赖一些程序去决定其合法性。在人格构成方面,个人自我存在的形成是不断透过对自我的肯定而建构起来。很明显,这些生活世界上结构的变动,是随着人类以沟通代替对权威的盲从才成为可能的。

对应着生活世界结构上的区分,是其"形式"与"内容"上的改变和分离。此种分离对哈贝马斯来说是显示着人类思维和理解能力上的提升和抽象化。人类在建立自我认同时,再不是像往昔般依赖神秘世界观里的权威崇拜,而是依赖一些因素如沟通的预设、论证程序以及抽象的基本价值理念。现代社会的法律秩序和道德规律,是愈来愈建立于一些较普遍的律则之上,而不是具体的特殊内容。同样在人格的发展层次,个人社会化过程里所获得的认知能力和性格结构,是愈来愈不依靠个别具体文化知识,而是建立于上述的抽象普遍理念。

生活世界理性化的最后一个层次,是在符号意义层面的复制过程里的不断反思的情况。也就是说在不同的文体领域、不同的社会制度里、甚至是教育下一代的过程里,人与人之间的沟通和理性上的反思日益占据着主要的位置。

就以上的分析看,理性化的过程首先是指生活世界理性化的过程。而这是意味着生活世界所蕴含的世界观愈来愈清晰,人类亦开始懂得用不同的架构和演绎角度沟通,而人与人的交往透过理性讨论多于受权威的制约。然而正好在这里出现了一个问题。倘若在社会理性化的过程里,出现了如哈贝马斯所说的生活世界的理性化发展,那么,现代社会应该是出现下面的人类进展历程。换言之,倘若现代人的心智是能够区分不同的文化领域,从而发展出对自己作理性的自我批判,也因此促进人际的真诚沟通,那么,为什么仍会出现科技理性当道和人际关系疏离的现代社会困境呢?在这里引出了社会理性化的另一个层面,是"系统"层面的理性化过程及其对人类行为的控制。

"系统"这一概念对哈贝马斯而言有两个意思。其一是作为社会的制度或组织,影响着人类的生活。现代社会结构的复杂性,使得人类不可能清楚知道自己每一个行为的原因及其可能出现的结果,而系统正好具有调节人类行为相互影响的功能。在这意义下,系统跟生活世界是同时具有调节人类行为的作用。其分别在于后者是在价值层面上规范人际活动,而前者是从功能层次调节人类不同目标的生活方式和取向。系统的另外一个意思也是跟生活世界一样,作为研究社会世界的分析架构。系统在这里意指研究者采取一个观察者的客观角度,去分析和了解社会现象;但同时代表着一种系统分析方法,把社会作为一个系统去了解,重视其结构和功能的层面。

现代社会的困境的其中一个主因,是系统控制了生活世界。用哈贝马斯的话说,是"生活世界殖民化"(colonization of the lifeworld)。这是现代社会的一个主要病症。要清楚了解这一个现象,就要考察系统的理性化过程。

哈贝马斯把这一个过程分作四个阶段[22]。在古代社会(archaic society)里,无论是符号意义层面或者是系统层面的创造,都是在亲族系统内进行的。此时,经济和货物上的交换主要是透过婚姻关系里交换妇女的活动而开展,因此,符号意义上的创造和系统创造两者同时在亲族系统里进行。换言之,在妇女交换的过程里,社会整合和系统整合同时发生。我们也可以说,在这一个阶段里,具有神话色彩的世界观不但促使社会整合和系统整合,同时也给人类日常交往提供意义基础。哈贝马斯称此阶段为"平等部落社会"(egalitarian tribal society)。

这一种交换模式和活动慢慢地建立起一个社会网络,使得其他货物交换也变成可能。换言之,货物上的交换和妇女交换具有同样功能上的价值。这些交换变得日益频繁,再加上一定程度上的分工,社会的结构出现了改变,不同功能的社会组织也相继出现了,并且也懂得利用资源有效地达至其目的。与此同时,由于世代上的沿袭,出现了一些代表着权力的组织和家族。然而,另一方面,这时期的社会在本质上和平等部落社会没有多大的分别,系统整合和社会整合仍然是源出一致。哈贝马斯称此阶段为"等级制部落社会"(hierarchical tribal society)。

第三章 哈贝马斯的"沟通行动理论"

很明显,就以上两种社会的情况而言,生活世界和系统并没有分开来,甚至我们可以说在这两种社会里,在具有神话色彩的世界观支持下,系统的发展是以生活世界里的符号意义做基础,这一个情况一直维持到政治权威的出现。政治权威做主干的社会跟前两种社会不同的地方,是前者的权力并非来自世袭集团或家族,而是建立于司法制裁之上。权力机制跟亲族结构分离开来,慢慢形成了一种新的制度,我们名之为国家。国家跟前两种社会另一个重要不同的地方,是神话色彩的世界观给语言结构代替了。这种情况可以称之为"神圣语言化"(linguistification of the sacred)。那是说,人民在日常和政治事务的共识是透过语言对话而达至的。哈贝马斯称这种社会为"政治阶级分层社会"(politically stratified class society)。在这种社会结构里,货物在市场上的交易由金钱做中介。慢慢地金钱变成了主宰社会的机制,到最后,经济由政治秩序分割开来,一个可以名之为"经济阶级结构社会"(economically constituted class society)出现了。

就以上系统理性化的四个发展阶段来视察,系统和生活世界是有着十分紧密的关系的。从另一个角度看,系统的发展是要依靠生活世界赋予符号意义的。在第一阶段的平等部落社会里,其在生活世界里的意义基础是在性别和世代的角色上。在等级部落社会里,世袭的社群给系统意义基础。至于发展至政治分层阶级社会,是政治职能提供意义给系统发展。最后,在经济阶级结构社会里,中产阶层的民事法律是这一阶段系统发展的意义基础。

上文指出,哈贝马斯认为西方的理性化过程,首先出现在生活世界的层面。人原本在文化各领域如科学知识、法律道德和艺术上浑然不分的情况由于生活世界的理性化而各自独立起来。人类意识到不同范畴和层次的事物是有其各自不同而相应的真假和对错的标准,慢慢地,以前对权威和"神圣"事物的崇拜和尊奉,开始改而为理性思维所代替。换言之,人类用理性代替了权威或传统文化制约从事相互间的交往。从另一个角度看,人类在沟通、理解外在世界的事物,或者是作价值道德上的抉择时,只能愈来愈依赖自己的判断,权威和传统文化的影响是相对地减弱了。亦由于此,个人的自由透过理性的活动而增加了。然而,与此同时,随着社会的发展,无论生活世界的理性化程序或者是制度的形成和发展,都变得日益复杂,人类似乎很难每事都只依靠自己的判断来解决了。

这是生活世界理性化发展的两难之处。一方面是个人的理性认知能力和自主性的增加;另一方面,此种情况导致社会系统日益复杂和扩张。从方法论的角度着眼,生活世界构成社会结构,以个人的自主性和自觉能力为主。循此路向,我们是以个人参与者(participant)的角度去理解社会现象和结构。然而,此等发展所导致的社会结构复杂情况却使得在方法论上,不能纯然从个人直觉的层面去了解系统层次的现象,而同时是要用系统的方法,以观察者(observer)的身份去从事理解和分析。在存在层次上,系统对个人的制约也日益显著。这是现代社会发展的悖论。

换言之,从哈贝马斯的理论着眼,理性化的过程原本是以语言代替了传统信仰做沟通或调节人际关系的形态而出现。但这一转变却反过来加重了人类在日常事务上的负担,即人类在众多繁复事务里要依靠自己的理性思考来作种种决定。这样也增加了人类沟通上的误解情况。对应这一发展,社会出现了一些"宽减机制"(relief mechanism)去缓和及减轻纯依靠个人理性思维做沟通的负担[23]。哈贝马斯指出,"宽减机制"有两种。其一是指"凝固"(condense)了人类以语言而达至的沟通,其二是以其他媒介"代替"(replace)了语言作沟通。

就第一种"凝固"的机制而言,那是指在日常的沟通里,人类以权威或地位作为信赖的准则来代替了自己的理性思考。倘若此种信赖或权威的形成,是基于在相关的领域内以理性讨论的方法来达至,那么,此种"凝固"个人理性思维而达至的沟通是仍然可以称为"理性"的。但哈贝马斯跟着指出,假如我们以另一种媒介,例如金钱和权力代替了语言沟通,那么我们可以说,其沟通行为的动机是"非理性"的,而是由经验层面的物欲所指引。

以金钱和权力作沟通媒介一方面是可以调节更复杂的人类互动网络,但另一方面,人类对自己的很多行为缺乏全面理解,因而减轻其对自己行为责任上的承担意识。这一种以金钱和权力作为人类行为的整合机制,虽然最初是由生活世界理性化所促生或引发,但其后的发展却独立于生活世界的理性沟通模式以外。我们现在可以说,理性化的过程首先源于生活世界的理性化,由此而导致或促生了系统层面的理性化,但最后却出现了生活世界被系统殖民化的情况。

第四节 "生活世界"殖民化

在一定程度上,我们可以说马克思、涂尔干和韦伯等学说的一个重点,是对应着资本主义社会的兴起而开发,是要剖析传统到现代社会转换期间个人的种种适应上的问题。在分析这些问题的同时,他们都不约而同对现代或资本主义社会对个人产生的制约展开批评,其中马克思的批判最为严厉和深入。马克思从生产模式和生产关系之互动的角度来剖析资本主义社会如何把人类生活上的各领域商品化,使得现代人处于一种疏离的(alienated)状态。

第三章 哈贝马斯的"沟通行动理论"

然而,对哈贝马斯而言,马克思对现代社会困境的分析虽然极为深刻,但他的重大缺点是过于从经济角度着眼,把一切问题都还原到经济层面,忽视了其他制约着现代人的因素。哈贝马斯认为马克思看不到现代社会里,特别是后资本主义社会里,以科层架构出现的行政机关所产生的权力形态,是如何跟市场机制相辅相成地控制着现代人生活的各种领域。这些问题并不像马克思所说的,可以简单化约为是劳动力商品化的结果[24]。哈贝马斯认为韦伯对现代社会科层架构组织的分析,在某方面可以弥补马克思的缺点。哈氏的系统——生活世界的分析架构,在很多方面跟随和借用了韦伯的观点来剖析现代社会的结构。亦在这一基础上,哈氏以"生活世界殖民化"这一个概念来描绘现代病态。

简单来说,生活世界殖民化是指原本属于私人领域和公共空间的非市场和非商品化的活动,被市场机制和科层化的权力侵蚀了。在上一节里,我们看到生活世界理性化过程促使社会系统的出现,并由此组成社会两个不同但相辅相成的结构,但到最后系统却把生活世界控制着。这里其实涉及一个在社会和政治领域内备受争议的问题,那就是有关个人和群体之间的张力之争议。从韦伯和哈贝马斯的角度看,问题的关键是在现代社会里,科层架构的行政组织与个人自由和生命意义失落的关系。

或许我们可以回到上文里的一个提问:社会现象的解释是否能够还原到个人现象的层面?我们大致上会承认,先有人而后有社会;也可以进一步指出,社会制度的形成是人类行为的结果。但问题是:我们能否纯然从个人的行为和思维的层面去解释复杂的社会制度和现象[25]?哈贝马斯的系统—生活世界社会研究架构是尝试从批判的角度回应这一个问题。哈氏的讨论和其他人不同的地方,是他超越了社会科学的解释范围,把问题引申至人类的存在、政治以及批判的层面。

哈贝马斯指出,在早期的社会里,人类的思维和意识仍然处于一个较简单的状态,社会制度远不如现在复杂;人与人之间的沟通,以及价值上的抉择通常由一些集体信仰的价值系统指引着。对这一阶段的社会现象的理解,大致上可以依靠较直观式的分析。然而,随着社会的演化,个人的思维和意识层面演化至较高的阶段,人类能够区别不同范畴的外在物理世界及内在的生活世界。再者,在人的意识提升以外,与社会制度的复杂性相辅相成的,是人对物质层次的要求和生产方式相对地提高和变得复杂起来。因此,制度系统上的复杂性使得我们不能光是依赖直观式的研究思路,而是要配以相应的系统分析才可以恰当地掌握情况[26]。

在一定程度上,强调以个人自主性取向作为解释社会现象的基础,可以理解为是从微观层面展开社会解释。当然,这里所谓"微观"跟一般社会科学上的意思不尽相同,此处是较重视以具有较多自主性的价值取向的行为而言。至于系统方面,虽然其最初是因应着生活世界的理性化过程而产生的,但很明显,系统具有一般社会科学所描述的宏观结构的特征。那是说,系统虽然是个人行为的结果,但却拥有一些"凸显性质",反过来制约着个人的行为。

在这里,我们看到哈贝马斯的"系统—生活世界"解释架构,是同时蕴含方法论和批判层面的两重意义。前者是要糅合传统上的宏观和微观解释架构,来分析社会现象;后者是从实质存在层面上解释个人与社会的关系,一方面凸显个人自主性的价值,而另一方面,是批判社会制度如何压抑和支配着个人自主性的行为,进而导致韦伯所言的自由和生命意义上的失落。

究竟系统和生活世界在现代社会里是如何交互影响着的呢?这是一个相当复杂并且牵涉很多不同层次的问题。但对哈贝马斯来说,现代社会的主要系统可以从市场和国家机关(state apparatus)两个层面来理解。市场是指经济系统对人的影响,其影响主要是透过金钱制约着人类的行为或生活世界。国家机关则可以是指国家透过科层式的行政架构所产生权力来影响人的行为。换言之,金钱与权力是两个现代社会制约人的行为的主要媒介。

根据以上简单的分析,我们可以把系统的范围理解为市场上的经济事务和国家的行政机关;生活世界理解为是私人领域的核心家庭单位,以及公共空间的各种传播和大众媒介。正如上文所述,实际的情况是远比这样的分类复杂。然而,对哈贝马斯而言,以上的划分足以了解现代社会里系统和生活世界的关系。

从一个理想发展的角度看,系统管辖的事项是经济和国家的运作;生活世界涉及的事项是在公私领域内,以个人的意愿和价值取向为基础进行的人际交往,而此种交往原初不受系统的制约,以批判理性的角度进行。我们甚至可以进一步说,系统里的经济和政治事务的运作,是应该以生活世界的取向为依归的。换言之,我们有一幅理想的社会图像:人际交往、文化艺术方面的事务,以及经济运作和国家政策,都是经由人民在公私领域内不受内外制约的自由讨论而达至的。但事实的发展却正好相反,在现代社会里,人民的公私领域却处处受制于行政系统和市场的力量。

市场主要是透过商品的价值观来侵入人类非商品化的活动。我们大致可以从"排他性的自利态度"及"以感官欲望代替深层反思作取舍标准"这两个特征来看商品价值观[27]。对一件商品所作的取舍标准很明显会纯粹以个人喜恶的自利角度和市场的供求来决定,很少会对自己的抉择进行反思;其间也没有

第三章 哈贝马斯的"沟通行动理论"

考虑别人的感受,商品的价值只局限于拥有者身上。然而,另一方面,我们看到在日常的人际关系网里,"分享式"的价值观其实是支配着人类的另外一些行为。但现在却给市场的"排他性"或"独享"价值观所取代了。原本人类一片非经济活动的地带给商品化了。现代人也慢慢地改变其价值观、世界观和对自我的理解。极度个人主义式的生活变成了现代人的主要生活模式。

上述的情况其实反映在社会、文化和政治事务上。我们对很多社会政策和文化事务采取一种类似对商品一样的态度,只重感性上的取舍,不作深层的反思和讨论。其间再配合着政府以福利制度为满足或安抚人民的需要,特别是物质感官层次的需要,那更会加深政治事务商品化这一扭曲现象。例如,人民会根据福利提供的多寡来投票选举领袖,但却缺少对社会政策作深层反思和讨论的兴趣。换言之,国家系统配合着市场价值观和商品化的生活取向,以满足市民欲望来加强其权力或法制上的认受性(wanting legitimation)。这里清楚显示出,以由市场经济和工具理性作主要成分的科层架构的社会组织或行政系统,是如何影响进而制约着人类的行为,加重人类存在的疏离感[28]。

现在我们可以下一个简单的结论。从哈贝马斯的"系统—生活世界"和"生活世界殖民化"的角度视察,现代社会,特别是先进的资本主义社会的整合准则,主要是由经济和权力或行政组织这两种因素构成,而这也是导致现代社会里人际疏离,以及人类自由和生命意义失落的主因。这一情况在20世纪中叶以后兴起的福利国家里清楚地表现出来。

综合以上几节的叙述,我们可以看到,哈贝马斯以批判传统的实证知识观做起点,发展出他的共识真理论、普遍语用学和理想沟通情境,希望由此而建立一个普遍的规范基础,去理解、分析以及批判现代社会的结构。哈贝马斯企图以人际间的真诚沟通代替以满足个人利益为主导的行为模式。但问题是:如何可能在如此高度科技发展和复杂的社会里落实这一理想呢?现代社会虽然在一定程度上促进沟通理性的发展,增加人际间真诚了解的可能性;但另一方面,摆在眼前的事实是科技理性对人的影响极其深远,市场商品的价值观全面侵蚀人类的活动范围,阻碍人与人之间的沟通。哈贝马斯所展示对现代社会及其困境的分析当然是极具洞察力,但其所倡议解决困境的方向,就现实的情况看,似乎只能够停留在理论分析的层次。

然而,倘若我们换了另外一个角度看,从人性的本质着眼,或许会看到哈贝马斯的沟通行动论现实上的意义。哈贝马斯首先透过对实证论的批判来批评现代社会的主导意识形态,并且指出一种理想的生活方式是潜藏于人的语言行为的。理想沟通情境里的没有制约的真诚沟通,很明显地在现实世界里只是一个理想。然而,这一理想其实是反映着人类的一种本性。哈贝马斯提出以最佳的论据力量代替权力和策略为沟通的准则,是企图显示出此种人的本性如何体现于沟通的具体脉络里。事实上,就算在这满布扭曲沟通的现实世界里,坚持理性的讨论仍然是没有人可以理直气壮地反对的。这是理想的道德力量,也是理性在扭曲沟通里显现的倔强。

理想沟通情境在现实的社会和政治纷争里,是要求一个没有内外制约的论辩社会脉络和政治环境。从另一个角度看,这是要求在法制和公共政策运作上的程序公正(procedural justice)。对哈贝马斯而言,这一种程序公正不单强调人类行为在内外制约上的解放,也同时强调此程序是建立在一个相向沟通理解模式上。这是哈氏批判理论的重点所在,由此不仅仅批判社会上不平等的制约,同时也批判科技理性对人类行为的主宰。

第五节 事实与规范之间:建立一个法律与民主的商谈理论

1992 年,哈贝马斯出版了一部新作:《事实与规范之间》[29]。这是他继《沟通行动理论》之后另一本重要著作。正如它的副题所说,这本书的主要目的是要建立一个法律与民主的商谈理论;不过,对于哈贝马斯的沟通行动理论和商谈伦理学(discourse ethics)而言,这本书更肩负起另一个重要任务,就是要将沟通行动理论与现实世界联系起来。哈贝马斯不单要指出沟通行动理论并非无视现实的社会制度,他还要论证:只有透过沟通行动理论才能说明何以现代社会必须借助法律才可能继续生存或"繁衍"(reproduce)下去。由于这本书的结构极为复杂,所牵涉的问题与学科既多且专,因此本章只能着重介绍它其中一个主要论点:"社会的理性化过程"与法律在现代社会的"中枢"地位。这将涉及"沟通理性"的"事实性"(facticity)与"有效性"(validity)之间的张力及法律的事实性与有效性之间的张力。

一、哈贝马斯对法律重要性的解释是从说明社会的理性化过程开始的

如前所述,这里所说的"理性"是指沟通理性。当我们使用语言进行交往时,我们总是期望得到别人的理解以至赞同。因而,我们的每句说话除了向我们的听众报告了某些事情之外,背后都伴随着一些未宣之于口的"有效宣称"(validity claim)。这些宣称是可以被质疑的(criticizable)。我们的说话中所报告的事件可以被怀疑为假,我们所凭借的规范可以被怀疑为无效,甚至我们的

第三章　哈贝马斯的"沟通行动理论"

态度是否真诚、所说是否为由衷之言都可以受到质疑；而一旦被质疑，我们愿意与提出疑问的人展开"论辩"（argumentation）或"商谈"（discourse），去"回赎"（redeem）被质疑的有效宣称。特别是当我们进行"沟通行动"，即进行以达至人与人之间的相互理解为目的的交往行动时，提出这些有效宣称的人更应该愿意被质疑、愿意进行商谈。因为我们深信，只有在商谈过程中经由论辩双方以提出理论根据的方式达至共识才是合乎理性的。因而，所谓"沟通理性"是指我们在进行沟通行动时预设的准则与条件。这些条件包括我们对不同的有效宣称、不同的"世界概念"（world-concept）和不同的商谈形式的区分。真理宣称是指涉"客观世界"的；当我们就真理宣称展开论辩时，我们正在进行"理论商谈"（theoretical discourse）。正当宣称指涉人与人交往的"社会世界"；当正当宣称受到质疑时，我们会进行"实践商谈"（practical discourse）。至于真诚宣称则指涉提出宣称的人的"主观世界"；就真诚宣称所进行的商谈，可以是"治疗性批判""美学批判"，也可以是"解释性商谈"（therapeutic critique, aesthetic criticism or explicative discourse）。

就个人而言，理性化过程就是一个学习过程。从孩提时代到成年人的成长过程中，我们透过学习运用语言来学习区分语言的不同用途和不同形式的商谈，及语言背后的种种有效宣称和世界概念。就社会的演进而言，理性化过程就是社会的现代化过程。从传统社会走向现代社会的过程也反映了类似的学习过程。随着对语言形式和商谈形式的区分，我们渐渐对不同的活动领域或文化领域作出相应的分化。于是，现代社会日益趋向专业化（professionalization），分工越来越精细。所谓隔行如隔山，不同专业有自己一套的语言、对错优劣的准则和商谈形式，从事某一专业的人是很难明白或参与另一个专业的商谈的；纵使偶然处身其中，也根本难于明白他们提出的理论根据。另一方面，现代社会也促使人越来越倾向以个人的利益为出发点，去考虑或判断自己和他人的行为。用哈贝马斯的术语来说，就是人际交往渐以"策略性行动"为主，以是否最有效率地（efficiently）达到既定目标作为选择行动或手段的准则。这也被称为"工具理性"（instrumental rationality）。哈贝马斯认为这只是一个狭窄的理性观。基于这些原因，人与人之间的沟通、了解逐渐显得难以达到，而社会的团结（solidarity）与整合也出现了危机。

当然，社会的理性化过程远比个人的理性化过程复杂，而人际沟通的困难和社会整合的危机不单源自我们对商谈形式的区分和文化领域的分化。这些危机也源自我们的"世界观"的改变、"生活世界的理性化"以及"系统和生活世界的分离"（the uncoupling of system and lifeworld）。传统社会的世界观是神话式的或宗教式的或形而上的。传统社会制度的"合理性"或"认受性"(legitimacy),是来自社会各成员所共同接受的神话或宗教教义或哲学理论。但是,当社会从传统走进现代的时候,这些世界观都受到怀疑而纷纷失去效力。为什么会这样呢？原来这些世界观和其他各种信念、价值与知识一样,都来自传统社会的生活世界。这一切一切都是由生活世界给予我们,帮助我们了解世界,让我们可以为自己的行动提出理据的"背景知识"。它们之所以是背景知识,因为我们只懂得运用它们(know-how),而不懂得它们的存在(not know-that)。然而,社会的理性化也带来了生活世界的理性化。原本,个人的生命意义、人生目的和选择生活方式、工作的准则是建立于生活世界所提供的背景知识。在理性化过程当中,这些背景知识被我们逐一拿出来,从背景被拉到台前,接受理性的检验与批判。首当其冲的就是这些世界观。由于失去旧有世界观的支撑,那些原本赋予我们的人生、生活方式与工作以合理性和意义的价值与信念,现在被认为只是个人按自己的喜恶所作的选择,是主观的、非理性的。由于不同的人会选择不同的价值作为行动与生活方式的合理性依据,于是形成现代社会多元化的生活世界[30]。

在一个多元化的生活世界中,不同形态的行为可以从不同的对错、好坏准则得到合理性的根据。渐渐地,在生活世界中受不同准则指引的行为形成了一些"次系统"(subsystem)。其中,市场与行政机构(administration)是现代社会中最重要的两个次系统[31]。这两个系统原本是寄生于生活世界的,个人的经济活动和行政机构的活动都要接受生活世界的道德规范所制约。但当生活世界的规范受到理性的挑战以至最终失去有效性时,市场和行政系统内部的合理性准则和"指引媒介"(steering media),即金钱与行政权力就相对地显得具备客观性。

我们不必考虑我们的经济行为或行政行为是否符合道德规范,我们只需要考虑我们的行为是否有效率地达成我们的既定目标,而效率的计算可以被化约为金钱与权力的计算。于是,市场和行政系统渐渐独立于生活世界。

生活世界和系统除了可以被理解为不同的活动领域之外,从社会研究这一个角度看,它们同时是两个不同的理解社会的视角。当我们把社会理解为一个系统,而在它之下有很多不同的次系统时,我们其实是从一个外在于社会的观察者的视角去了解社会。按照这一个看法,社会的组成、人与人之间的交往之所以可能是基于一些客观的规则,而不是道德规范。这些规则本身并不涉及任何信念或意义问题,而社会的组成和人际交往是根据这些规则作策略性计算的结果。反之,当我们视社会为一个生活世界时,我们是采取了一个内在于社会的参与者(participant)的视角去理解社会。从这个视角出发,则社会的组成与人际交往之所以可能是有赖社会中各成员共同接受的信念和道德规范。个人的行动和生活是否合乎理性、是否有意义都由它们决定。

二、有效性和事实性的差距最终导致传统的规范失去协调人际交往的能力

哈贝马斯认为,传统社会的规范秩序的有效性与事实性是融合在一起的。在家族社会中,规范秩序和社会制度是建立在某些神话式的世界观基础上的。它们受到一些禁忌的保护,具有不可挑战的神圣权威。由这些世界观、禁忌、规范和制度交互组成的生活世界,不单单是一些背景知识,并且是一些具体的文化传统和社会秩序,更构成每个人的身份认同。社会的个别成员都接受、甚至是崇敬规范背后的世界观和伴随它出现的禁忌、神话和信念,同时亦惧怕一旦触犯规范所带来的惩罚,因而,整个规范秩序的有效性与事实性是融合在一起的;也就是说,它们都同源自生活世界中一元的世界观和信念。透过这兼具有效性与事实性的规范秩序,人际间的交往行动得到协调,无须为每一次交往行动而论辩背后的有效性根据。

反观现代社会,传统的规范秩序的有效性与事实性因为理性化过程的关系而分离了。由于世界观的改变与生活世界的理性化,规范秩序不再有什么禁忌做后盾,它的有效性不再是神圣不可以挑战的,而是可以拿出来由理性去作出检验。检验的结果是,正如前文所指,很多传统规范被认为是既不客观,也不合乎工具理性。既然传统规范在现代社会被视为没有理性基础,为什么我们要遵守这些规范呢?事实上,现代社会的文化传统不再是一元的,社会分化成不同的活动领域,而各人则基于不同的动机和价值作出不同的行动和选择不同的生活方式。于是,各人之所以遵守规范的理由也是因人而异的,除非违反这些规范会受到惩罚。但是传统的规范秩序在现代社会由于失去了其理性基础,所以根本没有人或机构去执行它。可以说,随着传统规范秩序的有效性的消失,它的事实性也失去而无法执行。

如果现代社会的人各行其是,而规范又不能制约和协调各人的行为,人如何避免冲突?而社会如何才能维持,避免瓦解?换言之,如何才能挽救现代社会的整合危机呢?哈贝马斯认为解决的办法就是人与人之间能够达成相互沟通、理解,从而使社会能够重新建立共识、协调人际交往。要达到这个目的,最理想的情况是透过沟通行动。因为沟通行动可以重新把行动规范的有效性与事实性融合。

当进行沟通行动之时,我们必须作一些"反事实性预设"(counterfactual presuppositions),即上文提及的有效宣称。它们之所以是反事实性的是因为:每当某人提出一个有效宣称时,他们不单向他们当下的、实际的(actual)听众发出,更是向一群跨越时间和空间的听众发出这宣称。这表示他愿意接受所有可能的听众的质询,也愿意向他们提出理论根据。这是一个"理想语言情境",因而,这些反事实性预设亦可被理解为一些"理想化的准则"(idealizations or idealized standards)。我们之所以提出有效宣称,其实是期望得到所有可能的听众的赞同,而他们的赞同也必须是基于合理的理论根据而作的。正因为这个期望,我们应该任由他们采取同意或不同意的立场(taking yes/no position)。于是,有效宣称显示出它们的双重性格。一方面,它们虽然是一些反事实性的预设,但它们同时要求实际上参与沟通行动的人的赞同。另一方面,我们是透过沟通行动进行实际的沟通与协调人际交往。这些具体的沟通行动、交往的网络和机制是一些社会事实。但是,透过对有效宣称采取同意或不同意的立场,我们为这些社会事实联系上一个理想的协议。这个协议是由一群理想中的跨越时空的沟通行动的参与者所达成的。由于这些反事实性预设,沟通行动可以在一个颇高的层次把规范秩序的有效性和事实性联系起来。

然而,由于不同的原因,透过沟通行动而达至共识的可能性是并不稳定的。一则是沟通行动是一些提出理论根据的活动,它必须依赖一些所有参与沟通行动的人都共同接受的知识和信念。换言之,它是植根于一个相对而言未曾分化的生活世界,当中的知识与信念不会被质疑。可是现代社会的生活世界已经理性化,很多原本看来是理所当然(unproblematic)的知识与信念都不再被理解为背景知识而被理性所一一检验。于是,当现代人进行沟通行动时,我们完全不能依赖这些背景知识,而必须凭自己的能力去为行动的有效性寻找理据,这其实增加了现代人在互相沟通方面的负担。二则是因为现代社会是以策略性行动为主导,每个人每日都忙于为自己计算成败得失。在这种情况下,要求每个人在作策略性行动之余,还要视每个行动为沟通行动,要随时随地准备为不同的有效宣称作出论辩,为自己在不同领域的行动提出不同的理据,这实在是对现代人的要求太高了。不单并不是每个人都能经常参与沟通行动,问题是现代人可能根本没有这样的能力。三则是在于沟通行动内部潜藏一个"异议危机"(the risk of dissension)。首先,当进行沟通行动时,我们会提出不同的有效宣称。这其实是宣称我们说话所传递的知识可以是错误的(fallible)。其次,为了得到合乎理性的共识,我们会任由其他人对自己的有效宣称采取同意或不同意的立场。但这样做反而会使出现理性的异议(rationally motivated dissensus or rational disagreement)的机会增加。更甚的是,如果我们纯粹从沟通理性出发的话,则解决异议的方法仍然是透过沟通行动去建立共识。但悖论之处正在这里,我们越是理性地讨论,就越发增加产生异议的危机,而理性论辩只能无止境地继续下去。这反过来进一步增加现代人的沟通负担。哈贝马斯认为,这是沟通行动在毫无约束的情况下所释放出来的力量。

这里我们可以看到沟通理性自身在有效性与事实性之间的差距或张力。从有效性(或理想)的角度而言,沟通行动可以透过一些理想化的准则去融合人际交往的规范的有效性与事实性;但从事实性(或现实)的角度而言,沟通行动不单对现实社会中的个人有太高的要求,而且当沟通行动毫无制约地应用时,潜藏其中的异议危机反而显得无法疏解。那么,如何才能解决现代社会中的整合危机,使规范秩序的事实性与有效性重新得到调和,同时又可以回避沟通行动中的异议危机呢?哈贝马斯认为沟通行动有必要被限制或制度化,而只有法律才能担此重任。

三、现代社会的法律本身也是一个规范秩序

法律一定要透过语言表达和传递。它和其他语言形式一样,都必然地伴随着一些有效宣称。这些宣称不但可以被质疑,提出宣称的人更加是愿意他的听众提出质疑,因为他相信自己的有效宣称是可以透过商谈或论辩得到所有人的赞同。因此,立法者(author of law or lawgiver)订立一条法律时,他同时宣称这条法律是有效的,并且欢迎这条法律的"施行对象"(addressee)或公众对它的有效性提出质疑,愿意就这条法律的有效宣称作出商谈。那么,法律的有效性又如何和事实性关联呢?

原来法律的有效性(legal validity or the legal mode of validity)有两方面的根据:"法律的实在性"(positivity of law)和"法律的认受性"(legitimacy of law)。所谓"法律的实在性"(亦即是法律的事实性)是指法律的强制性。如果有人违反法律的规定,他是会受到执法机构的制裁的。至于"法律的认受性"则又包括两方面:(1)法律应经由一个有认受性的立法程序而制定;(2)法律应保障所有人都可享有平等的自由(或权利)。于是,当我们质疑某一条法律是否有效时,其实我们已经把法律的有效性联系到法律的事实性之上,因为我们期望同时从法律的实在性和认受性两方面得到肯定的答案。然而,这样似乎并未减轻现代人在沟通方面的负担,我们仍然要奔波于法律的有效性的商谈之中。不过,细看之下,现代人其实不一定经常要为法律的有效性伤脑筋的,问题取决于我们作为法律的施行对象会采取观察者抑或参与者的视角去理解法律。

由于法律的有效性包括了实在性(即政府的执行)和认受性,只要我们从一个观察者的视角去理解法律,则法律只是一组客观地存在的规则系统,它的功

能只是协调人与人之间的行动。换言之,当我们采取一个观察者的视角时,法律的有效性问题只涉及法律的强制性和法律在协调人际交往时是否有效率。这样理解法律自然没有触及法律的认受性和可能在它背后的信念和意义,因而也不涉及沟通行动。人只要知道什么行动是法律所容许或禁止的,然后计算遵守或违反法律的后果,就可以协调人际的交往了。从这点看,法律的确减轻了现代人在沟通方面的重担。

不过,正是因为法律的有效性同时包含了事实性和认受性,所以我们作为法律的施行对象也可以采取参与者的视角去理解法律。观察者的视角完全回避,甚至可以说取消了法律的认受性问题,因为它视法律为只具备协调功能的系统,它把法律的有效宣称改变为法律是否得到执行和协调人际交往的效率。只有当我们采取参与者的视角时,法律的有效性才和认受性问题联系上,我们才会质疑法律是否经由一个有认受性的立法程序而制定、是否保障所有人都可享有平等之权利。换言之,只有当法律的施行对象自己觉得有需要的时候,才会就法律的有效性进行商谈。而进行商谈时,亦不会影响法律协调人际交往的功能。从参与者的角度看,法律固然减轻了现代人在沟通方面的负担(只在有需要时才就法律的有效性进行商谈),但也同时把法律建立于沟通理性之上。

在此需要进一步指出,透过沟通行动理论所提供的"双重视角",即观察者和参与者的视角,我们可以区分两种接受法律的态度:"事实上的接受"和"有理论根据地接受"(rationally justified acceptance)。前者仅仅是因为我们惧怕法律的强制性和随之而来的制裁;而后者则同时包括法律的实在性与认受性。如果我们只是在事实上接受法律的约制,则法律不足以成为社会整合的媒介,因为法律是可以按立法者的意志而随时改变。基于仅仅在事实上被接受的法律而达至的社会整合因而是不稳固的。只有具备认受性的法律才是相对稳定的,因为法律要为人认受的其中一个条件是它应该经由一个有认受性的立法程序而制定。立法程序本身应该是一个沟通行动,立法者必须同时视他们自己为法律的施行对象,而他们所订立的法律应该是他们作为法律的施行对象所能够接受的。换句话说,法律要协调人际交往、疏解社会整合的危机就必须要结合法律的认受性和事实性。

就在这里,我们可以清楚地看到哈贝马斯透过沟通行动理论"重构"法律在现代社会的中枢地位的用意。透过沟通行动理论,我们不单可以看到社会的理性化所带来的社会整合危机。沟通行动理论所提供的双重视角,更可以帮助我们看到法律作为行动规范如何把事实性与有效性重新融合,从而成为社会整合的媒介。

由于社会的理性化引至生活世界的理性化,因而现代法律的认受性不可能来自某些神话式、宗教式或形而上的世界观。现代法律的认受性也不可能来自某些更高级的法则,因为任何法则,包括宪法的原则,都可以因为立法者的意志而改变。法律的认受性于是只能来自两方面:(1)法律应经由一个有认受性的立法程序而制定;(2)法律应保障每个个人都可享有平等之自由(或权利)。一条法律是否符合这两个条件,必须由它的施行对象从一个参与者的角度来判断。因为从事实性的角度而言,法律无可避免地限制了个人行动的自由,人似乎没有必要接受法律的限制,除非法律是由政府强制执行,或者是法律的施行对象自觉地认为法律是合乎理性的。前者是事实上的接受,是消极的、被动的;后者是发自理性的接受,是人自愿地、乐意地接受法律加诸我们自己的制约。为确保法律是符合理性的要求,它的立法程序也应该相应地符合理性的要求,因为立法程序本身就是一个提出理论根据去证实法律的有效宣称的过程。因而立法程序就是一个进行沟通行动的场所[32]。立法者必须从参与者的角度,按照"商谈原则"(discourse principle)去考虑法律是否有效;即,"只有那些为所有可能受影响的人在参与理性的商谈时所接受的行动规范才是有效的"[33]。同样地,法律的施行对象在考虑法律的认受性时,必须设想自己同时是立法者,按商谈原则去考虑。只有当社会的成员能够同时视自己为立法者与法律的施行对象,法律才能够兼具事实性和有效性,从而使社会得到整合的基础。只有当我们从沟通行动理论提供的双重视角出发,社会成员才能理解到自己同时是立法者和法律的施行者。这是沟通行动理论的作用。

注　释

［1］ Jürgen Habermas, *The Theory of Communicative Action*, 2 Vols., trans. Thomas McCarthy Beacon Press, Vol. One, 1984, Vol. Two, 1987.

［2］ 哈贝马斯的《沟通行动理论》英译本上下两卷接近一千页,很难以一篇文章勾勒所有重点。本文可以说是笔者一本有关哈贝马斯的书中数章的浓缩本,读者若有兴趣,日后可参看阮新邦著《批判诠释与知识重建》,社会科学文献出版社 1999 年版。

［3］ 有关这一个问题的较详细讨论,可参看阮新邦:《批判诠释论的理论基础》,载于阮新邦编:《批判诠释论与社会研究》(八方文化企业公司 1993 年版)及 Mary Hesse, *Revolutions and Reconstructions in the Philosophy of Science*, The Harvester Press, 1980, Introduction。

〔4〕 对这问题的进一步讨论，参看 Jürgen Habermas, "Dogmatism, Reason and Decisionism: On Theory and Practice in Our Scientific Civilization", in *Theory and Practice*, trans. John Viertel, Beacon Press, 1973; and *Knowledge* and *Human Interests*, trans J. Shapiro, Beacon Press, 1971, pp. 65—90。

〔5〕 Habermas, *Theory of Communicative Action*, Vol. 1, pp. 38—39, 99—100, 305—309, and *Communication and the Evolution of Society*, trans. Thomas McCarthy, Beacon Press, 1979, pp. 50—59, 66—68.

〔6〕 Ibid.

〔7〕 Habermas, *The Theory of Communicative Action*, Vol. 1, p. 101.

〔8〕 这里采用了 McCarthy 的分析，参看 Thomas McCarthy, "A Theory of Communicative Competence", in Paul Connerton ed., *Critical Sociology*, Penguin, 1978, p. 4。

〔9〕 Habermas, *The Theory of Communicative Action*, Vol. 1, pp. 143—145.

〔10〕 Ibid., pp. 194—198, 220—222.

〔11〕 Ibid., pp. 195—215.

〔12〕 Ibid.

〔13〕 Ibid., pp. 67—73. White 对这点有很清楚的解说，参看 Stephen K. White, *The Recent Work of Jurgen Habermas: Reason, Justice and Modernity*, Cambridge University Press, 1988, pp. 92—103。

〔14〕 Habermas, *The Theory of Communicative Action*, Vol. 1, pp. 236—240.

〔15〕 有关这问题的较详细讨论，参看 Richard J. Bernstein, *Beyond Objectivism and Relativism*, Basil Blackwell, 1983, pp. 16—20, 115—118, and Habermas, *The Theory of Communicative Action*, Vol. 1, Translator's Introduction。

〔16〕 Ibid., Translator's Introduction, pp. v—vii.

〔17〕 Ibid., pp. 144—145, 有关"双向理解"模式的进一步讨论，可参看 Hans-Georg Gadamer, *Philosophical Hermeneutics*, trans. and ed. David E. Linge, University of California Press, 1976, Part I, Bernstein, *Beyond Objectivism and Relativism* Part Three, and Susan J. Hekman, *Hermeneutics and the Sociology of Knowledge*, Polity Press, 1986, ch. 4。

〔18〕 Habermas, *The Theory of Communicative Action*, Vol. 2, pp. 113—152.

〔19〕 Ibid., p. 139.

〔20〕 Ibid., p. 137.

〔21〕 Ibid., pp. 145—146.

〔22〕 Ibid., pp. 153—197. Brand 对系统理性化的四个阶段有简洁而清楚的描述，参看 Arie Brand, *The Force of Reason*, Allen & Unwin, 1990, pp. 40—41。

〔23〕 Ibid., p. 181.

〔24〕 Ibid., pp. 334—343.

第三章 哈贝马斯的"沟通行动理论"

[25] 在20世纪五六十年代,这一个问题在英美的社会科学和哲学界引起了广泛的讨论。有关这些讨论的主要论文,参看 John O'Neil ed., *Modes of Individualism and Collectivism*, Heinemann, 1973。对这些问题较新的讨论,并且在一定程度上超越前者,可参看 Jeffrey C. Alexander, Bernhard Giesen, Richard Munch and Neil J. Smelser ed., *The Micromacro Link*, University of California Press, 1987, and James S. Coleman, "Social Theory, Social Research and a Theory of Action," *American Journal of Sociology* 91, 1986, pp. 1309—1335。

[26] Habermas, *The Theory of Communicative Action*, Vol. 2, pp. 301—302.

[27] 对这问题的进一步讨论,可参看 Elizabeth Anderson, *Values in Ethics and Economics*, Harvard University Press, 1993, ch. 7。这里是尝试以市场或商品价值观来解释哈贝马斯的生活世界殖民化。

[28] Habermas, *The Theory of Communicative Action*, Vol. 2, pp. 318—326, 343—351, 361—373.

[29] 本书德文原著, *Faklizitat und Geltung: Beitrage zur Diskurstheorie des Rechts und des demokratischen Rechtsstaats*, Suhrkamp Verlag, 1992。英文译本, *Between Facts and Norms: Contributions to a Discourse Theory of Law and Democracy*, trans. W. Rehg, MA: MIT Press, 1996。英译本除了经过哈贝马斯本人审阅、修改和删增之外,更加添了三篇他近期的重要文章:分别是《后记》("Postscript")、《"主权在民"就是程序》("Popular Sovereignty as Procedure")和《公民资格与国族认同》("Citizenship and National Identity")。其中写于1994年的《后记》即为回应各方对本书的批评而写的。本文根据英译本写出。至于本文中部分概念的翻译,包括本书的中文译名,则参考了童世骏:《"填补空区":从"人学"到"法学"——读哈贝马斯的〈在事实和规范之间〉》,《中国书评》1994年第2期,第29—43页。

[30] 详细分析见于 Habermas, *The Theory of Communicative Action*, Vol. 1, pp. 8—42。

[31] 哈贝马斯很多时候只简单称它们为"系统",下文亦循此例。

[32] 正是在这里,哈贝马斯进一步把法律和民主在理论上联系起来。

[33] Habermas, *Between Facts and Norms*, p. 107.

参 考 文 献

(1) 哈贝马斯的著述

Habermas, J., *Knowledge and Human Interests*, Beacon Press, 1972.

Habermas, J., *Theory and Practice*, Beacon Press, 1973.

Habermas, J., *Legitimisation Crisis*, Beacon Press, 1976.

Habermas, J., *Communication and the Evolution of Society*, Beacon Press, 1979.

Habermas, J., *Philosophical-Political Profiles*, Heinemann, 1983.

Habermas, J., *The Theory of Communicative Action*, 2 Vols., MIT Press, 1984—1989.

Habermas, J., *The Philosophical Discourse of Modernity*, MIT Press, 1988.

Habermas, J., *The Structural Transformation of the Public Sphere*, MIT Press, 1989.

Habermas, J., *Moral Consciousness and Communicative Action*, MIT Press, 1990.

Habermas, J., *On the logic of the Social Sciences*, MIT Press, 1990.

Habermas, J., *Postmetaphysical Thinking*, Polity, 1992.

Habermas, J., *Between Facts and Norms*, MIT Press, 1996.

(2) 二手文献

Honneth, A. And H. Joas ed., *Communicative Action*, MIT Press, 1991.

Hoy, D. And T. McCarthy ed., *Critical Theory*, Blackwell, 1994.

McCarthy, T., *The Critical Theory of Jürgen Habermas*, Hutchinson, 1978.

Outhwaite, W., *Habermas, A Critical Introduction*, Stanford University Press, 1994.

Thompson, J. and D. Held ed., *Habermas: Critical Debates*, Macmillan, 1982.

Wiggershaus, R., *The Frankfurt School*, MIT Press, 1994.

White, S., *The Recent Work of Jurgen Habermas: Reason, Justice and Modernity*, Cambridge, 1988.

第四章

安东尼·吉登斯

李 康

安东尼·吉登斯(A. Giddens,1938—)是当代社会理论界一位极其重要的人物：他不仅以其阐述系统的结构化理论著称；也凭借渗透着结构化原则方法的现代性研究，成为众多论题的必引之人；而且，对于渴望登堂入室的社会学理论学习者来说，或许更重要的是，吉登斯以其对社会学经典思想的系统清理和对现当代诸多思潮的广泛整理、吸收及批判，使他的作品成为我们商讨传统、融会新知的上佳之途。

第一节 吉登斯的生平与学术历程

吉登斯于1938年1月出生在英国伦敦北部的埃德蒙顿[1]。十八年后，这位未来的大学者以平平的成绩从家乡的中学毕业，进入赫尔(Hull)大学。他原本想进英语系，没进成。后又想进入哲学专业，但该校唯一的一位哲学讲师在他入学的那一年还休假，学校课表上没有多少有意思的哲学课，所以他修了其他两门科目：社会学与心理学。据他自己说，在大学时代喜欢两位老师：一位是教社会学的沃斯利，此人有强烈的人类学倾向；另一位是教心理学的韦斯特比，他兼攻弗洛伊德一路的精神分析与社会心理学，但不教实验心理学，而这也是吉登斯一直不抱好感的。四年之后，吉登斯以一等奖毕业。他原本想毕业后进政府部门当公务员，但在优异成绩的鼓舞之下改变了主意，进入伦敦政治经济学院攻读硕士学位。就这样，一系列似乎很偶然的因素将吉登斯"送"上了学术之路。

一、通向学术圣殿之路

1960 年,吉登斯发表了自己第一篇学术论文,内容便是关于大学公寓这种微观人际互动环境中所体现出来的社会结构。次年,这位身体力行的足球迷完成了自己的硕士论文,题为《当代英国的运动与社会》,研究的是 19 世纪足球运动的发展。当时任莱斯特大学社会学系主任的诺伊施塔特和该系教师埃利亚斯都很重视体育运动与社会的关系这个表面琐碎的课题,促成吉登斯到该校任社会学讲师。但这位未来的理论大家只为二年级开设的经典社会理论课客串了三次有关齐美尔的讲座,主要负责的是三年级的社会心理学。他在这时便已体现出博采众家之长的风格,将"社会人格"、社会化、语言、态度的形成、认同(identity)、制度及民族性格(国民性,national character)等都串接在一起。吉登斯旁听过日后声望遽升的同事埃利亚斯为一年级学生开的社会学概论课[2],并承认,埃利亚斯多年如一日,锲而不舍地践行自己设定的大规模个人研究计划,这种精神给他留下了深刻印象,自己也一直在努力效仿。

1966 年,吉登斯离开欧洲,去温哥华附近的西蒙·弗雷泽(Simon Fraser)大学执教。当时该校社会学系主任为博托莫尔。山雨欲来风满楼,吉登斯亲眼见到这位老资格的马克思主义者,面对比他更加激进的学生,是如何倍感无所适从的。但真正的震撼还在等待着吉登斯。下一个学年,他来到 UCLA(加州大学洛杉矶分校)。1968 年的加州实在是个奇特的氛围。据他回忆,在一次去海滩的路上,他看到成群衣着奇异的嬉皮士,在阳光普照之下无忧无虑地表现着自己的"抵抗"。他突然意识到日常生活正在发生一场彻底的革命,老派的欧洲社会理论如果还是一味在结构社会学和左派革命的框框里打转,根本就无法把握现实,更遑论指明方向、提出解答了。

这位刚满三十岁的学者自此开始构思自己的结构化理论研究计划:首先,在系统清理的基础上,对欧洲思想传统中的核心要素进行批判性的重估;其次,对现代生活中制度的各个重要方面进行具体的描述界定;最后,切切实实地探究人类学层面上的问题。

从北美回来后,吉登斯正式离开莱斯特大学。经过几年的闯荡,他显然认为应该去更为广阔的地方一展宏图。他来到尚无社会学系的剑桥大学,担任大学的高级讲师(reader),并在国王学院谋得一份高级研究学者(fellowship)的位置,五年之后获得博士学位。1983 年,他被选为英国社会学学会执行委员会委员,第二年又出版了对自己前期工作的总结性著作《社会的构成》,这为他赢得了广泛的声誉,也是他迄今为止最常被引用的著作。剑桥大学在 1985 年任命他为社会学教授,他踌躇满志地以"社会学家何为?"为题发表了就职演说[3]。

二、积极进取的多面手

有人可能以为吉登斯是个不食人间烟火的书斋学者,其实不然。在正规的求学、教书、晋职之外,吉登斯从一开始就表现出自己积极利用外部资源、创造学术活动空间的兴趣与才能。从1964年到1968年,吉登斯与来自其他一些国家的学者合作,在法国国家科学研究中心资助下,围绕自杀问题开展了一系列经验研究[4]。1969年到1971年,吉登斯根据东欧国家的人口文献材料开展比较研究,并在此基础上写成了《发达社会中的阶级结构》。1972年到1976年,吉登斯以剑桥大学应用经济系为核心,在英国社会科学研究理事会的资助下,发起并主持了剑桥精英研究计划,其成果收集在他与人合编的《英国社会中的精英与权力》一书中。他还参与合编了《阶级、冲突与权力》和《阶级与劳动分工》[5]。1984年,他还与人合作创办了 Polity 出版社[6]。

在经典思想的清理方面,吉登斯于1971年出版成名作《资本主义与现代社会理论:对马克思、涂尔干和马克斯·韦伯著作的考察》。这本书简明扼要地阐述了社会学经典三大家的思想,尤其是其中关系到现代性因素缘起与发展的思想内核,至今仍是这方面的上佳入门读物。他相继撰写和编辑了《韦伯思想中的政治主张与社会学》《涂尔干文选》《涂尔干》《涂尔干论政治与国家》等介绍性读物[7]。在1977年出版的文集《社会政治理论研究》中,收集了不少对功能主义、实证主义、常人方法学等思潮进行系统清理的重要论文。在其后陆续出版的另外几本文集《社会理论的现状与批判》(1982)、《社会理论与现代社会学》(1987)、《政治学、社会学与社会理论:与经典和当代社会思想对话》(1995)、《捍卫社会学》(1996)中,吉登斯也都充分展现了他在清理经典的同时,对现当代理论流派的综合吸收能力。

在结构化理论的建设方面,1976年,吉登斯发表《社会学方法新规:对各种解释社会学思想的建设性批判》一书,结构化理论的方法纲要初现端倪。在1979年的《社会理论的核心问题:社会分析中的行动、结构和矛盾》一书中,他通过全面清理各种结构主义思想,第一次系统地将时间和空间引入社会研究的中心,结构化理论的分析方法和实质内涵已颇见规模。这本书连同《社会学方法新规》,被吉登斯称为"非功能主义宣言"。而1984年发表的《社会的构成:结构化理论大纲》,则标志着他的结构化理论"体系"的形成。

运用结构化理论的方法考察欧洲现代性的进程,这一点始终是吉登斯的关注核心。1981年,吉登斯发表了《历史唯物主义当代批判》的第一卷《权力、所有权与国家》,开始在综合清理各家学说(尤其是马克思的思想和进化学说)的基础上,全面分析现代性在欧洲兴起的特定表现。随着写作的深入、思路的扩展,更重要的是由于80年代以来世界政治格局的演变,使这本原本计划两卷的《历史唯物主义当代批判》一直处于未完成的状态。如果说,第一卷是在他的结构化理论基础上,概观整个人类社会历史变迁过程中的社会制度各项维度的话,那么,1985年出版的第二卷《民族国家与暴力》则以民族国家的兴起为中轴,集中探讨了西欧现代性的形成,并贯彻了他对军事问题的关注(新近出版了第三卷《超越左与右》,书名即大致体现了他的取向)。

不知是由于人们指责其理论过于抽象,还是自己原本就计划好了发展的脉络,或者是社会实际生活演变的程度使然,反正从80年代末开始,吉登斯接二连三地抛出了好几本著作,全面分析了"后现代"(他称之为高度发达的现代或现代晚期)时代下,在全球化与局部化(localization)交融、风险(risk)的激化与私密关系(intimacy)的复归并存的状况下,人们的自我认同和私密行为,以此证明自己的结构化理论不是一套只注重所谓"结构""社会变迁"之类过程的概念系统。《现代性的后果》(1990)系以在斯坦福大学的讲座为基础改写成的纲要性小册子。《现代性与自我认同:现代晚期的自我与社会》(1991)则要丰富和完整得多,继《社会的构成》之后,又附上了一份令人敬畏的术语表,俨然创出了一片新天地。而到了《私密关系的转化:现代社会中的性本性、爱与性行为》(1992),则大量采借了心理咨询实例,写法通俗。1994年,他与另两位对"后现代"状况下的风险颇有研究的理论家贝克(U. Beck)和拉什(S. Lash)合编了《反思性现代化》[8]。

吉登斯在拓进理论和深入考察的同时,始终不忘普及性工作。他在1982年出版的小册子《社会学:批判性简介》,就是一本独具特色的导论[9]。它基本上是以西欧工业社会的现实为素材,在保持与社会学理论核心问题对话的基础上,展开入门教材所应交代的论题。1987年,他与乔纳森·特纳合编了《今日社会理论》,邀集了不少名家,对70年代以来社会科学领域重要的思潮作了一番检阅,其中不乏名家名篇,包括他亲自撰写的"结构主义、后结构主义与文化生产"。1989年,他编写了《社会学》(英国版),在这部八百多页的概论教材里,尽管几乎找不到像"结构化"之类的吉登斯式字眼,但编排取材却处处留下了他的思想痕迹(比如对军事的关注);此书出版后颇受好评,当即在次年更换素材,出版了北美版[10]。

当然,我们在此分出的几个方面只是为了叙述的方便,它们是交叉进行的,不能简单地划分为几个阶段。而且,吉登斯仍然源源不断地继续着他的研究,

第四章 安东尼·吉登斯

面对这位多面出击的高产学者,所有的分析和批评显然也都是暂时性的[11]。我们必须先认识一下他的基本态度,以便作出总体的把握。

第二节 吉登斯思想的基本态度

由于吉登斯首先是一位以清理起步、以综合见长的理论家,所以,在直接面对他的学说之前,先详细介绍一下他的思想背景和品格,应该有助于我们理解他那繁复的术语和庞杂的著述背后的真正意趣。

一、研究工作的自我定位

吉登斯所面临的问题总的说来有以下三个方面:

首先,现代社会究竟是如何变迁的?

其次,相较以前各个社会形态而言,现代社会的变迁有着怎样的特殊性?

最后,为了认识这样的变迁,究竟应该采取怎样的方法?以往的方法是否需要变革?如果需要,又该如何变革?

面对这些问题,吉登斯首先要做的是对自己将要展开的工作的基础有一番清醒的认识。

首先,在理论的基本分析层次方面,吉登斯认为,社会理论目前在本体论意义上挖掘得深度不够,未能很好地融合当代哲学的最新进展,从而不能深刻地反映社会生活实践的本质;

其次,在理论的建设方针方面,他认为必须倡扬理论的多元取向,在清理的基础上批判地继承经典,并对功能主义、实证主义、进化学说等范式及其各自衍生的虚假预设逐一加以剖析,破除"正统共识"(orthodox consensus),汲取各种新进的视角。

再次,在理论具体分析对象的背景方面,他认为必须紧紧围绕(西欧工业社会)现代性及其分裂、扩散的宏大过程,尤其是在有关现代性与后现代性的争论日趋激烈的知识环境当中,置身具有高度发达的现代性因素的社会,更加要恰如其分地认识,把握现代社会的变迁。在研究社会发展和变迁的时候,注意不要偏重社会,忽视个人;不要偏重经济(乃至限于工业化),忽视其他角度;不要偏重外在成就,忽视内在心理;等等。

最后,在理论的自身旨趣方面,吉登斯的基本认识是在现代社会中,所谓的"常人"(layman)与"专家"(expert)之间、"日常知识"与"(社会)科学知识"之间,存在着复杂的交织渗透关系。他以此为基础,深入探讨了"双重解释学"

(double hermeneutics)的问题。具体来说,社会科学的逻辑必然包含两套意义框架,一是由普通行动者构成的充满意义的社会世界,一是由社会科学家创造出的元语言。它们在社会科学的实践过程之中相互交织在一起,始终存在互渗的关系。虽然他较少正面涉及法兰克福学派,但批判理论的继承与改造显然是他关注的一项核心问题(比如对哈贝马斯的探讨,以及对如何评价马克思理论以及历史唯物主义的当代地位问题的不懈探求)。总之,在高度现代性的民主社会中,在个人与社会的新型关系之下,如何坚持并发展一种批判性社会理论的观照角度,这是他全部理论的一个基本立足点。

吉登斯在《社会的构成》序言中曾说,自己始终致力于创立一种社会科学研究的崭新思路,而不是提出什么"普遍法则"。社会理论当然要对人们行为的实质特征给出描述、理解和说明,但唯自然科学马首是瞻,雄心勃勃地只想建立并验证普遍法则,显然不太适用于社会科学发展的现状。实际上,尽管人们认为吉登斯开创了自己的"结构化理论"(乃至"体系"),但他却认为"(迄今为止)根本就没有什么理论:理论的建构只是项有待遥远的未来实现的远大抱负,而不是社会科学目前实际所能追求的事业"。社会科学的宗旨不能局限于建立什么"法则",它是解释性的,作用在于促进自我批判和自我解放。

吉登斯很明确地区分了"社会学"(sociology)和"社会理论"(social theory)。在他看来,社会理论涵盖了各门社会科学都共同关注的论题,探讨的是人的行动与行动当中的自我,研究应该如何把握互动及其与制度的关系,并努力把握社会研究的实践意涵。而社会学是一个相对狭隘的概念,关注的只是"发达"的现代工业社会。

吉登斯认为,现代社会理论和社会学是伴随着法国大革命和工业革命而产生的,这两大革命最早虽然只是发生在西欧,但都逐步发展成为具有全球象征意义的事件。现代性的一系列社会变迁,其深度与广度都是人类历史上前所未有的,整个社会生活出现了巨大的断裂(但只是"高度"现代性或现代晚期,还不是后现代性)。而社会理论和社会学既是对这种变迁及其结果的理解与解释,本身又是这种变迁的后果与原因。

二、对社会学发展的反思

在吉登斯1971年发表《资本主义与现代社会理论》的时候,大多数社会学家已经认识到,社会学发展到60年代末,已经需要有一个较为全面而激进的转变,以美国社会学甚至只是帕森斯社会学主宰世界社会学的局面再也不能持续下去了。但吉登斯并没有简单地抛弃以往的传统,而是认为要想发展社会学理

第四章 安东尼·吉登斯

论,前提是必须全面地重新清理经典三大家的学说,因为它们至今仍深深影响社会学理论的发展。他坚决反对机械沿用简单的内部逻辑,对大师的作品顶礼膜拜,或者是经验主义地一味强调事实有效性,仅凭当代的一点现实,而对大师的思想采取全盘抛弃的态度。

吉登斯在这本书里,除了要言不烦地介绍了马克思、涂尔干、韦伯三位的思想本身,还着力探讨了他们各自所置身的社会政治思潮背景及其与本人思想品格的关系。他在"宗教、意识形态和社会"题下,比较了马克思与韦伯有关宗教作为"意识形态"的问题和世俗化与现代资本主义精神关系的阐述,对比了马克思与涂尔干有关宗教与现代个人主义关系的探究;又在"社会分化和劳动分工"题下,以异化、失范和"自然状态"、劳动分工的未来、科层制等核心议题为线索,比较了三位大师的具体论述乃至对社会学日后发展的影响。这样的脉络突破了当时人们的普遍认识,不再只是把涂尔干和韦伯视为与马克思相对抗的"资产阶级"思想家,而是着重指出他们共同面临的时代问题,分析他们彼此之间多方面的传承和对话关系。

吉登斯后来在他所编的文选和对自杀的研究中继续整理了涂尔干的思想;对韦伯的研究可见《韦伯思想中的政治主张和社会学》和《韦伯论事实与价值》等论文[12];而对马克思的研究则更是贯穿了整套《历史唯物主义当代批判》。

尽管吉登斯曾经与埃利亚斯共事于莱斯特大学,但他只是到了60年代末,在与诸如戈夫曼和加芬克尔等常人方法学家的"共事"当中,在加利福尼亚空气的沐浴之中,才真正意识到以往欧洲经典理论的欠缺——也是自己对经典理论的关注的欠缺。对于整个20世纪社会学的发展,吉登斯的基本态度是:以帕森斯为代表的所谓"正统共识",包含了功能主义、自然主义、客观主义三大预设取向,在六七十年代以来受到了来自多方面的挑战。这些知识上的分歧也同时带有政治成分。但至今为止,尚没有一种新的理论视角能够突破重围,取得昔日"正统共识"所享有的地位。

吉登斯在1977年的《社会思想史上的四大虚设》一文[13]中指出,社会学史上存在以下四项"不言自明"的预设:

1. 社会学学科建设追求的自然科学化,即经典的社会理论一般都坚持自然主义的取向。认为自然科学是科学发展的方向,在预设、方法和期望得出的结论上都希望向自然科学看齐。

2. 社会学产生的背景是法国大革命和工业革命之后面对诸多社会问题而兴起的保守思潮。

3. 社会学所研究的核心问题是霍布斯式的秩序问题——"社会是如何可

能的?"其背后的预设即社会是自存的整体,有可以分辨的边界,有自身的发展规律可循。与这种实体观直接相关的是,在经典理论看来,从传统向现代的转化都是欧洲社会内部自身发展的结果。

4. 社会学研究的社会的基础是以共识为基础的秩序,冲突只是异常状态。

吉登斯为自己设定的任务是破除这四项虚设,重新思考社会学史。而批判的前提则是捍卫理论的多元主义。

吉登斯认为,20世纪下半叶以来出现了形形色色的新取向,它们的共同点在于:(1) 强调人的行为的主动性和反思性[14],不再把这些行为诉诸某种外在于人的因素,即那些人既不能控制也无法理解的力量;(2) 重视语言和认知能力在社会生活的阐明过程中的作用,明确语言的使用扎根于日常生活的具体活动之中,并在某种意义上构成着这些活动;(3) 不仅指出社会科学与自然科学的区别,而且认识到,即使是自然科学本身,纯粹的经验主义哲学的地位也受到了挑战。而吉登斯的结构化理论正是围绕这三组核心问题及其彼此之间的关系展开探讨的。

三、结构化理论的整体品格

或许有人认为吉登斯的作品过于抽象玄虚,那么,他对哲学与社会理论的关系、对理论与经验研究的关系又是怎么看的呢?简言之,他认为对哲学性的论题的探求是社会理论的题中应有之义,而且,近几十年来的转向也在相当程度上表现为在这方面有所增强的趋势。但这只是说社会科学家应该对哲学论题保持敏锐的关注,并不等于陷入纯思辨的探求而不能自拔。社会理论首先应尽的义务和广义上的社会科学一样,都是阐明社会生活的具体过程。开展经验性的社会研究与进行形而上层次上的哲学探讨,这两方面应该是能够相互借鉴的。韦伯曾经批评学者争论中存在某种"方法论瘟疫",吉登斯也明确提出,一味将社会理论引入高度概念化的抽象认识论问题,是一种极具误导性的风气。我们应该关注社会生活中更具"本体性"的特征,重新构造有关人的存在与行为、社会的再生产与转型的概念。结构化理论在本体论层次上有所诉求,其含义只是在于以社会生活所具有的构成性因素为考察的焦点,也就是说,关注作为总体类属特征的人类的能力和根本处境,正是这些因素以多种不同的方式产生和塑造了社会事件和社会过程的进程与后果。

因此,吉登斯的结构化理论绝不带有任何普遍化的(实体社会的)"需要"或功能主义式的目的论,也没有进化理论的那种普遍的演进图式。有论者称此为"本体可塑性"(ontological flexibility)。有人就此评论说,他的方法不是一种系统性的方法，而是综合性的，或者干脆说是折中性的。但批评吉登斯缺乏系统的结构化理论假设或命题毫无意义，因为"系统的体系"恰恰是吉登斯有意避免的。在他看来，这不是方法论上的谨慎或疏忽，而是对社会实践的强调，特别是对社会实践的或然性、对行动者在社会实践中体现为权宜性的转化能力的重视。吉登斯为了与结构主义、系统理论和唯意志论划清界限，区分出社会分析的两种形式，即制度分析和策略性行动分析。所谓制度分析（institutional analysis），是暂时悬置行动者的技能与自觉意识，集中考察作为反复不断地再生产出来的规则与资源的制度。而策略性行动分析（analysis of strategic conduct）则暂时悬置对在社会层面上不断再生产出来的制度的分析，集中考察行动者是如何反思性地监控自身的行为，如何利用规则与资源构成互动（有关概念详见下文）。但这种分析层次上的两分也只不过是权宜性的方法。

认识论上的问题，以及上述"正统共识"的三种取向，都与一些虚设的二元对立有着密切的关联。吉登斯鲜明地提出，必须把这种二元论（dualism）改造成二重性（duality）。这便是结构化理论的基础。它综合了各种解释社会学和结构社会学，既注重"语言学转向"的意义，也不把社会完全看成是个体主体的创造物。也就是说，在研究中注重协调考虑人的能动作用（agency）与结构的要求。面对折中主义的批评，他明确宣称，自己绝不想局限于任何一种单一性的思想传统。同时采取多种思考途径更能使他感到轻松自如。在他思想的前后发展中，概念层出不穷且富有变化[15]，论述也在一种螺旋式的反复中递进。吉登斯认为，自己所添加的概念不是为了因果逻辑的推演需要，而是分析上的权宜考虑，因此，建构概念的思路是"启发性（sensitizing）概念框架"（此语借自布鲁默），不是企图描述世界的本质或对其进行因果解释，而是激发思路，提供视角。

在这样的总体旨趣之下，我们又看到了怎样的景观？

第三节 结构化理论基本原则的展开

吉登斯首先需要解决的，是如何看待社会学中的诸多"二元对立"，比如主体与客体、个人与社会、行动与结构等等。他在清理经典和综合现当代各派思潮的过程中，发现它们一般都有意无意地预设存在这样那样的二元对立关系，人为地虚设出某种不可逾越的鸿沟，并且只强调其中一个方面具有本质优先的属性。最突出的是结构与人的行动的关系。学者们要么强调社会结构整体上对作为个人存在的社会行动者及其行动具有决定性的制约作用，要么反过来，一味强调个人是社会的唯一构成要素,在解释社会的构成和变迁时,应该到人的具体行为、理性、动机和信念之中去寻求原因。因此,结构化理论的目的,首先是要清除蕴含于解释学、功能主义、结构主义、进化理论等思潮的客观主义与主观主义、整体论与个体论、决定论与唯意志论之间的二元对立,用结构二重性(duality of structure)代替二元论。

所谓结构二重性,就是结构既作为自身反复不断地组织起来的行为的中介,又是这种行为的结果;社会系统的结构性特征并不外在于行动,而是反复不断地卷入行动的生产与再生产。这足以成为吉登斯结构化理论的标志性观念。在结构二重性的基本立场观照下,社会理论的任务便在于考察行动是如何在日常的环境条件下结构化,同时,行动又是如何通过本身的作用将这种结构化的特征不断地再生产出来的。

一、反思性的行动"流"

吉登斯分析的起点是行动与行动者,但这里的行动、行动者都带有很明确的能动作用的意涵,强调社会行动者在日常行动当中表现出的技能和资格能力(即有能力表现出作为社会成员理应具备的技能),以及对行动过程的反思性调控(reflexive monitoring of action)。他反对结构主义和语言哲学、解释学中对行动的谈法,认为结构主义的行动观无视人的转化能力,而各种解释社会学则孤立地谈人的理性、动机、意图,不能结合行动的背景框架凸显行动的"流"。他指出,社会科学研究的主要领域既不是个体行动者的经验,也不是任何形式的社会总体,而是在时空维度上得到有序安排的各种社会实践。人类的社会活动虽然不是由作为个体的社会行动者一手塑成,但却由他们持续不断地一再创造出来。正是在活动的过程中,他们自身作为行动者的特性得到了体现,并且同时创造出使这些活动继续得以发生的前提条件。因此可以说,社会活动是循环往复的。

值得注意的是,吉登斯在强调实践的连续性的同时,也非常注重反思性,这两个方面并不矛盾。吉登斯所谓的对行动的反思性监控,指的是在行动者的活动流中体现出来的人的行为的目的性或意图性。人的行动是作为一种绵延(durée)、一种行动流而发生的,即使我们说行动是有目的的,也不等于说它由一系列单个分离的意图、动机或理由所组成。反思性的基础,恰恰在于人们对这种行动流始终保持着监控,并且也期待别人会始终保持着同样的监控。这样的反思性监控又是以动态的理性化过程(rationalization of action)为基础的,即具有资格能力的行动者在行动的过程中始终保持着"通晓"行为根据的能力,当被问及时能够不太困难地提供自身活动的理由。这里的过程一般都是持续的流转,而不是行动者予以关注的一个个被分割开来的"瞬间"(moment)。能够不假思索地在这样的过程之中"从心所欲而不逾矩",也就具备了吉登斯所谓行动者的资格能力。第三个过程是行动的动机激发过程(motivation),即潜在于行动之中的、促使行动发生的提供动力的过程。总之,吉登斯认为行动包含了对行动的反思性监控、理性化和动机激发的过程,这三种过程复合在一起,构成了人的有意图的行动。

在此基础上,吉登斯进一步指出,人的有意图的行动完全有可能产生预期之外的意外后果(unintended consequence),而这些非预期的后果又会反过来构成下一步行动的未被认识到的条件(unacknowledged condition)。这样,吉登斯就初步建立起了他的行动"流"图式。他通过这种图式表明,人的有意图的行动始终受到意外后果和未被认识到的行动条件的制约。此外,行动者的身体和生理能力也是行动的前提条件和局限,兼具能使和约束的属性(enabling and constraining)。这种行动观一方面破除了各种解释社会学单纯通过人的意图、理性、动机来解释行动的做法,另一方面,也在功能主义诉诸系统的功能需要的处理视角(如默顿对隐功能的分析)之外,找到了一条立足于行动者自身的新途径。

二、例行化的日常生活

吉登斯还划分出三个意识层面:无意识(unconsciousness)、实践意识(practical consciousness)和话语意识(discursive consciousness)。他认为,认知能力(knowledgeability)是行动者具有资格能力的重要体现,指的是行动者凭借自身及他人行动的生产与再生产,对这些行动的背景环境所知晓(相信)的那些东西,除了可以用话语形式表述的知识,还包括不言而喻的默契知识。在互动的生产与再生产中,行动者所提取和利用的知识库存,同时也是他们对行动的意图、理由和动机所做的说明的依据。但在实践当中,行动者的认知能力只有一部分表现为话语意识。就行动者能力之所及的层面而言,社会系统的结构性特征是根植在实践意识中的。

与一般的精神分析学说不同的是,吉登斯认为,实践意识虽然不被话语意识所察觉,但仍然不同于认知和动机激发中受到抑制的无意识的源泉。绝大多数的反思性监控正是发生在实践意识的层面上。更明确地说,我们可以区分出这么两个方面:一是缄默状态下的对社会活动的监控,即"心照不宣";一是对行动给予话语形式的认定(identification),即"明说"。而这样的认定,是由行动者或参与互动的多个行动者,通过利用可以采用的意义框架,即具有相当共通性的意义框架,而加以凸显和解释的。在吉登斯看来,反思性监控向话语意识"上升"的"瞬间"基本上是出自对外界挑战的回应,并将其称为紧要关头或紧要情境(critical moment/situation)。这便又涉及本体性安全(ontological security)、信任(trust)、惯例(routine)或例行化(routinization)等观念。

吉登斯认为,我们置身其中的日常生活表面上看来纷繁复杂,但在各种凸显出来的突发性或特殊性事件之外,更多的是为我们所熟视无睹的惯常经验。正因为它们所具有的惯常性,人们在日常生活中是以一种不言而喻的方式体验着它们的。即使是似乎充斥着新鲜的现代生活,由于各种制度对人的约束,人们的日常行为反而更加统一地被安排在不为人所察觉的严密秩序之中。因此,吉登斯认为,以一个个普普通通的工作日为代表的现代生活,是一种典型的例行化生活,鲜明地体现出周而复始的特性。在例行化的日常常规行动中,人们是无须动机的,或者更准确地说,是无须明确地以话语的形式来思考乃至表述自己的动机的。

吉登斯认为,这种例行化的状态符合人类的某种原始的生存需要,他称这种需要为本体性安全。但他在诉诸心理因素的分析时,并未采取弗洛伊德式的思路,认为无意识并不对行动的反思性监控和理性化产生十分深刻的影响。相反,他大量汲取了莱恩(R. Laing)、埃里克森(E. Erikson)等心理学家的学说(这两位学者分别从精神病患者和儿童的自我认同问题入手,探讨本体性安全的缘起和维护)[16],重点分析可以预见的常规例行行为对本体性安全的维护作用,以及人们出于维持本体性安全,乐于接受和置身于例行化活动之中的心理需要(一般是无意识的)。例行活动的顺利实现不仅对社会实践的再生产、对社会生活的制度化形式的构成至关重要,而且对行动者构成并维持健全的人格机制、维护自我认同起着显著的作用。他特别援引了贝特尔海姆(B. Bettelheim)对纳粹集中营生活的分析,以集中营为例,说明在紧要情境之下,本体性安全受到根本性的威胁,常人的自我认同如何在遭到彻底破坏后陷于崩溃,或者出于顽强的重建本体性安全的欲望塑造新的人格。

三、社会互动的各个维度

结构化理论虽然划出制度层次和个人策略层次这两个层面的分析,但始终坚持这种做法只是分析上的权宜之计。一方面,吉登斯在反对方法论上的个人主义的同时,始终强调社会的本质特征就是由个人创造的。另一方面,虽然吉登斯强调作为具有能动作用的行动者,个体在日常行为中始终保持着"本可以以别样方式为之"的能力,也就是说具有转化能力(transformative capacity)或建构作用,但他在分析的过程中始终不忘行动进程本身,即社会实践。

在结构化理论中,社会互动包括三个要素:意义、规范和权力。行动相应地同时具有沟通、规范、转化三种特性。吉登斯本人建立了一个复杂的系统图式:

互动　　沟通………权　力………约　制
(中介)　理解………机　构………规　范
结构　　意义………支　配………合法化

首先,在互动过程中,行动者彼此交流着意义,通过各自利用在相当程度上可以相互理解的意义框架,实现沟通的目的,在结构的层面上可以通过语义的规则分析其中的意义;其次,行动者的日常互动无不体现出权力的作用,并以各种机构为中介来保证获取某种特定的后果,在结构层面上体现为支配机制;最后,以规范为媒介,行动者在互动中彼此施加一定的约束,而这些规范在结构层面上体现为具有道德意涵的强制性规则,从而通过合法化的过程成为合法性的象征。

显然,这样的三重图式只是一种分析手段。社会实践的实际过程并不存在这样截然分开的各个维度。结构化理论通过这一三重图式所希望强调的,恰恰是所有的社会实践都同时蕴含这三种因素,比如意义的交流过程即包含有(有意无意)权力运用和规则的限制。权力在功能主义那里是系统的产物,在马克思主义那里是财产所有权的结果与原因,而吉登斯认为权力是在支配结构之中生成的行动的普遍性质。他坚持突出人的能动性和转化能力,并提出控制的辩证关系(dialectic of control),意思是说,在社会系统中存在的权力反映出行动者之间自主与依赖的辩证关系。所有的权力都是双向分布的。在既有的权力关系中,权力的弱势方无论居于多么不利的地位,都可以借助某种操纵资源的方式,对权力强势方实施一定程度上的控制。反过来,权力的强势方无论多么强大,只要仍然停留在权力关系之中,就会在某个方面受制于权力的弱势方。通过这些关系,社会行动者利用并再生产出支配的结构特征。

图式中的结构化的中介,是主体在互动的过程之中创造或提炼出来的结构性的产物,同时又成为互动系统的结构性要素再生产的条件与中介。而这里的结构性产物不是别的,就是一系列的规则(rule)和资源(resource)。日常互动的进行、权力关系的构成都体现出对资源和规则的利用。那么,结构化理论中的规则与资源又是什么呢?

吉登斯在界说规则的时候,避免从抽象的语言学角度界定,而是强调要结合社会历史发展的具体背景,在实践之中理解规则的内涵和作用。规则和实践是相互依存的,共同参与构成社会过程。它时常在实践过程中体现为暗含的、不言而喻的影响因素。吉登斯认为,规则不仅仅只是规定人们应该如何去适当地行事,它们更是实践的生产与再生产的条件与中介。也可以说,规则并不只是冷冰冰的否定性禁令或限制,而是可资利用的建构性因素。至于资源,结构化理论区分出配置性资源和权威性资源。配置性资源(allocative resources)指的是在权力实施过程中所使用的物质资源,包括自然环境以及各种人工制成品,其源泉是人类对自然界的支配;而权威性资源(authoritative resources)则是指在权力实施过程中的非物质性资源,其源泉是一些人相对于另一些人的支配地位。结构化理论中的资源更加强调的是作为一种能力的特性。

吉登斯在强调作为社会实践显著特征的谈话和意义的协商背后所具有的规则时,没有仅仅停留在对"意图"的分析上,而是引出"共同知识"[17],并揭示了在运用意义框架的过程中所蕴含的权力因素。不仅如此,他在分析共同知识的交流和在新情境中的适应与创造时,还引入了时间与空间方面的关联(作为记忆的技术手段),这就大大扩展了日常互动的分析范围。同时,在权力的映照下,对资源的利用能力和方式自然而然地进入了分析视野。这里值得一提的是,行动中含有规则的设定,与结构化理论对以往理论中所设定的共识状态的拒斥立场是可以协调在一起的。忽视实践之中规则的再生产,就无法确定持存的结构性特征是如何生成和维持的。反过来,无视结构性特征,我们也无法确定行动者再生产这类规则所要求的条件。

四、系统、结构与制度

吉登斯区分了系统(system)和结构(structure)。社会系统是由通过时空再生产出来的行动者或集合体之间的各种关系构成的。与以往有机体比拟的系统观不同的是,结构化理论中的系统虽然表现为一些模式化的关系,但始终是由一些具有具体的情境定位的实践活动所构成的,而且各个社会系统彼此之间"系统性"的程度差异甚远,绝对不具有物质系统或生物系统的那种高度的内在统一性。至于结构,指的是循环反复地卷入社会系统的生产和再生产的要素,包括各种规则与资源。吉登斯强调指出,结构化理论中的结构既不是外在于行动或行动者的实存的东西,也不是互动的模式或系统,它只作为记忆痕迹、作为人类认知能力的生物基础而存在,具体体现在行动的实践之中。正是由于结构的存在,时间与空间得以在社会系统中结合在一起,各种具有相当相似性的社会实践也有可能跨越不同的时间和空间而存现,并表现出系统的形式。换句话说,我们可以认为系统是被规则和资源"结构起来了的"(structured)模式化社会

第四章 安东尼·吉登斯

关系形式。系统本身并不是结构,它只是具有结构。

在结构与系统之外,吉登斯对另一个相当常见的"宏观"社会学概念——"制度"(institution)也进行了重新界定。结构化理论里所谓的制度,指的是深入而持久地嵌入时间与空间,并通过规则与资源建构社会系统的持续性的实践活动。他根据上述对互动与结构的三重图式,对制度也进行了类似的分类:

结构	理论	制度
意义—支配—合法化	符号理论	符号秩序/话语形态
权威性支配—意义—合法化	权威资源论	政治制度
配置性支配—意义—合法化	配置资源论	经济制度
合法化—支配—意义	强制规则论	法律制度/约制模式

从《社会学方法新规》以来,吉登斯在界说结构的时候,一直使用语言类比,当然,他逐渐使自己避免纯粹的语言类比,不简单地提出社会就像语言,但始终认为结构与行动的关系就像语言(language)与言说(speech)的关系。言语的发生有着特定的时间和空间背景,是发言的人在与别人共同在场的前提下对他人的一种具体行为。而语言则是超出具体时空限定的。与此类似,结构的存在是"似有其事"(virtual)的转瞬即逝,似有还无,只是一种在实质上发挥作用的存在。

如前所述,我们可以把结构落实到一系列的规则和资源来分析。这里所说的"系列",指的是社会系统的一些特性被不断地再生产出来,形成一些比较模式化的转化关系和中介关系。我们在考察各种社会总体的时候,可以在转化关系和中介关系的大量具体表现当中,提取出一些结构性原则(structural principles),或者说是基本的组织原则,即某个或某类社会中制度的总体安排所蕴含的因素。而结构性特征(structural properties),指的则是社会系统中跨越时空延展开来的结构起来的特征,尤其是制度化了的特征。

我们已经说过,吉登斯结构化理论的标志性概念是结构二重性,鲜明地体现出社会实践循环反复的特征。对于构成社会系统的实践活动来说,结构既是它的媒介,又是它不断生成的产物。而结构化(structuration)便是社会关系凭借结构二重性,跨越时空而不断形成结构的过程。社会互动每时每刻都同时体现出循环和创生的特征。具有认知能力的社会行动者在互动中权宜性(contingent)地展现出自己的技能和成就,而社会系统又通过时间和空间不断地被再生产出来,结构二重性就是把这两种过程联系在一起。因此吉登斯提出,研究社会系统的结构化,就是研究它维续、变迁或解体的各种条件状况。结构化理论强调社会再生产,并不是强调稳定不变,而是要注意二重性,注意到社会系统在时空中的构成过程,每一个时刻都蕴含着变迁。

吉登斯在早期著作里强调的是结构二重性,把它作为理解社会行动与结构的核心概念,后来又引出系统的结构性特征和结构性原则,以及作为社会互动连接方式的社会系统。在对社会系统的分析里,吉登斯大量采用了时空的观念,通过分析控制与权力的关系来揭示政治组织形式的构成,从而突破了在分析控制与权力的关系时限于具体交往中的反映的路数。

五、时间与空间

在对社会系统的结构化进行分析时,时间性(temporality)是个很重要的方面。结构化理论中的时间性有三个维度,或者说,结构化理论中的每一个时点,都是三重时间的综合体现,各自反映了社会互动的或然性(权宜性)特征的不同方面:一是社会行动者(带有权宜性)完成的互动的即时环节,这方面系借鉴了柏格森和舒茨的思路;二是作为有生命的人类有机体的存在,这是一种注定通向死亡的带有反思性的存在,即所谓"向死而生"的此在,这是生命的或然性,这是取自海德格尔的理念;三是受法国年鉴史学派思想启发提出的世代之间的制度长时段生产,这是系统组织过程当中结构性原则的转化——中介关系的或然性的反映。

吉登斯在分析中对空间视角的挖掘也是很重视的,这一点他借鉴了时间地理学的成果[18],并有所丰富。这方面他引入了区域化、场所、定位过程(取代角色)、面对面互动与共同在场、在场可得性等观念,将时间、空间、人的日常接触及其所蕴含的结构性特征融会在一起。可以说,单独地谈时间或空间,在结构化理论中是没有任何意义的。

吉登斯区分了地点(place)与场所(locale),认为地点的意涵只限于纯粹的物质环境空间,而场所是一种特定的物质区域,是互动背景的组成部分,具有明确的边界,以此通过某种方式使互动"集中"起来,即滤除一些环境因素,让互动的参与各方相对明确,就具体的某次互动和某位参与者而言,哪些因素"算"这次互动,哪些又"不算",可以不予考虑。而究竟具体的边界如何,与互动本身及各参与者的联系方式又怎样,则都是相对可变的。这样,冷冰冰的物质环境就凸显了个中丰富的社会意义。我们可以看到人类主体的活动如何融入并利用环境空间,环境空间又是怎样为互动提供具体的情境。

不仅如此,由于日常生活存在上文所述的例行化特征,所以日常生活中的空间场所也存在区域化的现象。所谓区域化(regionalization),指的是场所之内或场所之间存在一些区域,它们在时间或(和)空间上产生相对固定的分化,"指

第四章　安东尼·吉登斯

引"人们在一种比较熟悉的氛围之下进行自己的日常生活,而无须随时考虑处在具体场所和互动过程中时,到底应该采取怎样的行动。也就是说,因为区域化的相对固定和日常生活的例行化特征,人们一般是不假思索地在各个区域之间,日复一日,年复一年,践行着自己的生活轨迹。也正因为这一点,当人们发生日常接触(encounter)[19]时,经常会自然而然地把所处的场所、所遭遇的行动者归类,划入一定的"区域",以"决定"自己的行为方式(这里的"决定"之所以要用引号,是因为一般并不存在诸如此类的理性反思过程)。

在每一个具体发生互动过程的场所中,在场(presence)与不在场(absent)都是一对对立共存的时空关系。吉登斯指出,最原初也是最常见的互动状态是面对面(face-to-face)的互动。他在讨论面对面互动的具体场景时,着重分析了身体、物质环境等方面的约束与能使作用。只要日常接触的再生产还在相当大的程度上局限于行动者身体的直接呈现,互动的范围及由此体现出的系统就不可能很大。而随着传媒沟通手段的变化,互动中共同在场(co-presence)的范围和具体表现形式也发生了质的变化(我们可以设想一下电话的发明的重大意义)。为了更好地说明这一问题,吉登斯引入了在场可得性概念。所谓在场可得性(presence-availability),指的是在具体的社会情境之中彼此发生互动的行动者,他们在怎样的可能程度上,以怎样的具体形式,实现共同在场,从而实现完成意义沟通的互动。显然,之所以要提出考察在场可得性,恰恰是因为越来越多的互动(以及面对面互动中越来越多的因素)之所以能够成功地进行,并不仅仅在于行动者在时空上的邻近,而是因为他们在一定的时空区域内定位在能够相互监控和安排各自行为的场景之中。

可以看出,这样的思路将具有约束作用的因素与在场可得性的具体场合联系在一起,可以避免结构突生的观念,从而将以往社会学分析的"宏观"机制与"微观"互动联系在一起。结构化理论在这方面的研究最终落到了时空伸延(time-space distanciation)这个概念上。什么是时空伸延?抽象地说,就是社会系统以社会整合与系统整合为基础而在时空向度上延展开来的过程。

六、整合与变迁

我们先回到吉登斯对社会思想传统的秩序问题的批判上。吉登斯认为,考虑秩序问题不应该仅仅从如何通过规范来进行调控这一角度入手,还需要考察社会运行的过程是如何在一定程度上模式化的。因此,吉登斯认为,秩序问题就是社会关系之中如何体现出可以界认的形式,社会系统如何结合时间与空间。在社会行为不断地循环重现之中,便体现出某种形式化的过程,而形式化过程也就体现出了秩序。

在吉登斯看来,系统便是一系列彼此相关或连接的制度化互动方式,通过一个个社会情境得以再生产出来,这些社会情境分别处于特定的历史时期和特定的空间之中。也就是说,系统是不断地处于再生产过程之中的,并且不可以从时间、空间的具体关联中抽离出来,也不可以将其理解为某种带有突生性质的"客体对象"。具体的系统本身不是结构,但在其再生产的过程当中体现出结构性特征。系统是具有具体存在的,可以从社会事件的持续进程中辨识出来,而结构则不然。

那么,如何分析社会系统的整合?吉登斯借用了"社会整合"与"系统整合"这一对概念[20]。他的重点在于区分作为社会整合与系统整合的"系统性"的实质。所谓"整合",并不能简单地等同于"聚合"或"共识",而是实际互动的"交互性"(reciprocity)。社会整合指的是体现在面对面互动当中的系统性,是社会组织过程中时空在场的体现。系统整合指的是体现在集合体关系中的系统性,它以社会整合为前提,但不能必然地从社会整合的机制中推演出系统整合的支配机制来。

我们现在来看看吉登斯对社会变迁的历史分析。必须指出的是,在结构化理论里,这并不只是与微观分析相对的宏观分析,或者是与行动分析相对的社会变迁分析。吉登斯始终坚持人类实践形态的多样性,提出要完整地理解人类行动的能动作用,就必须结合分析行动在具体历史限定背景之中的形态。无论是具有能动作用的行动者所能够提取的资源类型和具体方式,还是他们所实现的行动之中所包含的认知能力,以及对更加广泛的社会背景的各项条件所拥有的话语知识等等,都存在于具体的历史和空间约束之中。至于其他方面的因素,则显然更加具有历史的意涵。

吉登斯首先批评了传统的社会进化理论,尤其是与功能主义有着密切关联的进化理论。他认为,人类社会的变迁历史并不是按照进化的既定"模式"逐步展开的。人类对自身历史的认识具有反思性,为此他专门借用了特定的"历史性"(historicity)观念。所谓"历史性",是一种关于什么是"历史"的特定观点,意味着运用关于历史的知识去改变历史自身。吉登斯认为,人类正是通过将历史确立为不断进步的变迁,并在认知上利用这种对历史的确定认识来进一步促进变迁。而且,我们既不能天真地认为人类社会像生物体那样,自身和彼此之间都有着明确的边界;也不能用这样的进化图式来解释西欧近数百年来的迅猛发展,从而在实质上传递和加强了某种道德上的优越感。

限于篇幅,我们无法全面介绍吉登斯对整个人类社会发展历史的考察,只能简单列举他在这方面运用的一些特殊概念。在分析社会变迁过程的时候,吉登斯认为以往的"功能"术语并没有什么用处,因为功能主义与结构主义类似,都依赖于静态与动态、共时性与历时性的虚设对立。功能主义错误地将时间问题等同于社会变迁,没有看到时间的积淀与复合呈现。此外,吉登斯认为以往社会变迁所分析的社会只是封闭的系统,因此他用"跨社会系统"(inter-societal system)来代替。在进化理论方面,吉登斯认为对初民社会的研究已经证明,所谓不断提高生产力、克服自然的约束以更好地适应世界,这种说法只是现代思考模式下的结论。因为初民社会可以说是个原始"富裕"的社会,所谓的"短缺"只不过是现代经济学的范畴[21]。在这方面,结构化理论通过情节片断特征化(episodic characterization)、时空边界(time-space edge)和世界时间(world time)的分析来代替所谓的进化阶段。此外还有我们上文提到的结构性原则,即一个社会的总体制度安排所蕴含的组织要素。

所谓情节(片断)特征描述或称片断特征化,即在进行社会类型分析时,出于比较的目的标识出制度变化的形式;至于情节片断,指的是具有可指明的开端、事件趋势与后果的变化序列,我们可以在一定程度上剥离其确定的情境,加以抽象的比较。跨社会系统即跨越各个社会或社会总体之间既有分界线的社会系统,包括一些不同社会的聚合现象。吉登斯期望通过这个概念来破除以往的单一自在的系统观,以阐明任何一个社会系统的建构都同时是基于多重复合社会系统的相互作用。时空边界指的是不同结构类型的社会之间的关联,这种关联可以是冲突性的,也可以是共生性的。世界时间系指足以影响情节片断性质的历史局势,反映出关于历史先例的理解对情节特征的描述所产生的效应。此外,吉登斯还区分了矛盾(contradiction)和冲突(conflict)。矛盾作为社会系统结构特征,在概念上不同于冲突。冲突是行动者之间利益的分隔或公开的斗争,而矛盾则是社会系统结构性原则之间的对立或脱节。

吉登斯通过自己的具体分析指出,人类社会的生活具有类似于戏剧片断的特点。社会生活由一系列行为和事件所构成,它们都各自有特定的开端、过程与结果。这些行为和事件都是由具有能动作用的行动者权宜性地完成的,因而在相当程度上带有偶然性,所以,由这些行为和事件一点点构建而成的社会过程也就最终体现为具有迸发性色彩的社会变迁。这种类似于情节片断的社会变迁如果在程度和规模上达到了相当的水平,就会对社会的结构性原则产生较大的影响,足以改变整个社会及其各种制度的组织形式。这样的变化始终伴随着跨社会系统的相互作用,而当诸如此类的变化影响到时空边界的状况时,便标志着"具有历史意义"的世界时间的到来。而在这些过程中,始终融合着人类行动主体的反思性。这就是吉登斯眼里的"人类创造自己的历史"。

在排除进化意味的前提下,吉登斯划分出了在不同时代存在过的社会类型,它们主要包括部落社会(tribal society)、阶级分化社会(class-divided society)和阶级社会(class society)。部落社会包括从事狩猎与采集经济活动的人类群体,以及定居下来的人类社区(一般以农业为主)。这类社会的特点是以口述文化、亲族关系为主,社会整合与系统整合尚未明确分离,社会的政治、经济制度也融合在一起。各类城邦国家、古代帝国和封建社会属于阶级分化社会,居于支配地位的结构性原则由传统和亲族关系变为城乡对立,社会整合与系统整合已渐趋分化,其前提条件便是城乡的分化。吉登斯形象地以城墙为标志,凸显了城市作为权力的"储存器",是如何逐步积聚起政治与军事权力的,政治与经济制度已经开始产生分化,成文的法律制度和惩戒条款也已出现。但这些变化都只是初步的,城乡之间还存有相当的共生关系,传统和亲族关系的作用仍然根深蒂固,国家的权力还不能深入人们的日常生活。到了以现代资本主义社会为典型表现形式的阶级社会,日益扩展的"人工环境"(created environment)逐步地取代了旧式的城乡对立格局,成为新的主导结构性原则。政治与经济制度已经明确地分离(这和两者的互渗并不矛盾),时空伸延的程度也大大地扩展,现代民族国家便是这诸多因素的综合产物。

吉登斯区分了阶级分化社会和阶级社会,以此表明不能一概用阶级分析作为基础,来判定社会组织过程的根本结构原则;同时也体现了所谓"经济""政治""文化"的制度领域,只不过是历史发展演变出来的区分。

第四节 吉登斯的现代性分析

在结构化理论的基础上,吉登斯概观了整个人类社会历史变迁过程中的各种社会制度维度,并以民族国家的兴起为中轴,集中探讨了西欧现代性的形成。而他分析的总体途径,就是结合权力的生成,考察社会系统之中的时空关联(articulation)。

一、资本主义社会的时空形成

吉登斯强调指出,我们绝不能把现代资本主义社会看作是从"以往"各个社会类型中发展而来的高级进化形式,它只是有史以来第一个具有全球性意涵的社会组织形式,是在西方的政治革命和工业革命共同作用之下,历史发生"断裂"的结果。

从前资本主义到资本主义,居于主导地位的资源类型由权威性资源转为配置性资源。吉登斯通过时空伸延的概念,将社会系统的时空关联与支配结构相连通,以体现社会系统是如何根植在时空之中,其具体的根植方式与时空伸延的程度、范围又有着怎样的相互影响,并且分析了国家的储存能力[22]的变化如何直接影响了监控能力和具体手段的变化。通过时空伸延程度的扩张,权力的生成得以实现和表达出来,这样就可以揭示国家形态演变的可能性与必然性。在分析过程中,吉登斯的重点是城市、工场—工厂、时间测度手段等方面的演变与储存能力和权力关系的相互关联。

那么,这样的分析框架又是如何过渡到资本主义社会,并在对它的分析中得到最为深刻而完美的体现的呢?吉登斯自己认为,他是将海德格尔的时空观与马克思的劳动—时间关系相结合。在资本主义社会(生产方式)下,产品的商品化和劳动的商品化(转化为劳动力)就是时间的商品化。在前资本主义社会里,国家(或其他统治形态)的介入无论多么强大,时间始终不具有商品化的性质,从而与常人日常生活的关系也有质的不同,这一点突出地体现在经济的日常社会运作之上。随着资本主义的兴起,工人被剥夺了对自身生产工具的控制权,产生出一个可以出售的商品化的劳动力大众群体,导致了阶级关系乃至国家介入生产过程,从而也就介入了日常社会运作和个体生活本身。劳动力作为创造剩余价值的媒体,开始能够被"安排"进总体的劳动组织过程。

吉登斯特别指出,在欧洲,钟点时间的出现具有极其深远的影响。时间开始成为可以通过标准度量的、脱离了具体地点和场景的"空洞化"了的东西。而在空间方面,随着工场代替了家庭,这一空间上的集中强调并促进了纪律协作,使资本主义的生产方式得以推行,监控获得了新的形式,它虽然是间接化的,却更为深入。对空间商品化的研究与城市有密切关系。在资本主义社会里,城市昔日的权力储存器地位已经淡化,而完全以人工环境这种日常生活的特殊形式凸显出来。

二、高度现代性的总体特征

吉登斯在《现代性的后果》《现代性与自我认同》等80年代晚期以来的著作中,依然延续了以往的分析思路,只是更多地涉及个人心理的层面。他认为,过去对现代性的分析总是集中在文化和认识论方面,其实,对现代性的分析首先应该是制度上的分析。因此,他基本上是贯彻了社会发展的"非连续性"立场,粗略地将现代性定义为17世纪以来出现在欧洲的那种社会生活方式和社会组织方式,并且以欧洲为源地,自那时以来不断地向全世界蔓延。他承认我们身处激烈变动的现代社会(包括知识氛围),已经可以察觉到许多"后现代"的轮廓,但仍然坚持认为我们应该重新审视现代性本身,而不要奢谈什么"后现代"。我们只不过是步入一个新的时代,一个现代性高度发达的"现代晚期"。在这个时代里,现代性的各种后果在广度(全球化的普及)和深度(深入私密的日常生活)上都大大增强了。

吉登斯照例是从对经典三大家的清理开始树立自己分析思路的突破口的。他认为,在经典三大家对现代社会转型的认识里,有些思想妨碍了我们对现代性作全面的制度分析。首先,现代性的源起和发展动力在制度层面上是多维的,而马克思、涂尔干、韦伯只是分别注重了资本主义的生产关系和生产力、劳动分工以及资本主义的理性化,应该把这些方面综合起来,尤其不能忽视军事方面"战争的工业化"以及环境对人类社会的反作用。其次,经典思想预设有某种界限明确的"社会"(系统)存在,这实际上是以民族国家的出现为前提的,但经典思想未能明确地分析这种历史特殊性。吉登斯认为,社会分析的焦点应从霍布斯—帕森斯的"社会秩序如何可能?"这一问题,转向考察社会系统如何在时间—空间伸延之中得以构成。在现代性状况下,时空伸延的程度有了前所未有的飞跃,可以通过深究各项现代制度如何在时间和空间中定位,来廓清现代性的一些整体特征。最后,经典思想未能充分地理解社会学知识(对社会发展的"认识"与构想)和现代性各项制度特征实际发展走向之间的相互影响。

在新的认识下,吉登斯提出的现代性发展的三大动力机制也与众不同:

1. 时空的分离及其不断的重新组合,在这种方式下所产生的社会生活有着精确的时空"分区"(zoning);

2. 与时空的分离直接相关的是社会系统(从局部性中)逐渐脱离的过程(disembedding);

3. 知识对个人和群体的行动产生持续的影响,社会关系不断地进行反思性的调整。

先来看第一点。吉登斯指出,在高度现代性的状况之下,时间和空间都趋于空洞化,也就是说逐渐与具体的地点、事件相分离,逐步取得高度的标准化、精确化。时间和空间在全球范围内得到统一协调,空间与具体的场所相分离,从而使不在场的东西愈益决定在场的东西[这显然和沟通、传媒方式的转变有密切关系]。这种分离不仅仅是技术手段的变化,更不仅仅是什么速度的提高引起所需时间的减少,而是(特别由于电讯的出现与迅猛发展)沟通与交通的分离,身体在互动之中无须直接在场。

但吉登斯也提醒我们注意,时空的这种分离并非单线的发展,而是具有双向的效应,它反过来促使社会更加密切地组合在一起。时空分离对人情的影响是双向的,一方面固然私密性受到侵蚀,但与此同时,视野也打开了[23]。而且,并不是说时空伸延就能够使活动不受限制,因为一方面是产生了新的约束形式,另一方面,不管怎么说,互动还得由具体的人来完成。此外,由于社会活动日益脱离了在场的具体情境,各种理性化组织(包括社会运动)得到了显著的发展。新的(或者说是更加凸显的)时空理念使得人们前所未有地拥有了"历史性"(historicity)的情怀,即明确地将自己和自己所处的社会生活定位在一种线性的"历史"之中。

第二点所提到的逐渐脱离的过程,说得明确些,就是社会关系挣脱互动的局部性背景,在时空跨度上不确定地延展开去。吉登斯并没有采用以往受功能论影响的现代化理论中所习用的"功能分化"(functional differentiation)或"专门化"(specialization),是因为他认为这些范畴是旧有功能论和进化论思维的产物,不适于时空伸延视角下的分析。他特别指出,以下两种脱离机制从本质上带动了现代社会制度的发展:其一是象征符号(symbolic token),即超越具体个人或群体的普遍化交换媒介,比如货币、权力和语言;其二是专家系统(expert system),即手艺或专业技能的系统,它们构成了我们今天所身处的自然和社会环境的主体。这些都与高度技术化和风险社会环境下的信任有着密切的关系。

第三点,现代性突出地表现出全面的反思性。在反思性观念的映照之下,以往所谓现代性意味着理性的兴盛,科学知识的增长意味着确定性的增长之类似乎不言自明的道理,都暴露出虚设的一面。在具有高度反思性的现代性社会中,社会科学和它所考察的对象之间的交互影响作用不仅在实质上大大增强,而且在被人们所认识到的程度上也远为凸显。可以说,现代性观念本身就具有十足的社会学属性。

三、现代性制度的多维分析

在指出了现代性的这些总体特征之后,吉登斯开始铺陈他的制度分析。他直截了当地指出,以往的有关争论都或多或少地带有还原论的色彩。无论是资本主义还是工业主义,都只是现代性制度的"组织丛"的一个维度。他的现代性制度"丛"包括以下四个维度:

1. 资本主义:劳动力和产品竞争之下的资本积累;
2. 工业主义:主要是自然界的转化;"人造环境"的发展;
3. 军事权力:以战争的工业化为背景的对暴力手段的控制;
4. 监控:信息控制和社会管理。

以上我们所说的三大动力机制（时空伸延、脱离和反思性增长）促进了历史的转化，即这些制度维度的凸显和深化，反过来又同时受到这些维度的影响。

在当前高度现代性的历史阶段，吉登斯当然也很注重所谓全球化的趋势。但他认为，如果用时空关联的分析替代局限在有限系统之内的社会（民族国家）分析，则应该把全球化看作局部性的和远距离的社会事件与组织形式彼此之间的关系在广度和深度上不断拓展的辩证过程。之所以这么说，是因为一方面局部性的转化日益受到远距离事件的影响，全球性的社会关系日趋增强；另一方面，民族主义、地方自治、地区文化认同等趋势也在日渐显露。在全球化的视角下，上文所述的四个维度分别转变为世界资本主义经济系统、国际性劳动分工、世界军事秩序、民族国家系统。

正如上文所述，时空分离的效应是两方面的。吉登斯指出，实际上，在我们所说的"脱离"（disembedding）过程的同时，还存在"复植"（reembedding）的趋势，即被疏离的社会关系重新植入局部性的时空情境之中。他在贝克、卢曼、埃里克森等人思想的启发下，将风险和信任这一对观念纳入了讨论的核心。

所谓风险，指的是人们在自觉把握行动的前提之下，对未来的不测情况有清醒的估计，并据此作出抉择。从本质上说，对人类活动产生影响并就此带来风险的许多或然性的情况，其根源系出于人类自身，而非以往所认为的上帝或大自然，这种认识也是现代性的特征之一。至于信任，在高度现代性的社会里更多地体现为一种持续的状态，是在面对象征符号和专家系统（以及在具体互动情境中代表这些抽象系统的个人）时，对自己无所知晓的运作规则有充分的信心，确信这些规则本身是正确的，可以依赖的，所需确定的只是运作过程是否合乎规则。

吉登斯就此引入了一对概念：当面承诺（facework commitment）和匿名承诺（faceless commitment）。前者指在共同在场的社会关系中体现并维持的信任关系；后者指面对包括象征符号和专家系统在内的抽象系统发展起来的信任。抽象系统中的信任机制，深刻地蕴含现代制度的实质。当面承诺与匿名承诺是相互密切关联的。在严格区分（戈夫曼意义上的）前后台的前提之下，作为抽象系统代表出现的具体个人会极力掩饰自己的失误和局限，以确保作为"外行"的其他行动者对自己乃至对背后的整个抽象系统保持确信。也就是说，匿名承诺有利于当面承诺的实现，而当面承诺的顺利完成又会反过来进一步增强匿名承诺，它本身就是一种复植的过程。

在现代性状况之下，人们前所未有地从既有的专家系统中获得保障。面对仿佛一成不变地存在在那里的专家系统，人们当然会遇到挫折，也会有怀疑或敌视的态度,但在大多数情况下,日常生活里"视若当然"的态度与抽象系统取得了很好的共生共存,大大增进了后者在操作上的有效性。吉登斯认为,对抽象系统的信任是时空伸延大大扩展的前提条件,是现代制度较之传统世界能够给日常生活提供更大范围保障的条件。在现代性状况里,本体性安全的关键就是与抽象系统结合在一起的惯例。但这也导致了一些新的不利因素,使心理更加容易受到伤害,因为对抽象系统的信任不像对人的信任那样,可以获得某种心理上的酬报。要知道,在人类个体的早期发育阶段,本体性安全,即对自我认同和周围情境的稳定性所抱持的基本信任,并不首先以感受到事物或事件的连续性为依托,而是根源于对个人的信任,其基础是反应和投入的交互性。而对抽象系统的信任,既不能提供个人信任关系中的交互性,也不能提供私密性,只有冷冰冰的稳定性。

这样一来,人在高度现代性社会里似乎就只是各种批判理论所"揭示"给我们的那种处境了。那么,吉登斯对人的现状与未来又作何预想呢?

四、满怀希望的现实主义

吉登斯并没有一味沿袭各种文化批判的思路,而是反复强调:我们不能单纯地认为现代性的高度发展是对日常生活世界的侵蚀,对私密关系的压制;不能单纯地认为是非个人化的抽象系统逐步取代个人生活。这样的看法还脱离不开浪漫怀旧的恋乡情调(nostalgia),人为地将全球化与局部化对立起来。他认为,在现代性的全球化进程与日常生活中私密关系的转化之间,有着直接的辩证关系。事实上,所谓"个人",其本身的性质也正在发生重大变化。在20世纪,对个人的信任不再集中于以局部社区或亲族网为立足点的先赋性个人化关联,而是一种反思性的计划操作,在通过日常互动而完成的展示温情与开诚的自我的相互敞明中,逐步实现自我的计划和叙事。

因此,在现代科技文化日见发达的今天,重视自我完善的趋势却也日益兴盛。在看待这一问题时,我们就不能只认为这是抵御外界威胁的自恋式防卫,而是要深刻认识到全球化过程的影响与局部日常生活的相互渗透关系,将这种趋势看成是对外在世界和抽象系统的积极利用(带有新形式的宗教复兴、健美、养生等等),而不仅仅是大众传媒控制下的被动接受。

在吉登斯看来,哈贝马斯所谓系统对生活世界的殖民未免失之褊狭。首先,现代制度并不只是一味地将自身"殖入"生活世界,日常生活的性质也在不断地发生变化,改变着两者的关系。其次,所谓的"专门知识"总归是相对的,"外行"的人在与抽象系统的惯常接触中,也在不断地占有技术专长。没有人是全能的"专家",也没有人一无所知。所以我们面对现代性的高度发展,应该抱取一种积极的态度。更何况在全球化的风险面前,在"奥斯威辛之后",我们的生活处境已经没有绝对的"他人"和"私己"之别。

这种积极的态度是吉登斯看待高度发展的现代性状况的基本立场。他因此将目前的社会状况命名为"高度现代性"或"现代晚期",以反对一味鼓吹"后现代性"的立场。在现代性本质上的反思性与其未来取向相融合的情况下,吉登斯认为我们可以满怀希望但谨慎行事地采取一种"乌托邦现实主义"(utopia realism)的态度,最大限度地减少我们未来所可能面临的危险。

在20世纪晚期,我们仍然需要一种批判理论,但这种理论的背后已不再有历史秩序的必然承诺,而是社会学意义上的感受力。我们在这种新的批判理论之下,能够认识到在高度风险的情况下,道德义务与良好意愿也可能产生极大的危险;美好社会的模式观不能局限在民族国家之内,也不能局限在某一个现代性制度维度之下;还必须把握解放策略与生活策略(或称自我实现策略)这两种策略[24]之间的相互联系。所谓解放策略,即积极地关注乃至投入从不平等或奴役状态之中解脱出来的事业;而生活策略则是指在认识到不存在"他人"的情况下,积极争取为全体人的生活之成就与满足而努力。

确立了这样的基本立场,吉登斯以前述现代性的四项主要的制度维度为基准,分别从社会运动、世界性的灾害威胁和未来的后现代全球秩序等角度勾勒出了他心目中的图景。具体而言,他认为现代性的高度发展面临着以下四项主要威胁:极权主义力量的增长;核冲突或大规模常规战争;生态环境的破坏或灾难;经济增长力量的崩溃。目前的社会运动则分别针对这四个方面体现为:自由言谈、民主运动;和平运动;生态(环境保护)运动;劳工运动。这些运动所渴望贯彻的道路是:多层面的民主参与;非军事化;技术的人道化;超越短缺经济的经济伦理。而这些道路最后通向的目标则是:协调的全球秩序;战争的渐趋消失;以全球为己任的现世关怀;社会化的经济组织。必须指出,这里的道路与目标之间是双向解释的关系,也就是说,发展的设想会反思性地投射到社会现实之中,各个维度之间也存在着相互作用。

第五节 吉登斯思想的对象与源泉

最后我们来简单地介绍一下吉登斯学说的批判对象及其所借鉴的思想源泉。必须声明,这里所提出的只是一些文献参考方面的线索以及上文未提到的观点,不足称确凿翔实的论述。

第四章 安东尼·吉登斯

一、作为批判对象的几股思潮

如前所述,吉登斯对社会学传统上的"正统共识"一贯持批判态度,并正是以此为起点,寻求自己的突破口的。而吉登斯对经典三大家的清理我们前面也有所涉及。他最集中批判的对象,则是实证主义、功能主义和进化理论。

吉登斯对实证主义的批判态度,在 1974 年所编文选《实证主义与社会学》的编辑方针中就已经有所体现[25]。他反对将社会科学类比为自然科学,在方法、预设、目标等方面作不切实际的设想。由于人具有反思性,因果法则不可能具有像自然科学中那样的解释力。而即使在自然科学当中,观察、解释与理论的立场之间也是有着必然相关的。对实证主义内部各种流派的具体论点的评论,则可见 1977 年文集《社会政治理论研究》中编入的重要文章《实证主义及其论者》。值得注意的是,他在 1979 年的《社会学方法新规》中曾明确提出:社会科学中描述与解释有着本质上的相关,必须引进哲学层次上的思考,但在《社会的构成》中又聪明地提出:对于哲学问题,社会学家不必等到有关争论完全解决之后再行借鉴。

对于功能主义,吉登斯认为,社会再生产不能通过诉诸自存系统的"需要"完成自我解释。所有的再生产都具有其或然性和历史性,并最终落实到具有能动作用的行动者的实践当中。社会学应该关注行动者本身和他们的行事理由。另一方面,行动者的认知能力又始终是有所限制的,要考虑到行动的未被认识到的条件和行动的意外后果。吉登斯期望以此来避免功能主义目的论的解释。同样收入文集《社会政治理论研究》的《功能主义:论争的背后》是概观吉登斯对功能主义态度的一篇重要论文。

吉登斯对进化理论的批判渗透在整个《历史唯物主义当代批判》的实质分析中。他把批判的矛头指向所有以历史进化观为预设的理论,在《社会的构成》中提出,历史进化观存在四大危险:

1. 单线压缩(unilineal compression)。是指进化论思想家往往将广义进化压缩为狭义进化,认为在欧洲,封建主义先于资本主义,而资本主义脱胎于封建主义的社会关系总和。因此封建主义是资本主义不可或缺的先驱,是资本主义进化历程中的一个"普遍阶段"。

2. 对应压缩(homological compression)。指的是想象在社会进化各阶段与个体人格各发展阶段之间,存在一种对应的关系;假定在较为先进的社会中,只能在个人发展的较早阶段中发现小型口头文化特有的那些认知、情感和行为形式,所以假定社会组织的复杂程度反映在人格发展的复杂程度上。与此相关的一种看法是：社会越复杂，对情感的压抑也越强[26]。

3. 规范错觉(normative illusion)。就是将那些优势力量(无论是在经济、政治方面还是在军事方面)等同于一个进化等级中道德上的优越性。这样一种倾向无疑和进化论中隐含的种族中心主义意涵密切相关。调适概念(adaptation)表面上具有一种伦理中立色彩，好像更强的"调适能力"是那些更符合规范的社会特征在事实上的优势。但这个概念一旦被用到人类社会，就往往成为赤裸裸的强权的代名词。

4. 时间歪曲(temporal distortion)。就是"历史"只能撰写为社会的变迁，将"历史"(history)与"历史性"(historicity)混为一谈。这一点上文已多有涉及。

二、丰富多样的思想库

要想全面而详细地介绍吉登斯学说中有意借鉴(当然也兼带批评)和潜在涉及的其他思想，几乎是不可能的。这一点我们通过正文的叙述已能有所领略。在此我们只能提供一些粗略的线索，以供读者进一步阅读和思考：

1. 现代哲学的语言学转向，尤其是维特根斯坦、温奇(Winch)等人的著作[27]。

2. 从舒茨到加芬克尔的受现象学思路影响的社会学与常人方法学：无论是系统，还是结构、秩序，都源于人的日常互动(谈话)在日常生活中不断地创立意义，进行(有所变更的)再生产；加芬克尔的"破坏实验"就体现出"实践意识"的重要性。吉登斯对此加以改造，以使之融入结构和系统[28]。

3. 戈夫曼：最突出地体现在《社会的构成》对日常接触的分析之中。

4. 自我心理学与精神分析：最早是对自杀的研究兴趣；后又大量借鉴了埃里克森和莱恩等人的思想，探讨例行化，本体性安全，自我认同(自我同一性)。

5. 解释学：可以参考《社会学方法新规》和《社会政治理论研究》中的《哈贝马斯对解释学的批判》与《解释学、常人方法学和解释性分析》；吉登斯认为解释学单纯考虑了行动者的认知能力和解释力，未能考虑结构的约束与使动(紧要情境问题)；而不考虑结构的因素，就无法解决行动的未被认识到的条件及非预期的后果的问题。再有就是双重解释学问题。

6. 结构主义与后结构主义：《社会理论的核心问题》第一章《结构主义和有关主体的理论》对索绪尔、列维－斯特劳斯、德里达等人皆有详细评论，并且借以引进了时间与空间。

7. 批判理论：和批判理论(尤其是哈贝马斯)的复杂关系；对理论的批判本质的关注。

第四章　安东尼·吉登斯

8. 马克思主义：吉登斯赞同人类实践在分析上的首要性，赞同"人们自己创造自己的历史，但并不是在他们自己选定的条件下创造"，在对资本主义的分析中也多有引鉴，但在对进化理论的批评中，在矛盾、结构丛等具体概念的理解上也存在相当的分歧。

9. 当代时间地理学和城市区位地理学。

10. 福柯：尤其是监控在现代国家形成与发展过程中的作用。

11. 海德格尔：时间的本体性地位；向死而生；对时间空间的系统的历史分析；对意义的追求——死亡。

…………

必须指出，在吉登斯之前，早有许多学者发展出了超越结构与能动作用二元对立的思路，比如布迪厄、埃利亚斯、图海纳、伯格与卢克曼等等[29]，但吉登斯对经典的整理是他们无法企及的。至于他们彼此之间的关系，本文无法作出评价。这里只说一点，多有论者批评他用"行动"牺牲了"行动者"，用历史的形塑过程取代了历史的形塑者。行动者只是在实践当中被建构出来，不过，吉登斯在后期对现代性状况之下人的自我认同、私密关系等等的分析，在某种程度上可以说是对这种批评的回应。

三、社会理论的批判指向

吉登斯始终坚持认为，自然科学的有效性评判标准不能运用在社会科学上。在社会行动中，理论知识成了行动理性化地反省从而改变自身的因素。社会学的知识表面上来看缺乏积累性，范式化程度较低，但绝不能因为这一点，说这一学科不成熟，不如自然科学更"科学"。对此我们可以沿循以下思路展开考察：(1) 在社会学中，理论不是严格受事实决定；(2) 专家知识和常人知识在日常生活中是高度互渗的；(3) 理论知识存在"自证预言"或"自我否定预言"的效应。

我们已经介绍过双重解释学与反思性知识的问题。在这种认识的前提下，吉登斯认为社会学的职责是促进自我启蒙。他坚持理论的批判性，并认为理论批判和经验研究根本就不是彼此分离的两种东西，都是自己从一开始就坚持的立场。社会理论之所以具有批判的欲求，一个重要的方面就在于它的经验意涵。结构化理论是一种批判理论，但不是法兰克福学派的那种自设前提色彩很浓的批判理论。吉登斯指出存在四重批判，其预设前提的色彩是不断加重的：

1. 知识的批判。内在于所有知识发展过程中的集体参与性。

2. 实践的批判。社会科学的双重解释性所造成的常人与专家之间的双向启迪、批判。

3. 意识形态的批判。对社会科学的结论在社会生活中实际所发挥的权力作用有清醒的自我认识。

4. 道德的批判。社会科学家在积极从事实践活动的同时,在努力把握"是怎样"的同时,完全可以对现状作出带有伦理意义的判断,即积极回答"应当怎样"的问题。事实上,我们也不可能回避这样一种伦理的介入。

吉登斯明确指出:一种可以称得上是批判性的理论,即使没有过多"确定性的前提",也应该在社会学的意义上具有"启发性"。也就是说,我们必须保持米尔斯所谓"社会学的想象力"。在吉登斯看来,这样的想象力可以有三重形式:首先是历史学的视野,通过历史的回想,我们可以在观念上重构失去的世界,从而对现代世界保持一种批判的目光;其次是人类学的洞见,在地理、文化的多样性面前,我们会摆脱社会进化理论带来的优越感,重新发现自身的局限和其他也许在现代工业文明的大肆扩张之下趋于灭绝的社会生活与思考方式的内在魅力;最后是在对现实的清醒认识之下,对未来丰富可能性的乐观向往,即上文所述的"乌托邦现实主义"。只有这样,社会学才能在现代社会之中发挥自身的批判力量。

吉登斯走的是典型的学院道路。在前期做过一些整理已有资料性质的"经验研究"之后,自70年代开始,他便按照自己拟定的计划,系统清理经典思想,并在全面整理现代社会学各派思潮的基础之上,逐渐发展起结构化理论,进而以此为理论框架,对高度发展的现代性之下社会制度的各个维度进行了分析。他的著作、论文、编著乃至教科书产量惊人,以致有论者作此疑问:"吉登斯"是否确有其人?还是一个写作小组的代号?这当然只是戏言。但吉登斯如此多产,固然多有重复,也确实有他的诀窍。他的文集中收录的论文大多是总结他人思想、创建自己"体系"的初步成果,有一些几近读书笔记(尤其是他的《社会理论的核心问题》)。给学生开的研讨班成为他磨砺自己思想的好机会,而编的教科书又使他的结构化思想内核得到普及。

《资本主义与现代社会理论》一书虽说是吉登斯的成名作,但基本上还只是受到青年一代的欢迎。1976年以前,在美国的《美国社会学杂志》《美国社会学评论》《社会力量》等主要期刊上,还很少有人引用他的作品。《社会学方法新规》出版之后,情况才有了转变。在80年代以来的各种社会理论著作以及讨论现代性与民族国家的著作中,对吉登斯的引用率极高。

也许是历史的某种巧合,在吉登斯出生的前一年,日后成为一代理论宗师的帕森斯出版了他的成名作《社会行动的结构》,而四十年后,在各种各样对帕森斯的批评思潮之中,吉登斯又渐渐显出了当年帕森斯的宗师气象。这两个人都以整理经典思想、综合各种思潮见长,也都不知疲倦地建构着自己的宏大系统。创新之士要树立自己的地位,也不得不从面对他们的问题乃至批评他们的结论开始。说他已经稳固地树立起类似于帕森斯的经典地位或许为时尚早,但不可否认的是,吉登斯已经成为批评家难以越过的一位"靶子"。

80年代以来,社会理论界讨论较多,可称得上综合性的大师级人物的,大致有哈贝马斯、布迪厄、福柯、埃利亚斯、吉登斯等人。吉登斯是这些人中最年轻的,在某种意义上也是最"合乎规矩"的一位。所谓合乎规矩,既指他的学术生涯极其顺利;也指他做学问的方法合乎学院的传统规矩,写书、教书、编书,谨守学院象牙塔,既不太做经验研究,也不多参与政治,这种情况在90年代有了较大改变。就经验研究而言,他至少没有像布迪厄那样做过人类学性质较强的"远方"调查,或者像福柯和埃利亚斯那样有过非洲生活的体验,这不仅影响了他的著作的分析重点,也有损于他对人类学色彩较浓的一些主题(比如性和家庭关系、自我认同等等)的探讨力度,流露出欧洲中心的局限。而就政治参与来说,这和英国知识分子的某种传统有关,而且,不管怎么说,在1968年5月风暴席卷西方的时候,吉登斯还只是个初出茅庐的讲师级人物,他那充斥着工业社会思想的老式欧洲头脑还正在大洋彼岸的加州海滩接受新时代的洗礼。

总之,吉登斯没有布迪厄那种长期的"远方"经验研究经历,没有福柯那种学术与生命融为一体的激情体验,没有哈贝马斯那种介入政治性论战乃至学生运动的切身体会(福柯和布迪厄也是一样),更谈不上埃利亚斯一生跌宕起伏的世情悲喜。在评价他整个理论的品格之前,我们首先要认识到,我们面对的是一位"顺顺当当"的学者。

注 释

〔1〕 有关吉登斯的生平及学术资料,主要参考了 Clark, J, et al (eds.), *Anthony Giddens: Consensus and Controversy*, Falmer, 1990; C. & D. Jary (eds.), *Giddens' Theory of Structuration*, Routledge, 1990; 以及黄平:《吉登斯》,载苏国勋主编:《当代西方著名哲学家评传》第十卷《社会哲学》,山东人民出版社1996年版。

〔2〕 埃利亚斯后来在讲稿的基础上写成《什么是社会学?》,扼要地阐明了自己的"过程"视角下的社会研究方法,这也是他几乎唯一的一部带有方法论性质的著作。参见本书《埃利亚斯》一章。

〔3〕 这篇就职演说后来收入了1987年出版的文集《社会理论与现代社会学》,中译本由文军等译,社会科学文献出版社2003年版。

〔4〕 吉登斯后来编辑了 *The Sociology of Suiside*: *A Selecting of Readings*, Cass, 1971。

〔5〕 *The Class Structure of the Advanced Societies*, 1973;（与 P. Stanworth 合编）*Elites and Power in British Socirty*, 1974;（与 D. Held 合编）*Classes, Power and Conflict*: *Classical and Contemporary Debates*, 1982;（与 G. Meckenzie 合编）*Social Class and the Division of Labour*: *Essays in Hohour of Ilja Neustadt*, 1982.

〔6〕 在短短十几年时间里,该出版社已发展为堪与牛津、剑桥、麦克米伦等老牌学术出版社分庭抗礼的机构,尤其是在社会理论方面,鲜明地体现出学术界中人的优势。

〔7〕 *Politics and Sociology in the Thought of Max Weber*, 1972;(ed.) *Emile Durkheim*: *Selected Writings*, 1972; *Durkheim*, 1978; (ed.) *Durkheim on Politics and the State*, 1986.

〔8〕 可以参看 Ulrich Beck, *Risk Society*, Sage, 1992; Scott Lash, *Sociology of Postmodernism*, Routledge, 1990。

〔9〕 *Sociology*, *A Brief but Critical Introduction*, 1982.

〔10〕 1996 年 Polity 出版社推出了该书的第三版,增添了身体社会学、文化研究等方面的内容。

〔11〕 鉴于吉登斯本人的著述涉及广泛,本章基本上只限于介绍性质,较为深入的研究尚有待开展,可参看本章后附有关评论著作或文集。必须指出,它们尚未详加涉及吉登斯80 年代以来的著述。吉登斯本人的《社会的构成》大体上概括了他的基本概念框架。

〔12〕 参看 Giddens, *Studies in Social and Political Theory*, Hutchinson, 1997。

〔13〕 "Four myths in the history of social thought", in Giddens, *Studies in Social and Political Theory*, Hutchinson, 1977.

〔14〕 当然,这一点不适用于各种结构主义与后结构主义思想。

〔15〕 在 1984 年的《社会的构成》与 1991 年的《现代性与自我认同》两书中,吉登斯分别给出了令人生畏的术语表作为附录。细加玩味,除了可捉摸出分析重点的转移,还能透过少数重复出现的词目的释义变化而有所发现。

〔16〕 吉登斯对这二人多有参引,可参看中译本:埃里克森:《童年与社会》,罗一静等译,学林出版社 1992 年版;莱恩:《分裂的自我——对健全与疯狂的生存论研究》,林和生、侯东民译,贵州人民出版社 1994 年版(尤其见该书第三章《存在性不安》[ontological insecurity],译者在第 28 页详细说明了译名以"存在性"替代"本体性"的理由。本章为方便起见,仍译作"本体性")。

〔17〕 "mutual knowledge" 也可以译为"交互知识"。

〔18〕 尤其是黑格斯特兰德(T. Hägerstrand)、普莱德(A. Pred)、卡尔斯坦(T. Carlstein)等人。

〔19〕 可以参看戈夫曼:《日常接触》,徐江敏等译,浙江人民出版社 1988 年版。

〔20〕 吉登斯的老师洛克伍德在 1966 年发表的一篇文章里提出了这一对概念,后来成为引起广泛争论的对立观念,可以参看北京大学社会学系主办的《社会理论论坛》1997 年第 3 期《社会整合与系统整合》专号。

〔21〕 这一点吉登斯对人类学家萨林斯的思想多有借鉴,可以参看 M. Sahlins, *Stone Age Economics*。

〔22〕 吉登斯认为这主要包括两个方面:一是详尽而普遍的信息搜集,二是档案的记载。

〔23〕 一个极端的例子便是互联网。

〔24〕 即一般概称"政治"的"politics"。

〔25〕 Giddens ed., *Positivism and Sociology*, Heinemann, 1974.

〔26〕 在这一点上,吉登斯明确以埃利亚斯为靶子。

〔27〕 吉登斯对温奇的 *The Idea of a Social Science*(1958)颇多引述。

〔28〕 参见杨善华编《当代西方社会学理论》一书(北京大学出版社 1999 年版)中由李猛撰写的"舒茨"与"常人方法学"两章。

〔29〕 甚至像被人们认为是吉登斯的标志的"结构化"这样的概念,也最先出自法国著名学者古尔维奇(G. Gurvitch)。

参 考 文 献

(1) 吉登斯的著述

Giddens, Anthony, *Capitalism and Modern Social Theory: An Analysis of the Writings of Marx, Durkheim and Max Weber*, Cambridge University Press, 1971.

Giddens, Anthony, *New Rules of Sociological Method*, Hutchinson, 1976(1995 年修订版).

Giddens, Anthony, *Studies in Social and Political Theory*, Hutchinson, 1977.

Giddens, Anthony, *Central Problems in Social Theory: Action, Structure and Contradiction in Social Analysis*, Macmillan, 1979.

Giddens, Anthony, *A Contemporary Critiques of Historical Materialism. Vol. 1: Power, Property and the State*, Macmillan, 1981.

Giddens, Anthony, *The Constitution of Society: Outline of the Theory of Structuration*, University of California Press, 1984;中译本《社会的构成》,李康、李猛译,生活·读书·新知三联书店 1998 年版。

Giddens, Anthony, *A Contemporary Critiques of Historical Materialism. Vol. 2: The Nation-State and Violence*, Polity, 1985;中译本《民族—国家与暴力》,胡宗泽、赵力涛译,生活·读书·新知三联书店 1998 年版。

Giddens, Anthony, *Social Theory and Modern Sociology*, Polity, 1987.

Giddens, Anthony, *The Consequence of Modernity*, Polity, 1990.

Giddens, Anthony, *Modernity and Self-identity: Self and Society in the Late Modernity*, Polity, 1991;中译本《现代性与自我认同》,赵旭东、方文译,生活·读书·新知三联书店 1998 年版。

Giddens, Anthony, *Politics, Sociology and Social Theory: Encounters with Classical and Contemporary Social Thought*, Polity, 1995.

Giddens, Anthony, *In Defense of Sociology*, Polity, 1996.

Giddens, A. & J. Turner (eds.) *Social Theory Today*, Polity, 1987（其中撰文"structuralism, post-structuralism and the production of culture"）.

Giddens, A, Ulrich Beck & Scott Lash (eds.) *Reflexive Modernization*, Polity, 1984.

(2) 二手文献

Bryant, C. & D. Jary (eds.), *Giddens' Theory of Structuration*, Routledge, 1991.

Cassell, P. (ed.), *Giddens' Reader*, Macmillan, 1993.

Clark, J. et al (eds.), *Anthony Giddens: Consensus and Controversy*, Falmer, 1990.

Cohen, I., *Structuration Theory: Anthony Giddens and the Constitution of Social Life*, Macmillan, 1989.

Craib, I., *Anthony Giddens*, Routledge, 1992.

Held, D. & J. Thompson (eds.), *Social Theory of Modern Societies: Anthony Giddens and His Critics*, Cambridge University Press, 1989.

黄平的《吉登斯》，收入苏国勋主编的《当代西方著名哲学家评传》第十卷《社会哲学》，山东人民出版社1996年版。

第五章

乌尔里希·贝克

郑 莉

第一节 贝克其人及主要著作

乌尔里希·贝克(U. Beck,1944—2015),德国著名的社会学家,慕尼黑大学教授,慕尼黑大学自反性现代化[1]研究中心主任。贝克从20世纪80年代以来致力于风险社会、自反性现代化(第二次现代化)和全球化理论的研究,主要著作有《风险社会:迈向一种新的现代性》(1992)[2],《自反性现代化》(1994,与吉登斯、拉什合著),《风险时代的生态学政治》(1995),《生态学的启蒙:风险社会的政治文集》(1995),《政治的再造:在全球的社会秩序中重新思考现代性》(1997),《没有敌人的民主》(1998),《世界风险社会》(1999)[3],《何谓全球化》(2000)[4],《勇敢的新世界的工作》(2000),《风险社会及其超越——社会理论的批判性论争》(2000,与亚当等人编著),《个体化——制度化的个人主义及其社会和政治后果》(2001,与人合著),《全球化时代的权力与反权力》(2002)[5],《全球的美国——全球化的文化后果》(2003,与人合作编著),《自由与资本主义》(2004,谈话录)[6]等。

贝克的著作在欧洲被认为是最具洞察力且极具争议的理论,由于学术界和大众媒体的广泛关注,贝克成为一名现代公众知识分子。他不仅努力对面临的问题做出社会学的、科学的阐释,而且还影响了公共事务的进程。

第二节 风险社会理论

关于风险的争论是从 20 世纪 50 年代开始的,它最早源于对与环境相关的风险事件的讨论,由此社会作为全球范围内的一个整体出现在关于人类安全的争论中。从 20 世纪 50 年代开始提出风险问题,到目前对风险展开全方位的研究。风险的研究大体经历了四个阶段:

第一阶段为 20 世纪 50 年代。这一时期,人们开始意识到核能的使用过程中所潜藏的风险,并对如何安全地使用核能、如何控制和评估核能给人们带来的风险展开了争论。争论的主体是专家和管理员,公众被排除在外。这一时期风险研究所使用的方法主要是系统理论分析、商业管理、决策和游戏规则以及成本收益分析。

第二阶段大体上是 20 世纪 60 年代。这一时期,人们开始对各种风险进行比较,并提出了社会承受风险的能力问题。全球环境问题与核问题一样成为讨论的焦点。争论的主体有专家和来自公众的声音。

第三阶段是 20 世纪 70 年代。这一时期从对技术经济的争论过渡到对新旧价值观和世界观冲突的争论。最突出的特点是公众开始对风险产生焦虑,人们不得不从心理学的角度来研究由风险所带来的焦虑问题。

第四阶段大约从 20 世纪 70 年代后期开始到现在。这一时期人们展开了全方位的风险讨论。在 20 世纪 80 年代,关于风险问题的争论出现了一个重要的转向:一方面,关于自然、社会体制、科学、技术、专家意见以及发展的理所当然的前提假设崩溃了。由此引起的极端不确定性、焦虑、冲突、对抗性和差异第一次接受了人们的反思。另一方面,风险研究过程中所使用的基本方法也发生了变化,从只注重根据不同体系的前提假设之间的差异来分析风险问题,到采用新型的合法化的文化模式来解释风险问题[7]。这一时期也就是贝克所说的全球风险社会时期。在这一阶段,对风险问题进行研究的代表人物有玛丽·道格拉斯(M. Douglas)[8]、詹姆士·肖特(J. Short)[9]、尼古拉斯·卢曼(N. Luhmann)[10]、安东尼·吉登斯(A. Giddens)、乌尔里希·贝克(U. Beck)、斯科特·拉什(S. Lash)[11]等。

从以上四个阶段可以看出,关于风险的论争经历了从专家和公众对技术和环境的关注到对社会的制度基础的关注的转变。这意味着风险不再是发生在局部领域中的问题,相反,它使人类社会面临着前所未有的挑战,并带来了整个社会结构的变化。换言之,在发达的现代化国家,工业生产的无法预测的后果

第五章 乌尔里希·贝克

转变为全球的生态困境,而这本来就不是一个所谓的环境问题,而是工业社会本身的一种意义深远的制度性危机。

一、从阶级社会(古典工业社会)向风险社会的转变

在贝克看来,现代性发展到今天已经发生断裂,在20世纪后半叶之前的现代社会是古典工业社会(阶级社会),现在已经形成一种新的社会形式——风险社会,它取代了古典工业社会。如果说工业社会的轴心原则是财富的生产,财富生产的逻辑统治着风险生产的逻辑;那么风险社会的轴心原则是风险的分配,风险生产的逻辑统治着财富生产的逻辑。贝克指出,也许我们还没有生活在一个风险社会中,但我们也不是仅仅生活在短缺社会的分配冲突中。而且,只要从短缺社会向风险社会的转变发生,就会出现一种实质性的社会变迁,它将使我们远离原先的思考和行动模式[12]。

1. 阶级社会和风险社会展示了两种不同的社会运作逻辑

贝克指出,在马克思或韦伯最宽泛的意义上,工业社会或阶级社会的运作逻辑是社会生产的财富是如何以不平等的但又"合法的"方式实行分配的。而今,这种观点被新的风险社会的范式所代替。风险社会关注的是如何避免、减弱、改造或疏导在发达的现代性中系统地产生的风险和威胁。换言之,我们不再仅仅关心利用自然或者将人类从传统的束缚中解放出来的问题,而是要关注技术—经济发展本身产生的问题。现代化正变得具有自反性,现代化正在成为它自身的主题[13]。在现代化进程中,生产力呈指数增长,使危险和潜在的威胁释放达到了一个前所未有的程度。在发达的现代性中,财富的社会生产系统伴随着风险的社会生产。相应地,与短缺社会的分配相关的问题和冲突,被科技发展所产生的风险的生产、界定和分配所引起的问题和冲突所代替。

风险和财富一样是要分配的东西,但两者关涉不同的利益分配逻辑。社会财富分配处理的是人们渴望得到的稀缺物品,如消费品、收入、教育机会和财产等问题。相对而言,风险处理的是人们所不需要的现代化的负面影响问题。这些问题必须被消除,或者被否定和再诠释。你可以幸福地拥有财富,但却会遭受到风险的折磨。财富获取的肯定逻辑对应着风险转嫁、规避、否认和再诠释的否定逻辑[14]。

尽管风险分配的类型、模式和媒介与财富的分配有着系统的差别,但不可否认的是,风险总是以层级的或依阶级而定的方式分配的。在这种意义上,阶级社会和风险社会存在着很大范围的相互重叠。风险分配的历史表明,像财富一样,风险附着在阶级模式上,只不过以颠倒的方式:财富在上层聚集,而风险

在下层聚集。就此而言,风险似乎不是消除而是巩固了阶级社会[15]。所不同的是,在阶级地位上,是存在决定意识;而在风险地位上,是意识(知识)决定存在。但是,在全球性风险的推动下,这种等级式的阶级分配逻辑会被打乱,从发展趋势来看,随着风险的扩大,会出现风险分布平均化的局面。

2. 阶级社会和风险社会表达着两种完全不同的价值体系

贝克指出,阶级社会在它的发展动力上仍旧与平等的理念相联系。风险社会则与安全相联系。从阶级社会向风险社会的转变意味着"不平等的"价值体系被"不安全的"价值体系所取代。平等的乌托邦包括很多实质的和积极的社会变迁目标,而风险社会的乌托邦仍旧是消极的和防御性的。基本上,人们不再关心获得好的东西,而是关心如何预防坏的东西;自我限制作为一种目标出现了。阶级社会的梦想是每一个人都需要和应该分享蛋糕,风险社会的乌托邦则是每一个人都应该免受毒害。阶级社会的驱动力是:我饿! 风险社会的驱动力是:我害怕! 焦虑的共同性代替了需求的共同性。在这种意义上,风险社会的形式标示着一个社会时代,在其中产生了由焦虑得来的团结并且这种团结形成了一种政治力量。但是焦虑的约束力量如何起作用甚至它是否在起作用,仍是完全不明确的[16]。

3. 阶级社会与风险社会的风险性质不同

首先,阶级社会的风险具有地域的局限性、可感知性和可计算性,而风险社会的风险具有全球性、不可感知性和无法计算性。贝克指出,风险是一个与危险相对的概念,危险(danger)与自然灾害或神的惩罚相关,而风险(risk)则与人的各项决定紧密相连,即与文明进程和不断发展的现代化紧密相连。这意味着,自然和传统无疑不再具备控制人的力量,而是处于人的行动和人的决定的支配之下。夸张地说,风险概念是个指明自然终结和传统终结的概念。或者换句话说,在自然和传统失去它们的无限效力并依赖于人的决定的地方,才谈得上风险[17]。这一广义上的风险概念表明了人们创造了一种文明,以便使自己的决定将会造成的不可预见的后果具备可预见性,从而控制不可控制的事情,通过有意采取的预防性行动以及相应的制度化的措施战胜种种副作用[18]。这种体现了控制要求的风险概念是以空间、时间和社会方面明确界定的后果为前提的,这就是阶级社会的风险性质。但切尔诺贝利核灾难的发生却无法用上述的风险模式解释。一是这一事件的受害者甚至在灾难发生15年后还没有出生;二是灾难所造成的后果并不局限于当地。

由于阶级社会的风险及其后果是限于某个区域的,即只涉及有限的人员范围和有限的地区,因而也就可以通过保险手段予以抵御。与此同时,阶级社会的风险是通过我们的感知可以明确感觉到的,而风险社会的风险一般是不被感知的,并且只出现在物理和化学的方程式中(比如食物中的毒素或核威胁)。换言之,在风险社会中,风险绝不是具体的物,它们是看不见的,也是人的感官感觉不到的。风险是一种社会构想,是一种社会定义,主要是通过知识、公众、正反两方面专家的参与、对因果关系的推测、费用的分摊以及责任体系而确立起来的。在阶级社会中,威胁的产生可以追究到医疗技术的缺乏上;而在风险社会中,风险源于工业的过度生产,即今天的风险和危险具有全球性的威胁以及它们的现代起因。与早期的工业风险相比,核物理的、化学的、生态的和基因工程的风险,既不能以时间,也不能以空间被限制,又不能按照因果关系、过失、责任的既存规则来负责,与此同时,它们也不能被补偿和保险[19]。因为它们是现代化的风险,是工业化的一种大规模的产品,而且系统地随着它的全球化而加剧。

其次,阶级社会的风险只是作为"残余风险"(residual risk)而存在,而风险社会的风险则居于核心地位。贝克指出,在工业社会阶段,民族国家在对进步与秩序的追求中,尽管承认风险的存在,承认现代化的后果和自我危害被系统地制造出来,但它是作为"残余风险"而存在的,并未成为公共讨论的主题或政治冲突的中心。在公众的感觉中,占据主导地位的仍旧是进步的观念、工业生产、充足的就业机会以及财富生产。这个阶段由工业社会的自我同一性所驾驭,它强化了由已做出的决策所带来的危险,并同时使之"合法化"为残余风险[20]。

然而,在全球化的今天,风险概念成为现代文明的中心,工业社会的危险支配了公共、政治和私人的讨论,风险意识已被普遍接受,而进步意识原则上已被打破。当前工业社会的制度生产并合法化了它们不能控制的危险。工业社会把自己看作并批评为风险社会。一方面,这个社会依旧按照老工业社会的模式作出决定并行动;另一方面,产生于风险社会发展中的争论与冲突正在附加于利益组织、法律制度和政治之上。

再次,在阶级社会中,"污染者补偿原则"成为认识和消除风险的方法,换言之,坚持对因果关系进行严格验证成为现代科学理性的核心。但是,在风险社会中,这一方法导致了对工业造成的文明污染和疾病的最大限度地无视和最小程度地承认。由于污染源过多,导致无法追究谁应该承担主要责任,结果带来了一种"有组织的不负责任"。有组织的不负责任体现在两个方面:一是尽管现代社会的制度高度发达,关系紧密,几乎覆盖了人类活动的各个领域,但是它们在风险社会来临的时候却无法有效应对,难以承担起事前预防和事后解决的责任；二是就人类环境来说，无法准确界定几个世纪以来环境破坏的责任主体。各种治理主体反而利用法律和科学作为辩护之利器而进行"有组织地不承担真正责任"的活动[21]。

就无法预测的后果的模式而言，从工业社会向现代性的风险时代的转变在无意中悄悄地且难以抑制地发生在已变得自发的现代化的动态发展过程之中。风险社会之所以被创造出来，是因为工业社会不证自明的真理（对进步的共识，对生态后果与危险的疏忽）支配着人们与制度的思想和行为。风险社会并非政治讨论过程中可以被接受或拒绝的一个抉择，它经由对后果与危险毫不知晓的自发的现代化过程的自动运行而产生。总而言之，这一切潜在地产生了对工业社会的基础破坏的危险[22]。

二、风险社会的理论要素

贝克指出，从总体上说，风险社会指的是世界风险社会。就其轴心原则而言，它面临的挑战是现代文明制造的危险，它们无论在时间上还是在空间上都无法从社会的角度加以限定。这样，第一次的、工业现代性的基本状况和原则——阶级对立、民族的国家地位以及线性的、技术经济理性与控制的想象等，均被绕过和废除了[23]。

对贝克而言，风险社会的研究焦点并不是集中在"自然"或者"自然的破坏"上，也非集中在"生态学"或"环境问题"上。事实上，风险社会的研究目的是为生态问题提供一个社会学分析的概念框架，即将生态问题当作社会的内部世界问题而不是环境或者外部世界的问题来对待。这个概念框架超越了社会与自然的二元论划分，也就是说，"自然"、"生态"和"环境"等不是作为社会的对立面。风险社会的中心主题和分析的视角是必须处理我们文明内部的人为的不确定性(fabricated uncertainty)：风险、危险、副作用、可保险性、个体化及全球化[24]。风险社会的标志则是由社会决定和生产出来的危险破坏和(或)取消了福利国家现存的关于风险计算的既定安全体系[25]。由此，贝克描绘出了风险社会的轮廓：把生活和思考紧紧地系缚于工业现代性之上的坐标体系——性别之轴、家庭之轴和职业之轴，对科学和进步的信念开始动摇，同时机会和危险的新的黎明正在形成之中。贝克从八个方面阐述了风险社会的理论要素：

1. 风险的定义关系。风险并不指被引发的危害，风险概念表述的是在安全与毁灭之间一个特定的中间阶段的特性。在这个阶段，对风险的感知决定了人的思想和行为。风险的感知和风险不是不同的东西，而是相同的东西。是文化的感知和定义构成了风险，"风险"和"(公众对)风险的定义"完全是一回事。

"不再——但还没有"这种独特的现实状态(不再信任/安全,但还没有毁灭/灾难)就是风险概念所要表述的,这也使它成为一种公共参照框架。因此,风险社会学是一门关于潜在性和可能性判断的科学[26]。

2. 风险概念扭转了过去、现在和未来的关系。贝克指出,作为对未来的威胁和诊断,风险拥有并发展出一种与预防性行为的实践联系。风险意识的核心不在于现在,而在于未来。在风险社会中,过去失去了它决定现在的权力。它作为当下的体验和行为之原因的位置被将来所占据,即被那些并不存在的、被建构的和虚构的东西所占据[27]。

3. 风险陈述不仅仅是事实的陈述(factual statement),也不仅仅是价值的陈述。相反,它们要么同时是两者,要么是居于两者之间的某事物,可以说是一种"数学化的道德"(mathematicized morality)。作为一种数学计算的程序,风险直接或间接地与文化定义以及一种可接受的或不能接受的生活标准相关[28]。对贝克而言,所有的风险陈述都处于真实的事实和并不存在的未来之间。

4. 在现代性早期,风险和对风险的感知是现代性中占统治地位的"控制逻辑"(logic of control)的"无法预期的后果"(unintended consequences)。从政治学和社会学的角度看,现代性是由民族国家在技术上控制的一项社会规划。帕森斯将现代社会作为一个建构秩序和控制的企业。以这种方式,各种后果——风险,被制造出来,它们对民族国家的控制主张产生了疑问。这不仅是因为风险的全球性(气候灾难和臭氧空洞),而且也因为风险诊断的不确定性和内在的模糊性。由此,那些在现代性第一阶段中驾驭(社会)思想和(政治)行为的关于安全与控制的解释在全球风险社会中正在失去其真实性。在风险范畴的帮助下,我们试图对未来拓殖得越多,它就越脱离我们的控制。在世界风险社会中不再可能使风险外化[29]。

在现代性的第一阶段,风险基本代表了一种计算不可预知的后果的方式,即为了使不可预知的事物成为可预知的,由此,风险微积分学发展了相应的形式和方法来加强对风险的计算。但在自然变得工业化和传统变得可自由选择的程度上,出现了新类型的不确定性,即"人为的不确定性"。在此情况下,许多限制和控制风险的尝试转化成了对不确定性和危险的扩大。因此,风险社会对以秩序为基础的控制逻辑提出了挑战,它将关注的重点转移到了对我们自己制造的风险的有限控制的能力上。换言之,风险社会的主要问题是:在人为的不确定的状况下如何做出决定。这种人为的不确定状况不只是知识基础不完全的结果,而是更多的知识往往意味着更多的不确定性。

5. 与风险社会和人为的不确定性相联系的风险概念,指的是一种独特的

"知识和无知的合成"[30]（synthesis of knowledge and unawareness）。确切地说，它具有两层含义：一层是在经验知识基础上的风险评估（例如交通事故）；另一层是在风险不确定的情况下做出决策或行动。在此意义上，人为的不确定性概念具有双重指涉。首先，更多和更完善的知识正在成为新风险的来源。其次，风险源自或由无知（不知）所构成[31]。在现代性的第一阶段，无知通常被理解为"尚未知道"（not-yet）的知识或"可能永远都不会知道"（no-longer）的知识，即理解为潜在的知识。无知的问题从其对立面——知识（存在于生活世界的未被言说的确定性）中得到了理解。而在现代性的第二阶段，认识的无能（inability to know）变得更重要了。而这种认识的无能不是选择的对错与否或瞬间的疏忽问题，而是不同的专家团体的主张相互冲突的问题，即是高度发达的专家理性的产物。在这种"不知"不断增长以及无知随着现代化知识接踵而来的背景下，"在不确定的情况下做决定"这一问题凸显出来。但问题是：认识的无能是对行动的许可还是减缓行动、延缓偿付或可能根本就不行动？行动或不被允许行动的依据怎样才能由认识的无能证明是正确的？因此，关键的问题是怎样应对我们的无知（或认识的无能）？怎样在人为的不确定性中及其之间做出决定？

6. 新的风险类型同时是地区性的和全球性的，或"全球地区性的"。在风险社会的世界中，控制逻辑从内部崩溃了。因此，风险社会是一个潜在的政治社会。正如贝克所言："风险问题的特征是没有确定的解决方法，更确切地说，它们的特点是一种根本性的矛盾，这种矛盾通过可能性计算加以领会，但却不能通过这种方法消除。风险问题的根本性矛盾使其有别于从定义上说倾向于明确性和可决定性的秩序问题，在明确性的缺乏不断加剧的情况下（且这是一个不断强化的发展过程）对社会的技术可行性失去信心几乎是必然的。"[32]因此，风险社会理论并不是主张或鼓励在风险和人为的不确定时代里恢复控制的逻辑。这是现代性第一阶段的简单措施。在世界风险社会中，控制逻辑从根本上受到质疑。这就是为什么风险社会可以变成自我批判的社会的一个原因。

7. 关注现实主义与建构主义的争论以及知识与影响（impact）[33]之间的区分上。这种区分对于理解世界风险社会所面对的"不确定的全球风险"是非常重要的，因为影响的含义并不必然地和起因的含义相联系[34]。同时，危险的传递与运动经常是潜在的、内在的。这种社会无形性，意味着与其他的诸多政治问题不同。风险只有被清楚地意识到，才可以说它们构成了实在的威胁，而且这包括文化价值和符号以及科学论证。所以，是社会感知和结构使风险成为"现实"，它们的实在性是通过根植于前进中的工业和科学生产与研究程序的"冲突"而喷发出来的。风险知识与一个社会的文化和社会的知识结构紧密相连。

第五章　乌尔里希·贝克

依现实主义者的观点,发达工业生产的后果和危险现在"是"全球的。而依社会建构主义者的观点,"世界风险社会"不是以一种(科学诊断的)问题的全球性为基础的,而是以跨国的"话语联盟"(discourse coalitions)为基础,即在公共空间中声明全球环境问题的议事日程。换言之,现实主义者把重点放在**世界风险**社会上,而建构主义者则强调世界**风险社会**[35]。对贝克而言,现实主义和建构主义在对世界风险社会的处理方法和解释方式上并不是截然对立的。现实主义和建构主义既不是一种二者择其一的选择,也不仅仅是一个信念的问题。究竟采用何种方法,这是一个非常实际的选择,即一个为想要实现的目标而选择适当的手段的问题。贝克提倡一种自反性的现实主义(reflexive realism)的观点。这种自反性的现实主义第一次找到了理解"现实性建构了一种现实"的源泉,它揭示了自明性是如何被生产出来的,问题是怎样被削减的,可选择的解释是如何被藏进黑箱的等等[36]。

8. 世界风险社会的概念与一个自然与文化间明确差异的缺失的世界相关。贝克指出,我们生活在一个超出二分框架思想的混合世界中。"混合"世界的概念对于理解新事物是必要但非充分的。与其说"混合"是一个正概念,还不如说它是一个负概念。它以某种方式表达了它不是什么——不是自然,不是社会等,但是它确实没有表达它是什么。贝克建议克服支配我们思想的"不"、"超越"和"后"[37]。

综上所述,风险社会理论的一个重要特征是融化,至少从表面上看来较为刚性的环境。与大多数的现代社会理论不同,风险社会理论形象地描绘了现代性环境的偶然性、矛盾性以及对政治进行重新安排的敏感性。

三、风险社会的治理机制

贝克指出,由于现代风险的高度复杂性(超出了任何单一专家系统可以解释和控制的范围)、广泛影响性(波及每一个社会成员)和危害的全球性(已远远逾越了现代工业所内含的民族国家的发展及其疆域边界的逻辑),风险治理的主体不能再像过去那样仅由个别的民族政府来承担。在新的风险社会中,应该建立起双向沟通的"双向合作风险治理模式",在政府、企业、社区、非营利组织之间构筑起共同治理风险的网络联系和信任关系,建立起资源、信息交流与互补的民族内部平台,在各民族政府之间突破国界构筑起共同的治理风险的国际网络(如预警灾害通报)和国际间的信任关系。过去传统的、以民族国家为单位的风险治理机制已不能适应"世界风险社会"对风险治理的要求,因为全球化在增大对国家提供的保障和管理风险方面的需求的同时,也降低了国家有效地发挥这一作用的能力。与此同时,由于人类大量的经济活动和社会活动的力量得不到跨国性机制的有效约束,当出现了超越民族国家的地区性和全球性风险时,缺少有效的世界性的机构来弥补这个"权力真空"。因此,建立风险治理的国际合作机制是一个刻不容缓的紧迫任务。只有这样,我们才可能充分动员一切社会力量和国际力量,共同应对未来可能发生的风险。

总之,贝克关于风险社会理论模型的建构体现了当代西方思想家对社会现实的一种回应策略,即确立一种分析当代西方社会现实的新的理论框架。正如贝克所言,我们不可能在古典现代化的规范性范畴中思考,却在风险社会的模糊领域与纷杂喧嚣中生活和行动[38]。风险社会作为现代性的一个新阶段,将工业社会中隐性的、居于次要和从属地位的威胁以显性的、居于主导地位的形式凸现出来,即工业化社会道路上所产生的威胁(副作用)开始占主导地位。正是这些副作用成为风险社会发展的推动力。在古典现代化时期,许多经典社会学家认为,现代化进程中的副作用可以通过更优良的科技、进一步的功能分化、增进系统的合理化而得以吸收。这种方式赋予现代化进程的动力以自主性,认为现代化进程总是可以吸纳它自身产生的问题。然而通过风险社会的理论模式我们看到,这些潜在的威胁不仅难以察觉、超出了我们的想象力,而且也不是科学所能决定的,更无法依据工业社会体系自身的制度化标准来处理和消化。相反,它暴露了工业社会本身深刻的制度性危机,即尽管种种副作用是在现代化的过程中产生的,但它无法在现代化自身的制度框架中解决。换言之,并不是我们对风险的恐惧不足,而是我们意识到了风险的大量存在,但在利益原则的驱动下,我们很难放弃对既得利益的追求,而且在一定程度上,这一原则获得了制度上的支持。因此,风险社会理论实际上向我们展示了这样一个悖论:当今社会所存在的问题是日益清楚地意识到前方的危险,但阻止这些危险或缓解其危害性的能力却在逐渐减弱。这就是拉什所说的"自反性的极限"的观点,即在反思的主观能力与世界对反思可能采用的实践手段的免疫性之间缺少认同感甚至协作[39]。因此,风险社会理论实际上对自工业化社会以来一直运行的制度基础提出了挑战,或者说不断增加的风险不仅增强了我们的理性反思能力,而且也促使我们对理性能力本身进行了反思,这种自反性的增强,促使我们寻求一种制度上的突破。

第三节 自反性现代化理论

贝克指出,在世界范围内,当代社会正在经历着一场根本性的变革,这场变

第五章　乌尔里希·贝克

革向以启蒙运动为基础的现代性提出了挑战并开启了一个领域。在这个领域中,人们选择了新的且尚未预期的社会与政治形式。20世纪90年代的社会学争论已试图理解这些变化并将其概念化。一些人使用后现代性、晚期现代性、全球时代、自反性现代化的术语着重强调存在于新的偶然性、复杂性和不确定性之中的人类计划的未决问题;另一些人则重点研究了实验的同一性(experimental identity)和社会性的新形式、个体化和政治文化之间的关系、后国家星座(Habermas)或者世界民主(Held)的先决条件;还有一些人在自然政治方面撰写了大量的著作。这些不同的研究达成的共识是:在未来的十年中,我们将面对深刻的矛盾和令人困惑的两难困境,并且体会到一种嵌入绝望中的希望[40]。面对当代西方社会发生的巨变,贝克试图从理论上对之加以概括。

一、两种现代性(化)的划分

诚如现代化消解了19世纪封建社会的结构并催生了工业社会一样,今天的现代化正在消解工业社会,而另一种现代性正在形成之中。在21世纪的门槛上,在发达的西方世界中,现代化业已耗尽和丧失了它的他者,如今它正在破坏与工业社会的功能原理相伴随的前提。换言之,处在工业社会道路上的现代化,正在被一种工业社会原理的现代化所代替。因此,我们正在见证的不是现代性的终结,而是现代性的开端,这是一种超越了古典工业设计的现代性[41]。

贝克将现代性分为第一次现代性(古典工业社会的现代性)与第二次现代性(自反性现代性)。前者用来描述以民族国家社会为基础的现代性,其中社会关系、网络、共同体主要是从地域意义上来理解的。第一次现代性的典型特征体现为集体的生活方式、进步、可控制性、充分就业和对自然的开发。用于分析第一次现代性的概念框架建立在三条原则的基础上:第一条原则是社会学的地域局限性,即社会学的观念及其概念都植根于民族国家这个"集装箱"之中。第二条原则是服从某种既定的社会集体,个人在很大程度上都受他生活于其中的环境所决定。第三条原则是进化的原则。西方社会代表了一种功能上先进的社会。

贝克指出,自20世纪二三十年代以来,出现了这样一种景象,第一次现代性进程所带来的各种问题变得尖锐化了,这些问题的出现是始料未及的,且是已经逐渐显露出来的第一次现代性的副作用,它们对第一次现代性的前提提出了挑战和质疑。贝克将这些挑战称为第二次现代性。首先,那些确保第一次现代性延续下来的原则都成了问题,像社会的地域性、民族国家性等等。这样,社会成员及社会机制所拥有的解答现代化进程引发问题的所有答案便面临着各种挑战。贝克指出,衡量备受怀疑的新生事物靠的不是危机、断裂或矛盾,这些危机、断裂与矛盾向来都有,衡量是不是新生事物要看主导观念是否破灭[42]。其次,第二次现代性可以从两个方面来理解:一方面,大多数的发展都是第一次现代性被极端化以后产生的副作用的结果,它们并不是来自某种政治进程或某场自觉的革命,也不是人们对此作了决定,而是由于动力引发了这些结果。另一方面,得到单独处理的这些发展在相互作用中引发了一种新的境况,对此我们毫无准备。这些变化的起源植根于迄今的现代化动力的框架中,但它同时超越了这些框架,造成了基础的变化,造成了一种范式的变化,促使我们在社会科学的领域内阐发出新的概念,同时发展出新的社会与政治机制,以便为这种挑战寻找合适的答案[43]。这就好比卡夫卡在《变形记》中所描述的:一个人上床时还是人,一觉醒来变成了甲虫。

贝克指出,全球化、个体化、性别革命、不充分就业和全球风险(如生态危机和全球金融市场崩溃)等五个相互关联的过程都是以民族国家为基础的第一次的、简单的、线性的、工业现代化成就的无法预测的后果。在此意义上,第二次现代性又被称为"自反性现代性",或"激进的现代性"。它们以一种既非人们愿意又非人们预期的方式,暗中削弱着第一现代性的根基,并改变着它的参照框架。或者,用系统论的术语说,功能差异的不可预见的后果再也不能被进一步的功能差异所控制。实际上,在第一次现代性中最基本的关于可控制性、确定性或者安全性的想法土崩瓦解了。一种与社会发展的早期阶段不同的新的资本主义、新的经济、新的全球秩序、新的社会和新的个人生活正在形成。因此,从社会学和政治学的意义上说,我们需要一种范式的转换,一种新的参照框架。这不是"后现代性",而是第二次现代性,也就是自反性现代性。理论界所面临的任务是修正社会学,以便为社会和政治的再造提供一个新的框架[44]。

二、何谓自反性现代化(性)?

"自反性现代化"指创造性地自我毁灭整整一个时代——工业社会时代的可能性。这种创造性毁灭的对象不是西方现代化的革命,也不是西方现代化的危机,而是现代化的胜利成果。如果说简单(或正统)现代化归根结底意味着由工业社会形态对传统社会形态首先进行抽离,接着进行重新嵌合,那么自反性现代化意味着由另一种现代性对工业社会形态首先进行抽离,接着进行重新嵌合[45]。

贝克指出,自反性现代化应该指这样的情形:工业社会的变化悄无声息地在未经计划的情况下紧随着正常的、自主的现代化过程而来,社会秩序和经济秩序完好无损,这种社会变化意味着现代性的激进化,这种激进化打破了工业

第五章 乌尔里希·贝克

社会的前提,并开辟了通向另一种现代性的道路[46]。

贝克指出,"不会发生革命但却会出现一种新社会"的观点恰恰是两大权威派别——马克思主义者和功能主义者同声否定的。与马克思提出的"资本主义是其自身的掘墓人"的观点不同,贝克认为,一种新的社会形态的产生不是源于资本主义的危机,而是源于资本主义的胜利成果。从一个社会时代到另一个时代的过渡可以是无意的、非政治的,可以绕过所有政治决策场所、路线冲突和党派论战,这种思想与社会学的基本信念相抵触。这也就意味着削弱社会结构力量的不是阶级斗争,而是正常的现代化过程和进一步现代化的过程。现代社会正是凭借其内在活力暗中削弱阶级、阶层、职业、性别角色、核心家庭、工厂和商业部门在社会中的形成,当然也削弱着自然的技术经济进步的先决条件和连续形态。在这个新阶段中,进步可能转化为自我毁灭,一种现代化削弱并改变另一种现代化,这便是自反性现代化阶段。

贝克为何将一种新的现代性称为自反性现代化呢?贝克对"自反性"(reflective)与"反思"(reflection)进行了区分,进而区分了自反性现代化理论与现代化的反思理论。

首先,贝克指出,自反性这个概念并不是指反思,而是(首先)指自我对抗(self-confrontation)。现代性从工业时期到风险时期的过渡是不受欢迎的、看不见的、强制性的,它紧紧跟随在现代化的自主性动力之后,采用的是潜在副作用的模式。可以这样说,风险社会的格局是由工业社会的自信主导着工业社会中人民和制度的思想和行动而产生的。风险社会不是政治争论中可以选择或拒斥的选项,它出现在对其自身的影响和威胁视而不见、充耳不闻的自主性现代化过程的延续中。后者暗中累积并产生威胁,对现代社会的根基产生异议并最终破坏现代社会的根基[47]。对于贝克来说,现代化的基础与现代化的后果之间的种种冲突应明白无误地区别于在现代化自我反思意义上的知识和科学化的增加。

其次,自反性现代化阶段包含反思阶段,但反之则不然。贝克指出:"我所说的现代性和现代化的'自反性'并不是指对现代性的反思性、自我相关性和现代性的自我指涉性,也不是指社会学经典意义上自我辩护和自我批评;相反,现代化利用自主的现代化的力量挖了现代化的墙角,这是意料之外的,也是看不见的,因此没有反思。"[48]贝克认为,我们应该把自主的、不受欢迎的、看不见的从工业社会向风险社会转化的过程称为自反性。它既非个人化,也非有意识、有目的的;与此不同,反思是个人化的、有意识的、有目的的,且自反性包括反思。同样,自反性现代化理论(在某些情况下)包含着现代化的反思理论,但反之则不然[49]。具体而言,自反性与反思的区别首先在于它们的前提。社会越是现代化,能动者越是能够获得对其生存的社会状况的反思能力,并据此改变社会状况。与此形成对照的是,现代社会的现代化进程越是深入,工业社会的基础便越是受到消解、消费、改变和威胁。而且,这一过程可以超越知识和意识,在没有反思的情况下发生。贝克指出,认知理论意义上的自反性现代化(现代化的反思理论)忽视了这样的可能性,即向现代性的另一时代的过渡可以在无意中、在看不见的情况下发生,它绕过了工业社会中的主导范畴和理论。此外,对贝克而言,自反性现代化的认知理论的核心是乐观主义的——更多的反思、更多的专家、更多的科学、更多的公众领域、更多的自我意识和自我批评可以在混乱的世界中开启新的、更好的可能性。相反,现代性的自反性理论并没有这种乐观主义,也没有与此相反的悲观主义。自反性理论的结论是中性的,也更加复杂,它采纳了"现代性的矛盾情感",即现代性的自反性能导致对工业社会的自我消解和自我危害的反思,但不必然如此。

在贝克那里,自反性现代化理论并不是关于危机的理论或关于阶级斗争的理论,也不是关于衰落的理论,而是关于西方现代化的成功导致的工业社会的意外的、潜在的抽离和再嵌入的理论。从方法论上说,这意味着现代化对工业现代性的自我应用。作为一种对时代的诊断,这意味着现代性的自反性不仅导致了文化取向的危机,而且在更大程度上导致了后期工业社会出现了根本性的制度危机,它使关键性的制度全部失去根基和历史合法性。因此,自反性现代化并不以自我毁灭为目标,而是以工业现代化之基础的改变为目标。

三、自反性现代化的后果

1. 个体化

贝克指出,正如宗教改革时期人们从教会的控制下解放出来一样,在风险社会中人们从工业社会时期的确定性和生活模式中获得了解放。在工业社会的架构内,工业主义的轴心——阶级、核心家庭、职业工作的模式以及人们对科学、进步和民主的信仰,在自反性工业社会中开始动摇和瓦解。社会正在经历着一个基础性的转变,这不只涉及社会结构的变迁,而且涉及社会结构和社会行动者的关系的变迁。在所有富裕的西方和工业化国家中,一个个体化的过程发生了。这一过程瓦解了历史延续性的经验,其结果是人们丧失了传统的支持网络,不得不依赖于他们自身和自己的个体命运,即风险、机会和矛盾。因此,个体化意味着工业社会的确定性的瓦解及为缺乏确定性的自我和他人找到和创造新的确定性的压力。

在普遍的意义上，个体化是指文明进程的某些主观——生涯性（subjective-biographical）的方面。现代化不仅导致中央集权、资本的集中、更紧密的劳动分工和市场关系网络，以及流动性和大众消费的发展，它同样导致一种三重的个体化：抽离（disembedding），即在统治和支持的传统语境意义上，脱离历史上所规定的社会形式和义务（解放的维度）；与实践知识、信仰和指导规则相关的传统安全感的丧失（去魅的维度）；再嵌入（re-embedding），亦即一种新形式的社会义务（控制或重新整合的维度）。解放、稳定性的丧失和重新整合自身都包含着无数的误解，它们构建了一种普遍的、非历史的个体化模式[50]。

对贝克而言，个体化（individualization）不是指个人主义（individualism），也不是个性化（individuation）[51]。换言之，个体化既不是指撒切尔主义、市场个人主义或原子化，也不是指如何成为一个独一无二的人。个体化是一种结构的概念，它与福利国家有关，它发生在福利国家的总条件和总模式中，是作为福利国家的一个后果而出现的。福利国家制度"假定个人是其自己个人生活、身份、社会关系网、承诺和信念的演员、设计师、魔术师和导演"[52]。它"善意地号召个人把自身构筑为一个个体，号召个人进行计划、理解、设计和行动，或者在失败的情况下忍受自己造成的后果。换言之，它不是建立在个人的自由选择的基础上的，而是具有强迫性和命中注定的性质。这种强迫性不仅表现为个人生活的生产、自我设计和自我上演的强迫性，而且随着偏好和生活阶段的变更，它表现为个人生活的承诺和关系网的强迫性"[53]。因此，个体化指的是一种"制度化的个人主义"。这一制度化的个人主义的后果是，一方面，个体自身成为生活世界中的社会性的再生产单位，他们成为以市场为媒介、对自己的生涯进行规划和组织的行动者；另一方面，制度的外表成为个体生涯的内在品质，个体的生涯和生活境况被从制度上加以塑造以及在政治上加以结构化了。更确切地说，同一个媒介（市场）同时带来了个体化和标准化。

2. 亚政治（sub-politics）

既然个体已被迫成为自己生活的主体，那么他也就将成为风险社会中各种政治活动的主体。风险社会中的"政治"活动越来越多地由分散的、自发的、无组织的个体而不是议会、政党、工会等传统的政治行动主体来发动和承担，政治活动的内容也越来越多地脱离了工业社会的那些传统主题。"工业社会的政治正在变为非政治性的，而在工业主义中属于非政治性的东西则正在变为政治性的"；"在工业资本主义中属于政治保护的那些决策领域——私营部门、商业、科学、小城镇、日常生活等，在自反性现代性中都被卷入了政治冲突的风暴中"[54]。一句话，工业社会的政治正在为风险社会的"亚政治"所取代。

"亚政治"这个概念指的是外在于并超越于民族国家政治体制的代表性制度的政治。它集中关注于(最终是全球的)政治的自组织的迹象,这一政治自组织倾向将社会的所有领域纳入行动中。亚政治又称为直接政治,即特有的对政治决策的个人参与,它绕过代表性的意见形成的机构(政党、议会),甚至往往缺乏法律保护。换句话说,亚政治意味着从下方来形塑社会[55]。这意味着从前未卷入实质性的技术化和工业化过程的团体有了越来越多的机会在社会安排中取得发言权和参与权,这些团体包括公民、公众领域、社会运动、专家团体、在岗工人等等;那些勇敢的个人甚至有机会在发达的神经中枢"移动大山"。然而,重要的是,亚政治通过改变政治活动的规则和边界建立起政治自由,以至它对新的联合变得更为开放和敏感,与此同时,它们也能够被协商和重塑。

贝克指出,与工业社会主要受到来自上面的机构和制度的形塑不同,亚政治意味着激发了普遍社会成员的政治活力,但这也有可能导致社会运行过程的普遍"瘫痪"。因此,在风险社会或自反性现代化中,我们有必要再造一种与新的社会情境相适应的新政治,即"政治的政治",或"政治的发明"。为了更好地说明这种"政治的政治",贝克在政治和亚政治这对概念之外,又提出了"简单政治"(受规则指引的政治)与"自反性政治"(改变规则的政治)之间的区分。前一种政治运作于民族国家中的工业和福利国家的规则系统之中,而后者则是以改变游戏规则的政治为目标的,是一种"元政治"或"超级政治"。这种元政治或超级政治与两个问题有关:一是规则系统的转换,二是转换到什么规则系统[56]。简单政治与自反性政治的区分与政治和亚政治的区分是相交叉的(见表5-1[57])。

表5-1 政治的分类

政治的位置与种类	政治的性质和阶段	
	简单(受规则控制的)政治	自反性(改变规则的)政治
政治系统的政治	象征性政治,增长,充分就业,技术和社会进步	经济的重新激活或国家的嬗变
亚(系统)政治	简单专家理性,技术专家和官僚行动的支配,私人领域	理性改革,政治企业家,职业作为政治行动
政治化的条件	罢工,议会的多数派统治,政府的主动行动,集体的个人主义解决方案(如汽车、保险)	堵塞,封锁,在政治系统内外争取对现代化的共识和改革

贝克指出,在当前的欧洲,人们所面临的正是简单政治与"自反性政治"形态的混合。受规则指引的政治和改变规则的政治相互重叠、相互混合和相互干

扰。有时一方居于支配地位,有时则是另一方居于支配地位。贝克对那些坚持用工业社会中的政治形式(机构和规则)来解决当前西方社会所面临的各种危机和问题的做法深表怀疑。随着现代性的全球化和激进化,局限在民族国家的结构和规则系统内的"简单政治"无论如何承担不了正在出现的各种社会危机和问题的。"一个人只要不想对此视而不见,那么他就必须从自己的目标——政治增长、充分就业和社会保障中,将现存的政治框架丢开,或者至少对它们加以开放、扩展、重新思考和重新构造。"[58]这就意味着要进行大量新的政治创新,包括对国家和政府的职能、结构进行改革,超越"左倾"和"右倾"的政治范畴、围绕新的政治主题创造出新的政治秩序,建立新的政治领域等等。自反性现代化所急切呼唤的正是这样一种新的政治复兴。

3. 性别、家庭和就业体系

贝克指出,直到20世纪60年代中期,家庭和工作对现代人来说还是两种重要的保障形式,因为它们赋予了生活一种"内在的稳定感"。但在个体化浪潮的冲击下,作为工业社会基本要素的核心家庭和充分就业形式解体了。

首先,家庭变得个体化了。工业社会中的核心家庭是一种基于男女性别分工的现代的"封建模式"。在家庭中存在着男女的性别角色分工,女性要靠男性来供养。在二战后的现代化福利国家中,发生了双重变化:一方面,对依赖市场的标准生涯的需要扩展进女性的生活历程;另一方面,工业社会的"封建基础"确实正在被消除。教育机会的平等、家庭劳动的去技艺化、避孕、参加工作都使妇女从她们现代的、不能再改变的女性身份命运中获得解放。同时,男人因为妇女对劳动的更多参与,也从家庭的唯一供养者的束缚中解放出来。这意味着家庭变得个体化了。伴随着个体化向家庭的扩展,家庭和个人生涯的联系疏远了。个人生涯的家庭义务,在生命的各阶段间沿着时间的轴线被打孔,并进而被消除。在逐渐变得可互换的家庭关系中,男性和女性的个体生涯的自治在家庭内外分离了。依据不同的生命阶段,每一个人都经过多个家庭和非家庭生活模式,而过着他们自己的个人生涯[59]。由此,婚姻和家庭不再作为缓解社会风险和压力的避风港,单身的生活方式也不再作为现代性的岔路,而是作为充分发展的劳动市场社会的原型而存在。社会风险长驱直入,直接威胁个体。换言之,市场模式使得第二次现代化成为一个没有家庭和儿童的社会。

其次,标准化的充分就业体系被灵活多元的、不充分就业体系所代替。贝克指出,直到20世纪70年代,"终身的全职工作"仍旧是工厂里以及生涯过程中规划和利用劳动力的时间的组织标准。原则上,这一体系使工作和非工作在空间和时间上的清晰区分成为可能,而且它构成了相互排斥的就业和非就业的社会与法律地位。然而,在当今和即将到来的自动化浪潮中,这一标准化的充分就业体系在边缘地带开始松动了,它使得劳动契约、工作场所和工作时间这三个支柱变得灵活化[60]。如果从整体上考虑工作时间和工作场所的去标准化的后果,可以说,在工业社会中正在发生一种转变,即从终身的、单一工作场所里的全职工作(它时刻伴随着失业的可能性),到充满风险的灵活多样的和分散的就业体系(它可能永远不会引起完全失去付薪工作这个意义上的失业问题)转变。在这一体系中,以各种不充分就业伪装的失业,已经和就业体系结为一体,但换来的是一种普遍的就业不安全感,而这在"老的"工业社会统一的完全就业体系中是闻所未闻的[61]。对个人来说,充分就业社会曾经是一种可以预测的风险,而弹性化的劳动则或多或少是一种无法预测的风险,因为人们无法弄清楚他们在中期或长时期内的生存基础还能在多大程度上得到保障。失业不再表现为一种可以体验到的集体命运,大量失业被分解开了、个体化了。失业变成了个人生活各个阶段中特有的事。一方面,从发展趋势来看,自下而上的民主迟早要波及每一个人;另一方面,即使在社会的中心,个人生存的不可预料性也将是一个长期存在的问题。劳动社会正在走向风险社会。

第四节 全球化与世界社会

贝克指出,在从第一次现代性向第二次现代性转变的过程中,全球化、个体化、性别革命、不充分就业和全球风险(如生态危机和全球金融市场崩溃)是五个紧密相连的过程。在这五个紧密相连的过程中,全球化是过去数年(也将是未来几年)常被使用——误用和最少被定义,或许是常被误解、含糊不清且政治上影响最深的(宣传性和争议性)关键词。它包括沟通技术的、生态的、经济的、工作组织的、文化的及市民社会的等维度[62]。贝克对全球化的分析是在对全球主义的批判中展开的。贝克指出,要理解全球化,首先必须将作为全球主义的一方与作为全球化和全球性的另一方区分开来。区分的目的在于摧毁政治和社会的地域性传统,这一传统以绝对的制度化范畴的形式提出,并在第一次现代性的民族国家规划中产生[63]。在对全球主义与全球化、全球性的区分中,贝克一方面从社会、经济、政治、环保和文化的角度,概述和比较了全球化与全球性的多维度性、矛盾性和悖论,另一方面通过对作为新自由主义意识形态的全球主义的批判,提出了从政治上形塑全球化的可能性以及接受和回应全球化时代的政治挑战的策略。

第五章　乌尔里希·贝克

一、何谓全球化？

1. 全球主义与全球化、全球性的区分

贝克指出,全球主义指的是世界市场对政治行动的排挤或取代,亦即世界市场统治的意识形态或新自由主义的意识形态。这种意识形态依照单向因果关系和经济主义的运作方式,将全球化的多维度性简化至单一的经济维度。但即使这一维度也被视为直线式的,至于其他的维度——生态的、文化的、政治的、市民社会的,即便被提起,也被置于世界市场体系的支配之下。确切地说,全球主义的意识形态的核心在于:第一次现代性中的一个主要区分——政治和经济的区分被清除了[64]。

与全球主义不同,全球性指我们早已生活在一个世界社会中[65]。没有一个国家、一个群体可以自我隔绝。不同的经济、文化、政治形式相互碰撞,那些过去(包括西方模式在内)被认为想当然的事情必须重新寻求根据。对贝克而言,全球性是不可逆转的事实。因为,从现在起,没有一件在我们星球发生的事是区域性的事件,所有的发明、胜利和灾难都涉及全世界,而且我们的生活行为,我们的组织和制度都必须沿着"地方—全球"这根轴重新组织和定位[66]。但问题是,作为一个关于事实的描述概念的全球性与全球化有何区别呢?

贝克指出,全球化是一个过程的概念,具体而言,它指民族国家及其主权被拥有不同的权力机会、取向、认同和网络的跨国行动者所打压及穿透的过程[67]。全球化创造了跨国性的社会关联和空间,重估了区域文化的价值并推动了各种第三文化的产生。贝克指出,全球化过程的特殊之处在于可经验地研究的区域——全球交互关系网络的扩展、密度及稳定性,通过传播媒体的自我定义和在文化、政治、经济、军事诸层面的社会空间及影像流[68]。全球化还意味着非世界国家。更准确地说,全球化是无世界国家且无世界政府的世界社会。

对贝克而言,全球主义主要描述的是一种观念,全球性主要描述的是一种事实,而全球化则是有重大历史意义的历史现象。贝克指出,作为一种观念的全球主义,已经成为侵袭所有政党、所有媒体、所有机构的思想病毒。作为一种高度的政治行为,它以完全非政治的形式展示自身作为一种革命的政治的缺席!它的意识形态是人们不采取行动但却履行了世界市场的法则,这一法则遗憾地迫使他们将社会国家和民主最小化[69]。换言之,全球化的现实表现是新自由主义的肆虐横行,它不仅使人爱恨交织(有胜利者和失败者),而且它也是无法估量的(可导致经济奇迹或崩溃)。由此,贝克提出要透过政治来形塑和驯

服全球化。

2. 全球化的多维度性与矛盾性

全球化的多维度性意味着全球化不仅指经济的全球化,它还包括生态的全球化、资讯的全球化及文化的全球化等等。从不同的全球化维度及与之相关的争论中可以提取的共同观念是:第一次现代性的核心假设已经被推翻了,即在自我封闭的民族国家空间及与其相应的民族社会中生活和行动的观念被推翻了。全球化意味着在经济、资讯、生态、技术、跨文化冲突和市民社会等不同维度中,边界已经明显地与日常行为无关。与此同时,全球化暗示了那些未被理解、或很难被理解,但同时又是非常熟悉的事物正在以巨大的力量改变着日常生活,并迫使所有的人以不同的方式加以适应和回应。简言之,全球化意味着距离的消失,意味着所有的人都被卷入既非所愿又未被理解的跨国的生活形式中,或者根据吉登斯的观点可被定义为:不受距离(表面上分离的民族国家、宗教、区域、各大洲)限制的行为和(共同)生活[70]。

首先,全球化意味着去民族化,也就是说,不仅民族国家受到侵蚀,而且也可能出现由民族国家向跨国国家的转型[71]。贝克指出,社会学对于全球化的认识大致可分为两种观点:一种主要从加法的原则来思考全球化。这一观点认为,民族国家式的社会依然存在,全球化只是一个附加——两者之间的关系是相加,而不是取代。如此看来,全球化是某种外在的东西,因此,它并不妨碍我们继续奉行立足于民族国家的社会学观点。另一种是把全球化理解为各民族国家的相互联结,也就是各民族国家之间的相互交织和相互依赖程度日益提高。在贝克看来,这两种观点都没有克服方法论上的民族主义,即它们都是以民族国家社会"集装箱"为前提的。对贝克而言,全球化意味着"方法论上的民族国家主义"[72]的思考模式受到了质疑,即将社会的轮廓等同于民族国家轮廓的思考模式受到了质疑。换言之,全球化意味着民族国家与民族社会的统一性崩解了,在民族国家和行动者与跨国行动者、跨国认同、跨国社会空间、跨国形势与过程间形成了一种新形态的权力和竞争、冲突和交错的关系。

其次,全球化暗示着国家结构的弱化,以及国家自治和权力的弱化。当市场已无疆界,而政治仍只能在民族国家的范畴下运作时,民族国家的政治便无法规范全球资本主义,于是出现了"政治失灵"的现象。但悖谬的是,脱离民族国家控制的经济发展所带来的一切社会后果——失业、移民、贫穷,却要由民族国家社会来承担。

再次,全球化意味着地方化。贝克指出,全球化的含义恰好不是这个词表面上所包含的意思,相反,全球化也意味着地方化。在世界日益走向全球化的条件下,一方面,原有的归属关系和边界难以再维持下去,另一方面,地方获得了新的、根本性的意义。这种把全球化辩证地理解为全球与地方交互作用的观点已经被一些理论家指涉为全球地方化(glocalization)[73]。因此,全球化带来的不是全球大一统的文化,而是文化多元主义,普遍主义与特殊主义也可兼容并蓄。

二、全球化的全景图

贝克指出,人们既可以否定、攻击全球化,也可以为它欢呼,但是,无论人们如何评价全球化,涉及的都是这样一种强势理论:以领土来界定的社会领域的时代形象,曾在长达两个世纪的时间里,在各个方面吸引并鼓舞了政治、社会和科学的想象力,如今这种时代形象正在走向解体。因此,全球化的核心可被视为是社会的解疆域化。如果这样来理解和诠释全球化,那么全球化不仅意味着(经济的)国际化、集约化、跨国交融和网络化,它也在更大程度上开辟了一个社会空间的所谓"三维的"社会图景,这种社会图景不以地区、民族国家和领土来界定。这一观点将按其经济、政治和社会的结论分七步展开[74]:

第一,跨国的逃避力量。在经济方面,关键是要把"国际化"与全球化区别开来。国际化意味着日益加强的经济交融依然集中在几个大的洲际经济集团——欧洲、亚洲和美洲。全球化并非仅仅是引起矛盾的(有赢家也有输家)和不可预测的(既能实现经济奇迹也能导致经济崩溃),它首先也是可以从政治上加以塑造和控制的。借助宏观经济数据的长期对比,或许依然可以否认经济的全球化,但是毋庸置疑,从现在起,我们已经在所有方面都遇到了经济全球化的可能性的现实。50%以上的经济总产出来自跨国公司所经营的产业,因此各国政府施加影响的能力遭到削弱。然而,尽管经济不断增长,利润急剧增加,各国政府却依然要对欧洲居高不下的失业率负责,并受到指责。

第二,主权的困境。在全球化的时代,国家主权只有通过放弃国家主权才能实现。全球化意味着非民族国家化。民族国家及其政府失去了行动力量和塑造力量。随着全球化的进展,国家主权与跨国合作之间的矛盾日益尖锐。受领土束缚的行动者试图给不受领土束缚的行动者作出规定,就好像汽车司机想规定飞行员该怎样飞一样。地面的主人根据正式的脚本对空间的主人进行教化。

第三,民主的困境。政治领域非政治化,非政治领域的政治化。贝克指出,领土国家在全球化进程中正在失去影响力。因此,世界社会意味着没有世界政治、世界议会和世界政府的非政治社会。伴随着世界社会分化为一个个自我产生、自我调控的子系统,世界社会正在作为后政治世界出现。世界经济的行动者从民族国家的参照框架和干预中解脱出来,被视为非政治的力量,然而正因为如此,他们能够在超越民族国家的政治真空中创造并发展自己的政治力量。所以,世界社会只在表面上是一个后政治世界,实际上,它在摆脱民族国家政治关系的意义上,是一个高度政治化的社会。这一点同样表现在民主的困境中。与领土相关并以领土为根据的议会民主失去其实质内容,而缺乏民主合法性的跨国"政治"的塑造力量正在增长。这会诱使民主与非民主之间的界限隐没。

第四,超越民族国家的治理。出现一些"没有政府的治理"的新形式。政治上得到合法性认证的民族国家的行动者,却要执行政治上未得到合法性认证的跨国行动者的计划和意图。任何国家为了重新获得国家主权,必须放弃国家主权。在这种意义上说,全球性的政治组织是个已知领域,但在这一领域中,一切都处于明显的"测不准"关系之中。

第五,作为强权政治的世界主义伦理。西方和一些超国家的组织打着人权和自由贸易的旗号,干涉其他国家曾经是"内部事务"的事情。超国家政治组织不仅着眼于对经济全球化及其深刻影响的社会与经济"副作用"的管理。而且,归根结底其实质在于推行全球民主和人权的新伦理。另一方面,在世界主义使命的表面背后,传统的帝国主义权力游戏重新上演。随着伦理全球化的新语言的兴起,民族国家现代性的主权权利失去了内核,成为"全球责任"的干预对象。

第六,文化全球化的辩证法。"全球种族空间"指的是什么?不是趋同,不是西方化,不是真实性的缺失,而是差别的普遍性。跨国现象早已不声不响地进入个人生活的常规。一般地说,处于地域文化中的人们对待全球化文化的方式可分为四种:反抗、共处、接受(消极认同)、真正掌握。随着文化全球化的发展,世界一方面变得越来越相似,另一方面变得差别越来越大。新的全球文化体系正在产生并扩大差别,而不是遏制差别,但这种差别是一种特殊的差别。它们的统治地位不涉及内容,而涉及形式。换言之,我们不会变得相同,但是会用一种普遍接受和理解的方式展现、表达和沟通我们的差别。

第七,(作为前景的)世界公民宣言。现在有一种新的关于全球与区域问题的辩证法,这些问题靠民族国家的政策是解决不了的,为此需要一种新的政治主体:世界公民的各种跨地区的社会运动和植根于民族文化的政党[75]。

三、对全球化的回应

贝克对全球化问题的研究是以批判全球主义为前提的。贝克指出,所有的争论必须从如何能从政治上形塑和获得一个负责任的全球化开始。首先,一个

第五章 乌尔里希·贝克

决定性的前提便是批判全球主义的新自由主义意识形态,批判其经济单面向性、线性单行道的思考方式、政治的世界市场威权主义,后者摆出一副与政治无关的样子,但却有高度政治化的行动。经过批判以后,我们就会清楚:全球化和全球性既不是被鼓吹和公开展示的幻象,以便资本主义能够摆脱国家对它的束缚;也不是那些能够强迫所有在世界市场新自然规则下的事物屈膝的概念。还没有被充分强调的是:全球性时代并非宣告了政治的终结,而是宣告了政治的新开始[76]。由此,贝克针对全球主义的陷阱从十个方面对全球性与全球化进行了回应。

1. 国际合作。贝克指出,民族国家间的政治合作必须扩展,以限制或组织全球企业为了最小化税额和最大化国家补助而导演出的交易。换言之,市场需要一个政治设定的秩序架构。

2. 跨国国家,抑或包含式的主权。跨国国家模式与所有其他的合作模式都不一样,作为对全球化的回应,跨国国家团结起来,并且由此发展出其民族国家彼岸的区域主权和认同。贝克将此称为包含式的主权。这意味着,民族国家一方面交出部分主权,一方面赢得建基于跨国合作的政治建构权力。然而,只有当全球化成功地被认知和组织为一项政治计划时,此一方案才能成功。

3. 参与资本。如果说,劳动确实已为知识和资本所取代,那么,新的社会政策追求的目标是让劳动参与资本。但此一政策的界限十分明显:把目标从工资收入政策转移至资本收入政策,只能支持或保障整合入工作过程的人,而无法将那些被拒于劳动市场大门之外的失业者涵括进去。

4. 教育政策的新取向。当劳动被知识和资本所取代,即劳动必须经过知识增值或重新形塑时,应该对教育和研究投资。贝克指出,对全球化的重要政治回应之一是:教育和知识社会的建立和扩展;延长(而不是缩短)教育时间;放松或解除教育对工作位置和职业的针对性,使教育过程对准能广泛应用的关键能力培养;关键能力不只是"弹性"或"终身学习",还有社会能力、团队能力、冲突能力、文化理解、系统思考、应付第二次现代性的不安和矛盾的能力。

5. 跨国企业是非民主的抑或反民主的。贝克指出,不缴税,而且减少工作位置的跨国资本主义失去了其合法性,像熊彼特所预言的,它变成了无用的寄生虫。由此带来的问题是:跨国企业家对民主充满敌意吗?对贝克而言,市场经济一直也是一项政治计划,与民主密切结合。但民主是一件昂贵的事物,因此,应该提醒全球化的赢家记得他们对民主机构的义务,也就是该请虚拟纳税人(virtual taxpayers)纳税[77]。

6. 公民的劳动联盟。贝克指出,市民社会的公民与国家间联盟可取代工作联盟,并为此争取资金。公民工作的内容,不只是收容失业者,而是必须对所有的人都有吸引力。公民工作应该成为第二个确保社会民主安全的活动中心,它并不是要取代职业工作,而是对职业工作的一种补充[78]。

7. "大众汽车出口国"之后是什么? 新的文化—政治—经济目标。贝克指出,由于新兴国家可以在当地生产更便宜的汽车、机械设备等,像德国这样的出口国家的模式不再适用了。但问题是:在文化、政治和经济的结合中,什么能取代大众汽车而使其成为出口国? 什么样的市场和文化创新能在第二次现代性中成功? 贝克提出三点建议:一是环保产品,二是产品的个体化,三是风险市场。

8. 实验文化、利基市场(niche market)及社会自我更新。贝克以自我中心的"生活美学家"为例指出,生活美学家的社会环境已经成为文明的日常实验室。艺术家在捍卫他们独特性的品质中不只是具有创造力,他们也不断实践将冲突与自治的生活风格协调起来,并将作为美学产品的他们自身和自己的生活形塑和导演出来。由于是在自我工作和为他人工作之间生活、思考和生产,因此,产生的市场并非大众市场,而是利基或微型市场[79]。在全球地方性的时代,存在一种角落市场普遍化的趋势,它们在一定意义上促进了社会的自我更新。

9. 社会企业家、为自己工作的人。贝克指出,在当今资本主义社会,为自己工作的人和社会企业家取代了靠工资为生的雇员和资本家雇主。之所以称为自己工作的人,是因为他们知道,他们不再只是必须或能够执行由别人所颁发的指令的人,他们成了为工作本身和为他人工作的人。同样,在资本家那边,企业家为工作而管理自己和他的资本。贝克引用齐尔克(A.Zielcke)的话说:早期资本主义建基于对劳动的剥削,今天的资本主义则是建基于对责任的剥削。从前员工必须参与对劳动的形塑,今天的员工则必须参与对企业盈亏的责任。从前他们只需与他人共同工作,今天则必须参与思考和战栗。从前他们是生产过程中的螺钉,今天生产过程依赖他们的参与[80]。

10. 反对排他性的社会契约。贝克指出,在全球化时代出现了这样的情形:劳动越来越多和便宜,资本则越来越短缺和昂贵。与此相应,劳动利润的降低和资本利润的升高,使世界尖锐地分裂成穷人的世界和富人的世界。这些穷人实际上被排除在社会之外。更为严重的是,贫穷被视为个人的命运,而不是阶级的命运,它需要个人独自面对。对贝克而言,如果有越来越多的人要忍受以他们自己的方式所无法理解、驯服或忽视的境况,那么,此一情势对整个社会(和社会分析)而言将具有重大意义。自我行动、自我组织的义务可能变成绝

第五章 乌尔里希·贝克

望,也许会变成缄默的愤怒。由此,贝克指出,全球性时代的社会政策的困境是:经济发展摆脱了民族国家政策,可是社会后果却聚集在民族国家的安全网中。

从上述对全球化回应的十个方面中我们看到,贝克从理论和现实的双重层面指出了逃脱全球主义陷阱的出路。贝克将跨国国家(transnational-state)模式作为解决全球化无秩序的不二法门,进而认为欧盟有成为跨国国家的潜力。贝克对跨国国家的具体制度并无清楚的叙述,但可以确定的是,此一模式的特殊之处在于:跨国国家之内的国家,是不具民族意涵的国家,国家成了纯功能性的组织,而且还需与其他的跨国国家成员分享主权,内政亦应是跨国内政。

第五节 结 语

在当代西方社会学众多的理论流派中,德国著名的社会学家贝克因其对风险社会、自反性现代化(第二次现代化)和全球化问题的精辟分析和独到见解而在当代西方社会学理论的发展中独树一帜。尽管他的理论也遇到了诸多批评[81],但不可否认的是,他不仅在理论层面上提出并确立了一种分析当代西方社会现实的新的概念和分析范式[82],而且在现实层面上探询了从政治上形塑全球化的实施策略。

在理论层面上,贝克将风险社会作为一个新的历史阶段、一种新的理论范式及一种新的制度安排。对贝克而言,风险社会和自反性现代化理论既是现实主义的又是建构主义的。换言之,它们既是对人类所处时代特征的形象描绘,又是解释社会现实的有力的思想武器。在对当代西方社会现实的理论回应中,贝克拒绝使用"后"的表述[83]。贝克用风险社会、自反性现代化、第二次现代化等概念来分析当代西方社会的现实情境和未来的发展方向。贝克指出,韦伯的"理性化"概念已经无法把握由成功的理性化产生的晚期现代化的现实。高度发展的核能和化学生产力的危险,摧毁了我们据以思考和行动的基础和范畴。面对一个与社会发展的早期阶段有所区别的新的资本主义,新的经济、新的全球秩序、新的社会和新的个人生活,我们需要一种范式的转换,一种新的参照框架。风险社会理论的提出恰恰为社会和政治的再造提供了一个新的框架。它作为一种新的社会批判理论,动摇了以往的传统假设和作为定论的深层文化基础,同时它也对现有的社会组织和制度的构成形式提出了质疑,并拓展了关于未来选择方向的可能性。正是在风险社会的理论视野和概念中,那些看似可解释、可计算的行为的负面效应及其后果才能被认识到。也正是由于风险是一种长期的、系统产生的问题,因此它不再只是从局部层次加以解决的问题,而必须以政治的方式加以解决。换言之,虽然我们无法避免现代生活中的风险,但是我们能够和确实应该获得的是新的制度安排,这种安排能够更好地处置我们目前面临的风险。依此思想,我们就能够找到民主地处置现代生活中的矛盾并民主地决定我们想要承担哪种风险的方法。

在现实层面上,贝克针对全球化的后果提出了以世界主义为着眼点的新批判理论。在对全球化问题的分析中,贝克以对新自由主义意识形态的批判作为其分析的逻辑起点,而从政治上形塑全球化的世界社会作为其理论的归宿。他的世界社会的概念类似于哈贝马斯提出的超民族国家概念。这种类似于欧盟的超民族国家不仅实行统一的经济政策,而且实行统一的社会福利政策和就业政策。换言之,他们都力图以对全球化市场的框架条件施加政治影响的方式来补充全球化市场,或解决经济全球化所带来的一系列后果。因此,尽管贝克看到了当代西方社会所面临的诸多困境,但他对人类的未来仍持一种较为乐观的看法,并积极探寻走出困境的道路。

注　释

[1] Reflexive modernization 在中文中有两种译法:一种是"自反性现代化";一种是"反思性现代化"。笔者倾向"自反性现代化"的译法。在英文中,reflexive 一词有两方面的含义,一是指"反思的、内省的",二是指"反身的、自反的"。贝克主要从后一种含义来理解和使用 reflexive 一词。贝克反复强调他是在"reflexivity"而不是在"reflection"的意义上来使用 reflexive 一词的。

[2] 德文版的《风险社会》一书于 1986 年出版,是贝克的成名作,也是 20 世纪晚期欧洲最有影响的关于社会分析的著作之一。当时正值苏联切尔诺贝利核电站出现核泄漏事故,风险社会理论引起了学术界的广泛关注。

[3] 是贝克的一本论文集,1988 年德文版问世,1999 年被译成英文,2004 年被译成中文。

[4] 1997 年德文版问世,2000 年被译成英文,2004 年台湾商务印书馆将其译成中文,名为《全球化危机——全球化的形成、风险与机会》。

[5] 中译本是根据德文版翻译的。

[6] 以上著作除特殊说明外,均是按照英文出版的先后顺序排列的。

[7] 参见周战超的《当代西方风险社会理论研究引论》,引自《全球化与风险社会》,社会科学文献出版社 2005 年版,第 5 页。

[8] 玛丽·道格拉斯被认为是第一位研究风险问题的社会学家,她率先解释了公众不断增强的风险意识和关注科技风险的新现象。

[9] 詹姆士·肖特呼吁社会学应该关注"风险分析的社会转型"。

〔10〕 卢曼在《生态交往》(1989)和《风险社会学》(1993)两部著作中阐述了他关于风险社会学的理论。

〔11〕 贝克、吉登斯和拉什三人合著了《自反性现代化》(1994)一书,在对风险社会理论的研究中,贝克和吉登斯比较重视研究制度性风险,而拉什则从文化的角度来解读风险问题,提出了风险文化的概念。

〔12〕 参见贝克:《风险社会》,何博闻译,译林出版社 2004 年版,第 17 页。

〔13〕 Beck, *Risk society: Toward a New Modernity*, Cambridge: Polity Press, 1992, p. 19.

〔14〕 参见张磊:《贝克:"风险社会"与自反性现代化》,引自《现代性、后现代性社会理论:诠释与评论》,谢立中、阮新邦主编,北京大学出版社 2004 年版,第 604—605 页。

〔15〕 Beck, *Risk society: Toward a New Modernity*, Cambridge: Polity Press, 1992, p. 35.

〔16〕 参见贝克:《风险社会》,何博闻译,译林出版社 2004 年版,第 56—57 页。

〔17〕 参见贝克与威尔姆斯的对话录《自由与资本主义》,路国林译,浙江人民出版社 2001 年版,第 119 页。

〔18〕 参见贝克、威尔姆斯:《自由与资本主义》,路国林译,浙江人民出版社 2001 年版,第 121 页。

〔19〕 参见贝克:《世界风险社会》,吴英姿、孙淑敏译,南京大学出版社 2004 年版,第 101 页。

〔20〕 同上书,第 96 页。

〔21〕 参见杨雪冬:《风险社会理论述评》,载于《国家行政学院学报》2005 年第 1 期,第 88—89 页。

〔22〕 Beck, *World Risk Society*, Cambridge: Polity Press, 1999, p. 73.

〔23〕 Ibid., p. 19.

〔24〕 Ibid.

〔25〕 Ibid., p. 76.

〔26〕 Ibid., p. 135.

〔27〕 Ibid., p. 137.

〔28〕 Ibid., p. 138.

〔29〕 Ibid., p. 139.

〔30〕 关于知识(knowledge)与无知(unawareness)的问题,贝克在《世界风险社会》第六章"知识与无知?关于自反性现代化的两个视角"中进行了专门的论述。贝克对无知的强调实际上是与他对现代化过程中的"无意识的后果"的重视紧密相连的。对"无意识后果"的谈论代表了一种知识的冲突,一种理性的冲突,即不同专家团体的主张相互冲突、碰撞。

〔31〕 Ibid., pp. 140—141.

〔32〕 参见贝克、吉登斯、拉什:《自反性现代化》,赵文书译,商务印书馆 2001 年版,第 13 页。

〔33〕"影响"指"潜在的冲突"和"症候"。"影响"与"原因"之间没有明显的联系。
〔34〕Beck, *World Risk Society*, Cambridge: Polity Press, 1999, p.143.
〔35〕Ibid., p.25.
〔36〕Ibid., p.26.
〔37〕Ibid., pp.145—146.
〔38〕参见乌尔里希·贝克、约翰内斯·威尔姆斯:《自由与资本主义》,路国林译,浙江人民出版社2000年版,第25页。
〔39〕参见鲍曼:《后现代的伦理学》,张成岗译,江苏人民出版社2003年版,第237页。
〔40〕Beck, *World Risk Society*, Cambridge: Polity Press, 1999, p.1.
〔41〕Beck, *Risk society: Toward a New Modernity*, Cambridge: Polity Press, 1992, p.10.
〔42〕参见贝克、威尔姆斯:《自由与资本主义》,路国林译,浙江人民出版社2000年版,第21—22页。
〔43〕同上书,第22页。
〔44〕Beck, *World Risk Society*, Cambridge: Polity Press, 1999, pp.1—2.
〔45〕参见贝克、吉登斯、拉什:《自反性现代化》,赵文书译,商务印书馆2001年版,第5页。
〔46〕同上书,第6页。
〔47〕同上书,第9—10页。
〔48〕同上书,第223—224页。
〔49〕同上书,第254页。
〔50〕Beck, *Risk society: Toward a New Modernity*, Cambridge: Polity Press, 1992, pp.127—128.
〔51〕Beck, *World Risk Society*, Cambridge: Polity Press, 1999, p.9.
〔52〕Beck, Self-dissolution and self-endangerment of Industrial Society: What Does This Mean? In Ulrich Beck; Anthony Giddens and Scott Lash, *Reflexive Modernization: Politics, Tradition and Aesthetics in the Modern Social Order*, Cambridge: Polity Press, 1994, p.14.
〔53〕Ibid., p.16.
〔54〕Ibid., p.18.
〔55〕Beck, *World Risk Society*, Cambridge: Polity Press, 1999, p.39.
〔56〕参见谢立中:《吉登斯、贝克和拉什:"自反性"或"反思性"现代化》,引自《现代性、后现性社会理论:诠释与评论》,北京大学出版社2004年版,第629页。
〔57〕Beck, Self-dissolution and self-endangerment of Industrial Society: What Does This Mean? In Ulrich Beck; Anthony Giddens and Scott Lash, *Reflexive Modernization: Politics, Tradition and Aesthetics in the Modern Social Order*, Cambridge: Polity Press, 1994, p.37.
〔58〕Ibid., pp.37—38.
〔59〕Beck, *Risk society: Toward a New Modernity*, Cambridge: Polity Press, 1992, pp.114—115.

〔60〕 Ibid., p.142.
〔61〕 Ibid., p.143.
〔62〕 Ulrich Beck, *What is Globalization*? Cambridge：Polity Press, 2000, p.19.
〔63〕 Ibid., p.9.
〔64〕 Ibid.
〔65〕 贝克在《何谓全球化》一书中指出,世界社会是指未整合入民族国家政治或不受后者决定的社会关系的整体。在"世界社会"一词中,"世界"指的差异、多样性,而"社会"指的是非整合性,由此,可以把世界社会构想为没有统一性的多样性。换言之,世界社会不是一个包容和消解所有民族国家社会的巨型民族国家社会,而是一个具有多样性和非整合性的世界视野,当这个视野在沟通和行动中被创造和保存时,它便开启了(Beck,1999:10—12)。
〔66〕 Ibid., p.11.
〔67〕 Ibid.
〔68〕 Ibid., p.12.
〔69〕 Ibid., p.122.
〔70〕 Ibid., p.20.
〔71〕 Ibid., p.14.
〔72〕 参见 A. D. Smith, *Nationalism in the Twentieth Century*, Oxford, 1979, p.191.
〔73〕 关于"全球地方化"的论述请参见 R. Robertson, "Glocalization：Time-Space and Homogeneity-Heterogeneity", in *Global Modernities*, edited by Mike Featherstone, Scott Lash & Roland Robertson, Sage Publication,1995。
〔74〕 参见贝克、哈贝马斯等:《全球化与政治》,中央编译出版社2000年版,第14页。
〔75〕 同上书,第16—48页。
〔76〕 Ulrich Beck, *What is Globalization*? Cambridge：Polity Press, 2000, p.129.
〔77〕 Ibid., p.139.
〔78〕 Ibid., p.141.
〔79〕 Ibid., pp.149—150.
〔80〕 Ibid., p.151.
〔81〕 费舍尔在《乌尔里希·贝克和风险社会政治学评析》中指出,贝克的风险社会概念含混不清,使得欧洲很多人把贝克看成一位非政评专家,而不是一位掌握了环境实证材料的严肃的社会学家。对风险社会理论的另一个争议是它导致了公众对环境的焦虑状态。
〔82〕 在西方对建基于理性主义的现代性是否还能维持(甚至是否曾经存在)所进行的争论中,贝克一方面宣告了作为一种新的现代性的风险社会的来临,另一方面也宣告了这种新的现代性是在无意中悄悄地且难以抑制地发生在已变得自发的现代化的动态发展过程之中。对贝克而言,古典工业社会与风险社会之间体现了一种连续性与断裂性的共存关系。

〔83〕 贝克指出,所有关于"后"的表述都只是陈述事情不会是什么样子,而不说会是什么样子。这里既隐藏着一种学术上的懒惰,也有一种学术上的不诚实与不正派。对贝克而言,知识分子的使命就是阐发出概念,借助于概念,我们才可重新界定和组织社会和政治。

参 考 文 献

(1) 贝克的著作

乌尔里希·贝克:《风险社会》,何博闻译,译林出版社 2004 年版。

乌尔里希·贝克:《世界风险社会》,吴英姿、孙淑敏译,南京大学出版社 2004 年版。

乌尔里希·贝克:《全球化危机——全球化的形成、风险与机会》,孙治本译,台湾商务印书馆 2000 年版。

乌尔里希·贝克:《全球化时代的权力与反权力》,蒋仁祥、胡颐译,广西师范大学出版社 2004 年版。

乌尔里希·贝克:《风险社会再思考》,郗卫东编译,载于《马克思主义与现实》2002 年第 4 期。

乌尔里希·贝克:《从工业社会到风险社会——关于人类生存、社会结构和生态启蒙等问题的思考》(上),王武龙编译,载于《马克思主义与现实》2003 年第 3 期。

乌尔里希·贝克:《从工业社会到风险社会——关于人类生存、社会结构和生态启蒙等问题的思考》(下),王武龙编译,载于《马克思主义与现实》2003 年第 5 期。

乌尔里希·贝克:《9·11 事件后的全球风险社会》,王武龙编译,载于《马克思主义与现实》2004 年第 2 期。

乌尔里希·贝克、哈贝马斯等:《全球化与政治》,王学东、柴方国等译,中央编译出版社 2000 年版。

贝克、吉登斯、拉什:《自反性现代化》,赵文书译,商务印书馆 2001 年版。

乌尔里希·贝克、约翰内斯·威尔姆斯:《自由与资本主义》,路国林译,浙江人民出版社 2001 年版。

弗兰克·费舍尔:《乌尔里希·贝克和风险社会政治学评析》,孟庆艳编译,载于《马克思主义与现实》2005 年第 3 期。

薛晓源、刘国良:《全球风险世界:现在与未来》(德国著名社会学家、风险社会理论创始人乌尔里希·贝克教授访谈录),载于《马克思主义与现实》2005 年第 1 期。

Beck, Ulrich, *Risk Society*:*Towards a New Modernity*, sage, 1992.

Beck, Ulrich, *Ecological Politics in an Age of Risk*, Polity Press, 1995.

Beck, Ulrich, *The reinvention of politics, Rethinking modernity in the global social order*, Polity Press, 1997.

Beck, Ulrich, *Democracy Without Enemies*, Polity Press, 1998.

Beck, Ulrich, *World Risk Society*, Polity Press, 1999.

第五章 乌尔里希·贝克

Beck, Ulrich, *What is Globalization*? Polity Press, 2000.

Beck, Ulrich, *The brave new world of work*, Polity Press, 2000.

Beck, Ulrich, Anthony Giddens and Scott Lash, *Reflexive modernization:Politics, Tradition and Aesthetics in the Modern Social Order*, Polity Press,1994.

Beck, Ulrich, Barbara Adam, Joost Van Loon(ed), *The risk society and beyond:Critical issues for social theory*, Sage Publicatinos,2000.

Beck, Ulrich and Beck-Gernsheim, Elisabeth, *Individualization—Institutionalized Individualism and its Social and Political Consequence*, Sage Publications,2002.

Beck, Ulrich, Nathan Sznaider and Rainer Winter (ed), *Global America? the cultural consequences of globalization*, Liverpool University Press,2003.

Beck, Ulrich and Willms, Johannes, *Conversations with Ulrich Beck*, translated by Michael Pollak, Polity Press, 2004.

(2) 二手文献

程光泉主编:《全球化理论谱系》,湖南人民出版社 2002 年版。

尼格尔·多德:《社会理论与现代性》,陶传进译,社会科学文献出版社 2001 年版。

安东尼·吉登斯:《现代性与自我认同》,赵旭东、方文译,生活·读书·新知三联书店 1998 年版。

安东尼·吉登斯:《现代性的后果》,田禾译,译林出版社 2000 年版。

安东尼·吉登斯:《超越左与右》,李惠彬、杨雪冬译,社会科学文献出版社 2001 年版。

斯科特·拉什:《风险社会与风险文化》,王武龙编译,载于《马克思主义与现实》2002 年第 4 期。

李培林:《风险社会理论与现代社会风险》,载于《社会学理论与经验》2005 年第 2 辑。

罗兰·罗伯森:《全球化——社会理论和全球文化》,梁光严译,上海人民出版社 2000 年版。

斯蒂夫·克鲁克:《风险的秩序化》,载于《马克思主义与现实》2004 年第 4 期。

派特·斯催德姆:《风险社会中的认同与冲突》,载于《马克思主义与现实》2004 年第 4 期。

孙治本:《个人主义化和第二现代》,载于《中国学术》2001 年第 5 辑。

布赖恩·特纳:《社会理论指南》,李康译,上海人民出版社 2004 年版。

谢立中、阮新邦主编:《现代性、后现代性社会理论:诠释与评论》,北京大学出版社 2004 年版。

薛晓源,周战超主编:《全球化与风险社会》,社会科学文献出版社 2005 年版。

杨雪冬:《全球化、风险社会与复合治理》,载于《马克思主义与现实》2004 年第 4 期。

杨雪冬:《风险社会理论述评》,载于《国家行政学院学报》2005 年第 1 期。

Albrow, M., *The Global Age:State and Society beyond Modernity*, Polity Press, 1995.

Bauman, Zygmunt, *Globalization:The Human Consequences*, Polity Press, 1998.

Caplan, Pat(ed.), *Risk Revisited*, Pluto Press, 2000.

Douglas, M. and Wildavsky, A., *Risk and Culture:An Essay on the selection of Environmental *and Technological Dangers*, University of California Press, 1982.

Luhmann, Niklas, *Ecological Communication*, Polity Press, 1989.

Luhmann, Niklas, *Risk: A Sociological Theory*, Walter De Gruyter, 1993.

Luhmann, Niklas, *Observations on Modernity*, Stanford California, 1998.

Strydom, P., *Risk, Environment and Society: Ongoing Debates, Current Issues and Future Prospects*, Open University Press, 2002.

Van Loon, J., *Risk and Technological Culture: Toward a Sociology of Virulence*, Routledge, 2002.

第六章

皮埃尔·布迪厄

李 猛

第一节 布迪厄的学术生涯与思想渊源

布迪厄（P. Bourdieu）大概是自雷蒙·阿隆以来法国最有影响的社会学家，近年来在国际社会理论界中的声誉也日渐上升。他对教育、文化、艺术、经济活动和国家等问题进行的范围广泛、风格独特的研究，正引起中国学术界的密切关注。

一、学术生涯[1]

布迪厄1930年4月生于法国东南部比安（Béarn）地区的一个小镇。尽管他本人经常暗示自己是一个农民的儿子，但他其实是出身一个公务员的家庭，只是他早年生活的地区属于农村，后来他认为，正是在"这个城里人经常称为'落后'的偏僻的小村庄"[2]中的生活，使他很容易理解农民的生活和心态，这对他以后的研究大有帮助。后来，当他面对阿尔及利亚地区的卡比尔人时，很容易就产生了共鸣[3]。相反，尽管身为法国学术界的精英，他却始终对学术界感到格格不入，有一种"陌生人"的感觉，这种感觉一直促使他对知识分子和学术界进行着毫不留情的研究[4]。

20世纪50年代，布迪厄进入法国著名的巴黎高等师范学校读书，1954年毕业，比福柯晚三年，比德里达早一年，与著名历史学家拉杜里（L. Ladurie）和文学理论家热奈特（G. Genet）同年。在高师期间，布迪厄就表现出他一生都始终为之奋斗的独立精神。他在斯大林主义盛行之时，和德里达等人组织了保卫自由委员会，被当时极左的拉杜里斥为"叛徒"[5]。不过，尽管在政治上反对极左的倾向，他在高师期间仍细致地阅读了马克思的著作，尤其喜欢马克思早年的思想，特别是《关于费尔巴哈的提纲》一文，并在后来的著作经常提及其中的一些著名段落。但他对大学里教授的其他哲学却并不太感兴趣。尽管他在哲学家高歇（H. Gouhier）指导下完成了一篇论莱布尼茨的文章，但并没有遵循这个培养法国知识精英的学校中一般学生的发展经历去大学讲授哲学，而是转向了社会学研究。多年之后，在回顾这段经历时，布迪厄庆幸自己没有变成一个只知"沉思冥想"的哲学家，而是拥有了更为复杂多样、也更为有效的思考武器[6]。

1956年，在一所外省中学中教了一年书后，布迪厄应征入伍，赴阿尔及利亚服兵役。这一经历在使他从一个"未来的哲学家"转向社会科学家的过程中具有决定性的意义。在这"两年艰苦的时光"中，他着手开始了自己的研究工作。并创作了一本旨在反映阿尔及利亚人民灾难的著作。尽管布迪厄后来很少提及这本名为《阿尔及利亚社会学》的著作，认为它不过是"一个外人的蹩脚实验"[7]，但这本书已经反映出布迪厄与当时法国知识界的主流思潮之间的分歧。在布迪厄看来，尽管萨特等人也起身为阿尔及利亚人民说话，但对于生活在苦难中的阿尔及利亚人民来说，这些知识分子行动时所倡导的那种乌托邦理念不仅毫无助益，而且还可能是有害的[8]。1958年，该书出版后，布迪厄又留在阿尔及利亚进行了两年的实地研究。在阿尔及利亚的人类学研究一直是布迪厄主要的学术灵感来源。

1960年以后，布迪厄在巴黎大学人文学院担任助教。作为一名已经"自学成才"的人类学家，他听了列维-斯特劳斯在法兰西学院开的课，并在后来对阿尔及利亚地区卡比尔人住宅符号结构的分析中显示了这些课对他的影响。此后，他还担任过一段雷蒙·阿隆的助手。与法国社会理论界这些有影响力的人物的接触，无疑对布迪厄本人的学术地位也产生了相当大的影响。在里尔大学任教三年后，布迪厄于1964年返回巴黎，任法国高等研究实验中心研究主任，并从1968年开始担任欧洲社会学中心的主任，一直至今。在他周围逐渐聚集了一批法国最出色的社会学家，如博尔坦斯基（L. Boltanski）、帕瑟龙（J. Passeron）和圣马丁（M. St-Martin）等，布迪厄与这些社会学家合作完成了许多研究。而且，欧洲社会学中心还创办了一份特别能够体现布迪厄社会学取向的杂志——《社会科学研究探索》。该杂志致力于探索各种不同的社会学表达方式。

第六章 皮埃尔·布迪厄

并且正如杂志的名字所表明的那样,强调"研究探索"和研究的最终结果一样重要[9]。

1978 年至 1979 年期间,随着雷蒙·阿隆的退休,布迪厄和布东(R. Boudon)两位社会学新锐开始谋求进入法国学术界的最高殿堂——法兰西学院。但布迪厄很快就退出了这场带有伤害性的竞争,最终,这个职位授予了一位化学家,这场失败更多被视为是整个法国社会学界的失败[10]。不过不久,在 1982 年,当法兰西学院再次出现空缺时,布迪厄得到了福柯等人的大力支持,成为法兰西学院唯一的社会学教授。在就职演讲中,布迪厄再次展示了他独到的社会学眼光,运用这次特殊的机会分析了这种就职演讲的符号权力意涵[11]。近些年来,除了继续主持欧洲社会学中心的工作之外,布迪厄还广泛参与国际学术活动,并日益引起世界学术界的关注。

二、学术渊源

布迪厄的独创性,恰恰就在于他能够将各种经典的社会理论遗产与法国特有的认识论传统糅合,将社会学的眼光与哲学的洞察力结合在一起。我们将在第二节专门讨论法国认识论传统对布迪厄社会学思想的影响,在此先讨论法国社会学传统、结构主义与关系论思潮、马克思与韦伯的学说,以及布迪厄所受的哲学教育对他的影响。

1. 法国社会学传统

同样作为法国社会学家,比起图海纳(A. Touraine)和布东,布迪厄身上的法国社会学"味道"就要浓厚得多。早在 60 年代,布迪厄就严厉批判了战后法国社会学一度抛弃了涂尔干开辟的传统,盲目追随美国社会学的趋势,斥之为一种"新实证主义"(neo-positivism)[12]。在他看来,涂尔干学派对于当代社会学和人类学的研究都具有非常重要的意义。首先,涂尔干有关"应该把社会事实当做物来研究"[13]的思想,始终构成了一种与战后法国兴起的以萨特式主体哲学相抗衡的力量;其次,涂尔干对社会学科学性的反复强调,尤其是他对社会学的各种认识论或元科学(meta-science)问题的思考,使他和法国认识论传统殊途同归,有助于社会学家(特别是人类学家)避免一种依靠自发理论进行科学研究的极端经验主义倾向;最后,涂尔干晚年对人类社会中各种认知图式的研究[14],特别是他和外甥莫斯(M. Mauss)在 20 世纪初对分类形式进行的初步探讨[15],对布迪厄的社会学取向影响非常大,促使布迪厄关注社会结构与心智结构之间的关系,试图从中发现社会支配现象的隐秘根源;此外,布迪厄的许多其他观念都离不开他对法国社会学遗产的深入研究,其中最重要的是他的"惯习"

(habitus)概念,他对此的分析就深受莫斯有关"身体技术"和"素性"(hexis)论述的影响[16]。

2. 结构主义与关系论

布迪厄指出,人类学研究中结构主义思潮的独创性就在于它有助于"清除这门学科中各种自发性的理论赋予人类学知识的虚构的独创性"[17]。结构主义思想可以帮助人类学和社会学清除数学和物理学早已拒弃的实体论思维方式。在这方面,结构主义的重要之处就在于,它的基础假定就认为经验是一个关系系统。布迪厄强调结构主义中的关系论要素,这使他不仅注意到在法国赢得经典地位的索绪尔式的结构主义和俄国的形式主义,而且还特别关注以新康德主义大师卡西尔(E. Cassirer)为代表的"结构主义"思想、法国认识论大师巴什拉对经验系统性的强调,以及著名艺术史专家潘诺夫斯基(E. Panofsky)的观点[18]。另一方面,布迪厄还将结构主义看作涂尔干以降的法国社会学传统的一个继承和发展。在他看来,"谈'结构'而不是'社会肌体',谈'无意识',而不是'集体意识',谈'野性的思维',而不是'原始思维'……就是在复兴涂尔干的思路"[19]。列维-斯特劳斯等人对涂尔干和莫斯满怀敬意的论述证明了布迪厄发现的这种思想关联[20]。在一贯尊崇哲学家的法国,具有这种取向的结构主义继续了涂尔干当年与哲学家的"系科之争",为社会科学赢得了独立自主的天地。

不过,在布迪厄看来,结构主义思潮也存在许多问题,因此,他努力通过分析实践感、策略、惯习及其与客观结构的关系来克服结构主义的这些问题。

3. 马克思与韦伯的学说

尽管布迪厄经常强调法国社会学的独创性,但他这样做主要是为了和美国社会学的"文化霸权"相抗衡,而不是要倡导一种狭隘的社会学"民族主义"。布迪厄对涂尔干之外的两位德国社会学大师——马克思和韦伯的著作也非常熟悉。而且,布迪厄不受潮流趋势左右的"桀骜不驯的性情",在布迪厄与这两位学者的关系中也有所体现[21]。当20世纪60年代教条的马克思主义者排斥韦伯的思想时,布迪厄却广泛引用其作品,特别是韦伯关于神正论(theodicy)的合法性功能的分析,来支持自己的符号权力理论。而当进入70年代以来,西方学术界对马克思的学说大肆攻击时,他却开始大量引述马克思的思想,包括马克思对文化的相对自主性的论述,对国家的分析,以及马克思有关意识形态的理论。此外,韦伯有关社会是各种力量相互斗争的舞台,以及马克思对"实践"的强调,都对布迪厄产生了持久的影响。而布迪厄的"社会再生产理论",以及其中的许多概念,诸如"再生产"、"资本"和"符号暴力"、"社会正义论"(sociodicy)等概念术语,更是可以清晰地展现这两位社会思想大师的痕迹。

4. 哲学教育的影响

虽然布迪厄始终对法国学术界中学术精英所受的哲学教育带来的不良影响颇有微词,但对于他自己来说,这些教育至今仍发挥着重要作用,使他能够摆脱社会学界的一些无谓争论。布迪厄尤其对那些能够多少摆脱自笛卡儿以降就困扰欧陆哲学的唯智主义倾向的哲学家深感兴趣,维特根斯坦、海德格尔、梅洛-庞蒂都对布迪厄的社会分析产生了影响,特别是维特根斯坦,更是布迪厄大加推崇的哲学家,认为是在他陷入困境时帮助最大的哲学家[22]。

布迪厄始终认为自己的"无形学院"(invisible college)是在哲学界,而不是在社会学界,哲学训练对于他的研究来说是必不可少的。直到今天,布迪厄还几乎每天都要阅读(或者重读)一些哲学著作,特别是那些他十分认可和敬重的英国和德国学者的著作[23]。这些哲学家为他提供了思考社会现象必不可少的(维特根斯坦意义上的)"工具"。而且,在布迪厄看来,美国学术界中哲学与社会学之间的分离状态对双方都是有害的,也是美国学术界缺乏批判精神的一个重要原因。不过,法国哲学制度以及哲学家的一些特有的"惯习"也始终是布迪厄不遗余力予以抨击的对象[24]。他认为,在法国,许多哲学家仍然固守"哲学王"的观念,既顽固地无视社会科学取得的丰富成就和社会科学本身的哲学意涵[25],也不肯屈尊俯就,亲自动手去进行他们视为"粗鄙"的经验研究,结果他们的批判往往只是在既有体制中进行的小打小闹,无关大局。在布迪厄眼中,像德里达这位倡导"解构"的学者就是这方面的代表。在布迪厄眼中,"哲学技艺……和数学技术尽管有所差别,可完全在同一层次上:我看不出康德或柏拉图的某个概念和一次因素分析之间有什么本体论上的差别"[26]。

三、布迪厄的理论主旨和著作概述

1986年3月,在加州大学圣迭戈分校的一次讲演中,布迪厄在向习惯学术标签的美国听众介绍自己的思想时,曾称自己是"建构主义的结构论"(constructivist structuralism),而同时不忘又加上一句,自己也是"结构主义的建构论"(structuralist constructivism)。这里的所谓"结构论"或"结构主义"与索绪尔或列维-斯特劳斯的用法不同,指的是在社会世界自身中(不仅是符号系统、语言和神话)存在各种客观结构,它们独立于行动者的意识和欲望,并能够引导或约束这些人的实践或他们的表象(representation)。而"建构主义"则是指在社会分析中要考虑行动者的感知、思想和行动的模式的社会生成过程,以及社会结构的生成过程,也就是布迪厄一再强调的惯习和场域(field)的生成过程[27]。布迪厄希望自己的这一立场能够克服社会学中流行的各种二元对立,特别是社会物理学和社会现象学之间的对立[28]。而他的著作也基本是围绕这一思路构成的。

布迪厄的文章和专著数量庞大,范围广泛。粗略地看,可以分为三个阶段。

1. 结构主义色彩的人类学阶段

布迪厄在早期著作,特别是对阿尔及利亚的研究中,采用了与结构主义近似的思路,这一点特别体现在他关于卡比尔人房屋的研究上[29]。该文已经成为结构主义人类学的范文,布迪厄本人也非常喜欢,在后来出版的一些著作(如《实践的逻辑》)中还进一步深入分析了该文所涉及的材料。

2. 实践理论的形成

通过对比安地区婚姻策略的研究,布迪厄逐渐发展形成了强调策略的实践理论。这一时期研究的代表作就是著名的《实践理论大纲》,它标志着布迪厄对以往的结构主义模式的超越,也奠定了他在法国学术界的地位,许多人将其社会学视为一种与结构主义不同的"策略社会学"。在这一时期,他对教育和文化问题的研究也开始赢得国际范围的关注。但是,与他在法国的形象相反,英语世界中研究教育社会学的学者往往望文生义地将他这方面的代表作《教育、社会和文化的再生产》看作一种结构主义色彩的决定论。

3. 符号权力理论和反思社会学阶段

从 80 年代开始,布迪厄日益关注语言与权力的关系,尤其是注意考察权力在学术场域、文化场域和艺术场域这些通常被视为不涉及权力的地方的作用[30],这方面,《学术人》和收入《语言与符号权力》中的一些文章都反映了布迪厄独特的分析角度,而《区隔》(Distinction)一书更是他对文化艺术的社会学分析的集大成之作。在这一阶段,布迪厄特别强调"社会学的社会学"的重要意义,强调实践理论与反思社会学之间的密切关系。与《实践理论大纲》结构和内容都很类似的《实践的逻辑》一书表明,在这一阶段布迪厄的论述更具有论战性,更注意对理论假设的反省。而反思社会学的许多思想在他与华康德合作的《实践与反思:反思社会学导引》一书中都有十分丰富的展现。

作为一位已年近七十的老者,布迪厄仍然致力于开拓新的社会研究领域。他近来对国家贵族问题的研究,对社会疾苦的研究,都既发展了他早期有关教育问题和阶级分析的探索,又力图挖掘新的材料和分析思路,希望能进一步深化他的实践理论和反思社会学。不过,总的来说,布迪厄的基本思路和主要概念在 70 年代就已初具雏形,此后,布迪厄的努力就是不断丰富和完善他的工具,并将它们应用到各种表面上迥然不同的领域中,这也正是布迪厄早年有关社会科学整合思想的一个自然结果[31]。

第二节 关系论的思维方式与反思社会学

一、法国认识论传统与布迪厄的社会学观念

布迪厄在回顾自己的思想历程时认为,当时在大学里面教授的哲学没什么启发性,倒是主流哲学界之外的一些学者的思想引起了他的兴趣,特别是法国认识论传统的代表:巴什拉(G. Bachelard)和康吉翰(G. Canguilhem)。布迪厄将这两个人视为韦伯意义上的"榜样式的预言家"(exemplary prophets)[32],他们的科学哲学思想既帮助布迪厄摆脱了现象学和存在主义,也帮助他后来进一步克服了结构主义思想中的固有问题。福柯也提到,如果不理解康吉翰为代表的法国科学传统,就根本不可能理解布迪厄"这样的社会学家特有的思想和他们在社会学界中与众不同的显著地位"[33]。

作为法国认识论的代表[34],巴什拉和康吉翰都曾先后出任法国巴黎大学的科学技术史研究所主任。两个人风格相去甚远,巴什拉是位将理论思考奠基在科学史研究之上的科学哲学家,而康吉翰则是对哲学认识论问题十分敏感的科学史学者[35]。但正是这两人对科学史的经验研究与科学哲学的深入思考构成了丰富而又具有张力的法国认识论传统。这一传统的学者十分强调对科学史的研究,即使像巴什拉这样强调理论思考重要性和优先性的学者,主要也是希望通过他的研究来理解和描述科学思想的发展,而不是建立一套系统的科学理论[36],来为科学建立一个规范性的标准,这一思路迥异于同时代在英语和德语世界流行的探讨科学的逻辑结构的思路。

早在60年代,布迪厄就曾系统探索了法国认识论思想对于社会学认识论所具有的重要意义[37]。对于布迪厄来说,以巴什拉为代表的法国认识论的重要意义主要体现在三个方面:

1. 科学是通过与常识的决裂赢得的

巴什拉通过对20世纪初兴起的原子物理学的研究,发现科学的思想系统与日常的经验逻辑是矛盾的。而科学的成就就是不断与各种根深蒂固的常识观念相决裂的产物。用巴什拉的话来说,"科学是赢得的"[38]。因此,要捍卫科学,就要坚决反对从自然主义和延续论的角度来理解科学与常识之间的关系。这两种紧密相连的思想都错误地认为科学是不断积累形成的,相反,巴什拉坚决认为,科学是一种经常性的革命[39]。他在分析物理学的发展时指出,如果说来自日常经验的经验观念对微观物理学的发展有什么用途的话,它也"必须首

先不断地予以修正和改变"[40]。在布迪厄看来,这种对科学的革命性[41]的强调,与涂尔干开创的社会学传统的革命性态度是一致的。在社会学的研究中,要始终注意克服各种盲目信赖直觉的自发社会学的倾向。事实上,要理解布迪厄的批判态度和他的反思社会学思想,巴什拉的"新科学精神"是不可忽视的背景。

2. 对象构建是科学的重要环节

既然科学不是常识的延续或精致化,那么构成科学研究对象的那些现象就不是想当然地"在那儿",而是科学家艰苦构建的结果。巴什拉通过考察现代物理学中能量观念的变化,指出物理学正是通过克服早期直觉观点的局限,突破了传统的物质图像说,才发展形成了现代的能量理论[42]。在对象构建方面,巴什拉的观点与当代的关系论倾向不谋而合。从19世纪末开始,就出现了"去实在化"(derealization)的趋势。卡西尔写于1910年的《实体概念与功能概念》则鲜明地提出了现代科学的关系论特征,对社会学产生了重要的影响。而巴什拉则更进一步将关系论与科学对象构建的理性主义问题联系在一起[43],构成了布迪厄社会学实践的认识论基础。此外,对象构建的问题与涂尔干对分类范畴的关注结合起来,构成了布迪厄的符号权力理论及其社会分层研究的重要理论来源[44]。

3. 理性主义与唯物主义的结合

在巴什拉看来,"新科学精神"就是反对笛卡儿的认识论,反对唯心论,同时也反对粗糙的唯物论,而是将应用理性主义(applied rationalism)与技术唯物主义(technical materialism)结合在一起。巴什拉认为,认识论障碍总是成对出现的,造成了非此即彼的虚假对立,而科学的发展就是要同时克服两方面的障碍[45]。这一思想对布迪厄的社会学思维方式影响深刻。甚至布迪厄的表述风格背后都有这种思想的影子。布迪厄"冗长的辩证"句子,经常被简单地认定为马克思的辩证法影响的结果,实际上布迪厄也是希望通过这样的表述来同时避免陷入双重的认识论障碍。

应用理性主义的重要一点,就是同时反对观念论和实在论,重新理解理论与经验研究(实验)之间的关系。在巴什拉看来,观念论和实在论正是当代认识论障碍的两个方面,它们在科学哲学中的体现就是约定论(conventionalism)和实证主义(或经验主义)。巴什拉的应用理性主义非常强调理论在科学研究中的重要作用。他指出,任何观察都是在理论的指导下进行的观察。当然,另一方面,巴什拉也十分强调实验技术的重要意义。但是作为应用理性主义的另一面的技术唯物主义,在原则上仍从属于理性主义的构建原则。在应用理性主义的理论中,这些实验与研究的工具尽管重要,但却并非与理论无关的纯粹的器具。在巴什拉眼中,它们就是"物质化的理论"(theories materialized)[46]。因此,理性和理论在认识论中具有优先地位。应用理性主义对布迪厄的社会学观念影响非常大[47]。布迪厄指出,社会学和人类学的研究必须抛弃传统的方法论循环:观察→假设→实验化→理论→再观察。而代之以新的认识论秩序:(与常识的)决裂→(科学对象的)构建→事实检验(即验证)。通过颠倒理论与实践的通常关系,布迪厄实现了巴什拉在物理学中发现的科学革命。早在60年代,布迪厄就通过这种方式达到了亚历山大在20年后概括的所谓"后实证主义方法论"的基本立场[48]。

二、反对实体论:关系论的思维方式

从实体论到关系论是当代社会思想的一个重要特征,在这方面,布迪厄和埃利亚斯是两个突出的代表。华康德称布迪厄的唯物主义人类学为方法论上的关系论,认为这是他的社会学认识论的核心观念[49]。布迪厄进一步发展了法国著名历史语言学家本维尼斯特(G. Benveniste)的观点,指出表述社会现实的常识语言具有一种突出实体牺牲关系的倾向,正是这种倾向导致了社会学中常见的个人与社会之间的对立,并进一步发展成为方法论个人主义和方法论集体主义的对立。这些预设之所以对社会学有害,不仅因为这种对立在理论上毫无意义,而且还因为它们和各种政治对立与社会对立密切相关。实际上,社会科学根本没有必要作出这些非此即彼的选择,因为社会现实的内容既体现在行动的现实中,也体现在结构的现实中,二者同样重要,就存在于关系之中。在布迪厄看来,"在社会世界中存在的都是各种各样的关系——不是行动者之间的互动或个人之间主体际性的纽带,而是各种马克思所谓的'独立于个人意识和个人意愿'而存在的客观关系"[50]。对于他使用的几个主要概念——场域、惯习、资本,布迪厄始终强调它们具有的关系性特征。

关系社会学的主张并不仅仅体现在抽象的认识论上,还体现在许多具体的社会学研究环节中,特别是在对象构建的问题上。例如,布迪厄近年来主要的一项研究课题就是法国的名牌高校[51]。他也承认,这并不是个新问题,无论在法国还是在美国,这个问题都得到了广泛的研究,但这些研究往往只关注几所特定的学校,忽视了从学校和学校之间的关系出发去了解每所学校的特点。他指出,实际上,每所学校都处在法国高等教育的空间中,它们的绝大部分特性恰恰来自与其他学校之间的客观关系(也就是这个学校在教育场域中的位置)。一旦在研究中忽视了这一事实,这种对象的界定方式就几乎完全破坏了它试图

把握的这个对象。在布迪厄看来,这样的研究方式就像是在研究普林斯顿大学时,却不去考虑它在常春藤联盟(ivy league)中的位置,以及通过这种位置界定它在美国大学体系中的位置[52]。

三、理论与经验研究

早在 1978 年,著名的英国马克思主义社会学家博托莫尔为布迪厄和帕瑟龙的《再生产》一书作序时就指出,布迪厄及其法国同事的许多研究,首要特征就是"理论与经验研究之间持续不断的相互作用"[53]。哈克等人也认为,布迪厄的全部著作就处于理论、经验研究和在不同层次重新阐述理论的螺旋之中[54]。理论与经验研究始终不断地交流,这正是布迪厄社会学理论的主要风格。

在布迪厄看来,社会学中的许多认识论障碍正是来自理论分析与经验研究的分离,从而造成了唯理论主义和极端经验主义两种有害的倾向。而作为社会学家,就应该始终铭记康德当年的教诲:"没有经验研究的理论是空洞的,而没有理论的经验研究则是盲目的。"

尽管布迪厄始终强调理论和经验研究的结合,但在不同的时候,根据社会学界的状况,他强调的重点也会有所不同。在六七十年代,鉴于法国社会学界面临所谓的"拉扎斯菲尔德的入侵",新实证主义的抬头,布迪厄借助法国认识论的思想,反复强调理论对于经验研究的重要意义,强调理论与任何经验研究程序之间都具有复杂的辩证关系。当然,布迪厄这样做并不是要反对经验社会学,而是要为社会学的经验研究找到一条与实证主义不同的思路[55]。他在这一阶段一度提出,"曾几何时,美国社会学凭借其经验的严格性,充当了法国社会学中付之阙如的科学良知。就像这样,也许现在是法国社会学凭借其理论的严密性,担当起美国社会学里黯淡无光的哲学良知"[56]。而在七八十年代,布迪厄反对的主要对象是各种理论至上论,反对那些从理论家的"本位中心论"(ethnocentrism)出发来理解社会实践的唯智主义倾向,大力倡导实践理论[57]。进入 80 年代末、90 年代初,布迪厄发现,社会理论与经验研究的鸿沟在不断扩大。当务之急是克服在自己的这种表述背后也暗含着的某种理论与经验研究的二元观念。他指出,"如果法国社会学有朝一日也想弥补美国社会学中的科学良知(反之亦然),那就首先必须成功地通过推行某种新型科学实践,以克服上述分离。这种新型科学实践要同时建立在日益急迫的理论需求和逐渐严格的经验实践之上"[58]。在布迪厄眼中,每一项研究工作都同时具有经验性和理论性。甚至那些最微不足道的经验操作,比如选择一种测量尺度,判别一次编码,构建一个指标,或在问卷中纳入一项问题,也都有意无意地涉及理

第六章 皮埃尔·布迪厄

论抉择[59]。

不过布迪厄也认识到,和社会学绝大多数认识论障碍一样,理论和经验研究的这种对立,并不仅仅存在于社会学家的观念中,它也是一种社会对立,体现了社会科学家内部的一种社会等级制。这种等级制既体现在一系列对立范畴,包括高等与低级、心智与身体、脑力劳动与体力劳动、"从事创造"的科学家与"应用"例行程序的技术人员之间的对立;也体现在许多学术体制中,包括学术的系科设置,学术的网络,甚至渗透到各种教学评价和学生在回答问题、写作论文时的话语策略之中[60]。因此,要克服这一认识论障碍,单凭一种新的社会学认识论是不够的,还要改革社会研究的学术体制。

四、反对二元论[61]

布迪厄在一次访谈中谈到,社会学是一门非常艰难的学科,容易陷入各种相互对立的危险中,因此他一生都致力于批驳和扬弃各种各样的二元论思想[62]。不过最重要的是,布迪厄对二元对立的这种拒弃,并不是通过发展一套严格限定的理论来一劳永逸地解决的,而是通过系统地发展一种社会学方法,培养一种社会学的眼光,以求实现这一目的的。这一点可以看作布迪厄整个学术事业的基本原理和中心主张。

作为一位人类学家出身的社会学家,布迪厄大力倡导实践理论,强调人类具体实践的各种特点。在他看来,各种二元论的主要问题在于它们都是形形色色的纯粹理论理性的产物。布迪厄称这些理论理性为"唯智主义"(intellectualism)。而结构主义正是这种唯智主义的代表,其突出特点可以概括为马克思的一句名言,"用逻辑的事物代替了事物的逻辑"。

尽管布迪厄本人在早期的人类学研究中曾经一度深受结构主义的影响,但当他返回法国本土,在自己的家乡比安地区进行研究时,他发现结构主义的理论存在严重的缺陷[63]。布迪厄进一步从对结构主义思潮的源头——索绪尔的语言学的讨论出发,批判了整个结构主义的理论模式。他明确指出,在索绪尔的理论模式中,沟通的实质内容实际上屈从于不具有任何感官经验的纯粹的心理构造,从而使逻辑(logos)压倒了实践(praxis)。透过索绪尔广为人知的对"语言"(langue)和"言语"(parole)的区分,布迪厄发现,要想像索绪尔那样,使后者成为前者的产物,就必须强调逻辑和结构的优先性,更多地考虑同时性而非历史(或历时性)。这种理论模式的背后其实蕴含"不偏不倚的旁观者"这样一个假设。在作为旁观者的学者的眼中,语言完全丧失了日常生活中的灵活性和实用性,似乎只是作为供语言学家研究所用的知识工具和分析对象而存在,成为一种脱离了其真实用途的自足系统。这完全是从语言学家自己的视角出发的一种"经院观点"(the scholastic point of view)[64]。结果,在结构主义这种以形式结构的分析为核心的研究模式中,处于实践中的言语行为便成为对各种语言规则的单纯执行。所以说,这种结构主义的思考方式突出地体现了一种与实践生活相对立的、非反思性的唯智主义倾向。

结构主义是唯智主义的一种反映,那么与结构主义形成鲜明对立的各种主观主义理论呢?在布迪厄看来,这些理论尽管在观点上与结构主义不一样,但同样是唯智主义的体现。这特别体现在萨特哲学和理性选择理论这样一些表面看上去截然不同的"行动者"模式中。在布迪厄眼中,萨特的主观主义和结构主义的客观主义一样,其实也是将进行理论工作的特定主体的经验予以普遍化,把它当作被研究者的实际经验。萨特的主体就像是笛卡儿的神一样,可以不顾过去与未来而进行自由的选择,唯一的问题在于是否依据本真性(authenticity)进行。从萨特的分析看,似乎日常的行动者每时每刻都要从虚无中创造出世界的意义来。在布迪厄看来,这是一种新的哲学诡辩术(philosophical casuistry)[65]。而理性选择理论中所谓的"理性行动者",实际上也是来源于一种唯智倾向的决定论,持有这种倾向的学者大致又可以分为两个阵营:一派学者将"理性行动者"的选择看作基于某种结构约束,而由这些结构约束限定了可能行动的范围;而另一派学者则认为"理性行动者"的选择是基于某种普遍性的偏好。但无论在哪一种情况下,行动者除了遵从客观机会外总是别无自由可言。布迪厄指出,上述两种观念都忽视了在选择的背后存在着不可胜数的无穷细小且与决策问题无关的东西。

理性选择模式的缺陷突出地体现在唯经济主义的观念中。早在60年代,布迪厄就通过对阿尔及利亚的人类学研究抨击了这种唯经济主义的理论,认为它忽视了理性的经济计算和选择只是一种特殊的经济心态,如果不考虑产生这种心态的经济条件和社会条件,就难以正确地理解不同于西方现代资本主义社会的人们的经济活动[66]。因此,唯经济主义理论的问题就是忽视了包含特定经济活动的实践整体及其固有的理性,忽视了那些既非来自理性计算意义上的理性决定、也不是由外在或超越个体行动者的各种机制所决定的因素。因此,无论是前面那种目的论形态的唯经济主义,还是后面那种机械论形态的唯经济主义,都没有认识到,实践的原则应该在各种外在约束(它们往往为选择留下了可塑性非常大的余地)和各种性情倾向(它们是各种经济和社会进程的产物)之间的关系之中来寻找,即要到结构和惯习的交织作用中来理解实践。

五、反思的社会学

在布迪厄看来,社会学是一门名副其实的科学,它具有界定科学所需的各种基本特征。但在实践中,由于人们往往担忧社会学家们的发现,所以才会有意无意地影响了社会学的科学性[67]。因此,要想进行科学的社会学研究,就必须反思性地考察科学的对象以及从事科学的研究者自身,考察在实地调查和理论分析时主体与客体之间的关系。

布迪厄反思社会学的一个核心观念便是所谓"对象化的对象化"(objectivation of objectivation),即将社会科学构建研究对象的过程本身作为对象来研究。他的成名作《实践理论大纲》一开头就详细谈论了人类学家和被调查者之间的关系,指出由于人类学家自身作为观察者进入与其研究对象的特定关系之中,本身就会导致某种理论歪曲。这使他往往倾向于将所有社会关系都视为一种沟通关系,最终将之化简为一种"编码—解码"的机械操作[68]。因此,前面那种结构主义的"不偏不倚的旁观者"模式与人类学家与被调查者之间的这种特定关系无疑有着直接联系。

而要避免这种唯智主义的问题,真正在科学研究中实现"对象化的对象化",布迪厄建议进行两次巴什拉式的"决裂"。第一次是和日常的常识观念的决裂;而第二次则更为重要,是要和盛行于学术界的各种理论理性的观念决裂,清楚地认识到理论生产的条件本身所包含的各种局限,从而在此基础上把握实践的真正逻辑。

不过,布迪厄的反思社会学的一个首要特征就是他清楚地认识到,这种决裂,特别是和学术界中的学院常识或经院观点决裂,不能仅靠一种认识论的突破,还需要对知识分子和社会学的构建研究对象方式进行具体的经验分析,对作为文化生产者的社会学家(以及所有知识分子)进行社会学的分析,最后还要反思一种有关社会的科学在什么样的社会历史条件下才能成为可能。所以他才一再宣告,"对于我来说,社会学的社会学是社会学认识论的基本维度"[69]。正是基于这样的看法,布迪厄才认为"以巴什拉、康吉翰和福柯为代表的对科学的社会史研究应该成为所有社会科学家知识工具箱中不可或缺的部分"[70]。

那么,怎样才能将认识论的突破与对知识的社会学分析结合起来呢?华康德在将布迪厄的反思性观念和其他一些社会学者的类似观念进行对比之后指出,布迪厄的"反思性"风格是独树一帜的。这首先表现在他的反思社会学针对的基本对象不是进行分析的个别学者,而是根深蒂固地存在于分析工具和分析操作中的社会和学术的无意识,后者并非结构主义者常用的那种共时性的"无意识",而是一种历史无意识[71];其次,布迪厄强调反思社会学必须成为一项集体事业,而非一人可以胜任;最后,他的反思社会学不是要削弱社会学的各种认识论保障(如客观性),而是旨在扩大社会科学知识的范围,增强它的可靠性[72]。正如布迪厄所说,"我反对反科学地使用这种科学的科学,倡导对这种反思性科学的科学使用,但不是科学主义的使用"[73]。布迪厄还敏锐地指出,反思性之所以没能在当代学者中更为广泛地实行,其真正根源更多是社会性的,而非出于认识论的缘由。知识分子只有认清这一点,才能有所作为,超越结构施加在他们身上的各种集体无意识。布迪厄在实践中进行了许多努力,来培植更具多元性的场域,反对学术霸权,反对科学(权威)的政治利用,捍卫学术场域的自主性和独立性。

因此,反思社会学正是实践理论非常重要一个方面。缺乏反思性的社会研究,无论是采用客观主义的定量方法,还是采用所谓的参与性观察,都同样不能理解实践的本质特性。因为二者都存在一个共同的致命弱点,即回避了观察者和被观察者之间的真实关系及其对科学实践的决定性影响。在采用这样方法的学者的研究中,社会世界的运作就好像是为了让学者能够解释它,从而陷入唯智主义的陷阱。

第三节 实践理论

布迪厄在一篇著名文章中指出,存在三种与实践知识相对的理论知识,分别是现象学的知识、客观主义的知识[74]和实践理论(praxeology)的知识。实践理论与前面两种理论知识形式的差别就在于,实践理论不仅关注由客观主义形式知识构建的客观关系系统,而且还要考虑这些客观结构和主观性情倾向之间的辩证关系[75]。由此我们可以看出,实践理论是与各种唯智主义的理论针锋相对,尤其是和始终困扰社会理论界的主观主义与客观主义的对立相对的。布迪厄的实践理论力图通过场域、惯习和资本这些基本概念,探索社会生活中实践的奥秘。

一、实践的逻辑

正如布迪厄本人所承认的,"不用否定的方式来谈论实践委实不易"[76]。在布迪厄的实践理论中,直接论述实践特性的地方并不多,但在这些往往比较简短的论述中,布迪厄始终强调,实践的重要特性就是紧迫性(urgency)和经济必需条件(economic necessity)的约束、模糊性以及总体性。布迪厄所强调的这些特性主要都是针对唯理论主义经常忽略的一些问题提出的。

实践与理论的一个重要差别就是实践具有紧迫性。在社会实践当中,行动者与思考这些实践的旁观者之间非常重要的一点不同,就是行动者需要在有限的时间范围内迅速"做出决定",采取行动,而旁观者和理论者则没有这样的约束;而且,这种紧迫性并不仅仅意味着行动者是生活在瞬时性的现在,相反,实践的紧迫性正意味着行动者必须面对即将到来的未来,面对在现在之中的未来[77]。实践的紧迫性预先就排除了许多在理论上完全可能的行动路线和方式。同样,行动者在实践中还面对许多不可或缺的经济条件的限制,不可能随心所欲地采取各种行动方式。因此,分析实践就要充分考虑这些约束对实践的重要影响,这也是布迪厄强调策略和惯习的重要原因,因为这两个概念都潜在地将时间纳入对实践的考察中。

布迪厄反复强调的实践特征就是实践的模糊性。所以他才会将实践看作一种"实践感"(the sense of practice),一种游戏感(feel),它是前认知性的,模糊不清的。这也是他反复强调惯习是身体性的重要原因。许多带有浓重主体哲学色彩的社会理论的一个重要缺陷,就是忽略了实践的模糊性,他们忘了,"实践或许是具有一种逻辑,但那也并非逻辑学家的逻辑"[78]。唯智主义的许多错误就在于它们力图从实践中挖掘出一些不属于实践的逻辑。而实践理论与此相反,它竭力通过各种富有弹性的概念,来处理这些模糊的实践。

布迪厄非常重视的另一个实践特性就是实践的总体性。社会实践本身并不像研究它的社会科学一样分裂成各种不同学科的碎片。而且实践感的模糊性本身也要求跨越各种学科的界限来考虑实践问题[79]。因此,布迪厄始终呼吁社会学应该也必须构建维持人类实践基本统一性的"总体性社会事实",采用跨学科的方法,通过将经验性研究与理论性探索结合起来,来分析作为总体的实践。在这方面,布迪厄对经济学的孤立主义的帝国主义,对社会学与历史学的分离,对空洞的社会哲学和玩弄数据的实证主义者都痛加针砭,认为这些学术取向已构成了研究实践的认识论障碍。

二、从规则到策略

那么,究竟应该怎样把握实践的特性呢?布迪厄认为,这里非常重要的一点,就是要从对规则的过度关注转向对策略的重视,从建立模型的机械力学转向勾勒策略的辩证法。

1972年,在一篇发表在《经济、社会与文化年鉴》上的著名文章中,布迪厄开始着手通过对家乡比安地区农民的婚姻策略的研究来探索策略在社会学的重要作用。他在文中指出,比安地区农民采用的各种策略往往能够确保他们家族的再生产,保证他们对生产手段(尤其是土地)的所有权,这些现象都具有统计上的规律性。但我们却不能因此就将这种规律性视为遵守固定规则的结果,而是应该摆脱这种始终困扰人类学传统的条文主义(legalism),从实践的一体化的生成原则(the generating and unifying principle of practices)出发来考虑这些现象[80]。

  布迪厄后来承认,自己之所以使用策略这个概念,就是要以它为工具,和结构主义的思维模式决裂[81],就是要在结构主义的静态模式中引入时间的要素。在《实践理论大纲》和《实践的逻辑》这两本代表作中,布迪厄都以人类学中的经典问题——"礼物"(gift)为例,分析了时间在实践中所扮演的角色。自莫斯和马林诺夫斯基以来,礼物就是人类学中不断探讨的一个老问题。在列维-斯特劳斯的结构主义人类学中,礼物交换更是构成了社会交换的基本模式。但布迪厄指出,这种交换模式忽视了礼物交换的时间结构。因为在礼物交换形成的"互惠循环圈"中,时间所带来的不确定性始终是一个不容忽视的问题,布迪厄称之为社会法则的概率逻辑。礼物交换之所以不同于以物易物的交易,就在于礼物交换中的两个行为在时间上不是同时的。布迪厄以卡比尔人的交换为例揭示了这种不确定性的重要理论意义。

  即使根据图6-1这个简单的模式,我们也可以发现,面对一次交换,行动者可以有各种不同的策略来选择。这种开放性就是因为时间是不可逆,一个开启交换的行为总是有可能"落空",对方没有对你的挑战做出反应,没有回赠你的礼物。参与交换的人总是可以通过操纵时间来使交换获得不同的意义。不过,这种选择并非随心所欲,因为不同社会阶层的人策略性地利用时间来建立或巩固自己的社会地位,而一个没有足够资本的社会行动者在交换策略的这类斗争中就明显处于不利的地位,最终会丧失荣誉。因此,列维-斯特劳斯构建的礼物交换模型的缺陷就在于忽视了礼物(以及其他交换物)和回礼之间的相互依赖关系,从而破坏了实践的逻辑。

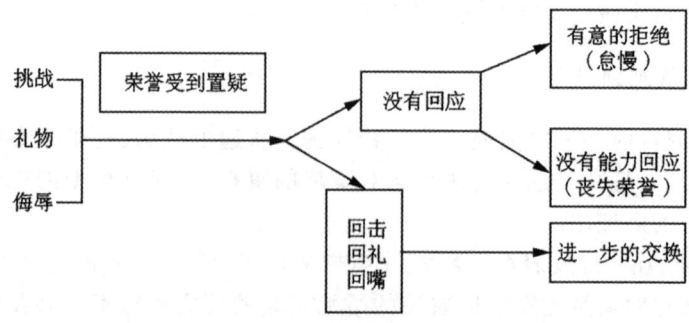

图6-1 (选自布迪厄《实践的逻辑》第100页)

在布迪厄看来,重新引入不确定性就意味着将时间及其节奏、取向和不可逆性重新引入社会分析,"将时间置于分析社会行动的核心"[82]。就是用策略的辩证法取代模型的机械力学;同时又不陷入"理性行动者"理论的虚构人类学[83]。

三、场域与惯习

策略作为实践的基本原则,并不是行动者凭空创造的,而是他的生活和家庭抚养的物质环境逐渐培养形成的。用布迪厄的概念来说,策略就是惯习。而这些惯习又是行动者的实践再生产出来的结构的终极产物,这些结构就体现在场域中[84]。

在布迪厄看来,各种教条主义的二元困境之所以妨碍我们理解实践活动,就在于它们忽视了客观结构与身体化的结构(incorporated structures),也就是场域和惯习之间的辩证关系。他强调,使用场域和惯习这两个概念就是为了和各种实体论的倾向决裂。因此,场域和惯习都是指一束关系。一个场域由附带一定的权力(或资本)形式的各种位置之间一系列在历史上形成的关系所构成,而惯习则由"积淀"在个人身体内的一系列历史关系所构成,其形式为知觉、评判和行动的各种身心图式。前者是一个冲突和竞争的空间,涉及社会行动者的空间位置(position);而后者则是一种结构形塑机制(structuring mechanism),涉及社会行动者具有的对应于其占据的特定位置的性情倾向(disposition)。只有准确地把握二者的关系,才能理解布迪厄所谓实践感的模糊逻辑,这种逻辑与各种唯智主义倾向的理论逻辑形成了鲜明的对照。

1. 惯习概念

布迪厄采用惯习的概念来同时克服主观主义和客观主义两种危险。在布迪厄看来,对惯习及其与场域之间关系的认识,正是实践理论和主观主义或客观主义的分野所在。与过分强调客观因素的理论不同,实践理论认为知识的对象不是被动记录下来的,而是研究者构建而成的。同样,实践理论也不同意唯智主义的理念论,认为构建活动不是凭空进行的,其原则是一种性情倾向,它既为结构所制约,又不断产生新的结构。这种性情倾向就是布迪厄所常说的惯习。

在布迪厄看来,惯习是一种生成性结构,它塑造、组织实践,生产着历史;但惯习本身又是历史的产物,是一种人们后天所获得的各种生成性图式的系统,正因为这一点,布迪厄称惯习是一种"体现在人身上的历史"(embodied history)。但由于人们将它内化为一种"第二天性",以至于人们已经完全忘记它是一种历史。总之,用布迪厄本人的话说,惯习就是一种"外在性的内在化"(internalization of externality)。个体行动者只有通过惯习的作用,才能产生各种"合乎理性"的常识性行为。所以,惯习是"所有选择所依据的不被选择的原则"。

在理解惯习概念时,既不能将它与意识哲学、主体哲学中的"主观"立足点混淆起来,也不能将它等同于相对比较被动的"习惯"(habit),更不能将它视为一种"无意识"。必须同时考虑惯习概念的生成性和历史性。

2. 场域概念

从分析的角度来看,一个场域可以被定义为在各种位置之间存在的客观关系的一个网络。这些位置的存在和它们对占据特定位置的行动者或制度所产生的决定性影响都是客观决定的。而决定这些位置的因素主要有两个方面:一方面是在不同类型的权力(或资本)分配结构中,各种位置实际和潜在的处境;另一方面是这些位置彼此之间的客观关系(在布迪厄的理论中,这些关系包括支配关系、屈从关系、结构上的对应关系等等)。这两个方面是密切交织在一起的。

在理解场域概念时,首先可以将场域设想为一个运作空间,场域的效果得以在其间发挥,并且由于这种效果的存在,任何与该空间有关的对象经历的一切事情都必须参照场域中的关系来理解,而不能仅凭研究对象的内在性质来解释。这正是关系论基本立场的反映。

其次,场域也是一个争夺的空间。场域中各种位置的占据者利用种种策略来保证或改善他们在场域中的位置,不断在场域中展开斗争。不过,布迪厄特别强调,场域中斗争的焦点在于谁能够强加一种对自身所拥有的资本最为有利的等级化原则。形象地说,这就意味着你手里各种花色的牌的大小固然重要,但更重要的是哪一种花色是王牌。从场域的这一特征来看,行动者的策略正取决于他们在场域中的位置即特定资本的分配,同时还取决于他们对场域的认识,而这种认识又依赖于他们对场域所采取的观点,也就是从场域中不同位置出发所采纳的不同视角。

最后,场域也包含一种投入(investment)。当一个人进入某个场域时,就同时进入了与场域相连的一套他本人很可能认识不到的前提预设。因此,一个场域是由身体和信念两部分组成的。人们深陷其中的实践信念并非一种心灵状态,也不是武断遵从一套外界灌输的教条,而是一种身体状态,是被各种社会秩序加以系统利用的体现在身体上的性情倾向,即布迪厄所谓"内在性的外在化"(externalization of internality)。这正是布迪厄十分关注的符号权力运作的核心。

场域的概念形象地概括了现代社会的基本特征。在这种高度分化的社会里,社会世界是由大量具有相对自主性的社会小世界构成的,这些社会小世界就是具有自身逻辑和必要性的客观关系的空间,即场域。例如,在现代资本主义社会中,艺术场域、宗教场域或经济场域都遵循着它们自身特有的逻辑:经济场域的形成就是通过创造一个我们平常所说的"生意就是生意"的世界才得以实现的;而相反,艺术场域则是通过拒绝或颠倒这种物质利益的法则而构成的。因此场域是一种人为的社会构建,是经历漫长的自主化过程后才逐渐形成的产物。布迪厄始终强调,在考察场域的过程中,要特别注意研究场域的历史生成过程。他在对艺术的研究中特别揭示了这一点[85]。

3. 场域与惯习的关系

布迪厄认为,场域与惯习的关系主要包括两个方面。一方面是制约关系:场域形塑着惯习,惯习成了某个场域固有的必然属性体现在身体上的产物;另一方面则是一种知识的或者说是认知建构的关系:惯习有助于把场域建构成一个充满意义的世界,一个被赋予了感觉和价值,值得社会行动者去投入、去尽力的世界。考虑场域与惯习之间的关系必须同时考虑这两个方面,用布迪厄的话说,"实践理论要同时考虑外在性的内在化和内在性的外在化的双重过程"[86]。

布迪厄还提醒人们,在了解这两种关系时要注意两点:首先,知识的关系取决于制约的关系,后者先于前者,场域的结构塑造着惯习的结构;其次,社会科学必然是一种"知识的知识",必须包括一种具有社会学基础的现象学,用以考察场域里的那些基本经验。

通过场域和惯习这对概念,布迪厄阐明了他一再强调的结构的双重存在方式[87]。社会世界中的各种结构首先是存在于一种所谓"初级的客观性"中,也就是指各种物质资源的分配,以及左右各种社会稀缺物品和价值观念(这些就是布迪厄所说的资本)的手段;另一方面,这些结构还存在于体现在各种分类体系和心智图式上的所谓"次级的客观性"之中,它们发挥了一种符号样板的作用,体现在社会行动者的各种实践活动中,诸如行为、思想、情感、判断等。正是因为要同时考虑结构的这两副面孔,实践理论才必须进行一种综合社会物理学和社会现象学角度的双重解读(double reading)方式。而一种关于社会的总体性科学,必须既摒弃那种忽视行动者作用的机械结构主义,又杜绝目的论的个人主义。只有从综合了"结构主义"和"建构主义"两种途径的社会实践理论出发,才能认识到:诸如客观主义和主观主义、机械论和目的论、结构必然性和个人能动性之类的对立都是虚幻的,都掩盖了人类实践中的基本特点。

为了在具体研究中实现对二元对立的克服,布迪厄建议采取以下的方式:

首先,研究者要先建构各种客观结构,即分析由各种社会位置所构成的空间,了解社会有效资源的分配情况,因为正是这种分配确立了施加在各种社会互动和社会表象之上的外在约束。其次,研究者再重新引入行动者的直接体验,揭示从内部构建其行动的各种知觉和评价的范畴,也就是布迪厄所谓"性情倾向"。华康德认为,在布迪厄的分析中,尽管这两个环节缺一不可,但二者并非完全对等:客观主义的旁观在认识论上要先于主观主义的理解。在这方面,布迪厄遵循的正是涂尔干当年提出的"社会学方法"的首要原则,即在从主观立场上对世界进行理解性的分析之前,必须先系统地摒弃各种先入之见,因为社会研究者和普通社会行动者一样,其立场会随着在客观的社会空间中所占据的位置的不同而存在根本的差异。从这一点来看,对于实践理论来说,反思社会学——或者更准确地说是社会学知识和社会学家的社会学——就具有不容低估的重要意义[88]。

四、资本理论

从上面的分析我们可以看出,无论场域概念还是惯习概念,布迪厄考虑的都是如何利用这样的概念来把握社会世界中充斥着斗争的历史,而不是静态的结构。因此,资本概念在布迪厄理论中就扮演着关键的角色。在他看来,社会世界是具有积累性的历史世界,因此在分析社会时,就要引入资本概念,考察资本及其积累和各种效应。资本体现了一种积累形成的劳动,这种劳动同时以物质化和身体化的形式积累下来。而资本同时体现出一种生成性,总是意味着一种生产利润的潜在能力,一种以等量或扩大的方式来生产自身的能力。

但是,使用资本理论必须避免陷入唯经济主义,避免简单地将经济交换视为基于自我利益的交换,而将其他社会形式视为非经济的,不涉及任何利益问题。有关实践整体的总体科学并不能局限于讨论那些在社会上被认为属于"经济活动"(economic practice)的实践形式,也不能狭隘地理解利益问题。因此,实践理论必须努力把握以各种不同形式存在的资本。

在布迪厄早期的论述中,资本表现为三种基本类型:经济资本、文化资本和社会资本[89]。每一种资本类型下面还可以再进一步细分出层次更低的类型。后来,布迪厄又特别添加了符号资本这一类型,指对上述三种基本形式的资本的认同。

所谓经济资本就是经济学通常理解的那种资本类型,指可以直接兑换成货币的那种资本形式,它可以制度化为产权形式。布迪厄对经济资本的讨论主要是提醒人们注意不要陷入经济资本的本位中心论的陷阱。对经济资本的认识并不意味着要将我们的分析置于"自私自利的计算的冰水"中。相反,布迪厄认

第六章 皮埃尔·布迪厄

为,"理性计算"本身是一种特殊的历史条件下形成的惯习,并不是人类社会所有实践形态的一种普适原则。而要掌握这种惯习,并不是社会上的每个人都能够做到的,必须占有最低限度的经济资本和文化资本,才能形成所谓的"理性"惯习。

文化资本是布迪厄最感兴趣的问题之一。所谓文化资本,是指借助不同的教育行动传递的文化物品。在一定条件下,这些文化资本可以转化为经济资本,并可以通过教育证书的形式予以制度化。文化资本有三种存在形式:一是身体化的形态,体现在人们身心中根深蒂固的那些性情倾向中;二是客体化的形态,体现在那些文化物品之中(例如书籍、词典、机器等);三是制度化的形态,体现在那些特定的制度安排上(诸如教育的资格认定方面的规定)。布迪厄最初是在研究教育问题的过程中采用文化资本这个概念的,借此说明不同社会经济出身的学生在学业成就方面的差异:因为不同的阶级或阶级集团在文化资本的分配方面是不平等的,所以这些不同阶级出身的学生在学术市场上获得的利润(即学业成就)也是不平等的。在60年代,这个概念和欧美各国盛行的常识观念大相径庭,因为许多人认为,教育是现代西方社会改变阶级分裂状况的有效体制,每个"勤奋攻读"的学生都可以通过教育这个阶梯实现社会流动,以往的阶级社会正在逐渐走向终结[90]。而布迪厄指出,这些普通人或学者忽视了家庭出身并不仅仅通过单纯的经济收入来影响求学的孩子,文化资本的传承也是阶级再生产非常重要的一环。正是通过文化资本,"外在的财富转化成为一个人的内在部分,转化成为惯习"[91]。而且文化资本比经济资本更顽固,这一点特别体现在文化资本的积累上。一个人拥有的文化资本越多,他就会更容易更快地积累新的文化资本。因此,那些早年从家庭中继承了丰厚的文化资本的人也更易于增长自己的文化资本。无论在学业成就还是在艺术欣赏方面,这样的例子不胜枚举。在《区隔》的一些最精彩的分析段落中,布迪厄用对应因素分析(analysis of correspondence)的方法[92],考察了文化资本对生活方式、艺术鉴赏等方面的深刻影响[93]。

社会资本是指当一个人拥有某种持久性的关系网络时,这个由相互熟悉的人组成的关系网络就意味着他实际或潜在所拥有的资源。社会资本赋予关系网络中的每一个人一种集体拥有的资本。因此,一个人拥有的社会资本量,就既取决于他可以有效调动的关系网络的规模,也取决于与这些网络相关联的各种人拥有的(经济、文化、符号)资本的数量。因此,社会资本实际上是由彼此"来往"(connections)的人们之间的社会义务构成的。这里的"来往"形式多样,既包括那些以实践状态存在、旨在维持关系网络的各种物质交换和符号交换,也包括了各种发展成为社会制度的关系形式,诸如家庭、阶级、部落和学校等。

因此,社会资本的再生产就涉及了人们永无止境地进行社会交往的努力。正是在这些交往的过程中,人们不断确认彼此之间的社会联系。而这些交往活动本身就意味着要花费时间和精力,也就是直接或间接地消耗经济资本。如果一个人不具有相应的能力(如对谱系关系的了解),这样做很可能是不上算的。同时,一个人本身的社会威望也是决定其社会资本积累能力的一个很重要的因素。一个出身名门的人,一个"名人",往往能够迅速将相识的关系转变成持久的"来往",因为人们都愿意和他保持来往("我和某某很熟"),这些人的社会交往活动的生产效率是非常高的。布迪厄对这个问题的分析,拓展和深化了韦伯有关地位群体和声望的经典理论。

布迪厄尽管反对唯经济主义的狭隘利益观,但仍然承认,至少在现代西方社会里,经济资本可以衍生出其他所有资本形式,只不过这种衍生不是自然而然的,需要花费程度不同的转变努力。这就是他所谓的"兑换"(conversion)问题。在他看来,在分析社会世界的再生产时,不同资本形式之间的可兑换性(convertibility)和"兑换率"(rate of conversion)是不容忽视的重要问题。

第四节 语言与符号暴力

语言带来的"温和的暴力"(the gentle violence)[94]始终是布迪厄非常关注的问题,因为无论是他对教育场域的研究,还是对文化、艺术的社会学分析,甚至他对结构主义理论的反思,都和语言及其符号暴力的问题密不可分。华康德甚至认为,布迪厄的全部社会分析都可以看作一门唯物主义人类学,关注符号暴力的各种形式是如何发挥特有的作用,并影响支配结构的再生产及其转换的过程[95]。

一、语言与权力

在布迪厄看来,以结构主义为代表的语言分析模式的一个重要问题,在于这种思路将语言仅仅看作沟通的手段,而忽视了语言是权力关系的一种工具或媒介。在布迪厄看来,语言关系总是符号权力的关系。通过这种关系,言说者及其各自所属的各种集团之间的力量关系以一种变相的方式体现出来。在布迪厄看来,哪怕是最简单的语言交流也不是纯粹的沟通行为,总是涉及被授予特定社会权威的言说者与在不同程度上认可这一权威的听众之间结构复杂、枝节蔓生的历史性权力关系网。如果不考虑在交流中发挥了作用的权力关系结构的总体,那么交流中一个非常重要的部分,甚至包括言谈的信息内容本身,都

第六章　皮埃尔·布迪厄

难以理解。所以要从以下三个方面对纯粹的语言学进行社会学的批判：

1. 用合法语言的概念来代替纯粹语言(langue)的概念。

2. 用符号权力关系的概念代替构成关系或符号互动的概念，这样，言语的价值和权力的问题也就取代了言语的意义问题。

3. 用符号资本的概念取代了纯属语言的技能(competence)概念，而符号资本又总是和言说者在社会结构中的位置有关[96]。

布迪厄指出，在语言市场中流通的并不是完全同质的索绪尔式的"语言"，而是在生产和接受上都具有特定方式的话语。如果在谈及语言时不考虑这一点，实际上就不言而喻地接受了政治单位对合法官方语言的官方定义[97]。当然，我们在注意语言的这种客观结构的同时，还要注意具体的语言生产过程。语言的生产关系结构取决于两个言说者之间的符号权力关系。语言学家总是将建立沟通的条件看作已经得到保证、无须多加思考的前提，但这在现实生活中恰恰是一个根本性的问题。人们并不会同没有任何身份的张三、李四说话。所有的言语都预先假定一个合法的言说者和一个合法的接受者，他们彼此之间相互认可。一个人在言说时，不仅预期听者能够理解他，而且希望听者能够相信、尊敬甚至服从他。在这方面，布迪厄十分重视日常语言哲学家们的贡献，因为正是奥斯汀(J. Austin)等学者促使学者去关注"以言行事"(do things with words)这类问题的重要性。布迪厄说，言谈带来的效果"有些神奇"，它可以用微妙的方式左右事情，赋予秩序。他曾以开窗为例说明了这一点："如果我是一个老派的英国贵族，坐在安乐椅上，百无聊赖地读着一份周末版的报纸，对于我来说，也许只要对仆人说句'约翰，你不觉得天有点冷吗？'，他就会去关上窗户。"[98]因此，在布迪厄看来，语言分析中经常谈到的"编码—解码"过程实际上是以一种权威—信念关系为基础的，而这正是纯粹的语言分析经常忽视的。用他的话来说，"听取就意味着相信"(listening is believing)[99]。只有当贵族的权威有效地发挥作用，他一句委婉的话才会产生相应的效果。所以，每一次语言表达都应视为一次权力行为。这正是布迪厄的符号权力(以及符号暴力)概念[100]所力图把握的问题。

二、符号权力

在布迪厄看来，语言学中经常使用的"技能"概念集中反映了纯粹语言分析的许多问题。乔姆斯基等人经常使用的这一概念暗示语言是任何人都可以自由进入的。孔德就曾将语言视为所有人都能充分享用，又不会因此而有所消耗的公共财富[101]。而布迪厄认为这是一种错觉。在他看来，语言学家对技能的理解至少在三个方面存在问题：首先，技能并不是乔姆斯基理论中那种抽象物，语言是一种实践，而语言技能就是在实践情境中学会的，即用实践方式把握语言和情境，从而在特定场合说出合适的话的能力；其次，如前所述，技能并非单纯的"能说"，还意味着有权利说，有权利通过语言来运用自己的权力；最后，上述两点都蕴含语言技能的分配并不均匀。在语言的市场中，每个人都具有不同的资本，因此其技能也互不相同。这三点在布迪厄对符号权力的分析中得到了非常具体的体现。

布迪厄的符号权力概念综合了从马克思、卡西尔、韦伯到涂尔干、莫斯和萨丕尔等截然不同的理论传统[102]。首先，从"符号权力"的角度来看，"符号系统"就是一套知识工具，既被结构塑造，也被进一步用来塑造结构。他就此指出，"符号权力"概念就是要强调符号是一种构建现实的权力，它往往能够建立社会世界的秩序；其次他指出，要避免将符号关系化简为沟通关系，仅仅注意到沟通关系总是权力关系还不够，还必须认识到"符号系统"既作为知识工具，同时也是支配的手段。布迪厄试图通过这两个基本的观念来综合涂尔干学派（包括莫斯和哈布瓦赫）与文化（历史）语言学家，以及传统的"意识形态"理论和"合法性"理论的洞察力，从而把握社会世界支配关系的"看不见"的机制。

"符号权力"这一概念强调社会行动者是有认知能力的行动者，甚至在他们受制于社会决定机制时，也可以通过形塑那些决定他们的社会机制，对这些机制的效力"尽"自己的一分力，而且，支配的效果几乎总是产生于各种决定因素和将人们构成社会行动者的那些感知范畴之间的"吻合"关系。因此，自由与决定论以及选择与约束之类学术界的经典二元对立对于思考支配关系往往毫无价值，因为社会行动者恰恰并不把那些施加在他们身上的暴力领会为一种暴力，反而予以认可，布迪厄称此为"误识"（misrecognition）。无论是分析发达社会中存在的阶级支配，还是考察国家之间的支配关系（如帝国主义或殖民主义），符号暴力的概念都是不可或缺的，因为它揭示出任何权力关系都是在"合谋"（complicity）的情况下完成的。

布迪厄特别以两性支配为例，说明了这种符号暴力的重要作用，因为性别支配比其他任何例子都更好地显示出："符号暴力是通过一种既是认可（认识，recognition），又是误识的行为完成的，这种认可和误识的行为超出了意识和意愿的控制，或者说是隐藏在意识和意愿深处的观念。"男性秩序的根深蒂固就体现在根本无须为之提供什么证明。它已经成为一种不言自明、普遍有效的东西。布迪厄发现日常语言就是非常好的例子，在英语中，男人（man）这种特殊的存在成为一种代表全人类的普遍存在（man或human），垄断了"人"的名字。

男性秩序借助在社会结构和认识结构之间所获得的近乎完美的相符关系,被男性和女性都视为理所当然之物。此处的社会结构往往表现在那些空间和时间方面的社会安排以及两性的劳动分工上;而认知结构则体现在身体和心智之中。实际上,作为被支配者的妇女往往将这种思想图式普遍运用到(自然和社会)世界中的万事万物,特别是她们身陷其中的支配关系。于是,这种权力关系化身为成对出现的各种对偶范畴(高贵/低贱,坦荡/琐屑,深刻/肤浅,直率/隐曲等等)[103]。在布迪厄关于卡比尔人房屋的分析中,我们可以清楚地看到这些认识范畴的二元对立与男性支配之间的密切关系。男性意味着支配者,与干的、南方、热的、白昼和夏天联系在一起,涉及各种官方的、宗教性的、公共的活动;而女性则意味着被支配者,与湿的、北方、冷的、夜晚和冬天联系在一起,涉及的是一些非官方的、巫魔性的、日常的活动。这种布迪厄谓之"不可抗拒的类推"正是社会世界支配秩序的基础[104]。这些分类图式在男性和女性中灌输了相应的性别惯习,有时甚至当妇女们面对强奸之类以自身为牺牲品的攻击行为时,也会心甘情愿参与"合谋",甚至主动去捍卫它或为之辩护[105]。

符号权力的概念表明了布迪厄的一个基本观念:社会的支配秩序依靠的是一种"看不见的、沉默的暴力"[106]。对权力的分析就是要揭示那些不言自明、不受质疑的部分。这一思想突出地体现在他对社会世界权力结构的勾画上。

根据图6-2我们可以发现,基本性的信念(doxa)构成了整个意见场域(field of opinion)的基础。正统与异端之间的争执正是建立在双方对共同信念的默契上。布迪厄的这一观念尽管与社会学中的"共识"(consensus)学派颇多类似,但他却将这种理论用于社会批判,赋予它新的意涵。

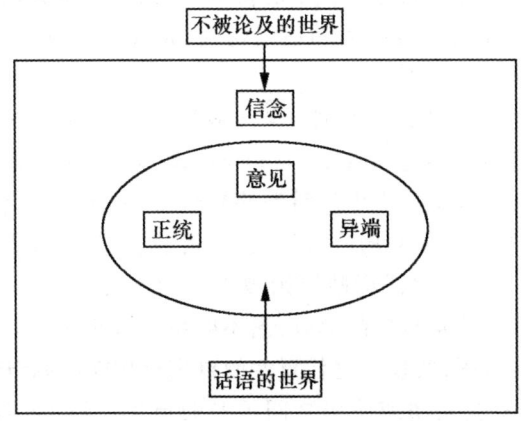

图6-2　(选自《实践理论大纲》第168页)

三、教育：文化再生产与社会再生产

布迪厄指出,任何一种权力都要行使符号暴力,即都力图强加各种意义,通过掩盖那些作为自身力量基础的权力关系,来促使人们将这些意义都视为合法之物。而在布迪厄看来,现代社会中最能体现符号暴力运作过程的就是各种教育行动(pedagogic action)。它包括三种方式:一是所谓"传播式教育"(diffuse education),即当一个人和某个社会群体或组织中受过教育的成员打交道时,无形之中就会学到许多东西;二是所谓"家庭教育";三是"制度化"教育,是由明确承担教育任务的制度,如学校这样人们早已习惯的教育机构——直接或间接完成的。至于这三种教育方式及其涉及的各种教育"机构"各自相应的符号力量,则是由它们在权力关系以及符号关系的结构中的不同权重所决定的。

这些教育行动实际上是在强加一种文化任意性(cultural arbitrary)。任意性的概念自从被索绪尔引入语言学分析之后,就成为结构主义语言分析中的核心观念。在索绪尔看来,任意性是语言符号的首要原则,在语言的声音形象(能指)和概念(所指)之间没有任何内在的必然联系。"一个社会所接受的任何表达手段,其实原则上都是以集体习惯,或者同样可以说以约定俗成为基础的。"[107]这个概念在《再生产》一书中占有重要地位,布迪厄之所以如此使用,至少出于两方面的考虑:首先,(文化)任意性表明通过教育行动灌输的意义不是社会秩序的自然形象,尽管这种灌输恰恰就是让人们误以为事实如此;其次,正如索绪尔所说,符号的任意性超越于说话者的自由选择[108],文化的任意性也往往超越于受教育者的个人选择。不过,这样说并非无视教育过程中的能动力量;恰恰相反,布迪厄分析教育过程中的符号权力,就是要强调教育如何通过受教育者和教育者之间的社会互动和话语协商(negotiation),在被灌输者的主动参与中完成了文化再生产[109]。

教育行动强加的是文化任意性,这种强加又是由教育权威(pedagogic authority)这种任意性权力通过教育工作(pedagogic work)来完成的。教育权威是教育行动中进行的各种文化再生产活动的社会条件,同时也是行使符号暴力的权力;而教育工作则是一个灌输的过程,正是借助它,受教育者的惯习才得以形成,这种惯习就是一种文化任意性原则被内化的产物。而在上述过程中,制度化的教育体制始终是非常重要的部分,它不断生产和再生产各种制度条件。无论是对于完成灌输过程,实现文化任意性的再生产功能(即布迪厄所谓"文化再生产"),还是对于社会集团或阶级之间关系的再生产(即布迪厄所谓的"社会再生产"),这些条件的存在和持续(即布迪厄所谓"系统的自我再生产")都是

必不可少的。这就意味着文化再生产的过程也是社会再生产的过程,而教育这部"巨大的认知机器"[110]正是其中最关键的一环。在布迪厄看来,教育社会学之所以重要,就在于对教育制度的分析,特别是对高等教育的分析,揭示了社会权力关系的动态过程,从而建立了一门分析文化再生产与社会再生产之间关系的科学[111],并用其考察现代社会的一个重要机制:借助文化再生产完成的社会再生产。据此我们就不难理解,布迪厄为何会反复强调,教育社会学是知识社会学和权力社会学的关键章节[112]。

四、学术场域与符号权力

布迪厄始终关注学术场域的问题[113],认为对该问题的探讨具有非常重要的意义。一方面,学术场域中的斗争以浓缩的方式体现了符号权力斗争的一些基本特点;另一方面,理解学术场域的权力关系也就是在揭示各种认识论障碍背后的社会条件,从而与他的反思社会学主张联系在一起,在某种程度上继续和发展了他对科学实践始终如一的批判性反思。非但如此,对知识分子场域的分析还往往遭遇到巨大的阻力[114],因为知识分子认为自己和艺术家一样,都是自由的创造者。因此,分析知识分子及其文化产品的社会学就成了检验反思社会学力量的一块试金石。

无论是普通民众,还是知识分子自己,有时总会不假思索地认为,知识分子的场域应该是一个"纯洁"的世界,是与任何权力斗争无关,真理通过话语的论辩驱逐了各种错误意见的"理想国";而另一方面,当近代以来的许多人批评这种幼稚的观念时,又迅速走向了另一极端,好像知识场域完全是社会利益特别是阶级利益的一种自然反映,知识分子的观念不过是其阶级出身或社会位置的特定表现。在布迪厄看来,这两种观念都妨碍我们理解学术世界的特殊性,前者是一种"误识",是对知识场域无意识的神圣化;而后者则犯了一种短路(short-circuit)的错误[115],忽视了文化生产场域的相对自主性。他认为,首先,学术世界作为文化生产场域,是一个具有自身独特逻辑的社会空间;其次,在这个空间中,尽管知识分子采取各种策略,争夺某种在他们眼中利害攸关的事物,但若是从更大范围的社会世界中盛行的利益观念来看,他们所追求的利益倒可能颇为超越功利[116];最后,知识分子场域之外的权威所产生的任何影响和约束,总是通过知识分子场域的结构的"折射"(refract)发挥作用的[117]。

布迪厄指出,在分析学术世界时,必须同时考虑两种不同的等级制原则。学术世界中的权威主要依据对文化资本的占有,但这种资本在整个社会世界(也就是在布迪厄后来分析的权力场域)中却处于从属地位。这样,在学术场域中,文化资本的等级制原则就经常和经济资本或政治权力的等级制原则发生冲突。在学术体制方面,这种冲突就浓缩地体现在当年康德探讨的"系科之争"上。在由各种院系构成的空间中,各种科学院系代表了"科学"一极,法学院和医学院则代表了"社会"一极,而人文科学和社会科学往往处于两种力量的交织作用之中。因此,在人文科学和社会科学中,将整个院系空间划分成两个部分的对立原则也同样发挥作用,既有一些制度和行动者主要致力于学术研究,也有一些制度和行动者更关注现时权力的利益。后者是为秩序和权力服务的知识,目标就是为既定秩序提供理性化;而前者则是对抗秩序和权力的知识,不是努力有序地安排公共事务,而是着手以批判的态度来分析它们。当然,在具体的经验分析中,布迪厄通过研究法国特有的学术体制,探讨了这种二元对立的各种不同的表现形态,诸如大学体制与研究中心、知名教授与年轻教授、法兰西学院与外省大学、高等教育的官方"捍卫者"和年轻的现代主义异端等等。在布迪厄看来,结构主义的兴起乃至不断引起世界瞩目的各种法兰西思潮都可以通过这种分析来予以把握。布迪厄的一个学生甚至如法炮制,将老师本人的思想也拿来分析[118]。

不过,布迪厄戳穿"自由漂移的知识分子"这一错觉的最重要的分析,还得算对海德格尔的个案研究。通过对海德格尔思想的社会学分析,布迪厄揭示了一种思想如何以隐晦曲折的方式发挥特定的政治效果。在他最初撰写《马丁·海德格尔的政治本体论》时,有关海德格尔与纳粹的关系就已是个非常棘手的问题。但布迪厄并不想把它写成一部指控书,而是希望通过考察海德格尔来检验他的社会学方法。在他看来,在有关"海德格尔事件"的国际争论中,"赋予海德格尔哲学话语的自主性不是太多,就是太少"[119]。布迪厄认为,尽管海德格尔是一名纳粹党人,但他并不是纳粹理论家,也不是一位撰写政治小册子的宣传家。他具有非凡的哲学才华,那些导致他追随纳粹的行为的政治原则和伦理原则,面对哲学生产场域的特定约束,只有通过哲学升华(philosophical sublimation)的方式才得以体现,而海德格尔所拥有的"罕有匹敌的哲学资本"又恰恰可以保证这一点的实现。因此必须放弃传统上将对海德格尔作品的政治解读和哲学解读对立起来的做法,而要进行一种双重解读。这种为正统哲学界所不屑的解读就是要将政治解读和哲学解读不可分离地结合在一起。在布迪厄看来,海德格尔正是游刃有余地驾驭哲学与政治这种模棱两可的特质的"大师"。通过对海德格尔作品的阅读,布迪厄在最出人意料的地方发现了后者哲学中的政治意涵:对福利国家的拒弃深藏于时间性理论的核心,反犹主义升华成对"无根状态"的谴责,拒绝否定他此前对纳粹的支持则深刻地体现在他与容格的对话中那些转弯抹角的暗示中,而以极端革命面目出现的保守主义(ultra-revolutionary conservatism)则体现在彻底扬弃的哲学策略中[120]。

布迪厄对海德格尔的分析没有采用通常的知识社会学的方法,从研究海德格尔思想所处的社会环境出发,而是更多地解读文本本身,通过阐明文本产生影响的多重语用框架来分析他的政治思想。这种做法既破除了"超然的知识分子"的观念(又有谁比海德格尔的哲学更接近一种纯粹哲学呢?),也避免将各种文化产物简单还原为生产者的政治和社会位置,从而展现了场域分析与符号权力理论的优势。

五、权力场域

近来,布迪厄又将他以往两个不同的研究领域——名牌高校和法国商界权力结合起来,进一步揭示了文化再生产如何形塑了一批具有特定惯习的国家贵族(the state nobility)。在这一分析中,权力场域(field of power)的概念开始成为关键性的概念。权力场域是受到不同形式的权力,即不同资本形式之间的关系状态——结构性决定的一个力量场域,也是拥有不同权力的个人之间权力斗争的一个场域,还是各种行动者、制度彼此相对,运用策略来维持或改变这些权力关系的游戏空间[121]。权力场域中的核心问题就是各种不同权力之间的争斗,其焦点是各种不同资本之间的兑换率,因此也就是究竟何为支配的主导性原则(the dominant principle of domination)的问题。这一论述进一步发展了布迪厄在《区隔》中就已探讨过的"合法性的合法原则"(the legitimate principle of legitimization)的问题[122]。

不过,权力场域概念和布迪厄以往谈到的场域概念不尽相同。它并不像布迪厄所关注的教育场域、学术场域或艺术场域那样,是一个分化的、自主化的社会小世界,而是一个元场域。布迪厄借助这一概念努力想清除"统治阶级"(ruling class)概念里面固有的实体论和本质主义的倾向,将关系论的视角引入权力分析。同时,也试图超越有关权力问题的"集中论"(centralism)和"自发论"(spontaneist)两种倾向[123]。

那么权力场域是怎样组织起来的呢?或者说,布迪厄所谓"支配活动的分工"是怎样进行的呢?布迪厄认为,就法国的情况而言,自从19世纪80年代末期以来,就出现了市民阶级与画家、作家和知识分子之间的对立(福楼拜的《情感教育》描述的正是这种对立刚刚形成时的状态)。前者是占支配地位的支配者,而后者则是占被支配地位的支配者。他们拥有不同的资本,前者主要是借助经济资本,文化资本比较欠缺;而后者主要是借助文化种类的资本,经济资本比较匮乏。在权力场域的两极之间,就是英美社会所谓的"专门职业人士"(professionals)、高级公务员等,他们同时积累文化资本和经济资本[124]。

在布迪厄的分析中,权力场域概念还和国家问题密切相连。他认为,自从王朝国家(dynastic state)建立或晚些时候科层国家(bureaucratic state)建立以来,出现了一个漫长的过程,即不同种类的权力(或资本)逐渐趋于集中。这一过程首先导致公共权威的私人垄断(即由国王垄断),同时国王垄断的这一公共权威还比所有私人权威(地主、市民阶层等的权威)在地位上更优越。与经济(主要来自征税)、军事、文化、司法以及更具一般性的符号资本等不同资本的集中化过程相伴而生,相应的不同场域也开始分化和自主化。与此同时,这一过程产生了一种特定资本,布迪厄称之为中央集权资本(statist capital)。通过它的积累,国家得以对不同场域及在其中流通的不同形式的资本施展权力。这是一种元资本(meta-capital),能够对其他不同资本,特别是它们之间的兑换比率——运用权力,以此确定国家的特有权力,同时也改变了持有这些资本的所有者之间的权力平衡状态。因此,国家的构建导致了权力场域的构建,反过来,也可以将权力场域视为拥有不同资本形式的所有者争夺国家权力的游戏空间,关键看谁能拥有对中央集权资本的权力,因为它能赋予不同资本种类及其再生产(尤其是通过学校系统完成的再生产)权力[125]。

布迪厄对权力场域和国家问题的分析将他以往对教育与再生产问题的研究与对符号权力理论的探索结合起来,发展了马克思和韦伯有关支配问题的理论。

第五节 对布迪厄理论的评价

一、布迪厄理论的接受史

尽管布迪厄的思想直至80年代才开始引起国际社会理论界的广泛重视,但实际上在此之前,他的学说就在许多具体研究领域中产生了相当大的影响。

最早引起人们注意的无疑是布迪厄关于阿尔及利亚的卡比尔人的人类学研究,它们赢得了包括列维-斯特劳斯这位结构主义人类学奠基人在内的许多学者的称赞,其中一些分析已成为人类学的经典之作。直到今天,还有一些学者认为,他这一时期的研究属于其著述中最精彩的篇章。

布迪厄在英语学术界的声誉是在文化研究领域和教育社会学领域分别建立起来的。他对文化艺术的分析很早就受到伯明翰大学著名的当代文化研究中心(CCCS)的重视,该中心翻译的一些布迪厄文章是最早将他介绍给英语学术界的著述之一。英美的教育社会学界尽管对他的思想不无误解,但至少起到了广泛介绍的作用。布迪厄强调了学校的保守功能[126],与当时英国马克思主义者的一些研究一同批驳了教育界流传一时的教育—流动论。

虽然早在1977年,布迪厄在社会理论方面的代表作《实践理论大纲》就已由英国的剑桥大学出版社出版,但由于他的理论分析往往和人类学实地研究、社会学定量分析以及对具体案例的细致探讨糅合在一起,所以这部著作更多的是引起了人类学家的关注,而社会学家很少注意到它在理论上的重要意义[127]。在许多英语世界的学者看来,他不过是一位经验社会学家,或者是分支社会学家,所以尽管有些社会理论家提及了他的一些研究,但也只是视其为在具体问题上有所发现的学者,而忽视其研究对于"一般"社会理论的重要意义。这种情况在80年代开始有所改观,布迪厄的作品被越来越多地翻译成英文,使学者对其学术的全貌有了更清楚的了解,一些介绍性的著作和深入研究的文章陆续出现。尽管仍有一些学者对布迪厄的理论不无微词,但从90年代以来的情况看,研究布迪厄思想的热潮仍有进一步加剧的趋势。正如吉登斯在1986年所言,面对社会学与哲学在研究传统和基本观念方面的分裂,许多学者致力于将两种传统融合起来。而在当代学者中,布迪厄对此所做出的贡献也许比其他任何人都大[128]。

二、围绕布迪厄理论展开的一些争论

布迪厄著作带有强烈的论辩味道,句式结构复杂,他自己认为这样做可以预防许多误读或曲解。但事与愿违,他的理论还是引发了许多在他看来似是而非的批评,主要集中在下面几个重要的问题上:

1. 决定论的问题

许多学者认为,布迪厄的理论具有浓厚的决定论色彩。这在他有关惯习的理论及关于教育与品味(taste)的经验研究中都有所体现。有些学者将他的理论概括为"结构产生惯习,惯习决定实践,实践再生产结构"[129]。另一些学者认为,布迪厄对文化再生产的分析过于强调社会阶级秩序的惰性一面,忽视了其弹性的一面。加恩汉和雷蒙·威廉斯两位认为布迪厄有关再生产的概念似乎留有功能论和决定论的残余,使他较少强调真正的变迁和创新的可能性。而在雷蒙·威廉斯看来,"再生产"既包括"复制"(replication),也应包括"变革"(reformation)[130]。

针对这一批评,布迪厄认为,自己理论中的"惯习"并不是宿命,而是"一个开放的性情倾向系统,不断随经验而变,从而不断地强化或是调整自身的结构"[131]。不过他仍然强调,惯习确实深受个人赖以成长的生活环境的影响,知识分子之所以不愿意承认这一点,是因为他们总认为自己是创造者,而惯习观却威胁了这种概念。

在布迪厄看来,对再生产理论的许多批评似乎只是望文生义,因为《再生产》一书中同样分析了系统的转型(transformation)[132]。不过他也承认,这方面的误解部分是因为人们忽视了他早年带有建构主义色彩的教育社会学著作,如果将《再生产》一书与这些相关研究放在一起考虑,就不会将前者看作一部结构主义著作了[133]。

2. 文化分析与大众文化

一些关注布迪厄的文化社会学研究的学者批判他对文化和艺术的分析实际上是在反艺术;另一些学者指出,他的文化分析似乎过于强调文化的再生产功能,似乎忽视了大众文化对现有文化秩序的反抗意义。对于前一个问题,著名英国人类学家玛丽·道格拉斯在评论《区隔》时替布迪厄做了精彩辩护。她说,布迪厄的立场好像是一个斥责教会浮华的老派新教徒,他并不是反对神,只是在反对那些声称自己与神有特殊关系并借此牟利的人[134]。布迪厄本人也辩白说:"我所批判的不是文化,而是文化的社会用途,即将文化用作一种符号支配的资本和工具。"[135]对于第二个问题,布迪厄认为关键不在于他个人怎样看待大众文化,而在于大众文化本身是否具有反抗性;进而言之,大众文化为何会被人们视为具有反抗性。他就此指出,"人民"与"大众"往往是知识分子相互斗争的一种利害攸关的东西,而许多关注大众文化的知识分子对此恰恰视而不见[136]。

3. 实践理论与反思社会学

其实,布迪厄理论中一个最关键的问题,恐怕是在强调反思的社会学理论和分析与具有模糊性的实践之间的冲突了。布鲁贝克在布迪厄的著作中捕捉到力图把握社会世界的系统性与人类实践无限丰富的具体复杂性之间的张力[137]。不过,如果这种张力能够促进那些阅读布迪厄作品的学者去发现他们身处其中的社会的实践复杂性,那么布迪厄作品中的这种潜在冲突就更多是积极性而非消极性的了。

如前所示,布迪厄的理论发展是与其经验研究紧密结合的。但许多人也因此产生了疑虑,这些与法国特定时期的情况结合得如此紧密的论述,对于其他的国家、社会或时代,是否具有同样重要的意义?1989年10月,布迪厄在对日本学术界进行的讲演中特别回答了诸如此类的问题。在他看来,关键在于如何

第六章　皮埃尔·布迪厄

阅读这些作品,是进行唯理论、实体论的阅读,还是采取实践理论和关系论的阅读方式?如能采取后一种立场,我们就可以利用这些研究的成果,既避免因为不恰当地强调所谓"特殊性"而陷入保守的民族主义倾向,也避免忽视这些研究所根植的那些特定的社会关系[138]。当然,如果从布迪厄的社会学视角来看,理论的传播本身就不是什么纯粹观念的问题,它也是知识分子的国际场域的一个重要问题。如果想要真正围绕纯粹的科学问题,建立世界范围的统一的讨论空间,就必须努力克服各种知识保护主义,促进社会学场域的国际化。在这个创立世界社会学的过程中,布迪厄的反思社会学或许会发挥一定的作用[139]。

注　释

〔1〕这一部分主要参考了布迪厄与德国学者 Axel Honneth 等人进行的一次访谈:《围绕符号秩序展开的斗争》("The Struggle for Symbolic Order")。这次谈话的另一个版本是"The Fieldwork of Philosophy" in Bourdieu, P., *In Other Words*, Polity Press, 1990, Bourdieu, P., *The Logic of Practice*, Cambridge, 1990。《前言》、《实践与反思:反思社会学导引》和 Jenkins, R., *Pierre Bourdieu*, London, Routledge, 2002 一书也提供了一些相关的资料。

〔2〕布迪厄:《实践与反思:反思社会学导引》,李猛、李康译,中央编译出版社1998年版,第268页。

〔3〕"The Fieldwork of Philosophy" in Bourdieu, P., *In Other Words*, Polity Press, 1990, p. 44.

〔4〕布迪厄:《实践与反思:反思社会学导引》,第二部分第七节。

〔5〕"The Fieldwork of Philosophy" in Bourdieu, P., *In Other Words*, Polity Press, 1990, p. 35.

〔6〕布迪厄:《实践与反思:反思社会学导引》,第209页。

〔7〕"The Fieldwork of Philosophy" in Bourdieu, P., *In Other Words*, Polity Press, 1990, p. 39.

〔8〕Ibid., p. 38.

〔9〕布迪厄:《实践与反思:反思社会学导引》,第二部分第一节,特别参见华康德撰写的注7。

〔10〕Lemert 简明地描述了这一经过,参见 Lemert, C., "Literary Politics and the champ of French sociology", *Theory and Society*, 1981, 10(5): 645—669。

〔11〕"The Fieldwork of Philosophy" in Bourdieu, P., *In Other Words*, Polity Press, 1990.

〔12〕Bourdieu, P., (with J. Passeron) "Sociology and Philosophy in France since 1945: death and resurrection of a philosophy without a subject", *Social Research*, Vol. 34, No. 1, 1968, p. 64.

〔13〕 迪尔凯姆(涂尔干):《社会学方法的准则》,狄玉明译,商务印书馆 1995 年版,第 155 页。

〔14〕 涂尔干:《宗教生活的基本形式》,芮传明、赵学元译,台湾桂冠图书公司 1992 年版。

〔15〕 Durkheim, E. and M. Mauss, *Primitive Classification*, Cohen and West, 1963.

〔16〕 参见 Mauss, M., *Sociology and Psychology*: *Essays*, RKP, 1979.

〔17〕 Bourdieu, P., "Structuralism and theory of sociological knowledge", *Social Research*, Vol. 35, No. 4, 1968, p. 681.

〔18〕 这位继沃尔夫林之后彻底改变艺术史观念的学者对布迪厄影响非常大。布迪厄在他和帕瑟龙等人编纂的 Bourdieu, P., with J. Chamboredon and J. Passeron, *The Craft of Sociology*: *epistemological preliminaries*, Walter de Gruyter, 1991,其中特别选入了他的论述,作为社会学认识论的基本参考文献。而且,布迪厄的"惯习"概念,最早就出现在他为潘诺夫斯基的一本著作的法译本撰写的序言中。

〔19〕 Bourdieu, P., (with J. Passeron) "Sociology and Philosophy in France since 1945: death and resurrection of a philosophy without a subject", *Social Research*, Vol. 34, No. 1, 1967, p. 166.

〔20〕 例如,列维-斯特劳斯:《结构人类学》,第 6 页。他在更早撰写的一篇讨论法国社会学状况的文章中甚至指出,涂尔干等人开辟的传统不是一个孤立的学科,而是"一种对待人类现象的特定态度。因此,一个人不必非得成为一个社会学家,才去从事社会学研究"。Levi-Strauss, C., "French Sociology", in G. Gurwitch and W. Moore eds., *Twentieth Century Sociology*, Philosophical Library, 1945.

〔21〕 布迪厄:《实践与反思:反思社会学导引》,第 171 页。

〔22〕 Bourdieu, P., *In Other Words*, Polity Press, 1990, p. 9.

〔23〕 布迪厄:《实践与反思:反思社会学导引》,第 209 页。

〔24〕 参见 Bourdieu, P., "The Philosophical Institution", in A. Montefiore ed., *Philosophy in France Today*, 1983, Cambridge.

〔25〕 Bourdieu, P., (with J. Passeron) "Sociology and Philosophy in France since 1945: death and resurrection of a philosophy without a subject", *Social Research*, Vol. 34, No. 1, 1967, p. 166.

〔26〕 布迪厄:《实践与反思:反思社会学导引》,第 209 页。

〔27〕 布迪厄:《社会空间和符号空间》,Bourdieu, P., *In Other Words*, Polity Press, 1990, p. 123。一些研究布迪厄的学者,也基本采用类似的说法,比如 Harker 等人就称布迪厄的立场为"生成结构论",参见 Harker, R., C. Mehar and C. Wilkes eds., *An Introduction to the work of Pierre Bourdieu*: *the practice of theory*, 1992, Macmillan。

〔28〕 华康德:《实践与反思:反思社会学导引》,第一部分第一节,《超越社会物理学与社会现象学的对立》。

〔29〕 Bourdieu, P., *Algeria 1960*, Cambridge, 1979.

[30] 实际上,布迪厄早在80年代就开始关注这个问题。例如,他在分析学校中的教师与学生的沟通问题时,就探讨了相关的问题,参见 Bourdieu, P., (with J. Passeron and M. St-Martin) *Academic Discourse*, Polity, 1994。

[31] 布迪厄在早年的一篇文章里指出,社会科学的整合是一些基本的认识论观念和工具的"元科学"整合,而不是具体理论的整合。参见 Bourdieu, P., "Structuralism and theory of sociological knowledge", *Social Research*, Vol. 35, No. 4, 1968, p. 682。

[32] Bourdieu, P., *In Other Words*, Polity Press, 1990, p. 36.

[33] Foucault, M., "Introduction" to G. Canguilhem, *The Normal and the Pathological*, Zone Books, 1989, p. 7.

[34] 此外,法国认识论传统还包括曾经对库恩产生过重要影响的 Koyré,参见布迪厄与 B. Krais 之间的访谈,Bourdieu, P., with J. Chamboredon and J. Passeron, *The Craft of Sociology: esistemological preliminaries*. Walter de Gruyter, 1991, pp. 249—250。

[35] Gary Gutting 语,见 *Michel Foucault's Archaeology of Scientific Reason*, p. 32, Cambridge, 1989。

[36] Smith, R., *Gaston Bachelard*, Twayne Publishers, 1982, p. 9ff.

[37] Bourdieu, P., (with J. Chamboredon and J. Passeron) *The Craft of Sociology: epistemological preliminaries*, Walter de Gruyter, 1991.

[38] Ibid., p. 81,布迪厄经常在著作中引用这句话。

[39] 达高涅:《理性与激情:加斯东·巴什拉传》,北京大学出版社1997年版,第8页。

[40] Bachelard, G., *New Scientific Spirit*, Beacon Press, 1984, p. 160.

[41] 在巴什拉看来,所谓"新科学精神"指的正是这种革命性,Bachelard, G., *New Scientific Spirit*, Beacon Press, 1984, ch. 6。

[42] Bachelard, G., *New Scientific Spirit*, Beacon Press, 1984, ch. 3.

[43] 这里的论述,参考了 Colin Smith 的讨论,参见他的文章,"Bachelard in the context of a century of philosophy of science", in Mary Mcallester ed., *The Philosophy and Poetics of Gaston Bachelard*, Washington, 1989。

[44] Bourdieu, P., (with L. Boltanski) "The education and economy: titles and jobs", in C. Lemert ed., *French Sociology*, 1981, pp. 141—151.

[45] Bachelard, G., *New Scientific Spirit*, Beacon Press, 1984, p. 32ff.

[46] Ibid., p. 13.

[47] 布迪厄特别重视巴什拉有关应用理性主义的论述,并在他与同事合编的《社会学的技艺》中特别选摘了巴什拉有关这个问题的论述。Bourdieu, P., (with J. Chamboredon and J. Passeron) *The Craft of Sociology: epistemological preliminaries*, Walter de Gruyter, 1991, No. 39, Part Ⅱ。

[48] 不过二者对其他方面的看法迥异,另外他们对这种所谓"方法论"的意义也有不同的理解。参见 Alexander, J., *Theoretical Logic in Sociology*, Vol. 1, University of California Press, 1982。

〔49〕 华康德:《实践与反思:反思社会学导引》,第一部分,第三节。

〔50〕 布迪厄:《实践与反思:反思社会学导引》,第133页。

〔51〕 这方面的研究成果最终体现在 Bourdieu, P., *The State Nobility: elite school in the field of power*, Polity Press, 1996。

〔52〕 Bourdieu, P., "Vive la crise: for heterodoxy in social science", *Theory and Society* 17, 1988, p. 776.

〔53〕 Bottomore, T., "Foreword", to P. Bourdieu and J. Passeron, *Reproduction in education, Society and Culture*, Sage, 1990, p. XIV.

〔54〕 Harker 等人上引书,第一章。

〔55〕 Bourdieu, P., (with J. Chamboredon and J. Passeron) *The Craft of Sociology: epistemological preliminaries*, Walter de Gruyter, 1991, esp. part Ⅲ. 并参见收入书末的布迪厄的访谈。

〔56〕 Bourdieu, P., (with T. Passeron) "Sociology and Philosophy in France since 1945: death and resurrection of a philosophy without subject", *Social Research*, Vol. 34, 1967, pp. 211—212.

〔57〕 Bourdieu, P., *The Logic of Practice*, Cambridge, 1990. 这本书全书基本上都在批判这种倾向。

〔58〕 布迪厄:《实践与反思:反思社会学导引》,第230页。

〔59〕 华康德:《实践与反思:反思社会学导引》,第37页。

〔60〕 Bourdieu, P., "Vive la crise: for heterodoxy in social science", *Theory and Society* 17, 1988, p. 777ff. 参见 Bourdieu, P., (with J. Passeron and M. St-Martin) *Academic Discourse*, Polity, 1994。

〔61〕 这一部分的讨论主要是根据布迪厄的 Bourdieu, P., *The Logic of Practice*, Cambridge, 1990。

〔62〕 Bourdieu, P., (with J. Chamboredon and J. Passeron) *The Craft of Sociology: epistemological preliminaries*, Walter de Gruyter, 1991, p. 254.

〔63〕 "from rule to strategy", 布迪厄回顾了对比安地区的婚姻研究对其学术思想转折的重要意义, Bourdieu, P., *In Other Words*, Polity Press, 1990, p. 59ff。

〔64〕 Bourdieu, P., "The scholastic point of view", *Cultural Anthropology*, 5(4), pp. 380—391.

〔65〕 "The Fieldwork of Philosophy", Bourdieu, P., *In Other Words*, Polity Press, 1990, p. 12.

〔66〕 布迪厄:《世界的除魔》("The disenchantment of the world"), 收入 Bourdieu, P., *Algeria 1960*, Cambridge, 1979, esp. ch. 4, 特别是第四节 "The economic conditions for transformed economic dispositions"。

第六章 皮埃尔·布迪厄

[67] Bourdieu, P., "A Problemetic Science", in P. Bourdieu, *Sociology in Question*, Sage, 1993, p. 8ff.

[68] Bourdieu, P., *The Outline of a Theory of Practice*, Cambridge, 1977, p. 1.

[69] Bourdieu, P., (with J. Coleman) eds., *Social Theory for a Changing Society*, Boulder, 1991, p. 386.

[70] Bourdieu, P., "Vive la crise: for heterodoxy in social science", *Theory and Culture*, Sage, 1990, p. 739.

[71] 布迪厄在为《学术人》一书英文版撰写的序言中,曾经引用过涂尔干的一句话作为题词,它正表明了布迪厄的这一立场:"历史才是真正的无意识",Bourdieu, P., *Homo Academicus*, Polity Press, 1988, p. XI。

[72] 华康德:《实践与反思:反思社会学导引》,第一部分,第六节。

[73] Bourdieu, P., (with J. Coleman) eds., *Social Theory for a Changing Society*, Boulder, 1991, p. 385.

[74] 在其他地方,布迪厄也称之为"社会物理学"的知识。

[75] Bourdieu, P., "The three forms of theoretical knowledge", *Social Science Information*, 12(1): 53—80.

[76] Bourdieu, P., *The Logic of Practice*, Cambridge, 1990, p. 80.

[77] 因此,布迪厄特别重视在胡塞尔理论中预存(protention)与筹划(project)之间的区别。简单地说,前者涉及一种实践感,而后者则与主体意识的反思状态有关。相比来说,布迪厄更强调前者,而舒茨和受舒茨影响的吉登斯更强调后者。参见布迪厄,"哲学的实地工作", Bourdieu, P., *In Other Words*, Polity Press, 1990, p. 12。胡塞尔对这一问题的讨论,参见《纯粹现象学通论》,李幼蒸译,商务印书馆1992年版,第189页以下。

[78] Bourdieu, P., *The Logic of Practice*, Cambridge, 1990, p. 86.

[79] 参见 Lienard, G. & E. Servais "Practical sense", *Critique of Anthropology*, 1979, 4 (13—4): 209—219。

[80] Bourdieu, P., "Marriage Strategies as Strategies of Social reproduction", in Annales ed., *Family and Society*, 1976, pp. 117—144.

[81] "from rule to strategy", Bourdieu, P., *In Other Words*, Polity Press, 1990.

[82] Bourdieu, P., "Unmapping the gift: on the interest and generosity in social life",这是布迪厄1996年4月8日在加州大学伯克利分校人类学系进行的讲演,未发表。

[83] Bourdieu, P., *The Logic of Practice*, Cambridge, 1990, p. 99.

[84] Bourdieu, P., "Marriage Strategies as Strategies of Social reproduction", in Annales ed., *Family and Society*, 1976, pp. 117—144.

[85] 参考 Wacquant, L., "Artistic field", in M. Kelly ed., *The Encyclopedia of Aesthetics*, 1997, Garland Publishing;以及李康:《布迪厄:场域分析下的艺术》,《社会理论论坛》1997年第1期。

〔86〕 Bourdieu, P., "The three forms of theoretical knowledge", *Social Science Information*, 12 (1): p.53.

〔87〕 以下的论述主要参考了华康德的分析,《实践与反思:反思社会学导引》第一部分,第一节。

〔88〕 收入 *Sociology in Question* 中的许多访谈和文章都涉及这一方面的问题。而布迪厄对民意测验的社会学批判突出体现了他在这方面的立场,《民意测验:一种没有科学家的"科学"》, Bourdieu, P., *In Other Words*, Polity Press, 1990。

〔89〕 Bourdieu, P., "The Forms of Capital", in J. Richardson ed., *Handbook of Theory and Research for the Sociology of Education*, Greenwood Press, 1986, pp.241—258.

〔90〕 参见 Bourdieu, P., *Distinction: A Social Critique of the Judgement of Taste*, Cambridge: Harvard 2000(1979)中对自己进行的教育社会学研究的回顾。

〔91〕 Bourdieu, P., "The Forms of Capital", in J. Richardson ed., *Handbook of Theory and Research for the Sociology of Education*, Greenwood Press, 1986, pp.244—245.

〔92〕 这是布迪厄最常使用的一种结构分析手段,它的统计技术并不十分复杂,但却能从关系的角度把握调查搜集上来的各种个人数据,对这一分析的简介参见 Bourdieu, P., *Homo Academicus*, Polity Press, 1988, pp.69—72。

〔93〕 Bourdieu, P., *Distinction: A Social Critique of the Judgement of Taste*, Cambridge: Harvard 2000(1979), e.g. ch.5.

〔94〕 Bourdieu, P., *Sociology in Question*, Sage, 1993, p.4.

〔95〕 华康德:《实践与反思:反思社会学导引》,第十五章。

〔96〕 Bourdieu, P., *Language and Symbolic Power*, Part Ⅰ "The Economy of Linguistic Exchanges", Cambridge: Harvard University Press, 1991, p.646.

〔97〕 Bourdieu, P., *Language and Symbolic Power*, Polity Press, 1990, Part Ⅰ, p.4.

〔98〕 布迪厄:《实践与反思:反思社会学导引》,第195页。

〔99〕 Bourdieu, P., *Language and Symbolic Power*, Part Ⅰ "The Economy of Lingustic Exchanges", Cambridge: Harvard University Press, 1991, p.649.

〔100〕 尽管这两个概念经常被混用,但仍有一些细微的差异。前者是一个相对比较宽泛的概念,而后者尤其指和支配关系有关的那些符号权力关系,尤其是阶级支配关系。

〔101〕 Bourdieu, P., *Language and Symbolic Power*, Polity Press, 1990, p.43ff.

〔102〕 有关"符号权力"概念的谱系,参见布迪厄的《符号权力》一文, Bourdieu, P., *Language and Symbolic Power*, Polity Press, 1990, pp.163—170。华康德曾经探讨了马克思的分析对布迪厄的影响和二人理论之间的差异,参见 L. Wacquant, "From ideology to symbolic violence: culture, class and consciousness in Marx and Bourdieu", *International Journal of Contemporary Sociology*, 1993, Vol.30, No.2: 125—142。

〔103〕 布迪厄:《实践与反思:反思社会学导引》,第226页。

〔104〕 Bourdieu, P., *The Logic of Practice*, Cambridge, 1990, Part Ⅱ, ch. 3. 可以对比布迪厄早年文章中的分析,"卡比尔人的房屋或世界的颠倒",收入 Bourdieu, P., *Algeria 1960*, Cambridge, 1979,以及 Bourdieu, P., *The Outline of a Theory of Practice*, Cambridge, 1977, ch. 3。

〔105〕 布迪厄和华康德的《实践与反思:反思社会学导引》提到了这个令人触目惊心的例子,参见该书的第 321 页注 126。

〔106〕 Bourdieu, P., *Language and Symbolic Power*, Polity Press, 1990, p. 52。

〔107〕 索绪尔:《普通语言学教程》,商务印书馆 1996 年版,第 102 页。不过,这里的概述比较简单,容易产生误解。请参见卡勒对索绪尔的符号任意性原则的复杂意涵的说明,《索绪尔》,张景智译,中国社会科学出版社 1989 年版,第 19 页以下。

〔108〕 索绪尔上引书,第 104 页,并参见他对"符号的可变性与不变性"的讨论。实际上,尽管布迪厄一再批评索绪尔的语言学,但即使是他在成熟阶段的理论,与索绪尔之间的差异也并没有他自己想象得那么大。

〔109〕 特别参见布迪厄等人在《学术话语》一书中的许多分析。对《再生产》一书的误解很大程度是因为布迪厄几乎同期进行的一些研究一直没有受到相应的重视。这些研究大部分收入了 Bourdieu, P., (with J. Passeron and M. St-Martin) *Academic Discourse*, Polity, 1994. 尽管其中的一些文章早在 70 年代就已译成英文,却一直不易找到,而书直到 1994 年才由 Polity 出版社出版。

〔110〕 Bourdieu, P., *The State Nobility*:*Elite school in the field of power*, Polity Press, 1996,"绪论"。

〔111〕 Bourdieu, P., "Cultural reproduction and social reproduction", in R. Brown ed., *Knowledge, Education, and Social Change*, Tavistock, 1973。

〔112〕 Bourdieu, P., *The State Nobility*: *elite School in the field of power*, Polity Press, 1996, p. 32。

〔113〕 下面的讨论主要依据 Bourdieu, P., *Homo Academicus*, Polity, 1988。

〔114〕 因此布迪厄才借用中国明代哲学家李贽著作的名字(《焚书》)来指《学术人》这部分析知识分子的作品。

〔115〕 Bourdieu, P., *The Political Ontology of Martin Heidegger*, Stanford University Press, 1991, p. 3。

〔116〕 布迪厄:《实践与反思:反思社会学导引》,第 101 页。

〔117〕 Bourdieu, P., "Intellectual Field and Creative Project." in *Knowledge and Control*:*New Directions for the Sociology of Education*, ed. Michael F. P. Yong Macmillan, 1966, p. 118。

〔118〕 N. Kauppi, *French Intellectual Nobility*:*institutional and symbolic transformation in the Post-Sartrain era*, State University of New York Press, 1996。

〔119〕 布迪厄:《实践与反思:反思社会学导引》,第二部分第五章。

〔120〕Bourdieu, P., *The Political Ontology of Martin Heidegger*, Stanford University Press, 1991, pp. VII—VIII.

〔121〕Bourdieu, P., *The State Nobility：Elite school in the field of power*, Polity Press, 1996, pp. 264—265.

〔122〕Bourdieu, P., *Distinction：A Social Critique of Judgement of Taste*, Cambridge, Harvard University Press, 2000(1979), pp. 128—129.

〔123〕Bourdieu, P., *The State Nobility：Elite school in the field of power*, Polity Press, 1996, p. 4.

〔124〕L. Wacquant, "From ruling class to field of power：an interview with Pierre Bourdieu on *La noblesse d'État*", *Theory, Culture and Society*, 1993, Vol. 10：19—44, 特别参见第 22—23 页布迪厄的论述。

〔125〕布迪厄:《实践与反思：反思社会学导引》,第 155—156 页。

〔126〕Bourdieu, P., "The School as a Conservative Force：Scholastic and Cultural Ineguailities" 〔1966〕, in J. Eggleston ed., *Contemporary Research in the Sociology of Education*, Methuen, 1974.

〔127〕这个问题显然在法国也一度存在,参见 Lienard and Servais 上引文,第 209 页。

〔128〕Giddens, Anthony, "The politics of taste", *Partisan Review*, 1986, Vol. 53, No. 2, pp. 300—305.

〔129〕Bidet 语,参见《实践与反思：反思社会学导引》,第 180 页。

〔130〕Garnham, N. and Raymond Williams, "Pierre Bourdieu and the sociology of culture：an introduction", p. 129, *Media, Culture, and Society* 2, No. 3 (Summer)：297—312.

〔131〕布迪厄:《实践与反思：反思社会学导引》,第 178 页。

〔132〕Bourdieu, P., *Reproduction in Education*, Culture and Society, Sage, 1990, p. 90ff.

〔133〕Ibid., pp. VII—IX. 这些文章不像《再生产》一样容易找到也是原因之一。近来《学术话语》一书的出版改变了这一状况。

〔134〕Mary Douglas, "High culture and low", *TLS*, 1981. Feb. 13, p. 154.

〔135〕布迪厄:《实践与反思：反思社会学导引》,第 204 页。

〔136〕Bourdieu, P., "The Use of People", in P. Bourdieu, *In Other Words*, Polity Press, 1990.

〔137〕Brubaker, R., "Rethinking Classical theory：the sociological vision of Pierre Bourdieu", *Theory and Society*, 1985, Vol. 14, p. 744.

〔138〕Bourdieu, P., "Proofreading", *Poetics Today*, 1991, Vol. 12, No. 4：625—669.

〔139〕Bourdieu, P., "On the Possibility of a Field of World Sociology", in P. Bourdieu (with J. Coleman) ed., *Social Theory for a Charging Society*, Boulder, 1991, pp. 375—389.

参 考 文 献

(1) 布迪厄的著述

Bourdieu, P. , (with J. Passeron) "Sociology and Philosophy in France since 1945: death and resurrection of a philosophy without subject", *Social Research*, Vol. 34, No. 1: 163—212.

Bourdieu, P. , "Structuralism and theory of sociological knowledge", *Social Research*, Vol. 35, No. 4: 681—706.

Bourdieu, P. , "The three forms of theoretical knowledge", *Social Science Information*, 12(1): 53—80.

Bourdieu, P. , "Cultural reproduction and social reproduction", in R. Brown ed. , *Knowledge, Education, and Social Change*, Tavistock, 1973, pp. 487—511.

Bourdieu, P. , "Marriage Strategies as strategies of social reproduction", in Annales ed. , *Family and Society*, 1976, pp. 117—144.

Bourdieu, P. , *The Outline of a Theory of Practice*, Cambridge, 1977.

Bourdieu, P. , *Algeria 1960*, Cambridge, 1979.

Bourdieu, P. , (with L. Boltanski) "The education and economy: titles and jobs", in C. Lemert ed. , *French Sociology*, 1981, pp. 141—151.

Bourdieu, P. , "The Forms of Capital", in J. Richardson ed. , *Handbook of Theory and Research for the Sociology of Education*, Greenwood Press, 1986, pp. 241—258.

Bourdieu, P. , "Legitimation and structured interest in Weber's sociology of religion", in S. Whimster and S. Lash ed. , *Max Weber, Rationality and Modernity*, Allen and Unwin, 1987, pp. 119—136.

Bourdieu, P. , *Homo Academicus*, Polity, 1988.

Bourdieu, P. , "Vive la crise: for heterodoxy in social science", *Theory and Society* 17: 773—787.

Bourdieu, P. , *The Logic of Practice*, Cambridge, 1990.

Bourdieu, P. , (second edition) *Reproduction in Education, Society and Culture*, Sage, 1990.

Bourdieu, P. , *In Other Words*, Polity Press, 1990.

Bourdieu, P. , "The scholastic point of view", *Cultural Anthropology*, 5(4): 380—391.

Bourdieu, P. , (with J. Chamboredon and J. Passeron) *The Craft of Sociology: Epistemological preliminaries*, De Gruyter, 1991.

Bourdieu, P. , *Language and Symbolic Power*, Polity, 1991.

Bourdieu, P. , (with J. Coleman) ed. , *Social Theory for a Changing Society*, Boulder, 1991.

Bourdieu, P. , (with L. Wacquant) *An Invitation to Reflexive Sociology*, University of Chicago Press, 1992; 中译本《实践与反思: 反思社会学导引》, 李猛、李康译, 中央编译出版社 1998 年版。

Bourdieu, P. , *Sociology in Question*, Sage, 1993.

Bourdieu, P., (with J. Passeron and M. St-Martin) *Academic Discourse*, Polity, 1994.

(2) 二手文献

Brubaker, R., "Rethinking Classical theory: the sociological vision of Pierre Bourdieu", *Theory and Society*, Vol. 14: 723—744.

Calhoun, C., E. Lipuma, and M. Postone, ed., *Bourdieu: Critical Perspectives*, Polity, 1993.

DiMaggio, P., "On Pierre Bourdieu", *American Journal of Sociology* 84(6): 1460—1474.

Garnham, N. and Raymond Williams, "Pierre Bourdieu and the sociology of culture: an introduction", *Media, Culture, and Society* 2, No. 3 (summer): 297—312.

Harker, R., C. Mehar and C. Wilkes eds. *An Introduction to the work of Pierre Bourdieu: the practice of theory*, Macmillan, 1992.

Jenkins, R., *Pierre Bourdieu*, Routledge, 1992.

Ostrow, J., "Culture as a fundamental dimension of experience: a discussion of Pierre Bourdieu's theory of human habitus", *Human Studies*, 4(3): 279—297.

Robins, P., *The Works of Pierre Bourdieu*, Open University Press, 1991.

Sewell, W., "A theory of structure: duality, agency, and transformation", *American Journal of Sociology* 98(1): 1—29.

第七章

诺伯特·埃利亚斯

李 康

"文明国家的大批民众辗转受苦,但并不比蒙昧的民众更能获得需求的满足;而蒙昧的民众即使受无数桎梏的约束,却有着自由与兴奋作为补偿。"单看头半句,你或许会以为,又是一位批判理论学者针对所谓现代工业文明对人心的压制而发出的"箴言",但后半句却又使我们不再囿于这一猜测,牵动内心微妙的新奇感,遥想那粗朴而不失浪漫的悠远往世。说这话的人几乎见证了整个20世纪的进步、灾难与再生,而波澜起伏的20世纪也见证了这位世纪老人不随时势而动的一生。他,就是诺伯特·埃利亚斯(N. Elias, 1897—1990),一位生于德国、逝于荷兰、在英国生活了30年的犹太人,一位70岁以后才被世人挖掘出来,在十数年前的社会学理论教科书中绝不会提到的"大师"。

第一节 动荡年代的坚定一生

埃利亚斯一生的经历与其学术的关系极为密切。不了解他那起伏跌宕的经历,就很难理解他独特的学术品格。他一生基本上游离于学术主流之外,纵横在各门专业之间,拒绝臣服于任何貌似无所偏倚的预设而放弃自己独立思考的能力。尽管长久默默无闻,他仍始终坚信人们将会承认自己的工作有助于增进整个人类的认识[1]。身为犹太人,且参加过一战的亲身体验,母亲死于奥斯威辛的惨痛回忆,使埃利亚斯毕生抱定信念:社会学的任务或自己工作的意义,在于防止战争重演,开启民智,寻求社会运行过程中最根本的机制,以解决各种无谓的知识争吵和意识形态所不可能解决的问题。

一、"哲学"的贫困

1897年6月,埃利亚斯出生于德国布雷斯劳,父母皆为犹太人。但他少年时期并未受到这一身份的过多困扰[2]。中学毕业后,埃利亚斯被征入伍参加了一战。回国后在布雷斯劳大学学习读医学并兼修哲学。但不久他便放弃了已达相当程度的医学,专攻哲学。这段经历使他对人的生命及自然科学有了感性的切实体会,思想中盘旋着诸如社会的复杂关联——"组织"(tissue)、脸部的符号传递这样的思路。但他并没有将精神活动还原为生物学,而是从生物学角度更深刻地挖掘人类精神活动的独特性。正是在这一点上,他最深切地感受到自己的哲学老师赫尼格斯瓦尔德(R. Hönigswald)所持新康德主义立场的缺陷。大学期间,埃利亚斯曾去海德堡大学和弗赖堡大学短期学习。听过李凯尔特的课,并和雅斯贝尔斯多有来往。不过,他对当时流行的胡塞尔、海德格尔和雅斯贝尔斯的学说都抱有怀疑的态度。

在因经济原因短暂休学之后,埃利亚斯于1924年获得了博士学位。他的博士论文题为《观念与个人:关于历史哲学的一项探析》,触及了整个康德哲学传统的核心。康德认为,在人类思维里,诸如牛顿式的时间、空间、因果关系以及一些根本性的道德准则,都是人的思维中先天固有而非得自经验的,是普遍永恒的范畴。这成了埃利亚斯一生致力研究批判的目标。他想要在论文中探讨个人在历史长河中的地位,思考人类相互依赖的横向安排,以及形成仿佛是"自成一体存在"的秩序形式的长期社会过程,并将所谓的先验范畴放在整个人类社会历史发展的知识链中加以考察。但他发现哲学传统内缺少分析工具,只能诉诸社会学的方法。

二、从海德堡到法兰克福

1925年,这位没有任何学术庇护关系的"老学生"来到了海德堡。虽然他时年已近三十,并持有哲学与心理学的博士文凭,但还是打算开始一门新的学科——社会学。此时他才逐渐开始熟悉社会学经典著作,但在他看来,社会学家知识背景的杂多正是一种优势,第一代社会学家已经证明了这一点。

20年代的海德堡大学无愧为社会学的中心。一方是以韦伯和齐美尔为代表(其时皆已过世)的自由资产阶级(还包括舍勒、桑巴特、滕尼斯等);另一方则为逐渐兴起的左翼社会民主主义。双方汇聚于海德堡。韦伯去世后,其弟阿尔弗雷德·韦伯(时任海德堡大学社会学教授)和其遗孀玛丽安妮影响甚大。而年轻一代中最出色、名气最响的则要算曼海姆。依照惯例,埃利亚斯找了阿

第七章　诺伯特·埃利亚斯

尔弗雷德·韦伯做类似于导师的提荐人,其授课资格论文选题是佛罗伦萨社会及文化在由前科学向科学的思维方式转变过程中的作用,并专此游访了意大利。与此同时,他还与曼海姆过往甚密,成为他非正式的助教与助手[3],并通过曼海姆进入了韦伯遗孀所主持的沙龙。他在沙龙中宣读的第一篇论文,是从社会学角度研究哥特式建筑风格,探讨了中世纪法国与德国社会结构的差异在教堂建筑风格上的反映。

埃利亚斯与其导师在学术上依然合不上拍。阿尔弗雷德·韦伯关注的是"文化"的独特性及其发展过程,认为文化发展不同于经济、科学与技术,后者是呈现出(线性或辩证)进步态势的,而文化、宗教与艺术则无所谓进步与倒退,我们应该将文化视为人类灵魂的自我实现。这在埃利亚斯看来,无非是重复了德国思想传统中"文化"(culture)与"文明"(civilization)这一观念对立。他不认为这两者是普遍存在于所有人类社会的对立要素,而是关注这两个概念是如何被构建出来,成为两个彼此竞争的群体及其生活方式的标志的。

但埃利亚斯和曼海姆思想的分歧影响或许更为深远。他反对曼海姆在《意识形态与乌托邦》中的观点,认为"缺少意识的存在与缺少存在的意识,这种二元对立的命题是一种虚构"。曼海姆认为知识分子相对于其他各个社会群体,与经济力量的关联不是那么直接,故此更有可能比较准确地认识社会现实。但埃利亚斯认为曼海姆的分析才刚刚起步。他在日后对"投入"与"超脱"的分析中,不再限于从哲学、方法论或个人乃至阶级的动机角度来谈社会科学或整个知识的"客观性"问题,而是将这一问题置于社会发展的长期过程之中。

1929年曼海姆被聘为法兰克福大学社会学教授。他就此邀请埃利亚斯作正式的带薪助手。在阿尔弗雷德·韦伯手下无甚前程的埃利亚斯自然乐于应从。该校社会学系租的是著名的法兰克福社会研究所的楼。而整个大学尤其是社会学系则更是充斥着当时德国大学罕见的自由空气。他与阿多诺等人频繁在咖啡馆中展开讨论,同时仍兢兢业业地充当曼海姆的助教。他尽心尽责地鼓励每一个学生从各自不同的生活(职业)背景出发,以社会学的眼光重新审视自己曾经熟悉的世界。一位当时的学生日后如此回忆道:"他极其招人喜欢……体察每一个人各自的问题……他是个三十多岁的瘦高个儿,爱好运动,几乎天天游泳(现在还是如此),又是个出名的滑雪爱好者……他的脸上始终挂着友善的微笑……说话总是从容不迫,诚挚谦恭,但也会开怀大笑。"

三、流亡岁月

1933年2月希特勒上台。犹太血统的埃利亚斯匆忙通过各种程序,晋升编外讲师[4]。这位沉着的人赶在纳粹到来之前销毁了留在社会研究所里的重要文件,在去瑞士谋职未果之后,开始流亡巴黎:要重新当学生,他可太老了;而要是担任教授,他可又太年轻。

埃利亚斯在巴黎住了近两年,并迅速介入了咖啡馆中的文化生活,结识了包括纪德和马尔罗在内的著名人物,其间发表了《庸俗年代的庸俗风格》及非常敏感的《胡格诺教徒逐离法国》,这是这位38岁、潜含巨大潜力的社会学家首次公开发表学术文章。但他在经济上十分困顿,在与人合作小生意失败后,这位不懂英语的法国文化崇拜者被迫去往英国。好在英国有个犹太流亡救济委员会愿意为他提供生活资助,而这位学者的唯一谋生之道是写书。他自称当时尚无主意,但拿了人家的钱总得有所交代,于是在大英博物馆浏览群书,"偶然"对礼仪手册产生了兴趣。这一"偶然"一发不可收拾,演变出来两大卷著作。

1939年,《文明的进程》[5]历尽磨难之后终于出版。这部著作取例精微,立意恢宏:它追溯了中世纪晚期以来西欧礼仪习俗与人格的"文明化",以及这种过程与国家形成、国家内部权力的垄断化之间的关系,并期望借此发展一种"过程性"的社会学模式,彻底拒弃传统社会学中的许多根本假设。

但这部书的出名是很久以后的事了。大战将临的欧洲,又有谁会发思古之幽情,去读一个德国犹太人写的两大卷关于"文明""礼貌"的书?它当时出版后迅速埋没了故纸堆中。而埃利亚斯继续在英国苦熬:父亲去世,母亲死于奥斯威辛,自己也曾被关进敌侨营。战争刚结束时,他曾被英国情报部门短期雇用,协助甄别战俘中的纳粹分子。但旋即他又陷入了四处"打工"的窘境。他在各大学客串讲座,供职成人高教,同时还作为唯一的社会学家,参与创建了群体分析协会(group analytic society)。战后初期他自己也寻求了心理治疗,认为自己最大的问题是有许多东西却写不出来,经常感到被逼迫出成果的焦虑[6]。

四、花甲逢春

1954年,57岁的埃利亚斯被莱斯特大学社会学系(系主任同为犹太移民)聘用,开始步入正规学术生涯。他在为一年级学生开的概论课中,比较系统地总结了自己"过程"视角的社会学研究的方法,后来以《什么是社会学?》为题出版。但他无论在哪个范围里来说,都不属于主流。过程性的历史视角在帕森斯和功能主义当道的时代,只能是一种分支或"背景"[7]。埃利亚斯与学生斯科特森合作研究了莱斯特郊区一社区的权力关系与心理反应,其成果后来以《内局

第七章 诺伯特·埃利亚斯

群体与外局群体：对社区问题的一项社会学考察》为题出版，渗透了他对德国—犹太关系认同的儿时体验、法国胡格诺教徒处境等的反思。他还与邓宁（E. Dunning）合作进行了一系列有关体育运动与社会的关系的研究，后来也编撰成集，题为《寻求刺激：文明化过程中的体育运动与闲暇消遣》[8]。

1962年埃利亚斯退休，继续去加纳大学任社会学教授。这位"高贵"的欧洲老人在阳光灿烂的遥远国度里，依旧满怀热情地进行田野调查，搜集民间艺术品。他与毕加索一样，都被非洲民间艺术中那股较之19世纪欧洲艺术传统更直接、更激越的情感流露所迷恋。非洲生活使他亲身体验到"文明化"之前（之外）的生活方式（如目睹屠牲祭天）。

1969年对于埃利亚斯来说是决定性的一年。《文明的进程》德文版初版三十年后在德国重版。它迅速成为渴望摆脱美国实证化社会学在战后一统天下的局面的德国、荷兰年轻一代社会学者的圣经，一时洛阳纸贵。许多年轻学者在更广泛的领域里实践他的方法、验证他的结论。而他本人，这位昔日的落魄穷酸，也开始屡屡登上德国、荷兰等许多大学的讲坛。阿多诺在1969年去世前，敦请德国政府核准授予埃利亚斯法兰克福大学荣誉教授称号。1977年他获得首届阿多诺奖[9]，1986年更是获总统联邦贡献大十字勋章，这是联邦德国公民所能获取的最高荣誉。

晚年的埃利亚斯主要居住在比勒菲尔德和阿姆斯特丹。这位终生未婚的学者每一天都在充实的工作之中度过。他一般是早上十点左右游泳，然后清点、修改前日的工作。午后两点左右助手来到他的寓所，开始记录他的口述，一直到深夜十一点（除简短晚餐），然后是葡萄酒或威士忌相伴的一小时轻松交谈。这几乎是典型的充满思想活力的学者生活。就在这样的生活中，耄耋之年的他终于挥发自如地写出了自己的思想。直到临终的一刻，他还正在向助手口授一部有关弗洛伊德的著作。从80年代下半期起，在一群忠实景仰者的积极参与推动下，一系列著作相继编撰而成：《个人的社会》《德国人：十九、二十世纪的权力斗争与惯习发展》《符号理论》《莫扎特：一位天才人物的社会学考察》《论时间》……

1990年8月，埃利亚斯卒于阿姆斯特丹，享年94岁。为他作学术传记的人将其一生概括为"动荡年代的坚定一生"。而他自己在后来结集出版的长篇访谈和自述中又这样回顾："德国，英国，荷兰……我是一个旅人，我什么都是，又什么都不是"；"我们应该自己塑造有意义的生活"。

第二节 文明化的过程

我们首先来看《文明的进程》这本书。此书主要的思路,便是通过大量的第一手资料,追溯自中世纪以来欧洲社会人们的日常生活中所体现出来的行为标准与心理特征的演变过程,及其与国家形成与内部安定过程的彼此关系。20世纪三四十年代的学院派心理学家(非弗洛伊德派)纯粹用自然科学式的问卷调查或测试来研究人的态度与心理倾向,将原本是漫长历史过程的发展结果还原为一成不变的生物学模式。这显然是埃利亚斯所反对的做法。

至于说埃利亚斯所说的这些关联,也是有许多人认可的;但同样有许多人认为,埃利亚斯事先设定了人类(至少是欧洲社会中世纪以来)的社会行为与心理性格具有长期一贯的趋势或方向,或者起码他得出了这样的结论。有人就此指责他的作品体现出维多利亚时代进化论的乐观情绪,甚至是殖民主义的余波。而埃利亚斯认为,这种"趋势"或"方向"并不是理论预设,而是大量经验考据后的结论,况且自己也并不否认存在形形色色的反复与波动。此外,《文明化过程》的两卷是一个整体,思想的精髓恰恰体现在这种连接之上。

一、"文化"与"文明"

所谓"文明","最重要的是,要成为一名文明人,就是要与他人共同生活在一个公正有序、组织有素、可以预期、可以计算的社会之中"[10]。自称"文明"不仅是某种自我肯定,也是间接的对某些他人的否定,两者相辅相成。由于所谓"文明"或"不文明"的用语里带有很强的价值判断,故埃利亚斯首先做的便是语源发生学的工作。

在"文明"的发展以及"文明"与"不文明"之间的相对距离达到一定程度后,词语的使用就会不知不觉走上一条自我固化的道路。从而,形成的过程被掩盖,状态成了本性。这是"文明人"(欧洲、上层、男人……)刻意保持局内人优势的结果和条件。集体经验通过关键词语逐步固化、积淀,成为下代人的集体记忆,成为一种"实在"。"文明"的西欧人只将自身作为历史发展的"较高阶段"甚至"目标",而"不文明"的非西方"局外人"则成了对立面。

《文明的进程》开篇即比较了德国的"Kultur"与法国(包括英国)的"Civilization"两个名词。前者指的是个体性精神产品,可以不断生成与再生,无终极目标下的"进步"可言。德国知识分子以此自显国民身份(与他者的界限)。而后者则指外在表现出来的物质、行为方式等,是一种通过过程逐步接近的目的,

第七章 诺伯特·埃利亚斯

是当时已在政治、经济方面取得优势的法国中产阶级所持"大同"观的体现。也就是说,德法差异可用两国宫廷向中产阶级开放的程度和国家身份认同观来解释。德国知识分子力图把"Civilization"降为第二层次[11];"Kultur"是知识分子使自身独立于"上层"(宫廷社会)和"下层"(劳众)的途径。前者的特点是深刻、浸淫群书、真诚、淳朴、个性发展,后者的特点是浮华、仪式性、虚饰以礼。德国资产阶级上升后,主要对手由本国的王朝贵族变成法国,所以,这貌似突兀或不着边际的首章既有其深刻的政治含义,也使我们联想到他与导师阿尔弗雷德·韦伯的知识分歧。

二、见微知著的"礼仪习俗"研究

埃利亚斯研究习俗礼仪,依据的主要是 13 世纪至 19 世纪欧洲的"行为手册"(manner books)或称"行为指南"。之所以应该更准确地称其为"行为"或"习俗",而非径直称为"礼仪"(etiquette),是因为它们所论述和规定的,只不过是普通大众在最平常的日常生活中最基本的行为方式。埃利亚斯集中引证的也是最基本、最为人所忽视的个体活动,以突出其生物性和问题的普遍性。他正是想通过分析这种最不登大雅之堂的细枝末节,揭示人的行为方式与心理结构不仅与其所处的社会结构有关系,而且这种关系还不是随机的。

在埃利亚斯参引的诸多手册的著者中,不乏像伊拉斯谟这样的名人,但他认为这只是借个人之手反映出某种集体传统。许多手册几经再版,内容也多有修订。但在他眼里,更富研究价值的是被删去与被添加的内容,前者能够反映什么是已被普遍接受从而无须再强调的,而后者则折射出文明逐步"强化"的过程。

我们来看看他都分析了哪些方面的习俗礼仪:

餐桌礼仪:鼻涕擤在何处?何时出现桌布、刀叉、餐巾?共食还是分食?给别人夹食用什么?不爱吃的或吃剩的东西吐在哪儿?喝汤出声吗?……

生理活动:大小便、睡觉、洗漱、沐浴时是公开的还是私密的?有固定乃至独立的场所或时间吗?是否同时与人交谈?被人撞见时甚至与别人谈及此事时有没有羞耻感或窘迫感?……

擤鼻涕与吐痰:是否应该背转身去?有没有用手帕(还是直接抹在手上)?有没有专用的手帕?痰盂的出现与消失是如何发生的?……

性:男女是否分床、分房?同性之间(包括朋友或是陌生人)呢?裸睡还是着衣?有没有睡衣?向儿童谈论性问题吗?……

若限于材料的挖掘与整理,那么埃利亚斯无非只是一个略带几分猎奇色彩的书虫,充其量不过比别人多几分心机。人们早已注意到行为方式上的这些变化,也提出了许多原因。但埃利亚斯的高妙之处在于透过这些琐屑的问题,将我们的思路引到了人的社会行为的方方面面,引到了人的情感与心理,引到了整个社会的运行过程,并一一驳斥了习惯上的解释。他认为,恰恰是这些解释,本身便属于变化过程,并构成了引起这些变化的机制,从而应该成为我们的分析对象。

首先,早期行为方式的粗朴并不完全是出于物质的匮乏,而后来逐渐变得精细也并非是物质极大丰富后的结果。需要的产生是一个复杂的过程,并能反过来刺激生产或发明。贫困始终是一个相对的观念。各个社会群体的行为方式之所以各有不同,关键并不在于他们在物质占有方面的差异,更在于他们在对物质的控制程度及要求方面的差异,并进而发展成自我认同、维护与他人的区隔的需求方面的差异。

其次,人们并不完全是因为认识到了健康的需要,才改变了早期"不合卫生"的行为方式;恰恰相反,常常是先有了行为规范,再产生出从健康与卫生的角度出发,对这种新的行为规范所作出的解释。也就是说,合法性的解释变成了必要性的说明。憋屁和咽痰早先是被人们视作有害健康的,但行为规范发展至今,已无须说明为什么在公共场合不能随意放屁和吐痰。手淫更是一个很好的例子。起先是宗教戒律,后来是医学的道理,都告诫人们不要手淫。但从"手淫有害健康"到"对手淫的担忧会发展成有害健康的焦虑",我们显然可以捕捉到健康、道德、社会等方面原因的相互交织。

埃利亚斯揭示:我们诉诸卫生方面的原因,其实大多起着与道德方面的原因一般的作用,即用某种确定的社会标准来约束人们。原本是社会所需要的行为,却逐渐成为自发的行为方式;原本是形塑而成的某种自我控制,个人意识之中却认为,这是他自己自由意志的结果,有利于自身健康或人的尊严。纯"理性化"的原因或解释并非"文明化过程"的推动力,在某种程度上可说是正好相反,即"文明化过程"使人们愈益用理性化的方式思考或解释问题。

也有许多人认为,行为方式的逐渐"礼貌"是出于对他人(尤其是贵人)的尊重。的确,在世俗性的行为手册里,宗教性的原因较少出现,而更多的是以尊敬贵人来告诫读者。埃利亚斯认为,这里突出地反映了地位不平等。例如:在贵人面前裸身或宽衣是不礼貌的,甚至是一种罪恶,而贵人在下人面前如此行事,则是仁慈示亲的表现。他认为,19世纪以后,由于各社会阶层愈益"平等",联系逐渐紧密,所以即便是贵人也会因此感到羞愧。显然,人们通常认为的这一点原因也是后来才逐渐变得不言自明的。

还有人认为,文明的进程也是情感逐渐由粗野暴力转向细腻平和的过程,

第七章 诺伯特·埃利亚斯

是情感的"温柔化"造成了行为方式的转变。固然,在中世纪,人们情感的满足充满了攻击性,社会行为中充斥着暴力与残酷。这不仅仅体现在军事及与其有关的领域,在运动、执刑、对待女巫、对待动物(如大规模屠猫)的态度上都暴露无遗。但埃利亚斯认为,转变的关键不是从野蛮残忍到文明,相反,这种说法本身就是文明化的结果。转变的关键在于情感逐渐趋于稳定,暴力式的激情愈益寻求非直接的宣泄方式,或者在诸如狂欢、(法国)大革命、战争、(纳粹)集中营这样的非常情境下寻求直接表露。埃利亚斯分析了许多极其细微的例子:执刑方式——从直接参与屠杀到观看公开行刑再到退隐于监狱之类的现代制度中;体育运动——由直接捕猎、搏击到间接竞技、游戏再到专业化、规则化的现代体育运动;肉类进食——从直接撕食活食到亲自加工再到(厨房的出现与现代大规模屠宰场的专业化操作所推动实现的)加工过程从餐桌边的退隐;如此等等。

总之,以往曾经给人们带来无尽愉悦的东西现在不仅仅是被禁止了,而且反倒成了不快的源泉。其原因在于:为社会所不欢迎的本能与愉悦的表现受到某些限制措施的威胁和惩罚,这些措施会使人们对原有的满足快感的方式产生不愉快和焦虑的感觉并不断巩固。攻击性情感与行为方式的逐渐驯化是整个社会结构变迁的结果,中世纪社会就是缺乏在整个社会实施这种措施的核心力量,如国家[12]。

因此我们就必须回答:社会结构的变化在行为、心理产生了影响,那么社会结构本身的变迁又是如何发生的?这样就过渡到了第二卷的分析。曼内尔认为,单就具体行为和心理特征的角度而言,以下三个方面在《文明的进程》中未得到充分的探讨,而对它们的研究显然会大有收获:

首先是死亡,为此埃利亚斯后来还专门撰写了《濒死的孤独》一书,来和阿里耶斯在这方面的经典研究争鸣[13]。约略地说,他认为阿里耶斯的观点不太全面。从中世纪到现代,对死亡的态度、感受之所以转变,是随着死亡从日常生活中的不断退隐、死亡过程伴随着衰老过程的分离与延长也不断延长而发生的。其次是睡眠。在中世纪,人们的睡眠在时间、地点及私密性方面都是很随意的。随着工业时代的来临,工作与休闲、家庭在场所、时间上开始产生严格的分区,睡眠在时间、空间及私密性等方面也产生了严格的区分。更有甚者,睡眠被纳入"经济",如市中心与郊区的区别、医院与旅馆的统计指标、安眠药(对不能按社会规定的时间入睡感到焦虑)。最后是胃口。这又涉及从宗教性到世俗性的食量控制,上层社会对饮食品位的追求以及配套礼仪的精致化,现代工业社会对胖的贬低(stigmatization),以及厌食症之类与饮食有关的身心疾病的社会生成等等。

埃利亚斯眼里的文明的进程绝不只是从中世纪开始的，可以说文明的进程并无可以明确划出的起点。之所以选择中世纪作为分析的起点，只不过是因为在这一漫长时期内，行为方式的变化非常缓慢（但绝非毫无变化）。中世纪行为方式的总体特征是简单、粗朴，各社会阶层之间分化程度甚微，受情感驱使的直接性较高。文艺复兴时期情况发生了变化："随着社会结构的转化，随着新型人际关系的出现，某种变化缓慢地发生了：检查自身行为的心理强迫作用愈益增强。行为标准也随之开始发生转变"。礼仪手册中开始出现许多针对别人考虑的事项："为了避免他人……应该……"也就是说，规范从直接的、命令式的、否定的转到间接的、细致的、肯定式诱导的（这与心理化的过程有关），从具体情境性的、在他人在场情况下的"应该"转为"慎独"。人们逐渐忘却了从外部约束到自我约束的转变过程，将"可能性"当做自来就如此的固定性。许多事项从行为手册中隐去，一是不再需要；二是也有更多的东西退入私密乃至成为禁忌[14]。

从外在的行为方式到内在的心理结构；从理性的自觉意识到情感生活的内涵与结构；从禁止（外在约束）到自我控制，这就是埃利亚斯见微知著的习俗研究展示给我们的意趣，但还远不止如此。

三、社会关系演变的动力

埃利亚斯在分析个人的行动方式与心理特征时，始终是以社会关系网络为背景的，准确地说，他分析的就是个人愈益紧密而全面地融入这种网络的过程、动力与后果。行为方式的演变与社会分层、社会权力机会分配结构的关系始终是《文明的进程》和《宫廷社会》的思考主脉。

最简单地说，自中世纪以来，各社会阶层之间流动的机会增多，彼此的关联也日趋紧密。渴望重塑新的集体认同的人十分注意与他人的交往，相互认同的程度不断增高，须注意的行为方式也趋于精细。在日趋富于竞争的社会里，上层（有意或无意地）鼓励下层模仿自身的行为方式，但同时为了维护自身的独立性与竞争优势，又不断地提高自身行为的精致程度。这就在整个社会之中构成了一个循环递进的过程。这种过程是某个塑型在各社会单元之间传递的过程，埃利亚斯称之为标准化或塑形化（moulding）过程。值得注意的是，孩童的个体发展重复了整个西方社会的文明化发展，"文明"社会中成年人个体性格的"心理生成"与整个社会"文明"的"社会生成"有密切关系。但埃利亚斯也再三强调，这绝非说个体发育重复了系统发育。

埃利亚斯首先提出了两个封建时代的划分。在"第一封建时代"，是"离心"作用和"封建化"过程居于主导地位。11世纪左右则进入"第二封建时代",(最早在法国地区)出现"向心"作用和"国家形成"过程。第二卷的正面关注点就是这第二时期的国家形成过程。当然,这并不等于说欧洲封建化以来的历史过程能够代表文明化过程,那只是更加漫长的整个人类过程的一个组成部分。纵览整个人类发展的过程,居于主导地位的是向心的作用,各种单元、网络不断扩大,关系不断增强,我们在以下章节中将做详细分析。

有关国家的定义,韦伯的说法可谓经典:国家是这样一种特殊的组织,它通过垄断对暴力的合法使用权,成功地宣称对特定的地域(即领土)拥有制定具有约束力的规则的权利。而埃利亚斯则具体说明了这种垄断是如何创立、如何延伸扩展的,并且说明这是一种双重垄断:对暴力手段和征税机制的垄断。

我们首先来看离心阶段,这一阶段基本上是控制力极弱的局面。因为自罗马帝国衰亡之后,人口锐减,市场荒芜,商品供求双方链条缩短,货币使用的范围下降,越来越多的人生活在自给自足的农村小社区之中。由于经济主要是以易货贸易为主导,提供不出足够的赋税来维持较为庞大的官僚机构以及常备军,而这又是维持较大范围地域的统治所必需的。从某一个时期开始,人口逐渐明显表现出增长态势[15]。在人口的增长、土地的限制达到一定的转折点之后,向心力量就不可避免地出现了。我们姑且不论具体的社会经济史研究结论如何,埃利亚斯在此考察的关键在于:是怎样的社会过程带动起新的社会关系,新的整合和相互依赖的形式,使得市场不断扩大,供求双方的链条加长,对货币经济的需求又重新高涨起来。社会的单子细胞式结构开始逐渐瓦解。相互依赖的网络愈益密集。

产生和推动向心阶段发展的机制很多,除了为我们所熟知的市镇的勃兴与所谓"市民阶层"的形成、货币经济的上升之外,埃利亚斯主要分析了以下三种主要机制:

1. 垄断机制

垄断机制包括两个过程:一是暴力手段和征税手段不断集中到各个地域内的单个统治者及机构手中(这两种集中互为条件,或者说实际上是同一种垄断的两个方面);二是通过与相邻统治者的竞争和相互剪除,扩大自己的地域。埃利亚斯将国家形成过程比作市场上各个厂商的竞争。就后者而言,除非是达到完全竞争的状态,否则必定存在不平等的竞争。国家形成过程中各国之间的竞争情形也是如此。参与竞争的数目越来越少。与此同时则是内部的稳定过程(internal pacification):就长期趋势而言,在特定地域内的个人或群体之间的冲突,其直接诉诸暴力的倾向逐渐消减,并且冲突各方都就对他方使用暴力的垄断权展开竞争。

2. 王室机制

王室机制即在不断发展壮大的国家内部,各种社会力量的内部平衡机制。在这个过程中,权力逐渐稳定地集聚在国王手中,其顶点就是17世纪晚期至18世纪的"绝对专制"王权统治。之所以出现这样的变化,是因为各个群体的利益有别,属于不同的网络地位,谈不上简单的关系属性,所以是一种彼此依赖、彼此牵制的状态。在不同的功能群体之间,利益越来越含糊不清,彼此的权力越来越均衡。这样一来,各方对形成某种中心以协调垄断权力的需求也就越来越大。这样,居于中心地位的统治者就不简单的是某一统治阶级利益的代言人。显然,如果有一个或少数几个群体取得了太过优势的地位,就会破坏整个网络的内在均衡,危及中心统治者自身的地位。埃利亚斯在《宫廷社会》里集中以路易十四为例,说明越是大权独揽,就是陷入诸多臣属者的关系网络之中,越是依赖于他的下属。

3. "私"垄断向"公"垄断的转变

从第二种机制已能明显看出所谓"垄断"和"统治"的关系性特征。所谓的"绝对专制"统治首先是一种体制性的机制,自身必然处在多重的冲突网络之中,必须以多方的冲突竞争为自身存在维系的前提。因此以国王为化身的"私"垄断势必向以"功能民主化"(functional democratization)为基础的"公"垄断转化。

当然,在考察社会关系演变的动力机制的时候,需要注意不能把国家形成过程中对暴力及征税手段的垄断化过程直接还原为经济竞争的过程。因为诸如"政治""经济""军事"之类的制度区域分化是近代以后的事情。埃利亚斯指出,想当然地将过程区分出各种制度区域,并进而寻求这些区域之间的"因果"关联,是一种误导性的做法。这里的各种机制之间是彼此互赖的,分离出所谓的"第一促动力",或将历史看成是由一个个相对固定的"阶段"组成的序列,是无视社会现实过程性的视角。在埃利亚斯这里,机制只是就其高度的可能性而言,根本不存在什么确定性或必然性。发展的过程是一种构形性的流(figurational flow),就发展的前件而言,后面的发展只是一种可能性;而在后件来说,前面的发展就成了一种必然。无论如何,站在历史的后来者的地位上,很容易将原本只是偶然的发展结果理解为某种不可避免的结局。当然,随着过程的发展,越往后,强制性也就越强。

四、宫廷社会

上面所说的"功能民主化"是一个具有双重意涵的过程。各个社会功能(及

第七章 诺伯特·埃利亚斯

作为其"载体"的群体与个人)逐渐在日渐复杂的网络中获得均衡地位,但与此同时,相对独立的社会功能也日益被不那么独立的社会功能所代替。如此一来,情感的形塑、动力与意识的结构,总之是整个社会人格的结构和态度都必然发生相应的变化。这样,通过《文明的进程》第二卷的分析,线索就又回到了第一卷及《宫廷社会》。

文明的进程的动力是多方面的,宫廷化(courtization)就是很重要的一种。这一过程中交织着从武士到廷臣的变化、世俗权威机构与教会机构的竞争。而埃利亚斯的主题则是:为什么一种特定的"奢侈"生活方式对于廷臣们来说是如此必要。

具体而言,大约在17世纪,出现了一个明显的"宫廷社会",其成员的言谈举止与其他社会群体有明显差别。在《宫廷社会》中,埃利亚斯详细揭示了这种社会形态如何充当了维持并控制贵族的一种手段,如何形塑了贵族的人格,以及它在文化方面的后果。

他的分析首先从一个不太为人所注意的方面开始:旧制度时期,法国贵族及上层资产阶级有着形形色色的等级区分,其居所的内部结构与外表装饰都遵从着严格的等级化。但值得注意的是,与后来的居室安排相比较,此时居所的"公""私"区分是模糊的。贵族的社会日常生活不仅仅是消遣娱乐,不仅仅是休息,而是他们的职业生活本身,他们必须在这样的生活中表现出自己的等级,履行自己的社会义务和需求,因为这事关名誉,将决定自己升降的命运。是等级决定了应有的开销,而不是"量入为出"(更糟糕的是,贵族还不能随便做生意,因为那有失身份)。因此,不能用资产阶级立场上的纯经济理性来衡量这些貌似非理性的挥霍行为。推动宫廷社会里这种"炫耀性消费"(凡勃伦语)的,是一种独特的"宫廷理性",不同于资产阶级的"经济"理性,但也都需要理性的预见和计算。从而都需要用短期的自我控制来换取长期的满足。

埃利亚斯从居所的安排进而更详细地分析了宫廷生活的细节:礼节、典仪、品味、服饰、习俗乃至谈吐的每一个精心设计的细节,都是争夺(和维持)地位与权力的工具。从这种意义上说,贵族绝非"有闲阶级",他们日常生活的具体言行都负载着深厚的意涵。在宫廷社会,相互依赖成了一种必要,人们在日益细密的关系网中看着他人和自己,时刻保持反思性的观察,保持高度的自我控制,保持稳定的情绪,含而不露。甚至连国王本人也深陷这张网之中。这是一种声望的拜物教。埃利亚斯进而将分析的视角引向整个文化:沙龙的文化,古典艺术,巴洛克,洛可可,高乃依和拉辛的古典戏剧。当时的法国知识界已对这种高度的自我控制有所意识,但倾向于把它看成是永恒的"人性",大写的"理性"。

典型代表即是笛卡儿笔下单个自在思维着的成年头脑（这种哲学传统是埃利亚斯毕生致力批判的目标）。

埃利亚斯之所以选择法国宫廷社会为个案，是因为它对整个欧洲的宫廷（乃至现代社会）都产生了深远的影响。此外他还分析了英国的议会化和德国的科层化。在这些过程中，普遍体现出心理化和理性化的趋势。心理化同时也是与他人的相互认同增强的过程：个体如何需要越来越多地考虑自己的外在行为在别人那里的解释，观察自我与他人如何日渐变得重要，日常生活如何成为在愈益复杂细密的关系网络之中进行的"游戏"或"博弈"（game）。而理性化在反对单一经济理性论调的埃利亚斯这里获得了新的意涵，体现为感性冲动的短期反应日益让位于长期预见性的计算。埃利亚斯认为，理性化的过程绝不是任何单一群体、阶级或阶层的推动结果，而是某一个社会领域中不同的功能群体彼此之间的张力，或同一个单位中的不同个人之间的竞争的结果。但这种竞争也是受到来自"上""下"两方面压力的结果——保持身份。贵族感受到"下层"资产阶级的压力，不断使自己的行为举止"精致化"。但社会沟通的加快和相互依赖程度的加深，使其又不断地沦于"粗俗"，从而又被推动产生新的精英式行为规矩。当然，这种过程不仅仅是所谓的"渗下效应"，而是愈益平等的"功能民主化"，导向多重相互依赖，多极控制。

五、社会生成与心理生成

纵观全书，埃利亚斯认为，文明的进程下最基本、最普遍的结构过程是劳动（或者更广义上的社会功能）分工的日益增长。与此同时，社会网络的复杂性上升，人与人之间相互依赖的链条加长，对个人的压力加强，从而需要更多的控制与预见，从自发的、即刻的冲动到长期稳定的自我控制。埃利亚斯形象地指出：行动的网络变得如此复杂和深广，要想在网络中举止"得当"需要付出如此艰巨的努力，其结果是在个人有意识的自我控制之外，牢固地树立起一种自发运作的自控机制。它就像一堵根深蒂固的恐惧之墙，防止个人越出社会规范，作出为社会所不容的行为。

这种融合社会生成与心理生成的视角是埃利亚斯一生的思考途径。以"技术化与文明化"一文为例[16]。埃利亚斯通过比较中世纪与现代（汽车）社会中，人们行路时所面临的危险、为此所作的心理准备和行为反映的质的不同，十分生动地体现了中世纪与现代社会之间，人的互赖关系网与个人的自控机制的不同。在古代（欧洲），政域分割，路途险恶，需要的是情感上和身体上同时具备即刻作出反应的能力，不稳定的情绪——随时准备战斗，对于维持个人的生命来说其实成了一项优势因素；而在现代社会，需要的是冷静的自持、计算和遵守规则（以及对他人遵守规则的期待）。

埃利亚斯进一步推广了自己的分析：在中世纪，各个城堡彼此分隔，经济自足。人与人之间的关联链短，相互依赖程度低，情感易变、外在、易走极端；在国家的内部稳定（对一定地域内的协调）后，对暴力手段取得了垄断，人与人的可计算性增强，而随着关联链的紧密化，计算和预见的需要也增强，情感也就发生了变化。动物性的个人生理（需求或防御性）行为和直接触及身体的暴力都逐渐从日常生活的场景中隐退。

总之，埃利亚斯在以下两个方面之间建立了对应关系：一方面是国家对暴力更有效的垄断所形成的更均衡的社会控制机制；一方面则是个人人格中形成的更均衡的自我控制机制。如果说，中世纪随时预备拔刀相向的行路人就像随时准备喷发的烈火，那么现代社会"一看二慢三通过"的行路人则像一团始终如一的闷火。

心理生成的这种转化势必通过落实在成人父母对儿童的教育上而完成文明的进程的个体重复。埃利亚斯借此融通了历史与现时、社会与个体的视角。他认为，在个体心理生成的过程之中造成了许多心理疾病。当然，真正表现出来的人还是少数，大多数人是隐蔽性的。整个社会的危险是少了，但也逐渐失去了令人兴奋、动情、愉悦的因素。日常生活中所丧失的东西，通过梦、书籍、艺术、体育运动等创造得到了替代性的重新体现[17]。

埃利亚斯在探讨心理生成时虽然受到了弗洛伊德的许多启发，但他反对在意识与无意识之间作出截然区分，反对简单地诉诸抑制机制。他认为，意识与无意识之间的分野是一种历史过程的结果，两者之间的墙只是不断增厚而已[18]。在更为简单（但绝非粗糙或缺乏社会形塑作用）的社会当中，基本的冲动与人的意识之间比较容易相互渗透和沟通。而"文明化这一概念的关键即在于：它是个体不断趋向于以自己与他人的社会生活为取向，趋于稳定和均衡的自我调控，以使每一个参与其间的人乃至整个人群可以增进生活当中的愉悦及生活质量，从而也使每一个甘心自我调控的人本身更有保障获得愉悦与幸福"[19]。

第三节 过程性视角的发展

许多人在读解埃利亚斯时，过于偏重他的《文明的进程》甚至只限于第一卷。其实，埃利亚斯一生的著述涉及面极为广泛，当然，这些作品始终贯彻了他的一些基本观点。

一、内局群体与外局群体

在《文明的进程》的最后,埃利亚斯已经开始着手探讨有关社会不平等、权力机会、人格结构、生活方式以及文化表达之间的关系问题,强调要以动态过程的形塑观来看权力,在由社会的各种相互依赖所组成的网络这一背景之中,结合人的人格结构来理解社会阶级的区隔。

从 1958 年到 60 年代早期,埃利亚斯和学生斯科特森合作,在莱斯特附近的小镇做了社区调查,并于 1965 年出版了《内局群体与外局群体:对社区问题的一项社会学考察》。该小镇在调查时有居民五千人,分为三个区。甲区都是体面的大房子,居民主要是商人及各专业群体,即"中产阶级",无论是他们自己,还是别的区的人,都认为这是最好的居住区。而乙区和丙区居住的则都是工人和手工业者,但彼此看法不同。乙区是最大的一个区,是小镇的"中心",市政设施的所在地,和甲区同属"established";而丙区居民居处陋巷,自视劣等,不仅与其他区的人不相往来,而且自身内部也殊少交游,属于"outsiders"。

所谓的"established"和"outsiders"有着丰富的意涵。首先,它们并不直接对应于"定居者"与"外来者",因为先来后到与文化格局中的权力关系并不存在完全对应的关系[20]。其次,我们也不能简单地将这两类群体理解为"局内人"与"局外人",因为虽然甲乙两区的居民把持了社区的公共舆论和管理决策,但丙区的人并非置身事外;相反,恰恰是由于后者"积极"认同于公共舆论强加于自身的"污名",并通过青少年辍学之类的再生产机制,亲自参与了这种权力关系格局的构形。也就是说,在这整个"局"中,有的只是居于内核、把持文化表达的"内局群体"与处于边缘、接受并巩固文化表达所体现出的权力关系的"外局群体"。"外局群体"与"内局群体"的地位一样牢靠,只是前者更多地想要迁出这个社区罢了。

埃利亚斯及其学生集中分析了所谓的"闲言碎语"(gossip)。它在社区里可以通过小报的社会新闻、公共场所(如酒吧、聚会)的闲谈和(更多的)走亲访友中闲扯的家长里短等等渠道进行制造和传播。他们发现,"内局群体"的成员一般是以对他人"不遵从"社会规范的行为表示厌恶和震惊,来显示对自己所属群体(即"我群")行为规范诚心诚意的遵从。而"外局群体"的人则对自己所属群体中如此多的"不良行为"惭愧不已,更加信服其他群体(即"他群")的品行高洁。

埃利亚斯等敏锐地指出:这里存在一个信息选择的过程。对于他群,是尽可能选取最坏的并加以扩大,即对他群形象的贬损化(denigration);而对于我群,则是尽可能选取最好的并加以扩大,即对我群形象的理想化(idealization)。由于内局群体更多地控制了文化的公共性合法表达渠道,更因为声名的逐步固化后产生的心理认同,使上述这两个(相辅相成的)过程在外局群体那里得不到体现,或者说是受到了他们自己以及内局群体的共同抑制。

大致说来,人的心理、信息制造与传递、文化表达和权力关系格局存在以下关系:权力不均衡的关系若是稳定,我群成员自我感觉地位稳固(即对自己拥有优越性的信心很强),则对他群(及我群)看法的扭曲程度就不会太大,想象与现实相距不远;反之,当权力关系不甚稳定、地位受威胁感增强时,内在的压力及竞争就会产生一种共同信念,导致走向极端的幻觉和刻板印象。

居于劣势的外局群体为什么不反抗呢?原因很多,一是缺乏权力控制和文化表达的渠道,比如信息控制(或者说是舆论的垄断)、内部通婚达成的团结等等;二是索性以更坏的举止以示反抗(比如青少年的吸毒、辍学,男人的酗酒,女人的邋遢、骂街);三是在强大而一致的舆论下自我产生羞耻感,觉得"闲言碎语"有道理(想一想,"那事情"就发生在街坊邻居家里!)[21]。

二、群体关系研究的推广

埃利亚斯对群体关系的研究绝不仅限于小镇社区。可以说,这项研究渗透着他对少年时作为犹太人居住在德国城市的体验的反思,是流亡巴黎期间撰写有关胡格诺教徒被逐出法国的研究的延续,也是渴望在更大层面上探讨反犹主义的社会生成的体现。

埃利亚斯反对在静态、固在、共识的预设基础上,来使用"地位""等级""等级秩序"这样的一些主导概念来考察群体关系。他也同样避免用"精英",他认为这是预设了内局群体由于先天、固有、个人成就等因素,在某些方面具有合法的优越性。人们或许会说,上面所说的那个小镇的情况完全可以用"偏见"或"歧视"来解释,或者干脆诉诸心理因素。但他主张,必须在更大的时间和空间范围内探究内局群体和外局群体的关系问题。在分析一些固定的劣势群体(即始终处于文化表达与权力关系格局外缘),比如日本和印度的贱民,或者妇女和黑人时,我们可以研究社会是如何将这种"污名"归之于生物的乃至道德的本性,又是怎样经过长期的积淀和固化,反过来根据人的群体从属来判定他(她)的本性。

埃利亚斯在1935年论胡格诺教徒的论文中,就拿犹太人逃离希特勒德国与胡格诺教徒被逐离法国相比,就其个人遭遇而言,他当然可以通过归咎他人来寻求心理上的安慰,但他所致力的,是将这种现象理解为一种动态的社会过程,而不是单独个人的动机、意图及行动的结果。一个群体能将人性的低劣强加在另一个群体之上并加以维持(有效的污名化:stigmatization),这完全是两个群体之间特定的权力关系的结果。

当然,更大的背景是各个群体的关系日益紧密,被卷进一个细密的网络之中。这就使这一研究与他的整个著作紧密地联系在了一起。20世纪以来,许多昔日的劣势群体(外局群体,比如工人、殖民地人民、黑人、妇女、同性恋者)开始意识到这种不均衡关系的不合理性(甚至才开始意识到这种不均衡关系的存在),这背后是权力关系格局的改变,而权力关系格局又反过来受到这种意识改变及文化表达渠道拓展的进一步推动。这和功能民主化的过程也是分不开的。相互依赖的链条越来越长,越来越分化,群体之内与群体之间的权力分化差别也逐渐减少,特定角色的承担者之间的相互依赖程度愈益增强,乃至彼此间都有所控制。当然,这只是问题的一个方面,新的不平等也仍在不断产生[22]。

总结一下内局群体与外局群体关系分析的方法步骤:

1. 考察彼此相互依赖的方式,把握群体组合构形之中主要的权力平衡态势。

2. 确定权力不平衡的倾斜程度、稳定性、趋向、对象、各方的需求、表达的渠道。

3. 考察在彼此追求满足需求的过程之中,一方对另一方的垄断控制力(在资源和文化表达方面的剥夺能力)。

4. 区分两种情况:一是权力非常不均衡,此时有可能产生群体卡理斯玛或群体污名;可以探究污名化过程,以及外局群体对内局群体为自身塑造的形象的内化(退却与认可)。二是权力关系格局发生变动,产生功能民主化、平等化,出现对抗、反叛乃至通向解放[23]。

三、运动与暴力

60年代开始,埃利亚斯在莱斯特大学社会学系的同事邓宁(E. Dunning)对体育运动的研究兴趣(他后来主持了对足球流氓的系列研究)引起了埃利亚斯对这一领域的关注,甚至可以说,在很长一段时期里,埃利亚斯在英语世界里主要是作为一位研究体育运动和闲暇生活的社会学家而出名的[24]。与邓宁合作的成果结集于1986年出版,题为《寻求刺激:文明化过程中的体育运动与闲暇消遣》。

此书的总体假设是:随着文明的进程的演变,人们普遍有了一种闲暇观:闲暇成了目的的手段,是为了更好地完成工作。但埃利亚斯反对像邓宁那样,在工作时间与闲暇时间之间作出两极区分,因为这预设了工作是至关重要的,而闲暇是不正当的。而且,在闲暇与工作时间之间是一个连续的分布。

埃利亚斯等人认为,体育运动的发展趋势是身体的直接对抗逐渐下降,"残忍"的暴力被模拟的对抗所代替,人们有所控制地制造"紧张刺激",在规则的约束之下进行。在整个文明的进程之中,对暴力手段的控制逐渐体现出理性化和长期预见化的趋势。在对英国历史上专门的体育运动的社会生成过程(尤其是规则的出现)进行考察时,埃利亚斯出人意料地将其与英国的议会制度的巩固联系在一起,认为这两种过程都必须以参与者的心理特征和行为方式的某种转变为基础,即我们在上文中一再指出的"理性化""心理化"等等。而且,对此问题的考察更将我们引向他对情感问题的分析。

运动与闲暇不仅仅是为了释放其他生活领域当中产生的张力,也是创造使人愉悦的兴奋、激动。这就等于在现代社会当中,在(自愿接受)文明化过程的诸多约束的同时,开辟出一块飞地,可以允许放松对情感约束的控制,而这种放松既能给人带来莫大的愉悦,本身又是受到控制的,是"有度的",我们姑且称之为"有控宣泄"。在这种宣泄之中交织着例行化与非例行化的因素,人们借此有意无意地努力在例行活动当中创造出激情。另一对彼此消长的因素是外在控制与自我约束:在自我约束的动力逐渐根深蒂固的同时,外在控制也表现出放松的反向趋势。人们创造出一些状似现实生活的场景,体验其中的兴奋,但没有切实的危险。一句话,"在一个缺乏兴奋的社会里寻求兴奋"[25]。

总之,在体育运动和闲暇安排之中深刻地体现出需求与控制的张力协调过程。当然,"这种张力的平衡可以通过多种多样的方式体现出来,在各个社会里都有所不同。在我们这个社会里,从动物性的驱力到最崇高的情感,整个情感序列都得到了控制,在某种程度上被强烈地内化了。情感的外在控制相对较为温和,在闲暇活动中得到公众认可的情感激发在很大程度上最终也是温和的。简言之,两者都需要情感的高度成熟"[26]。

四、《莫扎特》与《德国人》

《莫扎特:一位天才人物的社会学考察》严格来说是一本文集,是在埃利亚斯各个时期有关这位音乐天才的讲演、笔记、草稿等的基础上整理而成的。埃利亚斯以他一贯的融合"社会生成"与"心理生成"的视角向我们揭示了:这位天才艺术大师的一生,典型地反映了某种特殊的历史背景,这种背景在当时形成伊始之时颇为独特,但在今天的人看来,会误以为只是不言自明的东西。若以过程的视角替代静态的观念,就不会产生这样的误解。在静态的视角之下,人们急于把各种历史人物塞入站在现在的立场上构想出来的各种固定的范畴之中,如果实在不能切合,则归入所谓的"过渡时期"。

从某种意义上来说,"天才的社会学"这个题目是矛盾的,因为埃利亚斯的社会学分析所要做的,就是破除所谓"天才"的神秘性,揭示这样的人物的悲剧性命运如何会产生、如何可以避免。他在这部著作里运用了自己的其他许多有关思想:内局群体与外局群体的关系;早期有关"庸俗风格"的论文中对流行艺术风格的质疑;以及在有关非洲雕刻的文章中对"手艺人的艺术"和"艺术家的艺术"的探讨。

对于莫扎特来说,最看重的是公众对自己音乐的爱和爱妻对自己的爱,但随着新奇感的淡却,维也纳宫廷和大众逐渐丧失了对这位昔日曾被他们作为音乐神童而抬上天的"宠物"的兴趣;而爱妻也对这位"失宠"的"怪僻人物"日渐冷淡。生活丧失了意义,使这位如此渴望爱和被爱的人迅速地衰亡,《安魂曲》预示他早已为自己准备好了死亡。埃利亚斯指出:"要想理解一个人,就得了解他(她)渴望实现的那些最根本的愿望。一个人的生活对其本人而言是否具有意义,得看他们(的生活)在多大程度上能够实现这些愿望。不过,这些愿望可不是先于所有的经验而根植在某人的体内的,而是脱胎于孩提时代与其他人共同度过的生活,并年复一年地逐渐固定下来,塑造了生活的历程。当然,有时也会在突发的经验事件之中产生出这样的愿望来。无疑,人们对这些居于支配地位的主导愿望本身时常是无所察觉的,甚至它们的实现与否或程度大小也并不完全取决于人们自己,因为它们总是以他人为取向,以人们彼此共同构成的社会关联为取向的。"[27]

早在《文明的进程》第二卷当中,埃利亚斯就指出,资产阶级作为外局群体处于不断上升之中,统治阶级(宫廷贵族)作为内局群体仍然处于支配地位,两者之间的权力均衡不断变化。莫扎特的一生极其典型地体现出:随着整个欧洲的一个历史时期的濒临结束(即宫廷贵族为来自不同社会等级的艺术家规定标准以维持权力的总体分配),为宫廷服务的一位艺术家会有怎样的命运。因此,埃利亚斯说:"这项考察不是一种历史叙事,而是更加详细地阐发有关构形的可证实的理论模型。这种构形是由一个人,即18世纪的一位艺术家——在与同时代其他社会人物的相互依赖关系中形成的。"[28]为此他着重分析了莫扎特同时具有的两种行为方式和性格(宫廷式、资产阶级式)的冲突。莫扎特自己对宫廷的态度就是矛盾的:他一方面认同宫廷贵族及其鉴赏趣味,另一方面又憎恨后者给予他的羞辱。后来,莫扎特虽然逐渐认识到整个贵族世界对他的排斥,却无法也不愿接受和培养圆滑与豁达的态度及技巧,所以无法应付宫廷之中处满机关的辞令争斗。这又回到了《宫廷社会》的分析。

《德国人：十九、二十世纪的权力斗争与惯习发展》也是一部在埃利亚斯去世后整理出版的论文集。埃利亚斯在这一系列文章中力图解决的主要问题是：国家社会主义的兴趣、二战的爆发、纳粹集中营的出现、两德分裂等等百年来德国人遭遇到的"命运"的原因溯源。通过分析德国长期的国家形成过程与德国人民族惯习的形塑发展，埃利亚斯试图揭示希特勒时期的去文明化过程的起因。在《莫扎特》中，他关注的主要是社会权力斗争如何影响了身处其中的个人的命运，而《德国人》的分析则是要揭示各类历史事件、权力斗争、国家成就、民族挫败等的长期过程，以及这些"宏观"的东西如何在整个民族的成员的集体人格中积淀下来[29]。《德国人》中各篇论文侧重点都有所不同，但综合起来，最大的一个特点是向我们证明：20 世纪以来的灾难事迹并不足以推翻文明进程论，相反，文明进程理论本身就可以更好地说明像大屠杀这样的去文明化过程，将它们放在长期历史背景之下，并表明它们之所以发生在某一具体时间、地点、文化中的缘由，而不是简单地将它们归为整个现代世界的普遍痼疾。

曼内尔认为，实际上，从某种意义上说，完成于 30 年代末的《文明的进程》就是在这样的历史背景和心态下写的，而《德国人》不过是写明了当年隐含不露的东西[30]。

第四节　投入与超脱：知识的社会生成

1956 年，埃利亚斯在《英国社会学杂志》上发表了《投入与超脱的有关问题》，第一次集中阐述了人类知识长期发展（以及作为其中一部分的科学的兴起）的理论，后来在六七十年代又陆续写了一些论文，对卡尔·波普尔为代表的科学哲学作了批判。对此我们可以一直追溯到他对新康德主义的批判和对文艺复兴时期科学的论述。1983 年发表了长文《漩涡之中的渔夫》，1987 年出版英文版的《投入与超脱》，即将出版的又一部有关论文集（暂名为《人的形象》）收入了《社会学的社会生成》（1962）、《知识社会学的新观照》（1971）、《迈向社会过程的新理论》（1977）、《科学诸建制》（1982）以及《论自然》（1986）。此外，有关阐述还可见《文明的进程》的再版序言，《宫廷社会》的序《社会学与历史学》[31]，以及《什么是社会学？》的大部分论述。此外还可参考 1982 年论乌托邦的两篇文章[32]。

一、破除主观—客观的二元对立

埃利亚斯反对简单地提客观性—主观性的静态二元对立,强调这只是一个续谱。更重要的是,他不仅仅局限于社会科学的方法论,而是将分析视角扩展到人的知识与行为的整体。总的说来,埃利亚斯认为存在以下这样的关系:

如果以"投入"(involvement)和"超脱"(detachment)作为评判的两个向度,超脱越多,越偏向客观取向,现实适当性(reality-adequacy)越重(即越以贴近现实为上),与自主性相对而言的"异治性"也就越重,越倾向于站在"他们"或"他"的角度言谈思考,即"它—功能"(It-functions);相反,投入越多,越偏向主观的取向,思考时幻象的成分、魔幻—神话性的思维就越多,自主性也越强,越倾向于以"我们"的角度言谈思考(埃利亚斯称之为"我们—功能")。值得注意的是,在任何情况下,都不存在绝对的"投入"与"超脱",它们都是相互融合的,只是彼此的权重有所不同而已,其各自对应的特征也只是发生比重的变化。

埃利亚斯明确指出,除了初生的婴儿和神智完全丧失的人,无论是什么人,都不存在绝对的"理性"与"非理性"、"客观"与"主观"。而且,恰恰是这两个方向的相互作用构成了人类社会生活的面貌。这种均衡随具体的社会、文化、群体、个人乃至情境都各有不同。埃利亚斯之所以单单采用"投入"与"超脱"这两个术语来带出其他的维度,是为了避免将心理因素与社会因素截然分开,避免用纯粹的因果关联去推断它们彼此之间的关系。

埃利亚斯认为,以往各种关于科学知识的学说都未能充分说明科学的知识是如何从非科学的知识之中发展出来的。用现代人已知的、想当然的思维方式和范畴去理解以往未知之时的思维,是很容易产生误导的。比如,在现代工业—科学社会,人们很自然地区分生命体与无生命体,所以很难理解古代人们对大自然和自身关系的把握。所谓幻象与现实、梦境与真实的区别,都是随着社会的逐渐发展而固定下来的产物。比照儿童在其社会化过程中对想象、游戏等的态度的转变,也无非是再一次重复了整个人类社会所走过的道路。但神话式的思维并未完全泯灭,而是潜伏下来,通过各种变化机制,在不同的领域有不同的表现,比如在大众对体育运动、科幻小说、占星术之类的诉求之中,即可体现出这一点。

二、知识的"科学化"

如果说,儿童在其个体社会化的过程中,在知识的科学化方面沿循了社会的标准,那么,这种社会的标准又是如何得以形成的呢?在这一点上,埃利亚斯将他的投入与超脱关系的学说与社会生成和心理生成的学说联系到了一起。他认为,人类知识(包括思维方式)的"科学化",是与理性化、先见化、心理化、自我控制的增强等长期过程联系在一起的,而在其中,个体人格结构的发展又是与社会的发展融合在一起的。

在《宫廷社会》和《文明的进程》中我们已经知道:越是能够自我控制,对周遭的情势进行与自身保持一定距离的观察,就越是能够对过程进行控制[33]。或者说,自我控制的水平与过程控制的水平是彼此依赖、互为补充的。所谓"理性",最根本的特征即为,以行为的"迂曲"推延报偿的直接获取,换取更长远的满足,在现有手段与未来目的之间建立起符号化的关联,也就是说可以得出某种"理论"或"模式",并借此指引行动。

这样的"迂曲"行为,最典型的体现就是科学。科学需要长期的、超脱的视角和实践途径。我们大致可以说,自然科学中的"纯理论"相对于"应用科学",乃至整个自然科学相对于社会科学,都更多地体现出这样的"迂曲"取向。但在任何情况下,所谓的"纯理论"都只是具有相对的"自主性",纯粹的"价值中立"是不存在的。知识总是同时具备投入与超脱的性质、客体取向和主体取向。在工业社会里,人们日益(被迫)接受"科学的"思维方式,表面上不直接关涉任一特定群体的利益,但这些"科学"思维本身都是多年漫长争战的结果。知识多的很难理解知识少的人的思维方式,就像内局群体很难理解外局群体。我们所要做的,不仅仅在于各个人群看待问题有什么不同的方式,还要追问其原因。比如"原始人"在大自然的种种现象面前觉得不安全,所以把自身的神话想象投入其中,无法达到较高程度的超脱,从而更加无法控制。非人化的因果关联解释对他们来说毫无意义,因为这不能满足他们的情感和认知方面的需求。一句话,人们用来获取知识的方式是和他们业已掌握的知识的内涵实质分不开的,尤其是和他们对所处世界的基本观照分不开。

埃利亚斯提出了"基本控制的三重体系"(triad of basic control),借以说明知识与长期社会发展的关系。他认为,可以通过以下三个方面来界定与衡量一个社会所达到的发展阶段。

(1)对非人力量及事件(自然力)行使控制的能力——大致等于技术发展;

(2)对人际关系及事件(社会力)行使控制的能力;

(3)对作为个人的自己(即每一个社会成员)行使控制的能力。

这三种控制是彼此依赖地发展的,但它们并不存在平行发展的必然性。比如悖谬的是,第(1)种能力的发展时常会有碍于第(2)、(3)种能力的发展,甚至有时会出现倒退的现象。20世纪可谓是技术兴盛、科学昌明的时代,但人们对自己所处的社会、对自己的内心的了解与主宰程度难道就比以前高吗?

三、科学建制等级的社会生成

在19世纪上半叶,孔德提出了人类知识发展的序列图式,社会学是作为最高的一门科学,统领各门学科的。但今天,人们(包括社会学家自己),有意无意地唯自然科学马首是瞻,觉得一门学问越是体系化、精确化,越是能够借助严密的实验加以证实或证伪,就越称得上是一门科学。如此眼光来看,物理学、数学这样的学问自然是最科学的,而社会科学则未免次之,其中经济学还好些,社会学这样说不清道不明的当然是等而下之了。至于历史、哲学,比较不具可比性,况且历史悠久、学统深厚,也不用与它者一争短长。

埃利亚斯不同意所谓自然科学的发展程度比社会科学高的说法,提出要全面地理解这两种科学的性质,考察它们的研究主体和对象的性质,以及各自的投入与超脱的比重。他明确指出:即使是自然科学也同样笼罩着群体利益、我群幻象的迷障。他以地心说代替日心说的过程为例,生动地说明了在自然科学的进展过程中,同样存在着人的感情偏好和幻想因素。像达尔文、弗洛伊德等人的学说,当初都曾经由于从根本上动摇了人类的顾影自怜,而被科学的名义冠以异邪的帽子。在知识的传承继替过程中,社会的权力均衡状况实际上发挥了重要作用(包括实际的技术进展、教会与国家之间的权力比重等等)。

为什么知识成了争夺的关键目标?埃利亚斯的解释是:知识的核心社会功能便是取向(orientation)方式,"由于社会中每一个成员个人的取向都取决于自己可资利用的取向方式,因此,那些有能力垄断该社会取向方式的监督、传输和发展的群体便有机会拥有相当可观的权力,如果垄断是围绕某个核心而组织起来的,这种情况就体现得尤为明显"[34]。

总而言之,如果要解释科学客观性的产生,或者是揭示这只是一种发展而来的可能性,就必须考察中世纪以来教会对知识机制垄断的丧失,考察科学建制的逐步形成,新的专业化取向方式的出现,以及相对自主的科学共同体的形成。当然,这种转变只是逐步发生的,早期的科学家还都或多或少地负有宗教的情怀。

而且,人们总是想当然地把发现隐匿在可观察的变化背后的某种永恒不变的东西,即所谓"法则"——当做人类知识追求的最高目标。而"法则"并非用符号来反映被观察事件之间关系的唯一方式,也不是人类社会知识代代传承的唯一符号化方式,它只是某种神学体系和后来的经典物理学的独特方式(只是这两者取证的途径不同,前者是通过经文解说和天启,后者是通过实验)。

第七章　诺伯特·埃利亚斯

埃利亚斯因此指出，各门科学观察的对象性质不同，所采用的概念、理论和说明的类型也都不同，不能简单地认为社会科学的发展水平不如自然科学，或者在社会科学中，经济学的发展水平就要比社会学高。他据此对科学发展史的理论类型的演变作了分析，认为是从平面到三个维度（空间），再到包含四个维度（时间）的过程式理论（他认为，达尔文、孔德和马克思是过程理论的先驱）。社会科学中的过程理论比自然科学更多出第五个维度，即体验，包括人在可直接观察到的"行为性"特征之外，"体验性"的思维、情感、心理驱力等。

在社会科学里，存在着自我的对象化或远距化、心理化。学者在自己的研究中、常人在自己的日常生活中都面临着双重解释的问题。埃利亚斯将这种双重解释、这种人对自己的观察活动的自我反思与整个科学知识的出现联系起来，与人类的长期历史发展过程联系起来。另外，由于社会事件和变迁显然与人的自愿行动和计划有关联，所以相比自然事件，人们更难理解为什么表现出明确方向的结构变迁过程并不出自某一个人的计划或意图。重要的是要认识到，许多彼此依赖的人交织在网络之中，他们各自计划和意图的事件会逐渐发展成有一定结构的、表现出方向性的变迁过程，而这种过程又有可能出乎任何一个人的意料。

那么，社会科学作为揭示这种无人计划但有一定结构的过程的科学，又是如何出现的呢？埃利亚斯认为法国大革命是一个重要的契机。正是通过对法国大革命的反思，人们开始认识到：没有一个重要的人物或群体能够在愈益复杂、多向和相互依赖的权力网络之中取得绝对的主宰地位。因此，对社会现象的解释绝不仅是对特定个人或群体行为的揭示。

埃利亚斯在1962年的《社会学的社会生成》一文中，指出社会学不仅仅是在保守主义立场上对法国大革命的知识上的反映，而是整个社会自身转变的反映（比如工业化、功能民主化），是现代意义上的社会科学开始出现的反映。以往的社会思想家如伏尔泰、霍布斯、洛克、孟德斯鸠等人，都诉诸某个权势之人来解释社会事件。而魁奈、重农学派、古典政治经济学等，则开始通过"市场力量"来解释社会过程（也就是说，现代社会学的起源与现代经济学是分不开的）。但他们仍始终用纯粹的"经济人"来作为预设，未能看到所谓（理性）经济人的具体历史的形成。因此埃利亚斯认为，马克思对纯粹"经济人"预设的揭露具有重大的意义。

四、从"封闭的人"到"开放的人"

埃利亚斯还精辟地指出，偏于哲学的知识论传统最趋近超脱的一端，而社会学性的知识论传统则最趋近投入的一端。前者思考的是如何获取未被扭曲的有关现实的知识,后者关注的则是有关现实的知识是如何被扭曲的。

"封闭的人"(homo clausus)是埃利亚斯毕生抨击的目标。他从博士论文开始便认为,莱布尼茨式的单子外视观是如此根深蒂固地影响了人类对知识的探求,以至于即使超出了自我的视角,其问题也只在于如何认识其他单子的思维和认识。人成了"思考着的雕像",是"缺乏我群形象的一个个我"(we-less I's)。埃利亚斯独辟蹊径,指出"封闭的人"是长期历史发展起来的文明化自我控制的"容器",文艺复兴对"人"的发现是一个关键的节点。他提出应该代之以"开放的人"(homines aperti)。

埃利亚斯还具体分析了"社会学人"(homo sociologicus)。他指出:无论是涂尔干的"社会事实"、韦伯的行动类型学,还是帕森斯"黑箱式"的行动者人格体系,都渗透着"封闭的人"的思考倾向。埃利亚斯批评道:"静止的自我形象,个体行动者,从整个成长过程中抽象出来的成年人,在帕森斯理论所借用的精神分析观念中,这些东西都在毫无中介的情况下共存一处,而精神分析观念原本针对的是成为一位成年人的过程而非成年的状态,是在处于与其他个人不可分解的相互依赖关系之中,并作为一个开放性过程的个人。"[35] 这一批评完全可以用来比照帕森斯之外的许多社会学家。正是因为埃利亚斯认为所谓"黑箱"之内在世界与外在世界的严格区分只是一种虚幻的区分,所以他才会同时反对涂尔干式的高度客观主义和现象学的高度主观主义[36]。

埃利亚斯对哲学"传统"的这种批判理所当然地遭到了反击,被指为"非哲学"的。埃利亚斯的问题是:为什么(社会学的理论)被指为"非哲学"的会是一种批评,而且社会学(家)自身也认为这是一种批评?他在《科学诸建制》一文里通过外局群体与内局群体的关系反思了这一问题。在整个科学建制专业体系里,各门"学问"争相专业化,学科之间彼此争斗,造成交流困难。等级低者常常是急于寻求声名显赫的"祖师",以等级高者的批评为重,并以后者典型为典范(如社会学对两极——哲学与自然科学的看法)。结果是以我群印象的凸显(其实是丧失)、技术方法对问题意识的消解为代价。

第五节 整体过程观照下的人类发展

埃利亚斯终其一生都强调,他所考察的欧洲历史绝不是文明化过程的唯一表现形式。但在最普遍的意义上,文明化过程无疑是人类的一项共同特征。按照古兹布洛姆的说法,文明的进程可以划分为以下三个层面:

（1）每个人自出生始便经历的过程，即通常所谓的"社会化"、"濡化"（enculturation）、"人格形成"等，与生物成熟过程密切联系在一起；

（2）特定社会中有关行为、思维、情感方面的社会规范的发展，注意不要把所谓"社会"的过程与"个人"的过程截然区分开来，也就是说（1）与（2）并非泾渭分明的两个过程，因为每一个人一生的学习过程都是整个社会学习过程的组成部分（埃利亚斯称之为"个体生成"与"社会生成"的相互融合）；

（3）作为整体的人类文明化过程，每一个单个社会的文明化过程都是其组成部分，逐渐形成人类整体的一些独有能力，比如火的使用，言说能力，用木头、石头、金属等制造工具和武器，以及知识的增长等等[37]。

一、符号理论

社会学家们常常忽视了第三点，这是不应该的，因为人类在生物性上来说同属于一个种类，进化是非常缓慢的。而其下的具体生存求适就是文化变异的表现了。埃利亚斯因此认为，我们必须更加重视研究：究竟是人类所具有的哪些生物性特征，赋予人类某种超越于动物的能力，使他们能够从经验中习得知识，并一代代传承下去，根据环境的变化改变群体生活方式，表现出"自我驯化"（self-domestication）的过程。一句话，"人类的何种生物特性创造了历史？"

对这一问题的解答体现出埃利亚斯反对"封闭的人"的一以贯之的立场。他指出，在看待身心关系的问题上，我们必须反对两种错误的倾向，一方面是孤立主义的二元论（isolationistdualism），比如在德国所谓的精神科学中，自然科学与人文科学、心智和肉体是截然两分的，是站在"封闭的人"的立场上看问题；另一方面则是还原主义的一元论（reductionist monism），比如行为主义、民族人种学、社会生物学[38]。

埃利亚斯认为应该采取过程性的视角，理解总体发展过程中同时存在的连续性与独特的结构特征，融会自然的维度与社会文化的维度、生理的维度与心智的维度。在这样的融会之中，人类的特殊性体现在生物进化史上第一次拥有如许的习得能力，使知识的增长无须生物性方面进一步的进化；而且，相较其他动物而言，人类的习得行为比重第一次超过了非习得（遗传天赋）的能力。正是这一点赋予人类极大的优越性，埃利亚斯称之为"符号解放"（symbolic emancipation），即人类在为求得沟通而发出声音时，逐渐摆脱了大多是非习得的或者说天生的信号的束缚，习得的形式逐渐固定下来，并慢慢占了上风[39]。这样的素质使人类渐渐走上了符号动物的道路。人类越来越多地获得习得能力、综合能力（在各种符号的使用之间建立关联），以及代际通过符号形式传承知识的能力,更好地与环境求得调适。

但生物性因素与社会性因素的关系绝不是单向的。埃利亚斯同时指出,值得注意的是,正是由于社会压力的增强,认知的需求和能力增长,速度不断加快,也反过来促使社会知识的存储逐渐脱离生物进化。同时,先天能力比重的下降也促使人们不仅能够而且必须比其他动物学得更多。

埃利亚斯认为,不能把所谓的"本质",即"自然"(nature),看成不过是那些通过储存下来、被记忆住的经验形成的固定不变的人类特征。他通过对婴儿语言能力和情感激发的考察,指出一切属征的获得和发展都是生物性与社会性的综合。他尤其重视对情感的研究[40],认为任何成人的情感都不是纯然先天传承的固定反应模式,而是同时包含了身体(生理)、行为、感情等方面的属性。脸及其在人际交往中的核心地位,是埃利亚斯的分析中一个著名的例子。总之,不可逆的生物进化[41]与可逆的社会发展不可分割。

总之,在文明的进程中,借助运用符号的能力,学习自我控制(而不是缺乏本能),将外在约束转为内在约束,这是所有人类社会的共性。在这过程中,普遍体现出报偿的推延、迂曲的超脱和符号的预期。技术、心智和社会的发展紧密纠缠在一起:生物的进化、符号的发展、组织的扩大、情感的细密……埃利亚斯的符号理论就是这样和他的其他学说勾连一体。

二、论时间

在埃利亚斯对整个人类文明化过程的具体分析中,最系统的要算是《论时间》了。他把《论时间》与《文明的进程》和有关知识的社会学理论看成是自己最重要的著作[42]。

埃利亚斯认为,时间绝非简单的自然因素,人类社会之所以能够产生时间和计时(timing),前提是人类不仅能够运用符号,并且还拥有在代际积累知识的能力。只有在这种人类特有的综合能力,即通过不同的符号使用建立联系之下,人类才能在发生在所谓过去、现在与未来的事件之间建立起某种"时间序列感"。今天被我们作为"时间"而加以概念化的理解和体验的,正是人类的一种知识积淀,一种取向手段,是通过漫长的代际习得过程体验发展而来的。所谓测算"时间",并不是说存在某种固定先在的东西等待我们去探知,去建立联系。"计时"更重要的是一种建立联系的能力。

因此说来,所谓的"时间"只是供人们理解和测度的一种符号,但其符合"现实"的程度是如此之高,以至于人们很难分辨符号与现实。时间之所以会被作为"客观现实",是因为它和语言一样,必须在共同的执行之中方能发挥其效能,而且表面上它也具有不为外力所动的自然过程的特征。人们不由自主地将自己的人生与时间的流逝挂起钩来。

在非现代工业社会的文明里，对时间的意识体现为更具体的图式，比如通过月亮的圆缺来表示"月"，没有必要和可能产生严格稳定的时间尺度，社会生活里诉诸时间计算的程度也比较低，钟点、日历和纪元之间的关联也是松散的，总之，缺乏现代的直线流式的连续时间观。而现代社会里的人一般是不假思索地把时间理解为某种类似于河流的直线流（或者他们根本就不会去想时间是什么东西）。他们很难弄明白，自己这样的理解只不过是多种可能性之一，是文明形塑的产物。

从原始游牧社会到农业社会，再到现代工业社会，逐渐产生时间精密化的需要（也就有了可能），可以和必须精确预见的时间由点（农业社会中的播种、收获、祭祀时节）到面和到流（国家的出现促成了历法的出现，铁路统一了民族国家内部的时间，而电报电讯更使时间拥有了国际化的形式，典型的例子是钟表上秒针的出现，地方教堂的钟声开始根据收音机里格林尼治时间来调准）。长期较为稳定的国家单位的出现，是将时间作为一种单向的流动来体验的前提。随着人际交往网络的日渐延长、细密，与他人的协调日渐重要，时间方面的自我调控也日渐严密，时间的划分也就越来越重要、严格、"准确"。现代工业社会的工厂制度和这一发展是相辅相成的。日历、时刻表、钟表、手表（从钟表到手表是一项意味深长的发展）、个人记事本等等，不仅体现出对时间的社会约束越来越强，而且表现出社会约束逐渐转化为自我约束的过程（比如儿童如厕训练）。总之，时间绝不只是所谓自然科学研究的对象，因为时间体现出第五种维度：人的意识和体验。

三、生存单元与人类的整合

从以上介绍可以看出，埃利亚斯晚年试图以比《文明的进程》更长的时间跨度和更宽广的地域范围，探讨整个人类的整合问题。他认为整个人类历史的趋势是各个生存单元（survival units）的规模越来越大，彼此对抗的集团规模也越来越大。但他否认人类具有侵犯的天性，也不认为人类只能借助暴力手段来解决群间冲突，相反，他的著作始终表明人类的整个历史怎样表现出暴力性逐渐得到遏制的倾向。

尽管埃利亚斯成功地预见到了超出国界乃至洲界的协调组织越来越普遍，也看到了各个国家的单独行动越来越需要考虑到（和牵涉到）更多的国家，但他战前对最后出现世界性统一政府的预见，目前看来还是颇为遥远（当然他自己认为联合国是一个基础)。他在晚年对两个超级大国及其集团的对抗实质的分析中,利用了内局群体与外局群体(我群与他群)的视角,认为两个超级大国集团之间的对抗关系(相互约束的构形)存在自我增强(self-escalating)的趋势。相互的威胁增强了情感的幻象。而核战争的威慑只是在更大的"国内"范围内寻求"和平"解决的又一过程的开始。

第六节 "过程"社会学——原则与影响

一、"构形"与"过程"

尽管埃利亚斯早在60年代早期有关体育运动与暴力的论文以及《内局群体与外局群体》中就已提出了"configuration",并集中在《什么是社会学?》中提出了"figuration",但他非常反对把他的思想因此被归为"构形社会学"(figurational sociology)。他更注重过程性的、动力性的性质,而不是像"社会结构""社会系统"之类静态的、外在于个人、不受个人控制的物化概念,也就是说,更注重的是"形构"而不是"构形"。

我们可以简要地将"形构"规定为"彼此相互依赖的个人之间的网络,网络之中的权力均衡始终处于变动不居的非均衡状态"。这个不同寻常的词既成为埃利亚斯的攻击者所指责的目标,也成了他一些追随者自我认定的标签,但这样潜伏着很大的隐患,会使埃利亚斯的努力又沦为无非是想建立一个学派,而且一个新概念并不能彻底改变他穷一生之力予以揭示的"不言自明"的思维惯习,更不能说解决所谓"宏观"与"微观"之类虚幻的二元对立的连接问题。因此,埃利亚斯宁愿使用一个较为普通的词:"过程"(process)。它不太容易被视为静态物化的东西,也不会因其深奥而被借作标签。

埃利亚斯向来反对区分所谓的"理论"、"经验研究"和"方法论",因此很少(面对批评)对自己的观点作出纲要性的总结。唯一的例外或许是《什么是社会学?》。埃利亚斯认为关键是要转变人们思考问题所预设的内核范畴,揭示许多观念思维方式将过程还原为状态(process-reduction)这一点。这种还原是与西方哲学和神学思想传统分不开的,最稳定不变的东西被认为是最真实的,也是最具意义的。在社会学里则表现为一些"不言自明"的观念区分,如"行动者"与其行为,结构与过程,实体与关系等等。其中,埃利亚斯着力最多的是个人与社会的关系问题,他揭示了在这种对立背后的自我中心主义[43]。

埃利亚斯认为,解决上述问题的唯一出路是从根本上认清人与人之间的关

第七章 诺伯特·埃利亚斯

系是和一个个分立的"个人"一样真切的。但我们必须认识到,仅仅用"……化"(比如埃利亚斯自己的"文明化""宫廷化")之类的术语来展示过程性的视角只是一种表面的解救之途,即误以为概念在现实中有严格的对应。韦伯也看到了这种问题,但他的解决方法是"理念型"(ideal-type),埃利亚斯认为这反而容易导致"过程还原",故此反其道而行之,使用"现实型"(real-type),比如"宫廷社会"。

二、行动网络的过程模拟

埃利亚斯对人类社会实际过程的基本认识是:人们以联合或对抗等多种不同的方式,在日益扩大并复杂化的网络中彼此依赖,相互之间是一种变动不居的权力(不)均衡关系。无论是社会学家还是身处其间的每一个普通行动者,作为一个具体的个人,都无法把握到符合自己预期的发展过程。人与人之间行动的绞缠导致了所谓"社会的突生性质",预期之外的后果被视为一种普遍存在于社会生活之中的现象,因为人们对自己身处形构的知识始终是不完满、不精确的。只有采取发展的视角,才能充分把握这些个人行动的绞缠综合如何产生了其中任何一个人都无法控制(非出自其计划或预期)的"强制力",并反过来构成和约束这些人的感知、意图和行动。

对于这样一种状况的一般形式和过程,埃利亚斯在《什么是社会学?》中通过逐步复杂化的"博弈模型"(game models)作出了生动的描述。作为社会生活实际情况的类比,博弈固然是一种失之简单的类比,但比起生物类比和机械类比来要好一些。此外,需注意埃利亚斯眼里的"理性"可不是单纯的"经济理性"。

埃利亚斯从两个博弈者的简单对抗开始分析,逐步加入新的参与者,其中又分出弱弱联合、弱强联合等许多具体情况。他认为:"如果彼此相互依赖的博弈者数目越来越多,对于每一个博弈者个人来说,博弈的形构、发展与方向都将日益变得含糊。无论博弈者作为个人如何有力量,他也会愈益失去对博弈的形构、发展与方向的控制。因此,从博弈者个人来说,一个包含越来越多的博弈者的交织网络,在发挥作用时将逐渐更多地表现出似乎有属于自身的生命在。"[44]而且,一旦博弈的模型大到相当含糊的程度,就会出现分裂、重组、分层等现象。从而需要重新树立行动网络的模拟状态。因此,社会学家在思考问题时,不要诉诸"结构的变迁"或"结构和过程",而是要用"变迁的结构"或"过程的结构"。

三、社会学的任务

既然人类行动网络的日渐复杂化的发展会使任何一个人丧失对过程的控制,那么,个人何为?社会学家何为?埃利亚斯对此的回答是:"(社会学的首要任务之一)在于最终使处于各种群体之中的人们更好地理解自身和他人。"[45]而如前所述,人类的最大特点之一是其行为方式绝大多数来自习得以及代际知识传承的重要性,因此,增进取向手段就成了社会科学的一项基本任务。社会学家要努力帮助处于形构中的人们获得自己的行动"地图",提供可能性的概貌。当然,这还得要等待他们自己的实际行动去检验。从这个角度上来说,以精确度量每一个独立个人为预设前提的问卷调查,即使可能揭示了整个过程结构的一些整体性特征,也存在一些根本的问题。

埃利亚斯拥有超常的综合取向和能力,并且能够在一生当中锲而不舍地坚持这种取向。在他生活的时代,社会学家们发展出精细的分析能力,也同时磨去了综合的雄心,不把自己的结论与较为宽广的人类形构的持续发展挂起钩来,简单地认为这相当于某种立法性的意识形态。而埃利亚斯认为"捣弄数字"与"鼓捣概念"同样不可取。在我们这个学科分工高度发达的时代,在我们这个知识的符号化程度相当高、相当综合的时代,很容易陷入以高度抽象的概念来求得地位安定的故步自封的陷阱。与此相比,埃利亚斯的努力可谓弥足珍贵。

四、挑战与影响

至 20 世纪末,在见证了奥斯威辛集中营等之后,人们越来越深切地体会到所谓进步与发展的厚重意涵,体会到世界各国的不平等状况,"文明"与"不文明"再也不是简简单单的事实陈述,而愈益彰显出权力关系掩盖下的价值判断实质。但 20 世纪也同时见证了各种礼仪规范的"开放"。所以,问题绝非如此简单,可以用"文明的崩溃"或"去文明化"(decivilization)来概括。埃利亚斯反对简单的"野蛮化"论,比如在回答关于纳粹集中营的问题时,并不单纯诉诸人类的侵犯本性,而是从外局群体和内局群体的关系着手分析反犹主义的根源。指责他替 20 世纪的"野蛮"粉饰太平是不公平的,不要忘了,他的亲生母亲就死于奥斯威辛。

来自文化相对论立场的反驳则指出:是否真的能用一种统一的过程(无论是文明化还是去文明化)来描述世界各个地区的发展?有论者认为:埃利亚斯的文明进程论是(单线)进化论者的论调,是进步论者的论调。但事实是埃利亚斯努力向我们指出,生物性或表面行为方面的差异并不等于种族上的优劣,而

第七章 诺伯特·埃利亚斯

是漫长社会形塑的结果。并且他也明确指出,自己所研究的只是文明进程中的一个阶段而已。

埃利亚斯认为不能将发展视角连同单线进化理论一起抛弃,而是必须时刻记住社会"进化"与生物进化的不同。为了更精确地比较各个社会历史文化的所谓"渐进"(progression)与"倒退"(regression),他提出了以下考察标准:

(1)不同阶级、年龄、性别的人在不同社会发展阶段时期的常规交往频率;

(2)在不同社会发展时期,在某一特定时间—空间序列中,个体成员形成的相互依赖链条的数量、长度、密度和强度;

(3)社会中张力的核心均衡,功能分化的上升与权力不平等程度的下降所导致的权力中心数量的增多;

(4)三重控制(自然力、社会力及自我)的水平[46]。

埃利亚斯并不否认,在没有发展出暴力垄断机制的国家和高度发达的劳动分工的地方,也同样存在"文明"的行为方式和人格形态。他说的只是这些条件促进了西欧"文明化"过程自中世纪晚期以来的逐步增长。"文明"不是静止的固有状态,而是一种"变化过程",国家的形成成为行为方式趋于"文明化"的条件和结果(就此而言,《文明的进程》的英译本更名为《文明化过程》也颇有道理)。

与"去文明化"相对的是,20世纪也被许多人认为是逐步转向了"性开放社会"(permissive society),广义上即宽容的社会。因此有论者指出,即使埃利亚斯所指出的趋势正确,在20世纪也出现了逆转的趋势,社会生活出现"非正式化",而人们之间的相互依赖程度并未减弱,因此埃利亚斯的结论是有问题的。但实际上,如果从短时间的角度来看,人类历史上不断地交替出现正式化与非正式化。况且,这种非正式化的开放是以高度的自我/他人的约束(及预期)为基础的,简言之,外在的权威控制转化为内在的良心控制[47]。总之,埃利亚斯不断强调,文明的进程不仅仅是自我控制的不断增长,而是外在约束与自我控制的平衡关系的变化,是控制关系的变化。

现在来谈埃利亚斯的影响似乎还为时尚早,但这位无论从研究对象还是研究方法上都偏出于主流的学者自70年代以来声名日盛且波及领域愈来愈广,却是有目共睹的[48]。在荷兰,阿姆斯特丹学派广开领域,成果卓著[49]。在德国,他晚年的主要著作和整理工作乃至许多访谈都是在这里进行的。在作为知识分子天堂的法国,早在70年代《文明的进程》法文版的出版就为他带来了很盛的名声,该书登上了巴黎畅销书榜。布迪厄和夏蒂埃都很推崇他[50]。在意大利,尤其在1988年《个人的社会》因成为上年全欧最佳社会学书籍获第一届

"阿玛菲"(Premio Europeo Amalfi)奖后,也颇为"得势"。但在整个英语世界,对埃利亚斯的接受程度还是比较薄弱的。《理论、文化与社会》(Theory, Culture & Society)杂志俨然是受埃利亚斯影响或与其亲近的学者的阵地,但仍然是作为非主流社会学(或非主流社会理论)的学术刊物。而且人们更多地把埃利亚斯视为一位社会理论家,而不是像在西北欧等国的年轻学者那样,把他看作可以对经验研究给出灵感激发的人物,积极在广泛的领域里贯彻其思路,验证其结论。此外,在将埃利亚斯与社会理论主流(至少是主流思想家)的思想联系起来方面,出现了一批优秀论文,如把埃利亚斯与福柯、戈夫曼、吉登斯、帕森斯等进行比较。但在美国,埃利亚斯的影响至今仍然很小。

无论如何,大致而言,对埃利亚斯的理解和接受(尤其是英语世界)还是十分片面的,人们过多地集中在《文明的进程》(甚至只是其第一卷)[51]。英美学界历史社会学的主流还是巴林顿·摩尔、斯考切波、蒂利等人,关注的是革命、社会动荡和阶级冲突,以斯考切波为代表的方法还是以比较而不是发展为主,注重的是找出内在的因果因素。受埃利亚斯影响最大的还得算研究情感的一批社会学家。曼内尔认为,以往的社会学基本为认知所主宰,在后工业社会,计算机化的组织理性显然容不下对情感的研究,情感时常只能不恰当地混迹于诸如态度、阶级身份、卡理斯玛之类的考察之中。60年代之后对情感表现的重视、对因果线性逻辑的抵触和对自我的张扬促成了"情感转向"。这些或许可说是埃利亚斯的影响日益深远的一点重要原因。

无论是就单本著作还是就全部作品而言,阅读埃利亚斯有时都会使人感到重复乃至啰嗦,这固然在很大程度上是由于他晚年特殊的口述写作方式,但他的学说确实是在反复的探讨中达到螺旋向上或深化的效果,很难离析出哪一本书专门讨论哪一方面的观点。究其一生,埃利亚斯都居于传统之外,较少参引。他的语言浅近,多举譬喻,术语集中,立场鲜明且一以贯之。他的"理论—经验"结合致密,很难概括出条条框框。因此,对他的最好读解应该留待我们自己在更广阔的领域里所开辟的专门研究。

这位一生中从未投过票,也未参加过任何党派的学者认为,所有的政治意识形态都蕴含自我欺骗与对社会现实的歪曲:"我坚信,人类的疾苦正应归咎于他们被不现实的观念所驱使。"因此,清除所有神话式的思维方式是他自认的职责。人类需要神话,但可以通过写诗来实现(他自己就出版了诗集),而不要将这种思维方式贯彻在社会生活之中。他认为,自己所从事的工作主要是摆脱政治意识形态的渗透,寻找长期历史过程的影响。作为一名德国犹太人,他并未受到正统学校教育(包括学术生涯)的负面影响,相反却受惠于远离主流社会的

第七章 诺伯特·埃利亚斯

处境,以超然态度敏锐观察意识形态的扭曲和社会权力关系的掩盖与自我掩盖。

也许有人会问:如果埃利亚斯早些步入正规学术生涯会怎样?但这样的论题是毫无意义的。面对这位平凡的人物,我们只能抱之以冷静反观自身的态度。毕竟,我们都承受着高度文明给我们带来的幸福与重负,而且似乎还乐在其中或者浑然不觉。

注 释

〔1〕 本章有关埃利亚斯的生平及其回顾的资料,主要依据 Elias, N., *Reflections on a Life*, Polity, 1994; Mennell, S., *Norbert Elias*: *An Introduction*, Basil Blackwell, 1911,以及 *Theory, Culture & Society*,1987, Vol. 4 (2—3)。曼内尔的这本研究著作是一本非常出色的学术传记,有助于全面了解埃利亚斯除《文明的进程》之外丰富多彩的著述,以及这位"边缘"人物与现当代思潮的多方面联系。

〔2〕 后来他在晚年回顾时,认为自己的身份认同始终是双重性的。是犹太小团体的成员,还是德国社会的一分子?这种设问方式所反映的身份认同困惑,只是随其后社会政治局势以及社会科学本身的发展才显露出来的。而后一点原因正牵涉到埃利亚斯有关科学"客观性"的社会生成过程的研究。

〔3〕 值得注意的是:曼海姆与阿尔弗雷德·韦伯几近势不两立:一个是锋芒毕露的新秀,深受研究生与年轻教师的喜爱;一个是享誉士林的前辈,不甘于学术声望的衰落。这种关系类似于日后索罗金和帕森斯在哈佛大学社会学系的关系。

〔4〕 他的授课资格论文三十六年以后发表,即 Elias, N., *The Court Society*, Pantheon Books, 1969。

〔5〕 此书1969年重版后方才引起轰动:1978年和1982年分别出了英文两卷本,1994年出了一卷本。三联书店1998年上半年出版王佩莉译的《文明的进程》,但只是该书的第一卷。以下的介绍将会指出,此书的两卷必须作为一个整体来读,单读第一卷,或许会使人误认为埃利亚斯是个戈夫曼式的"民俗"分析者。

〔6〕 不久他便停止了这种治疗,因为负责为他咨询的医生去世,而埃利亚斯又把这也看作自己的过错。

〔7〕 古兹布洛姆在其《前程未卜的社会学》中,将这种知识氛围归之为"当代中心主义"(hodiecentrism)。参见 Goudsblom, *Sociology in the Balance*, Basil Blackwell, 1977。

〔8〕 曾经在该系执教过的成名人物包括吉登斯、柯亨(P. Cohen)、戈德索普(J. Goldthorpe)、莫彻利斯(N. Mouzelis)等。

〔9〕 哈贝马斯于次年成为第二届得奖者。

〔10〕 何谓"公正有序""组织有素",显然都是随具体社会历史文化而变的因素。在埃利亚斯这里,更重要的是预期和计算,两者互为前提。这是埃利亚斯提出人的日常行为"理性化"、"心理化"和"超脱"之发展等观念的基础。

〔11〕 康德:"我们由于艺术和科学而有了高度的文化。在各式各样的社会礼貌和仪表方面,我们是文明得甚至于到了过分的地步。但是要认为我们已经是道德化了,则这里面还缺少很多的东西。因为道德这一观念也是属于文化的;但是我们使用这一观念却只限于虚荣与外表仪式方面表现得貌似德行的东西,所以它只不过是成其为文明化而已。"——《历史理性批判文集》,何兆武译,商务印书馆 1991 年版,第 15 页。

〔12〕 在这方面,埃利亚斯在《文明的进程》和《寻求刺激》等书中都多次提到文化史名家荷兰的赫伊津哈(Huizinga)的《中世纪的衰落》(*The Waning of the Middle Ages*)和《游戏的人》(*Homo Ludens*),中国美术学院出版社的"学院文库"已于 1996—1997 年推出了两书的中译本,可以比照一二。

〔13〕 Elias, N., *The Loneliness of the Dying*, Basil Blackwell, 1985; Aries, P., *Western Attitudes to Death: From the Middle Ages to the Present*, Johns Hopkins University Press, 1974.

〔14〕 如福柯所言,恰恰是在维多利亚时代,禁忌使话语凸显,构成了某种反作用,最深刻地体现了权力话语的独特作用机制。参见本书"福柯"一章的讨论。

〔15〕 但人口增长只是复杂的因果决定机制中彼此相纠缠的多种要素之一。只不过是因为在这一时期,土地是最重要的生产手段和权力源泉。而劳动分工的程度又非常低下,所以人口的增长才在这一特定时期产生非常巨大的作用。

〔16〕 即 Elias, "Technization and civilization", *Theory, Culture & Society*, Vol. 12。此文最初为埃利亚斯于 1986 年 9 月 30 日在汉堡德国社会学协会年会上发表的演讲,后经曼内尔整理翻译。

〔17〕 参见本章第三节的"运动与暴力"一节。

〔18〕 这在他以后关于知识与科学的理论以及投入与超脱的论述中是关键性的线索,参见本章下文。

〔19〕 Elias, "Technization and civilization", *Theory, Culture & Society*, 1995, Vol. 12(3), 11.

〔20〕 实际上,真正的"外来人"是甲区的住民,他们才是后来搬迁进来的。有关该小镇各区具体的历史演变过程,参见 Elias with Scotson, *The Established and the Outsiders: A Sociological Enquiry into Community Problems*, Frank Cass, 1965。

〔21〕 另外,埃利亚斯 1964 年在海德堡召开的韦伯百年纪念会上宣读了论文《群体卡理斯玛与群体污名》(Group charisma and group disgrace),提出我群形象包括我群卡理斯玛和我群污名,两者(包括他群的对立看法)相辅相成,逐渐会被转化为自我形象。为维持这一形象所须付出的自我约束(比如遵乙守法)可以换来共享荣誉的利益。

〔22〕 可以参看埃利亚斯:《文明史上两性之间权力均衡关系的变迁》('The changing balance of power between the sexes in the history of civilization', *Theory, Culture & Society*, 1987, Vol. 4[2—3], pp. 287—316)。他在英国时原本写有一本关于自古罗马以来两性之间权力关系变迁的手稿,但在他去德国讲学期间,被女仆误认为废纸丢进了火炉。这或许是埃利亚斯唯一永无可能重见天日的作品了。

〔23〕参看 Mennell, *Norbert Elias: Civilization and the Human Self-image*, Basil Blackwell, 1989, 137—139。此外,有论者在两极之外又加上了第三极(marginal),即不足以对内局群体构成威胁,因而相互权力(不均衡)关系不构成主轴的游离群体。

〔24〕70 年代以前缺乏其作品的英文译本是一个重大原因。他自己对这种局面也负有一定责任,曾三番五次拒绝出版《文明的进程》英文本的建议。此时他已开始根据以往未曾利用的笔记修改原书,添写关于手淫的内容。

〔25〕我们可以举出许多例子:摇滚及流行现场音乐会、恐怖片、侦探故事、人工攀岩、游乐场……

〔26〕Elias with Dunning, *Quest for Excitement: Sport and Leisure in the Civilizing Process*, Basil Blackwell, 1986, 115.

〔27〕Elias, *Mozart: Portrait of a Genius*, Polity, 1993, pp. 7—8.

〔28〕Ibid., p. 14.

〔29〕《德国人》不仅在理论脉络上与《莫扎特》多有交契,而且实际上也就莫扎特的个案本身作有简短阐述。

〔30〕参看 Mennell, *Norbert Elias: An Introduction*, Basil Blackwell, 1991, 175.

〔31〕该文中译文见《国外社会学》1997 年第 4—5 期合刊,应星译。

〔32〕参见 Mennell, *Norbert Elias: An Introduction*, Basil Blackwell, 1991, 159;关于待出版的文集《人的形象》的情况参见后记;其中有关的英文文献包括:"Problems of involvement and detachment", *British Journal of Sociology*, 1956, Vol. 7(3):226—252; "Sociology of Knowledge: New Perspectives", *Sociology*, 1970, Vol. 5(2): 149—168 and (3): 355—370; Elias "What is the role of scientific and literary utopias for the future?", *Limits to the Future*, 1982, Wassenaar, NIAS: 60—80; Elias, *Involvement and Detachment*, Basil Blackwell, 1987(尤其是其中的"The fisherman in the maelstrom"一文)。

〔33〕埃利亚斯在"The fisherman in the maelstrom"一文中生动地譬示了这一点。

〔34〕Elias, "Scientific Establishments", in Elias, R. Whitley and H. Martin (eds.), *Scientific Establishments and Hierarchies*, *Sociology of the Sciences Yearbook*, Reidel, 1982, 37.

〔35〕参见《文明的进程》德文本再版序言,收于 Elias, *Reflections on a Life*, Polity, 1994。

〔36〕波勒纳(Pollner)在 1987 年写的《世俗理性》(*Mundane Reason: Reality in Everyday and Sociological Discourse*)中指出,社会学和所谓"常识"共同拥有一个基本预设,即存在一个独立于认知者的外在世界,有能力的感知者可以把握到它。但这种预设只是一种历史性的突生现象,或者说是文化上的或然现象,只有在一定的情境之下才能实现。

〔37〕转引自 Mennell, *Norbert Elias: An Introduction*, Basil Blackwell, 1991, pp. 200—201。

〔38〕比如在像斯金纳《科学与人类行为》、洛伦兹《论侵犯》、威尔逊《社会生物学》这样的一些著作里,人类的社会行为都被归之为某种生物习性甚至基因特征。

〔39〕参见 Elias, *The Symbol Theory*, Sage, 1991, 53.

〔40〕 可以参看 Elias,"On human beings and their emotions: a process-sociological essay", *Theory, Culture & Society*, 1987, Vol.4(2—3)。

〔41〕 甚至这一点也不是绝对的,比如以车代步的现代人步行能力的退化。

〔42〕 参见 Elias, *Reflections on a Life*, Polity, 1994。

〔43〕 参看 Eilas, *The Society of Individuals*, Basil Blackwell, 1991。

〔44〕 Elias, *What is Sociology*? Columbia University Press, 1970, 85.

〔45〕 Elias, *The Court Society*, Pantheon Books, 1969, 210.

〔46〕 参见 Elias, *The Court Society*, Pantheon Books, 1969, 221。

〔47〕 埃利亚斯早在《文明的进程》中就以妇女的泳衣演变为例,说明了这种"开放"背后所需的对人对己更大的约束。再有如论体育运动与暴力时概括出的高度控制的去控制化情感宣泄(参照布迪厄所谈的反抗行为所蕴含的辩证关系:在个人自主性增长和非正式化增长的背后,是根植更深的自我约束,更明确的权力不平等,也更少自觉的解放意识)。

〔48〕 详细情况及文献参见 Mennell, *Norbert Elias: An Introduction*, Basil Blackwell, 1991, pp. 24—26, 278—286; Peter Gleichmann, "Norbert Elias on his Ninetieth Birthday", *TCS*, Vol. 6 (1989), pp.59—76; Mike Featherstone, "Norbert Elias and figurational sociology: some prefatory remarks", *TCS*, Vol. 4 (1987), pp.197—211。

〔49〕 参见 Goudsblom, *Sociology in the Balance*, Basil Blackwell, 1977; Goudsblom, Jones and Mennell, *Human History and Social Process*, University of Exeter Press, 1989; Kranendonk, Willem, *Society as process: A Bibliography of Figurational Sociology in the Netherlands*, Publikatiereeks Sociologisch Instituut, 1990。

〔50〕 参见 Roger Chartier, 'Social figuration and habitus: reading Elias', in *Culture History*, Polity, 1988。1987 年埃利亚斯九十寿辰时,包括布迪厄在内的众多学者到场祝贺。

〔51〕 发表在英美社会学主流杂志上的书评以及许多学者对埃利亚斯学说的参引绝大部分只涉及《文明的进程》乃至只是第一卷。

参 考 文 献

(1) 埃利亚斯的著述

Elias, N., *The Civilizing Process*, 1994, 一卷合订本(1939 年初版)。

Elias, N., *The Civilizing Process*, Vol. 1: *The History of Manners*, Blackwell, 1978;中译本《文明的进程》(第一卷),王佩莉译,生活·读书·新知三联书店 1998 年版。

Elias, N., *The Civilizing Process*, Vol. 2: *State Formation and Civilization*, Basil Blackwell, 1982.

Elias, N., *The Civilizing Process*, Vol. 2: *Power and Civility*, Pantheon Books, 1982.

Elias, N., *The Court Society*, Pantheon Books, 1983 (1969 年初版)。

Elias, N., *What is Sociology*? Columbia Univeristy Press, 1978 (1970 年初版)。

Elias, N., "Scientific Establishments", in Elias, R. Whitley and H. Martin (eds.), *Scientific Establishments and Hierarchies*, Sociology of the Sciences Yearbook, Reidel, 1982, 3—70.

Elias, N., "The retreat of sociologists into the present", *Theory, Culture & Society*, 1987, Vol. 4 (2—3).

Elias, N., *The Loneliness of the Dying*, Basil Blackwell, 1985.

Elias, N., "The changing balance of power between the sexes in the history of civilization", *Theory, Culture & Society*, 1987, Vol. 4(2—3).

Elias, N., *Involvement and Detachment*, Basil Blackwell, 1987.

Elias, N., "On human beings and their emotions: a process-sociological essay", *Theory, Culture & Society*, 1987, Vol. 4(2—3).

Elias, N., *The Symbol Theory*, Sage, 1991.

Elias, N., *The Society of Individuals*, Basil Blackwell, 1991.

Elias, N., *Time: An Essay*, Basil Blackwell, 1992.

Elias, N., *Mozart: Portrait of a Genius*, Polity, 1993.

Elias, N., *Reflections on a Life*, Polity, 1994.

Elias, N., *The Germans: Power Struggles and the Development of Habitus in the Nineteenth and Twentieth Centuries*, Columbia University Press, 1995.

Elias, N., "Technization and civilization", *Theory, Culture & Society*, 1995, Vol. 12(3), 7—42.

Elias, N., and Eric Dunning, *Quest for Excitement: Sport and Leisure in the Civilizing Process*, Basil Blackwell, 1986.

Elias, N., and John Scotson, *The Established and the Outsiders: A Sociological Enquiry into Community Problems*, Frank Cass, 1965.

(2) 二手文献

Gleichmann, P., Goudsblom and H. Korte(eds.), *Human Figurations: Essays for Norbert Elias*, Amsterdams Sociologisch Tijdschrift, 1977.

Goudsblom, J., *Sociology in the Balance*, Basil Blackwell, 1977.

Kilminister, R., "Structuration theory as a world-view", in C. A. Bryant and D. Jary (eds.), *Giddens's Theory of Structuration: A Critical Appreciation*, Routledge, 1991.

Kuzmics, H., "Embarrassment and civilization: on some similarities and differences in the work of Goffman and Elias", *Theory, Culture & Society*, Vol. 8(2), 1991, pp. 1—30.

Mennell, S., *Norbert Elias: Civilization and the Human Self-image*, Basil Blackwell, 1989. 1991 增订版改为 *Norbert Elias: An Introduction*。

Theory, Culture & Society, 1987, Vol. 4(2—3).

Theory, Culture & Society, 1995, Vol. 12(3), pp. 43—143.

van Krieken, R., "The organization of the soul: Elias and Foucault on discipline and the self", *Archives européennes de sociologie*, Vol. 31(2), 1990.

第八章

米歇尔·福柯

李 猛

德国当代著名社会理论家哈贝马斯称福柯"在我们这一代哲学家中,对时代精神拥有最持久的影响",法国哲学家德勒兹(G. Deleuze)称福柯的思想是"现代最伟大的哲学之一"。而法国著名历史学家维恩(P. Veyne)则认为,"福柯著作的发表是我们世纪最重要的思想事件"。在福柯逝世时,年鉴史学的代表布罗代尔痛惜地说,"法国失去了一位当代最光彩夺目的思想家"。大概在当代思想家中,很少有像福柯这样,在生前就赢得了如此多的荣誉,但也引起了如此广泛的争议,批判、辩论、捍卫与反驳连篇累牍,在其逝世后十几年的今天,这种趋势不仅没有停止,而且还日趋热烈。福柯业已成为社会科学和人文学科许多问题的焦点。但是,正如法国社会学家布迪厄针对福柯的思想所指出的,"没有什么比把一种如此敏锐、复杂和非凡的哲学限定在教材式的表述中更危险的了"。福柯本人也指出,对一个思想家,任何真正的重述,都必定是对这种思想的一种发展。而福柯对话语、理性与疯狂、知识、权力、主体、自我技术的分析,与我们有直接切身的关系,特别是他有关权力—知识体制,理性的界限和排除,无所不在的权力的目光,以及说出真话的艺术,将自我作为一件艺术品来塑造的论述,都是我们必须反复阅读、思考和实践的。福柯生前经常谈到东方,谈到日本和中国,这些不同的社会和历史,帮助他思考西方社会与历史的独特性,同样,福柯的分析也可以帮助我们思考我们何以成为现在的我们。因此,这里对福柯的概述,正是基于我们自身的处境对福柯思想的重新组织,希望它将读者进一步引向对福柯的阅读、讨论和发展,而不是就此止步不前。

第八章 米歇尔·福柯

第一节 福柯的生平与思想渊源

一、生平简介[1]

在当代的学术界中,思想与理论日益成为一种学院化,学科化,也就是专业化的职业,因此,在当代思想家中很少有人像福柯这样,思想与生活交织得如此紧密。福柯对先锋派艺术的迷恋,隐秘的爱情生活,各种极限体验(the experience of limit),以及他以独特方式参与的政治活动,都构成了他思想生活的重要组成部分。在1981年,《解放报》发表了埃里蓬对福柯进行的一次访谈。在这次访谈中,福柯坦然承认,"每次当我试图去进行一项理论工作时,这项工作的基础总是来自我个人的经验,它总是和我在我的周围看到的那些事情有关。事实上,正是因为我觉得在我关注的事物中,在我去打交道的制度中,在我与他人的关系中,我发现了某种破裂的东西,某种单调灰暗的不和谐之处或运转失调的地方,我就会着手撰写一部著作,它实际上是一部自传的几个片断"[2]。但另一方面,福柯又顽固地拒绝谈论自己的私人生活,把它们隐藏在重重迷雾之后。在福柯看来,写作恰恰就是要避免禁锢在自己的面孔之中,要使自己变得不同[3]。

福柯1926年10月生于法国西南部的一个小城普瓦提埃。他的父亲是一位外科医生,尽管福柯并不喜欢他的父亲,而且也没有遵照他的父亲的意愿,成为一名外科医生,但他后来对临床医学的分析,和他的家庭背景不无关系。福柯的中学生活是和维希政权时代法国国内的微妙局势分不开的。福柯在去世不久前的一次回忆中,认为"这或许就是我迷恋历史,迷恋个人体验和我们所亲身经历的事件之间的关系的原因"[4]。和绝大多数法国知识界的精英一样,福柯也是法国著名的巴黎高等师范学校的毕业生。1950年,福柯从高师毕业后,先后在法国国内、瑞典、波兰、德国、巴西和突尼斯等地任教。在这些社会制度与文化心态截然不同的国家中的生活,无疑加深了福柯对权力问题复杂性的认识。

20世纪50年代后半期到60年代上半期,福柯一直致力于对精神病学的研究,特别关注在历史中精神病是怎样成为一种知识对象的这一问题。他围绕这个问题撰写的专著为他赢得了国家博士的学位。不过,真正使福柯成为整个法国知识界的精英人物的著作是他在1966年出版的《词与物》[5]。这本福柯撰写的最艰涩的著作,本来只希望面向对社会科学的历史感兴趣的狭小的读者圈,但却意外地成了一本畅销书,引起了整个知识界,甚至一般公众的极大兴趣。许多人将这本书看作结构主义时代取代存在主义时代的一个重要标志。

1968年爆发的"五月风暴",使福柯摆脱了与政治活动相对疏离的状态,开始逐渐投身公共活动。70年代,他以其独特的方式参加了许多政治活动,其中最著名的是他参与组织的"监狱状况调查组",利用这个力量单薄的组织,他希望能够有机会让入狱者讲述自己的生活状况。这一经历对他后来撰写有关监狱的著作,具有重要的意义。随着他在法国知识界声望的提高,福柯逐渐利用访谈、报道、评论、短文等各种形式,对西方社会的性观念、法律、政治体制,伊朗革命等问题发表意见。他参加的许多针对西方社会既定的权力—知识体制的反抗实践,对他晚年进行的权力分析有很大的影响。这一点突出地体现在他的《纪律与惩罚》和《性史》等著作中。

1970年底,福柯被选为法兰西学院的思想体系史教授。他在就职典礼上发表的讲演,即《有关语言的话语》,已经成为法国思想史上最重要的文字之一。从此,直到他去世为止,他每年在法兰西学院的授课都是巴黎思想界的一个重要组成部分。几乎每次上课,教室中都拥挤不堪。而福柯的许多著作的雏形正是在这样嘈杂的人群中形成的。

1984年6月,福柯去世,年仅57岁。

二、福柯的思想渊源[6]

在为德勒兹和瓜达里的名著《反俄狄浦斯》撰写的前言中,福柯指出,"在1945年到1965年期间……(法国)存在一种正确思考的方式,一种政治话语风格,一种知识分子伦理。一个人必须熟悉马克思的思想,让自己的梦不要太偏离弗洛伊德的学说。一个人还得对指号系统(也就是能指)尊崇备至"。在这里,福柯概括了他思想成长阶段法国思想界的状况。福柯认为他的学说正是针对这些思想形成的,即反对以萨特为代表的存在主义以及这种现象学与马克思主义的奇怪结盟,反对与之相连的主体哲学。同时,也与结构主义和弗洛伊德式的精神分析学说划清界限。而帮助福柯超越这些观念的思想力量有很多,其中影响比较大的包括康德、尼采、法国的认识论传统等[7]。

1. 康德与批判哲学传统

在一篇署名"福洛伦斯"的文章中,作者指出,"如果说福柯确实是根源于某种哲学传统的话,他属于康德开创的批判传统,我们可以把他的工作称为思想的批判史(a critical history of thought)"[8]。在福柯看来,康德开创的传统,包含了两个方面:一方面,是对知识条件的批判性考察。福柯的知识考古学正是继承了康德的这一传统,而且,福柯笔下那个多少有点古怪的"考古学"一词就是来自康德本人。另一方面,康德是现代哲学中第一个对"当前"(present)的历史处境进行思考的哲学家,福柯晚年的工作则承继了康德对启蒙与革命问题的探索[9]。不过,福柯的分析至少在三个方面和康德有所不同[10]。第一,在考察知识问题时,福柯将康德分析中带有哲学人类学普遍色彩的先验图式转化为一种历史先验(historical apriori)。在康德的理论中,历史研究本身的地位并不高,而福柯却是从历史的角度来着手解决康德当年以十分尖锐的方式提出的问题,用经验性的"历史批判"分析取代了康德那里的"纯粹理性批判"。第二,福柯将黑格尔等思想家视为康德传统的一部分,但福柯的分析视角虽然强调历史性,却与这些康德哲学的历史化途径迥异,因为福柯考察的不是"历史的逻辑",而是"历史的实践",他的理论也不是具有目的论结构,隐含了某种末世论观念的历史哲学,而是"从历史和社会学的角度来处理理性、非理性这些传统上属于哲学的问题"[11]。第三,福柯对任何主体哲学都抱有深刻的怀疑,所以他也严厉地批评指出,在康德的传统中包含了某种西方文化固有的强调"内在性"(interiority)的倾向,他则希望借助历史学的批判分析摆脱先验主体的束缚,因此利科才称福柯的思想为"没有先验主体的康德主义"[12]。不过,福柯仍然在一些关键取向上深受康德的影响,这突出地表现在他的历史分析中所隐含的批判取向,这一点往往为福柯的评论家所忽视。福柯的批判方式,特别要求他的读者具有独立运用理性的能力和勇气,这一点同样是康德基本思想原则的现代体现,而且也是福柯与康德在思想上最大的亲缘之处。《解放报》的主编克拉维尔(M. Clavel)就曾经撰文认为福柯和康德一样,"在他之后人们无法再以同样的方式思考",甚至赞誉福柯比康德更不肯妥协,康德入睡得太快了,而福柯却不断地用他愈来愈强的震动来使我们保持清醒[13]。

2. 尼采[14]

尽管福柯是一位具有鲜明法国色彩的思想家,但他和同时代的许多法国思想家一样,都深受德国学者的广泛影响,尤其是尼采的深刻影响。尼采大概是福柯研究得最深入,对他形成自己独特的思想风格和研究角度帮助最大的一位思想家了。用福柯本人的话说,"尼采对我来说,是一个启示"。尼采的思想使福柯得以反思他从法国教育体制和学术界那里获得的一系列"想当然"的观念,从而彻底改变了他的思想[15]。尼采对福柯的影响主要体现在以下四个方面:首先,尼采在《不合时宜的沉思》中对历史(学)的批判性态度,是福柯力图避免传统历史学分析的问题而独辟蹊径的一个重要动力[16];其次,尼采强调,知识并不像自柏拉图以降的西方哲学主流传统所认为的那样,是一种使我们摆脱尘世权力斗争,获得内在自由的东西,相反,知识本身正是权力或力量斗争的产物和工具,这一点对福柯的知识考古学和权力分析都产生了深远的影响[17];再次,尼采对基督教道德始终抱有毫不妥协的批判态度,并曾试图用谱系学的方法来探讨道德本身的复杂历史,这一思路是福柯独特分析取向的一个重要基础,并影响了福柯晚年对自我技术问题的探讨[18]。福柯在1983年进行的一次访谈中,称自己正在进行的工作就是对"伦理的谱系学研究",这可以看作对尼采思路的一个改造[19];最后,尼采对生命(或生活)本身的强调,以及将自我作为一件艺术品来创造的观念,不仅是福柯晚年关注的中心问题,大概也是福柯一生的完美写照[20]。正因为尼采在如此广泛的方面对福柯产生了深刻的影响,所以一些学者才将福柯视为一位"尼采主义者"[21],福柯一度也自封为"尼采派"。但福柯同时指出,尼采对他的影响恰恰在于他能够运用尼采的思想来思考,既借助他的文本,同时也借助许多反尼采的论题,来对一些具体领域进行研究[22]。因此,我们既要注意到二人之间的相似之处,也不能忽视许多潜在的差异,这些不同的关键就在于,福柯尽管和尼采一样对西方理性及其突出代表——哲学持有强烈的怀疑和批判态度,但他却是从历史的"实证"分析中来真正地检验尼采所谓"效果史"(wickliche Historie)这一伟大设想本身的可能性和有效性,这一点恰恰为许多忙于挖掘福柯"哲学理念"的学者所忽视[23]。

3. 形式主义传统

福柯一度被视为是结构主义的代表人物,是所谓"结构主义四人帮"[24]中的一员,后来又被看作从结构主义转向所谓"后结构主义"的象征。而福柯本人在法国乃至整个世界知识界的地位,在很大程度上恰恰是建立在这种标签上。福柯对此的态度十分暧昧,在60年代结构主义方兴未艾之时,他含糊其词,一度愿意把自己看作这个新兴思潮的一部分,来对抗以萨特为首的理论霸权。但是,随着结构主义本身逐渐成为法国知识界的新文化霸权,福柯日益拒绝别人把自己列入其中,甚至对许多评论者为他贴上这种标签深感恼火[25]。不过无论是早期的同盟,还是后来的拒绝,都不能否认福柯的思想既和结构主义之间存在亲缘关系,又和一般公认的结构主义观念之间保持距离。事实上,正如福柯本人指出的,这种矛盾现象原因在于,结构主义本身不过是20世纪影响全欧的形式主义思潮的一个"插曲"罢了[26],而后者要比经典结构主义形态的意涵广泛得多。正是借助这种形式主义的观念,福柯一代的学者得以克服主体哲学的羁绊,从"我思"或超验自我之外的角度来考虑人与世界之间的关系,考虑知识的性质。在这方面,结构主义者从关系着眼分析"结构"的思路,对福柯的知识考古学研究思路的发展是有影响的[27]。而且福柯还指出,形式主义思潮始终和某种政治处境有关,形式主义总是意味着某种反教条主义,特别是在 60 年代的欧洲各国,形式主义思潮被广泛用来和各种教条主义"作战",这也正是这种思潮和福柯思想有关的一个重要原因[28]。不过,在福柯与那些比较强调符号分析的(后)结构主义者之间仍然存在巨大的分歧。表面上看,知识考古学和符号分析都探讨文本和言语,但实际上二者的取向恰恰相反,福柯强调从实践的角度,从文本之外的角度来探讨那些说出的话,而以德里达为代表的分析则主要着眼于文本中的痕迹,从能指的游戏中挖掘柏拉图以降的西方哲学中固有的"逻各斯"秩序。这一差异在福柯与德里达的争论中体现得十分明显[29]。因此,如果把福柯视为进行语言结构分析的那种"结构主义",就误解了福柯与结构主义之间的思想关联。

4. 法国的认识论传统[30]

福柯指出,"谁都知道法国没有多少研究科学逻辑的学者,却拥有很多研究科学史的学者"[31],他所说的就是对当代法国思想界影响颇大的法国认识论传统,这一传统包括了库瓦雷、巴什拉和康吉翰等著名学者。尤其曾经担任福柯博士论文导师的康吉翰对福柯的思想影响十分大,福柯认为,"如果你不理解康吉翰,就不能理解阿尔杜塞、阿尔杜塞主义,以及法国马克思主义者之间发生的一系列争论;你就无法把握像布迪厄、卡斯特尔和帕瑟龙这样的社会学家特有的思想和他们在社会学界中与众不同的显著地位;你就很难充分认识精神分析学者,特别是拉康学派的理论著作;甚至 1968 年运动前后进行的全部思想讨论,都离不开康吉翰……"[32] 以巴什拉和康吉翰为代表的这一传统与以萨特为代表的经验、意义(sense)和主体的哲学相对,是知识、理性和概念的哲学。福柯对理性与科学知识的历史的关注,对知识背后的各种实践条件的考察,甚至他对断裂问题的巨大兴趣,都深受法国认识论传统的影响。在《知识考古学》的开篇,他将法国认识论传统对科学史的研究,与法国的年鉴史学相提并论,视为当代在历史分析领域中最重要的进展[33]。如果考虑到福柯很少主动提及那些影响自己的研究传统,这样的赞誉就更是非同寻常的了。

5. 超现实主义者与新文学

福柯承认,自己受尼采的影响,主要是通过两条路线,一条是通过海德格尔,而另一条则是通过巴塔耶(G. Bataille)及超现实主义者。超现实主义者及各种先锋文学对福柯思想发展的影响是不可低估的,福柯在去世前一年接受的一次访谈中承认,自己深受布朗肖、巴塔耶、克洛索夫斯基(P. Klossowski)和罗伯-格里耶的影响,正是这些艺术家帮助自己摆脱了现象学与存在主义对思想的支配[34]。这些艺术家关于极限、逾越(transgression)的思考[35]、对"外面"

(outside)的探索[36]和对语言的实验[37],都深刻地影响了福柯对社会的理解和对话语的分析。他对雷蒙·鲁塞尔这位超现实主义先驱的探讨具有非常重要的意义,而从写作过程来看,这本书也是福柯感到最快乐的著作[38]。

事实上,不理解福柯对超现实主义的迷恋和对法国新文学的赞赏,就很难理解他何以在话语分析、社会分析和历史分析中能够独树一帜,看到别人不能看到的问题。这些分析的主题往往与他对许多文学作品的讨论背后的思想是一脉相通的。

三、福柯的思想主旨与著作简介

在"福洛伦斯"撰写的《福柯》一文中,"作者"称福柯从《癫狂的历史》一书开始就力图突破当时法国知识界以萨特为代表的存在主义形态的现象学和马克思主义的支配,力图别出机杼。不再将哲学奠基于一种新的"我思",或者发展一套尚未被人认识的思想体系,而是探究西方社会特有的"姿态"(gesture)[39]。这里所谓的"姿态",就是指"一种文化的条件或组织原则"[40]。而在各种"文化的条件或组织原则"中,福柯主要关心的是以下三个方面的问题:

(1)"我们自身"与真理的关系,通过这种关系,我们将自身构成为知识的主体。

(2)"我们自身"与权力的关系,通过这种关系,我们将自身构成为通过行动影响他人的主体。

(3)"我们自身"与伦理的关系,通过这种关系,我们将自身构成为道德行动者。

这三个方面的问题就是福柯认为他全部研究的三个轴心[41]。晚年,福柯也将它们称为"真理(或知识)—权力—自我(或主体)"的三角关系。因此,福柯的全部著作都可以视为从这三个不同的角度来把握西方社会的不同历史阶段所特有的历史条件。不过,福柯清楚地认识到,自己的工作本身也体现了西方社会某些特有的"姿态",所以他竭尽全力来克服某些不易察觉的思想界限(limit)对自己的限制,福柯的著作正是他这一挣扎过程的体现。粗略地看,福柯的著作可以划分为四个阶段。

1. 早期著作

福柯在《癫狂与文明》和《临床医学的诞生》等著作中通过分析精神病或临床医学这样的知识体系的发展,及其与各种社会机构、组织、实践之间的密切关联,初步探讨了思想体系的历史。在这一阶段中,"排斥""划分""禁闭"是不断出现的主体,知识问题占据中心的位置,但权力与主体的问题也若隐若现。不过在这一阶段中,福柯似乎将某种知识体系的形成简单地理解为对一种难以言传的原初经验的破坏或"排斥",福柯后来抛弃了这一观点[42]。从这一阶段开始,福柯还撰写了许多有关"新文学"的文章。这些文章更鲜明地体现了福柯对社会分析的基本取向,即对界限和逾越的关注。

2. 话语分析阶段

1966年出版的《事物的秩序》是使福柯一举成名的著作,但多少有些丧失了福柯早期在分析知识体系时,兼顾话语实践与非话语实践,文本与制度,可说的和可见的两个方面所保持的张力。知识问题尽管仍然保持与主体问题的联系,但却似乎脱离了与权力问题的关联,福柯后来对这本书也不太满意[43]。不过,我们可以把这本书看作福柯通向成熟阶段的"知识考古学"和"权力谱系学"的一个必要的迂回。其后出版的《知识考古学》,被许多人仅仅看作是对《事物的秩序》的补充,或者对各种批判的答复,但实际上却构成了福柯思想的重要变化,不仅修正了《事物的秩序》中的一些偏颇之处,明确展现了福柯与结构主义、解释学和分析哲学思路上的差异,而且为他转向对权力的谱系学研究铺平了道路。《语言、反记忆和实践》这本英文选集收录了福柯在前两个阶段发表的一些重要文章。

3. "权力—知识"阶段

进入70年代以后,福柯逐渐开始跳出自己研究的"思想体系史"的范围,对权力问题进行了深入的历史分析,这方面的研究成果集中体现在《纪律与惩罚》和《性史》第一卷(《知识的意志》)中。当然,福柯这样做并不是彻底改变了他以往的思路,而是将他此前分析的"知识"与权力问题明确地结合在一起考察,以更复杂的方式处理了他在早期曾经关注的话语实践与非话语实践之间的关系问题,并充分考虑了这些不同类型实践的异质性问题。主体问题则以隐晦的方式出现在对纪律与生命政治的探讨中。这一阶段的一些访谈和文章收入了《权力—知识》这本文集中。

4. 晚期作品

在发表《性史》第一卷时,福柯曾预告此书包括6卷,但此后近八年的时间里,另外几卷却迟迟不见问世。直到福柯去世前不久,《性史》的另外两卷《快乐的享用》和《自我的爱护》才出版[44]。这两本书再次令读者大感意外,它们不仅和福柯原来预告的内容大相径庭,而且性的问题似乎不再是核心问题,从属于对自我技术和伦理学的探讨。部分由于福柯的猝然去世,这些著作的意涵引起广泛的争论,但联系到福柯这一阶段发表的许多访谈和文章,福柯关注的问题确实发生了一些重要的变化,他对伦理问题的关注,对自我技术的探讨实际上从一个新的角度考虑了知识、权力与自我之间的关系,并提供建立三者之间的联系的可能思路。福柯在这一阶段的一些文章散见各处,部分重要的英语文章收入了《政治、实践与文化》《自我技术》《伦理学》等一些文集中。

第二节 真理的体制:话语的考古学

福柯在法兰西学院的职位是讲授思想体系史的教授。听上去,"思想体系史"似乎与研究观念的传承和知识的积累的思想史、观念史(intellectual history 或 history of ideas)没什么差别。但实际上,在这个多少有些古怪的名目背后,福柯探索了一条与传统的观念史途径不同的道路,从分析话语的视角来考察真理体制的变化。

一、作为话语体制的真理

实际上,从福柯的第一本重要著作《癫狂与文明》关注的问题,我们就可以发现福柯后来研究知识和话语问题的基本思路。在这本探讨所谓"理性时代"的精神病学的著作中,福柯对西方理性的历史提出了质疑,询问理性是如何通过排斥疯狂,建立一个他者(the other),并进一步将这个被排除在外的"疯狂"作为自己的知识对象,从而确定自身的统治地位的。正如福柯后来自己指出的,"《癫狂与文明》探讨的是划分(division)的历史,分析一个社会如何思考事物之间的相似和差异"。无论这里谈到的"划分",还是"社会的思考",实际上指的就是福柯所说的"知识"。不过,这里所说的"知识"和我们一般谈及的科学知识尽管有密切关系,却并不是一回事儿。虽然法语中的"connaissance"和"savoir"都可以译为"知识"(knowledge)。但福柯本人则明确地区分了这两个词,"我用'connaissance'来指主体与客体的关系以及支配这一关系的形式规则。'savoir'则指在一个特定的时期中,某种类型的客体得以被认知……,以及提出某种阐述的必要条件"[45]。如果说"connaissance"可以译为"知识"或"认知体系"的话,那么"savoir"则是这种体系得以成立的条件。这个词相当于福柯后来所谓的"真理体制"(the regime of truth)或"真理游戏"(the game of truth 或 truth games),即在一段历史时期内,一个社会存在一些基本条件,来保证区分哪些现象可以看作知识的对象,哪些知识可以看作真理,在将知识构成真理的过程中,需要完成哪些实践过程。虽然,我们无须改变"savoir"一词的译法,但是,我们必须清楚地认识到,福柯探讨的并非一般性的知识,而是特定类型的知识,特别是科学知识,得以成立的条件。所以,福柯才会特别关注各种所谓"不够精

第八章 米歇尔·福柯

确的科学",诸如精神病学,临床医学,因为,在这些学科中,更容易发现这些知识条件的痕迹,而在许多早已完成制度化和学科化的"精确科学"中,这些知识条件已经隐藏得很深,难以揭示了。例如,在《临床医学的诞生》中,福柯探讨的就是临床医学出现的条件,"这些条件,及其历史可能性,确定了特定的经验领域和理性结构,构成它特有的历史先验"[46]。

因此,所谓"考古学"就是对这些知识条件的一种历史分析。正如福柯本人所指出的,"考古学不是一个学科,而是一个研究领域。这个研究领域是指,在一个社会中,不同的学问,哲学观念,日常意见,以及各种制度、商业交易或者警察活动,都要涉及某种这个社会特有的潜在的知识(savoir),这种知识与我们可以在各种科学著作中发现的那种学问体系明显不同。但正是这种知识使某种理论、意见或实践成为可能,它是知识(connaissance)、制度和实践可能性的条件,一种有关疯狂的知识必然和非疯狂相对,秩序的知识和无序相对。"[47]

这样看来,考古学的工作并不是蓄意标新立异,来驳斥以往对于知识进行的观念史、心态史或者意识形态分析,实际上,如果联系后来福柯对于谱系学的论述,我们就会发现,考古学考察的是"问题"的历史。一种知识要想成为可能,首先要提出特定类型的问题,而社会还要接受这些问题的合法性。正是这些问题构成了一个社会特有的"问题域"(problematics)。福柯在生前最后发表的著作中,明确提出他毕生致力研究的"不是行为或观念,亦非社会及其'意识形态',而是存在思考自身的问题化(problematization)过程,……以及这些问题化借以形成的那些实践"[48],这是一种与分析表述体系的观念史和思想史不同的问题域的历史[49]。所以,考古学并不是要用今天的见解来驳斥以往的认识历程,证明我们拥有知识的正确性和过去时代人们的愚昧。其实,福柯的工作恰恰相反,他希望通过知识的考古学分析来展示,在历史上,为了构成可能的知识,一个社会需要形成或者改变哪些主体和客体之间的关系,通过探讨这些关系形成或改变的条件,来分析一个社会的运行在何种程度上和这个社会的"真理体制"密切相关。因此,考古学的分析要比传统的知识社会学或者意识形态分析更深入地揭示了社会的运行机制和知识或"真理"的构成之间的关系。

考古学所分析的"真理体制"所涉及的条件包括[50]:

1. "主体的条件",指探讨主体必须如何(即强加在主体身上的条件是什么,主体具有何种地位,主体在现实和想象中所拥有的位置)才能成为某种类型知识的合法主体。这就是所谓"主体化"的方式。

2. "客体的条件",是指在何种条件下某些现象才会成为知识的对象。

这两个条件是相互关联的。二者的相互依赖和发展就构成了"真理体制"

或"真理游戏"的基本骨架。而福柯称他的工作就是探讨"真理游戏出现的历史",尤其关注它的制度化和转型过程[51]。因此,考古学的具体做法就有基本两种方式:

(1)一方面是探讨言说、工作和生活的主体(speaking, working, living subject)是如何出现和被纳入知识体系中,并在知识领域中具有科学的地位,福柯的《癫狂与文明》、《临床医学的诞生》、《事物的秩序》和《纪律和惩罚》这些著作都触及这一方面。

(2)另一种方式是研究主体如何把自身构成客体,即主体被引导来观察自身、分析自身、解码自身,并将自身看作一种可能知识的领域的程序。在这方面,福柯的《纪律与惩罚》和《性史》等著作则有相当多的分析。

但无论哪一种方式,福柯对"真理体制"的分析,都不是要证明某种真理体制的正误,或者它是否具有合法性,更不是指斥"真理"或"理性"不过是某种欺骗人们的幻觉,而是要向我们揭示这些"真理体制"得以建立的各种社会条件,特别是各种实践过程,破除人们对这些"真理体制"的想当然的态度。使我们能够以更加清醒和具有批判性的态度来对待知识和真理。从这个角度来看,福柯的知识考古学也就是将康德的纯粹理性批判历史化或者说考古学化。

二、考古学:对话语实践的分析[52]

知识考古学与传统的观念史或思想史的差异并不仅仅在于提出了独特的研究对象,更重要的在于分离出一个独特的分析层次,这就是话语实践的分析层次。正是从这一独特的分析层次出发,才能把握构成真理体制的各种知识条件。不过,福柯的这一思想是逐渐发展形成的。《癫狂与文明》中对知识的考察由于与某种近乎神秘的历史主体观念之间的暧昧联系,尚未明确地上升到话语分析的层面;而在《临床医学的诞生》中,某种结构主义色彩的分析,特别是有关能指的论述,往往容易导致人们错误地将话语与实践对立起来;在《事物的秩序》中,这种分析致力于探索知识的"实证无意识"(positive unconsciousness)[53],这个来自巴什拉的概念实际上很容易引起误解。事实上也正是如此,《事物的秩序》经常被视为是一部从文化总体的角度考察不同时代观念模式的历史,"知识型"(episteme)成了"时代精神"的代名词。只是到了《知识考古学》中,话语的实践性,实证性和非同质性才获得了恰当和充分的阐述。

话语实践并不仅仅涉及各种产生话语的方式,还体现在各种技术过程、各种制度和行为模式中,体现在话语流通和传播的形式中,甚至包括强加并维持这种话语的那些教育形式,因此,对话语的分析就不仅限于个别作家的作品,也

第八章 米歇尔·福柯

不仅限于某个学科或者通常所说的一门科学,而往往横跨了许多表面看上去截然不同的学科和研究领域[54]。这些作为考古学分析对象的话语实践集合,福柯称之为"档案"(archive)。

构成"档案"的话语实践一方面是事件,是实际发生的事件;另一方面又是一个超出了事件发生的情境,能够始终发挥作用的体系。之所以称为档案,就是因为档案记载的是当时实际发生的事,而档案之所以为档案,正在于它能够始终发挥作用,不断被引用,被新的话语实践所运用,并且纳入新的话语之中。这样理解的话语实践,与结构主义"将话语实践还原为本文的痕迹"的做法迥异,强调任何话语首先要理解为是一种经验性的历史事件。这一点特别体现在话语分析的实证性原则上。

话语的实证性(positivity)[55]与一般的实证主义所说的实证性不同,它指的实际上就是福柯所谓"历史先验",它不再是康德发现的判断知识是否有效的普遍条件,而是在有限的历史时期内,一些具体的知识论断得以被人们说出的现实条件。这些条件就是福柯所说的话语常规(regularities)。话语的实证性就是各种话语常规所确定的一个场域。在这个场域中,话语形式上保持着某种同一性,持续探讨某些共同的论题,并使用同属一类的概念,进行各方认为有价值的论辩。所以,话语的实证性突出体现了话语实践不是哲学人类学意义上的那种普遍不变的人类活动,而是各种具体实践;不是支配话语运作的规则(rule),而是决定话语常规的经验分布状况。比如哲学家孔狄亚克和经济学家杜尔阁就同属一个话语的实证性,尽管他们著作的内容可能差距甚远,但他们实际上在谈论"同样的东西",他们同属于古典时代的知识型,正是这种实证性,使他们关注类似的问题,保持论题的一贯性,彼此借用概念,相互进行争论。

福柯指出,考古学研究在方法论上需要特别注意的倾向,就是要在分析时尽可能回避各种人类学的普遍项(anthropological universals),特别是那些人道主义的普遍项,而要考察这些普遍项的历史构成过程。同时,考古学也不能像传统哲学那样诉诸构成性主体来探讨知识和话语,而是要反过来研究主体是如何以历史的方式在知识之内被构成的。福柯认为,结构分析之所以在哲学界引起轩然大波,就是因为它撼动了自笛卡儿以来的主体的至高无上的地位,颠覆了超验哲学。考古学在这一点上和结构主义有共通之处,但结构主义并没有将"实践"真正作为一个分析领域,从"实际进行"(what "was done")的角度来研究上述问题,而考古学则是要完成这样的任务。

三、话语事件与话语形态

作为考古学对象的话语实践首先是一种话语事件,福柯称这种话语事件为"述说"(statement),而话语分析的基本宗旨就是要对各种述说进行纯粹的描述,既不进行语言分析,也不探讨观念的传承,更反对从述说的背后挖掘各种隐含的意义。因此,话语分析与结构主义、分析哲学、观念史和解释学都相去甚远。

稀少性(rarity)原则体现了话语分析关注的话语事件的基本特点:话语事件既不同于分析哲学中经常出现的那种等级制的命题体系,也不同于浪漫主义——解释主义传统关注的"句子"。前者是建立在抽象构成的纵向类型学的基础之上,而后者则要么变成以矛盾为核心的辩证法,要么单纯强调同质性的观念系统。而稀少性则指明了话语的基本特征:相对自然语言而言,话语中并不是什么都可以说。话语分析关注的就是,为什么抽象的语言系统开辟的语言可能性中会有许多部分未被实现。用福柯的话说,就是要在"述说与那些未被说出的东西分野的界限上,在使这些述说出现,从而排除了所有其他可能性的事件中"分析话语[56]。

因此,要对话语事件进行描述,"我们必须把握'述说'发生时的准确特征(specificity),确定它存在的条件,至少确定它的界限,建立它与那些与之相连的其他述说之间的关联,并指出它所排除的其他'述说'"[57]。从福柯的这一论述可以看出,考察话语事件,一方面要留意述说作为不可重复的事件所具有的经验特性;而另一方面,对话语事件的分析也离不开对话语之间关系的探讨,这就是对话语形态的分析。

福柯指出,他经常使用的"话语"一词有几种不同的意涵,其中比较重要的一种用法是强调"话语"意味着一组按照一定的顺序安排组织起来的符号,这种安排赋予这些符号以一种特定的存在模态,这种依据特定顺序排列的符号系列的法则,就是福柯所谓"话语形态"。因此,话语形态就是支配一组言语表达行为的一般性述说系统(enunciative system)。福柯之所以使用"述说"这种带有实践特征的概念,就是要强调话语的物质性和实证性一面,反拨通常从超验自我和意识的角度来理解话语的主体哲学倾向。

考察话语形态,可以从不同的角度入手。在《知识考古学》中,福柯特别提到了以下四个方面。

1. 话语对象

早在《癫狂与文明》中,福柯就从话语对象的角度分析了所谓"古典时代"

的精神病学是如何建立一个详细说明对象的基本框架的,这种框架(grid)用来对话语对象进行"划分、对照、关联、重组和分类",这种框架是某种话语对象出现的必要条件,只有满足了这种历史条件,人们才能对它"说些什么"(say "anything" to it)。

2. 述说模态

述说模态就是要询问这样几个问题:(1)谁在说话?也就是说,在某种话语形态中,谁被赋予了使用这种语言的权利。(2)发言者发言所依据的制度场所(site)是什么?(3)在与不同种类的对象形成的关系中,发言者有可能占据什么样的情境?这三个问题都和发言者在一种话语形态中的主体位置有着密切的关系。例如,在临床医学中,医生就是在门诊医院中工作,作为询问、倾听、观察的主体。医生在这种话语形态中的主体位置与他所言说的话语(解剖－临床医学的体系)之间存在着复杂的关系。

3. 概念

探讨概念得以出现和流传的述说场域的组织方式,它涉及了概念的传承、共存,以及概念转变意涵的程序。

4. 策略

主要探讨:(1)话语可能的分叉点;(2)话语从属的话语分布的秩序(economy),这也就是导致述说稀少化的那些权威条件;(3)决定话语的其他权威力量:包括话语在非话语实践的场域中的功能,占有话语的规则和过程等问题。

在从上述四个方面分析话语实践时,要特别注意话语形态与话语事件(即述说)之间的密切关系。述说分析和形态分析是紧密相连,不可分离的。一方面,述说是话语形态的个体化,必须在话语形态中考虑述说的意涵;而另一方面述说属于话语形态,其常规状况由话语形态支配,但话语形态并非述说的构建原则,而是述说的一个事实上的散布状态。因此,只要一组述说属于同一话语形态,我们就可以称之为话语,并可以通过确定这组述说的存在条件,来对这些话语进行实践分析。从话语实践和话语形态之间的关系的角度,福柯为话语实践下了一个所谓"更准确的定义":"一组匿名性的、具有历史性的规则,总是在一个特定时期的时空中,为一定的社会、经济、地理或语言区域确定述说功能的运作条件。"[58]

四、话语实践与非话语实践

在福柯看来,以往的研究要么只关注人的思想(观念史),要么只关注人的行为,而在现实中,每个人都同时既做事,又思考,因此,他试图通过考古学的分析来同时考虑人的这两个方面[59]。不过,福柯从《癫狂与文明》和《临床医学的诞生》到《事物的秩序》曾经出现了一次策略性的后退,早期分析中在话语实践和非话语实践之间建立的张力,曾经一度被对话语分析的关注所压倒。这一状况在《知识考古学》中获得了一定程度(但仍不充分)的改善。

在《临床医学的诞生》中,福柯考虑了两种基本的知识形态,可述说的(articulable)和可见的(visible),从这样两个角度研究了18世纪末至19世纪初临床医学的兴起。而这两个方面构成的"空间、语言和死亡得以相互联系的结构",在福柯的笔下,与各种经济、社会、政治的变化纠缠在一起。对解剖－临床医学中的观察方式的分析,和医院建筑的变化、医学教学体系的冲突与变革、警察与国家这样的问题以复杂的历史方式联系在一起。在许多方面,《临床医学的诞生》已经预示了后来福柯对警察国家的关注,以及对权力的探讨。但在《临床医学的诞生》的分析中,"制度、政治事件、经济实践和经济过程"仍然以含糊的方式被放在一起,作为一个外在性的环境因素来考虑。

《知识考古学》基本上没有改变这种剩余二元论的思路。一方面,仍然保留了话语实践和非话语实践的模糊对立,另一方面,话语实践依旧处于分析的焦点,满足于将非话语实践放在"剩余范畴"的地位,存而不论。

但是,《知识考古学》仍然蕴含了一些经常为人忽视的关键性转折的要素。首先,在《知识考古学》中,福柯批驳了对话语实践与非话语实践的传统理解。他指出,既不能简单地将前者视为表达后者的符号,也不能单纯地在二者之间建立一种横向的因果关系,好像非话语的事件和制度会决定述说的性质。而是提出了一种话语实践与非话语实践的伴生关系[60]。其次,福柯对话语实践的理解日趋复杂化,无论是话语的策略形态,还是其述说功能的形态,都包含了大量文本分析不能涵盖的部分,这些处于话语与非话语界限上的实践,反而是话语分析最得心应手的地方[61],这已经为超越单纯的话语分析,从康德的考古学迈向尼采的谱系学提供了准备。不过,真正破除了话语实践与非话语实践的剩余二元论,将言说、思想与行动更为紧密地结合在一起进行分析,还要等到《纪律与惩罚》一书才得以实现。

第三节 监狱与性:权力的谱系学

尽管福柯早在60年代就因为他的话语分析而蜚声一时,但直到他在1975年出版的《纪律与惩罚》一书,对现代社会的权力运作机制进行了深入的研究之后,他才奠定了自己在"社会理论"[62]界的地位。这本书大概是福柯最精彩的一本著作,将富于洞察力的历史分析和不断涌现的理论创见完美地结合起来。

一、传统权力理论的模式

大体上说,我们可以将传统的权力理论概括为两种模式,即"利益—冲突模式"和"合法化—权威模式"[63],这两个模式都或多或少地和韦伯的思想相关。

"利益冲突模式"认为权力分析关注的是社会行动者之间"可观察到的(主观)利益冲突"[64],无论是行为主义,还是冲突论,在这方面都没什么太大的差别。"利益冲突模式"的核心是从社会行动者之间的社会关系,其基本模式就是两个人之间的支配关系。例如,在美国政治学家达尔看来,现代政治科学中的权力术语应该理解为"当一个或多个单位(反应单位)的行为取决于另外一些单位(控制单位)的行为的限制时,这些社会单位之间关系的一个子集"[65]。倡导"利益冲突模式"的学者相信,他们的观点和韦伯对权力的看法是一致的。韦伯曾经说过,权力就是指:"一个在社会关系中处于某个位置的行动者,可以不顾反对而实现自己意愿的机会。"[66]

在"权威—合法化模式"的倡导者看来,"利益冲突模式"存在许多严重的问题。阿伦特认为利益冲突模式所持有的权力概念未能充分考虑权力与强力(force)之间的区别,而这种区别恰恰是权力的关键所在[67]。帕森斯也认为以往对权力的分析没有很好地解决"强制与一致方面的关系"。他尤其指出,主张"利益冲突模式"的学者(如米尔斯)将权力视为一种零和(zero-sum)现象,这是一个十分严重的错误。在帕森斯眼中,权力应该看作"能够为有效的集体行动调动资源的一般化媒介"[68]。阿伦特则更为明确地说,权力所对应的不仅仅是人们行事的能力,而且是共同行事的能力。"权力从来不是个人的财产,它属于一个集团。"[69]因此,必须超出命令与服从的关系来考虑权力,或者更直截了当地说,必须将"支配问题"与权力分开才能理解后者[70]。从这个角度出发,这些学者提出,权力理论需要所谓"沟通性权力"(communicative power)或者"作为一般化媒介的权力"(power as generalized medium)的概念。在这种权力观念中,有两个核心要素:第一,权力是通过符号化实现的一般化媒介;第二,权力是合法化的。也就是说通过符号化和合法化这两个密切交织的过程,权力转变为权威,从而成为一种有效的(effective)权力。作为权力的首要要素,符号化和合法化将权力概念与社会中更为一般性的规范框架联系在一起了,这是帕森斯、阿伦特和哈贝马斯[71]的共同看法,他们认为这种观点与韦伯对权威的一贯强调是一致的。在"权威—合法化"模式中,任何和权力相关的分歧、争夺或者冲突都建立在参与冲突的各方某种共享的价值或观念上。

早在福柯之前,就已经有许多人认识到这两种权力观念都存在一些严重的问题。

首先,两种权力观念都将权力看作与社会的一个特定领域即政治领域相关的事务。两种权力理论都或明或暗地认为,研究权力应该首先关注和国家机器有关的问题。

其次,两种权力观念都认为,权力分析总是与精英和领导权(leadership)的认定有关。在"利益冲突模式"中,这涉及谁能够通过控制政治日程和形塑他人的信念,通过损害他人的利益来满足自身的利益;在"权威—合法化模式"中,正如帕森斯所指出的,政治过程的一个重要的产物就是"承担领导权责任的能力"。尽管领导权不同于权力,但却被看作检验权力过程的试金石。更为重要的是,在两种权力观念所分享的这种分析视角中,权力往往被视为一种在社会中被分配的份额(share),被视为一种实体性的物。作为这样一种思路的突出体现,就是这两种权力理论都是某种能力(capacity)理论。"利益冲突模式"将权力看做"控制单位影响反应单位行动的能力",而"权威—合法化模式"则将之视为"实现集体的协同行动的能力"。

二、福柯权力分析的基本思想

从70年代开始,直至他去世,福柯就一直致力于研究权力问题。《纪律与惩罚》《性史》及许多文章、讲演、访谈都阐述了他对权力的基本看法,这些看法与上述的两种权力理论形成了鲜明的对照[72]。不过,值得注意的是,福柯有关权力的论述不是要提出权力的"理论",而是要探讨权力关系得以发挥作用的场所、方式和技术,从而使权力分析成为社会批评以及社会转变的工具[73]。

1. 权力是多形态的,而不是同质的

自霍布斯以来,权力分析中似乎就只考虑一种形态的权力,那就是将权力看作一方对另一方的控制,它往往以前者对后者的暴力手段为基础,进而涉及意愿的控制(意识形态理论),从而经过不同程度的合法化,使不公正或不合理的支配能够为被支配者所接受;这种权力实际上被看作人们丧失的权利(或者按契约论的观点,是主动放弃的权利),而且在现代社会,这种"丧失"主要是在"政治"领域,国家就是权力问题的焦点。"利益冲突模式"和"权威—合法化模式"尽管存在大量分歧,但对于上面的权力观念,只有强调的重点不同,却没有什么实质性的差异。但福柯却反对这样一种强调同质性、集中性的权力观念,他指出权力具有各种不同的形态,使用各种不同的技术。特别是在现代社会中,权力渗透到社会的各个不同的局部领域,使用灵活多样的策略来运行。而并不是在家庭、国家、教育和生产关系中都采用同样形态的权力[74]。

在权力的这个问题,福柯是反司法主义的(antijuridism)[75],反对国家中心论的。福柯特别强调,我们在分析权力时,要摆脱司法模式的限制,超越只关注国家、法律和政治领域的局限。着手从权力发挥作用的各种经验性的局部,比如监狱、家庭,来研究权力多变的面目。在福柯看来,这些权力运作的场所,尽管和国家、法律存在着密切的关系,但并不能根据后者来研究前者,相反,倒应该从权力的复杂运作形态出发来研究国家与法律的变化[76]。也正是从这个意义上讲,福柯才指出,"权力来自下面"[77]。

2. 权力是作为关系出现的策略,而不是所有物

福柯富有洞察力地指出,传统权力理论的一个重要问题就是将权力看作一种所有物。这实际上是继承了中世纪以来从权利出发分析权力的思路[78]。福柯认为,权力既不是财产,也不是媒介,而首先是策略。正如德勒兹所概括的,"权力在被拥有之前,首先要被实践"(practiced before possessed)[79]。福柯在《纪律与惩罚》中,特别关注各种运用权力的策略,强调指出,权力之所以具有多种形态,正是因为权力使用了各种不同的策略。

要想真正把握权力的策略,就不能局限在起因(cause)的问题上[80]。实际上,福柯对权力的谱系学分析,贯彻了尼采有关"效果史"的论述[81],努力把握权力运行的过程和效果,而不是像以往那样,匆忙地从权力与斗争的实际过程返回这些过程的起因。福柯反复强调,尽管我们反复谈"阶级斗争","权力斗争",借助马克思的分析,我们知道阶级是什么,但什么是"斗争",我们实际上知之甚少[82]。正是从这个角度出发,福柯反对权力的经济主义观点,反对将权力问题还原为经济问题。他指出,实际上,并没有真正的"理性"的经济理由来迫使囚犯在监狱中工作。囚犯的工作并不为任何经济目的服务[83]。监狱与资本主义社会之间的关联不是监狱中出现的纪律技术的原因,而是这种技术在整个社会中散布后的一个"效果"。

在福柯的权力分析中,策略(strategies,战略)是一个中心概念,与这个概念一同使用的还有技术、战术(tactics)这样一些来自军事的术语。福柯之所以偏爱军事的术语,就在于这些概念强调了权力运作的实际过程。在他眼中,政治正是这种运作过程的结果,他曾经提出要将克劳塞维茨的著名格言"战争是政治的继续"颠倒过来,实际上政治是战争的继续[84]。"战争模式"是对"司法模式"的一个克服,是要通过分析权力的"战争过程"来理解政治与司法,这就像策略概念与权利概念之间的关系一样。

3. 权力首先是生产性的实践,而不仅仅是压制性的外在控制

德勒兹将这一点视为福柯权力分析的首要特点[85]。传统的权力分析总是强调权力消极否定(negative)的一面,将权力视为某种障碍,权力分析中充斥着"禁止"(prohibit)、"阻止"(stop)、"防止"(prevent)之类的词语。并且精神分析理论中的一些学派还进一步将这种观念延伸到对人的意识结构的分析中,提出了所谓的压抑假说。福柯在早期著作中,也基本是从这样的思路来理解权力的。但是福柯通过对监狱和性的问题的研究发现,权力应该首先被看作一种生产性的实践或者说生产性的网络。这种作为生产性网络的权力,不断创造出社会成员关系之间的崭新联系,在不同的社会组织形式之间建立新的相互作用线。

福柯对权力的积极性的强调,并不是说权力是好的,而是让人们注意权力并不仅是被动的禁令,而更多是产生许多效果的机制或技术,无论是在知识和话语的层面,还是在欲望的层面[86]。这正是从上面提到的权力的效果史中自然引申出来的一个重要结论。而过于关注权力问题起因的分析,则往往忽视了权力的这个方面。总的来说,生产性的权力激发了活动,而不是禁锢了活动;诱导了思想,而不是压抑了思想;引发了话语,而不是打断了话语。

4. 权力与知识之间存在着微妙复杂的关系

在福柯的权力分析中,最能体现福柯思想特点,以及和福柯以往著作关系的,就是"权力—知识"(power-knowledge)的概念。以往的真理理论和权力理论都相信,真理或知识与权力是水火不容的。自18世纪以来,权力分析总是和揭示性的批判联系在一起,学者坚信,真理总像光一样照亮那些阴暗的角落,学者可以通过揭示权力的奥秘,展现社会支配的真理(真相),而真理则赋予被支配的人们以反抗的信心、勇气乃至革命和重建的方向。无论是经典的自由主义者,还是激进的浪漫主义者都相信"真理给人以自由",真理是权力的敌人,是通向自由的必经之路。

然而福柯指出,在现代社会,权力的运作恰恰和知识的积累之间存在密切的关系。无论是他早期研究的精神病学和临床医学,还是后来提到的人口学、统计学和经济学,这些学科的发展都和国家权力的新技术之间存在着密切的关系。例如,福柯指出,社会学知识的形成就和19世纪那些负责管理集体空间的医生对城市的研究有着直接的关系[87]。

因此,真理或知识与权力绝不是敌对的,真理体制恰恰是权力运作的一个前提条件和重要产物。一方面,这种真理体制为权力运作提供了必要的知识,这就是福柯所说的对知识的管理,一种知识政治(politics of knowledge)[88];而另

一方面,真理体制还建立了某种自明性[89],使人们接受了权力运作的状态,将这种状态视为想当然,这也是权力在现代社会得以运作的一个基础,它是权力合法性的根源。

5. 不应将注意力放在宏大的权力上,还应充分考虑权力的微观运作

福柯权力分析强调的一个重点,是要着眼从细节分析权力,从各种细微的实践着手分析权力。这主要有三个方面的意涵。首先,福柯强调的是,对权力的分析应特别注意权力的微观物理机制(microphysics of power),考察各种微观权力(micro-power)。这里的"微观",与充斥社会学文献的常见用法不同,强调权力是在各种不同的局部之间不断流动,具有多变的形态,遍布整个社会肌体,也就是福柯一再强调的毛细形式的权力(capillary form of power)。其次,在福柯的权力分析中,君主时代的权力运作方式和现代资本主义社会的权力运作方式是非常不同的,后者主要借助于对各种细枝末节的管理实现的。因此,福柯使用"微观权力"这一概念,也是要反对传统权力分析仍然使用 18 世纪君主专制时代的观念来分析现代权力的做法[90],就这一点福柯曾经明确地批评,我们在权力分析方面还没有砍掉君主的头,因此对于当前的权力分析来说,就要提出与《利维坦》针锋相对的命题[91]。最后,福柯的"微观权力"概念与他的"生命权力"(bio-power)一起将权力的分析与身体紧密地结合在一起。早在 1971 年撰写的《尼采、谱系学和历史学》一文中,福柯就指出,谱系学的分析将把关注的焦点放在身体上,这一点突出地体现在他的权力分析中。无论是《纪律与惩罚》中有关"驯顺的身体"的论述,还是《性史》第一卷关于妇女歇斯底里的分析,都将权力、身体与知识三个概念紧密地结合在一起。社会学家斯马特指出,福柯理论中"身体—权力—知识"构成的三位一体的分析格局动摇了传统权力分析中暗含的"身心二元论"和超验主体的观念,是福柯对权力理论做出的重要贡献[92]。

福柯有关权力分析的这些基本思想突出地体现在他对纪律这项现代社会重要的权力技术的分析中。

三、纪律:现代社会的一项权力技术[93]

《纪律与惩罚》的开头,和福柯的绝大多数作品一样,令人难忘。试图谋杀君主的达米安被以残酷的刑罚处死。福柯不厌其详的描述再现了君主制时代权力模式的特点,它庞大而辉煌,就像一个剧场,总是上演着各种不同的政治仪式,这些仪式总是在展现君主的光辉形象,目光总是落在君主的身上。对达米安的公开处决"不能仅仅理解为是一种司法仪式,它还是一种政治仪式,……显示权力的仪式"[94]。但是,这个体制尽管气势恢宏,但却是"不连续的,散

漫的,……难以把握细节"[95]。而且,很重要的一点是,它还不够经济,它往往付出了巨大的成本,却收获甚微,而且还引发了许多危险。旁观行刑仪式的民众,可能会出现骚乱,排斥君主展现的惩罚权力。在18世纪,公开处决的仪式已经成为国王的暴力与民众的暴力公开较量的舞台,最终导致国家抛弃了这种在人道主义者看来"残暴"的惩罚方式,而代之以一种比较"人道"的惩罚方式。在这一过程中,现代资本主义社会的权力模式逐渐出现了。

表面上看,18世纪开始的所谓"司法改革"是用一种"人道主义"面目的惩罚体系取代了旧的不以"残暴"为耻的惩罚体系,但实际上,改革的真正目标并不是确立一种更公正的惩罚体制,而是要建立一种权力分配更合理的惩罚体系。这个惩罚体系的运转要更有规可循,更富有效率,更持之以恒,更细致入微,它是现代社会权力运作形式的象征。尽管改革者梦想以复杂多样的形式来进行惩罚,但最终,监狱这种"强制性的,肉体性的,隔离的,隐秘的惩罚权力模式"取代了君主制下面的那种"表象的,场景性的,意味深长的,公共的集体模式"[96],纪律这种权力技术逐渐占据了关键性的地位。

在福柯之前,并非没有学者分析过纪律。甚至相反,纪律是社会学的一个经典话题。韦伯就曾经指出,源于修道院和军队的纪律,对于西方社会的理性化过程具有非常重要的意义,构成了从卡理斯玛(chrisma)转向科层制的一个关键环节[97]。而福柯对这个问题的论述,在许多方面发展了韦伯的分析,进一步揭示了纪律作为一种微观的权力技术对于现代社会的重要意义[98]。

公开行刑的制度是一种"残暴"的制度,相比来说,纪律这种权力形式就要"柔和"得多。因为,对于新的惩罚体系来说,法律不仅要判断犯罪,还要触及罪犯的"灵魂"[99]。但这种对人的"灵魂"塑造不仅依靠各种话语的力量,更依赖一套管理个人日常生活中的细枝末节的权力技术,纪律正是这样的微观权力技术。

那么,什么是纪律呢?福柯指出,在18世纪开始的现代社会中,权力技术体现了一些新的东西,这些新的特点往往和身体联系在一起:

1. 在控制规模上:权力对人体进行分割的控制。
2. 控制的对象也不再是符号(sign),而是针对身体中蕴含的力量,希望尽可能地利用这些力量。这样,权力技术就从君主制的"剧场"模式过渡到工厂模式。
3. 控制的方式是采取对过程进行不间断的监视,而不再只关注结果。在控制的过程中,要针对身体的力量,从而将身体的驯顺(docility)转变为效用。

上述的这些方法就是纪律的特点。而纪律权力(disciplinary power)在实现

这种微观控制的过程中,运用了一些特有的策略:

(1) 封闭:要隔离出一个孤立的空间,以便进行单调性的纪律(disciplinary monotomy)操作;

(2) 分割:要在隔离空间中确定个人的位置;

(3) 功能场所的规则:将活动局限在各种特定的空间内。

纪律权力的这些策略在英国功利主义哲学家边沁苦心设计的圆形监狱(panopticon)中得到了完美的体现。边沁设计的这种监狱,周围是环形的建筑,分隔成单间,而中央塔楼可以通过窗户一览无余地监视单间中囚犯的所作所为。边沁认为,无须残暴的拷打,只要借助这种无所不在的目光的监视,就足以使囚犯就范。"圆形监狱"作为纪律社会的一个象征,创造了新的权力关系,它独立于运用权力的个人,它是一部由复杂的零件构成的机器,在这部机器中,重要的是中央塔楼窗口的这个位置,而不是具体由谁来充当看守,这正是现代社会权力关系的特点[100]。

当然,纪律权力不仅是对空间的严格监视与管理,也包含了对时间细致入微的控制。福柯曾经以法国巴黎一家羁押少年犯的机构巨细无遗的时间表为例,说明了纪律的这一特点。这种纪律权力主要不是依靠赤裸裸的暴力,而是更多地依赖人们自己对自己的管理,依赖某种"个体化"的社会控制技术。而且这种技术,逐渐从监狱扩散到学校、工厂、兵营。圆形监狱,不仅可以用来改造囚犯,也可以用来处置病人,教导学童,禁闭疯人,监督工人,甚至可以用来督促乞丐和懒汉工作,像边沁所设想的那样,成为现代社会的一项广泛采用的权力技术。

纪律权力对于资本主义社会来说具有根本性的意义。新的权力体制的核心是要生产出"驯顺的身体",而驯顺的身体能够成为具有生产力的,训练有素的劳动力。身体的政治投入最终转化为一种经济利润,身体最终成为"有用"的力量,无论在经济上,还是在政治上。而这种福柯最初在探讨监狱问题时发现的权力模式,最终遍布整个社会。福柯反问道:"监狱既像工厂、学校,又像军营、医院,而所有这一切都像监狱一样,这难道不令人惊讶吗?"[101]正是因为这一点,福柯才称现代社会是一个"纪律社会"(disciplinary society)。当然,纪律并非现代社会唯一的权力技术。有时,福柯甚至谨慎、谦虚地认为,它甚至不是现代社会的一项主要权力技术[102]。但它无疑以浓缩的形式体现了现代社会权力运作的基本特点。

四、话语的鼓动:权力的另一种运作方式

正如我们前面指出的,在福柯的权力分析中,现代社会的权力技术和对生命的控制密不可分。福柯发现,从 17 世纪开始,这种控制生命的权力以两种不同的基本形式发展。一种就是控制身体,从身体的驯顺中汲取效用,最大限度地利用身体蕴含的力量。这种人体的解剖政治(anatomo-politics of human body)就是纪律权力的基本特点。但同时还逐渐形成了另一种旨在控制身体的权力技术,这种技术针对的是作为物种的身体,关注生殖、死亡、健康水平和预期寿命,对影响这些状况的各种变量进行一系列的干预和控制,这种权力技术就是人口的生命政治(bio-politics of the population)[103]。那么这种和纪律权力互补发展的权力究竟是如何形成的呢?福柯力图通过分析西方社会对性的问题的态度来回答这个问题。

福柯指出,在西方,人们一直认为性的历史就是压抑日益严重的历史。长期以来,人们认为可以通过言谈,通过对性大发议论,表明自己在向公众所认可的权力挑战。性的问题,始终伴随着革命的激情和虔诚。因此,《性史》这本书就是要探讨三个简单的问题:

1. 性的压抑真的是历史事实吗?
2. 权力机制真的从根本上说是属于压抑性的吗?也就是说,是否只能从禁令的角度来理解权力?
3. 对压抑进行批判的话语本身对权力机制是否能够起着阻碍作用?

福柯指出,只要我们仔细考察一下历史,我们就会发现,实际情况与这种压抑假说恰恰相反,有关性的话语一直在稳步增长。各种形式与目的互不相同的话语不断增殖。制度鼓动人们去谈论性的问题,越多越好。正是这种对话语的鼓动,标志着一种新的权力技术的形成。

福柯发现,这种对话语的鼓动肇始于基督教中的忏悔实践。在基督教的忏悔实践中,人们被要求详尽地讲述与性有关的方方面面,任何一点细微的迹象,都必须讲清楚。福柯认为,正是在这里,西方社会对性的禁令第一次以总体压制的形式出现了,但是这种压制不是压抑假说认为的那样缄口不言,而是没完没了地进行坦白的义务[104]。正是忏悔这种将一切欲望转化为话语的压力,成为一个基本的模式,构成了几个世纪以来西方社会对性问题的重要态度:将性变成一种可以讲述的东西。而这正是新的权力技术的重要组成部分。这种新的权力技术,借助话语与权力的联系,将自我技术与人口管理联系在一起。

从 18 世纪开始,性的问题就始终激发人们的论辩热情。各种各样的人都

开始关注性的问题,性带来的危险。教育学家探讨儿童的性问题,医生和精神病学者关注各种有悖生殖目的的"性倒错"行为。人口学、生物学、医学、精神病学、心理学、伦理学和教育学都产生了各种不同的有关性的"知识",忏悔的义务最终成为多种多样的话语。福柯说,"实际上,对于现代社会来说,特殊之处倒不在于性被指定必须寄身在阴暗之中,而是人们在把它作为隐藏的秘密来利用,没完没了地去谈论它"[105]。

那么性究竟隐藏了什么秘密呢?18世纪开始,权力技术的一项重大改进就是"人口"成为政治经济的关键环节。政府不是和臣民,也不是和抽象的"人民"打交道,而是与人口打交道。人口意味着财富,劳动力,兵源,最终意味着国家的富强。而处于人口这一政治经济问题的核心的就是性。因此,从前从属私人事务的性问题,就成为国家关心的公共问题。整个人口的性行为成为国家干预的目标。而这种干预要凭借丰富的知识来进行。国家要对国民的性问题进行详尽的了解,必须分析出生率、结婚年龄、合法生育与非法生育,性关系提前的程度,性关系的频率等等。而从19世纪开始兴起的性科学正是充当了这样的角色。各种错综复杂地交织在一起的性话语都和权力的运作有着密切的关系。

当然,忏悔并不仅仅引发了为国家政权建设服务的性话语,它还促进了一种特殊的自我技术的发展。在《纪律与惩罚》中,福柯就发现,现代社会的权力技术之所以能够实现对细枝末节的管理,就在于它不完全是外在的,它更多地依靠行动者将自己塑造成为一个特殊的主体,一种合乎规范的主体来完成的。这种规范化就成了纪律权力运作必不可少的环节。而通过对性问题的历史考察,福柯进一步发现,权力技术与个体化关系密切。之所以人们对性的问题喋喋不休,就是因为人们相信性(sexuality)蕴含了人的隐秘本质,通过对性的忏悔,通过用话语追寻性的蛛丝马迹,我们可以发现我们的"真正自我",就像弗洛伊德相信的那样。从这里可以看出,与性有关的禁令与其他类型的禁令的不同之处就在于,性的禁令总是涉及一种义务,一个人必须讲述有关自我的真理[106]。而正是由于人们对自我的这种关注,这种将自我转化为一种认识对象的知识意志和真理义务,从忏悔开始的主体化过程才成为不断滋生的性话语的一个内在动力。这样,自我这种制度[107]就和围绕国家展开的权力关系联系在一起。用布迪厄的话来说,福柯的研究是"一种分析人生产人的社会史,这种生产是通过人努力生产有关人的真理来完成的"[108]。正是通过这种"人的生产的社会史",福柯分析的三个主题——权力、自我与知识,开始汇聚在一起了。

五、治理术[109]

自从"技术"概念在《纪律与惩罚》中出现后,它就成为福柯社会历史分析的一个"关键词"。福柯指出,他对知识的一贯分析,不是就知识谈知识,而是将诸如医学、心理学、经济学这些所谓的科学看作一种特定的"真理游戏",分析它们是如何与人们理解自身的技术密切相关的。福柯在此区分了四种基本类型的技术,这四种技术中的每一种都构成了一种实践理性的母体,这四种技术分别是:

1. 生产技术。这种技术使我们得以生产、改造或操纵物体。
2. 指号系统的技术。这种技术使我们能够运用意义或符号等意指手段。
3. 权力技术。这种技术决定了个人的行为,使他们受制于某种目的或支配。
4. 自我技术。这种技术使个人借助自身或在他人的帮助下,针对他们自己的身体、灵魂、思想、行为和存在方式进行某些操作,从而改变自我,使自身达到某种幸福、纯洁、智慧、完善或不朽的状态。

福柯认为,上述每一种技术都包含了训练和改变个人的方式,都和某种类型的支配关系相连,因此都可以联系权力—知识的分析进行探讨。不过,福柯自己主要关注的是后面两种技术,即权力技术和自我技术。而在现代社会,这两种技术之间的复杂关联就体现在福柯晚年关注的"治理术"(governmentality)[110]上面。

福柯对"治理术"的分析是从对马基雅维里的《君主论》的讨论开始的。英国著名观念史学者斯金纳指出,马基雅维里对君主的绝对权力的强调构成了现代政治思想的重要基础,使政治理论大大向前推进了一步[111]。但福柯发现,关键性的转折倒是出现在马基雅维里的那些批评者的笔下,这些学者远没有马基雅维里著名,但却勾画了现代政府治理的蓝图。这些批评马基雅维里的作家努力想要摆脱马基雅维里完全从君主的角度来考虑治理问题的思路。他们竭力想要阐述一种治理技术内在固有的理性,这种政治理性无须考虑君主的问题。正是这种做法,将治理术与君主(主权)的问题分离开来。

这种新兴的治理术的问题,不仅涉及国家,"治理"的对象还包括孩子、家庭,以及一个人自己的灵魂。而福柯特别强调了对家庭的"治理"。对家庭的"治理"是一个老问题,早在古希腊,色诺芬等人就探讨过这个问题,但在这个时代,"家政"(economy)的问题与公共的城邦问题是两个尽管有关但却不同的问题。而在16世纪,一个关键性的问题就是将"家政"问题,也就是正确地经营管理家庭中的个人、物品和财富,使家庭繁荣昌盛,变成国家管理的问题。正是将"家政"引入政治实践,它才具有了现代的含义:"经济"。而治理一个国家,就意味着在整个国家的层次应用管理"家政"的手段。而治理一个国家,就不仅涉及领土问题,更重要的是由人与物构成的复杂体系。而这种治理,又和一整套的国家知识(knowledge of state)联系在一起,正像统计学(statistics)这个名字告诉我们的那样。

当然,主权问题并没有被抛弃,而是沿着与治理问题不同的路线发展。治理术、主权和纪律就构成了现代社会的一个重要的三角关系,而人的生命(或生活)就是它们主要针对的对象。如果说在君主制时代,君主拥有的是致人死亡的权力,那么现代社会最重要的则是管理生命(或生活)的权力[112]。不过,生命权力还只反映了近代国家政治理性的一个方面,另一个重要的方面就是国家对人的照看,对人的灵魂的治理。国家不仅留意人民的身体,还关注他们的灵魂。正是通过这两个方面的治理,权力技术与自我技术才建立起密切的关联。

在早期基督教的发展过程中,逐渐形成了一种所谓的"牧领权"(pastorship)[113]。这种牧领权的一个重要主题就是"照看"(keeping watch)。牧人(shepherd)要照看他的徒众,领导、指引他们,确保他们的救赎。由于诸多原因,在中世纪,牧领权并没有真正发挥关键性的作用。而现代国家却试图接过这副重担。这样,国家就将管理人的身体和管理人的灵魂结合在一起,并逐渐发展成为一种国家理性(the reason of state),它突出地体现在警察科学中。通过对18世纪流行的各种有关警察科学的政治小册子、教科书等的研究,福柯发现,"警察"的意涵要远比我们想象的广泛,它几乎涵盖了所有问题。只要是人们之间发生的社会关系,人和人之间的任何"交往",都是"警察"调控的对象。它一方面要维护城市的荣耀,体现国家的强盛;另一方面还要促进人民之间的工作、贸易关系。在德国,有关行政管理方面的科学,就是以"警察科学"(polizeiwissenschaft)的名义教授的[114]。正是借助这种国家理性的发展过程,中世纪掌管司法正义(justice)的国家,以及十五六世纪的行政国家,才最终变成了"治理"型的国家[115]。

第四节 自我、权力与知识:批判与反抗

在出版了《性史》第一卷之后,福柯经历了一段引人注目的沉默阶段[116],然后发表了《性史》的第二卷和第三卷。表面上,这两本书依旧是分析性问题的,但实际上通过对古希腊罗马时代的性问题的分析,福柯恰恰是要揭示,在西方

历史上,曾经在一段时间内,性的问题不过是从属于自我技术问题这一核心问题的次要问题。联系到这一时期发表的一些文章和访谈,许多学者断言福柯晚年的思想出现了转向,从对权力—知识的分析转向了所谓的"伦理学"阶段,甚至有的学者断言福柯重新求助"主体"来解决权力分析的困境。

从表面上看,从70年代后半期开始,福柯确实更多地谈到自我技术、伦理学、主体问题。但是,福柯晚年对伦理学的关注,究竟针对的是什么问题呢?与许多学者的观点相反,这些论述恰恰是对福柯以往的真理体制分析和权力分析的延伸,尤其涉及了在权力谱系学阶段时多少有些语焉不详的批判和反抗的问题。

一、"危险"的方法论

福柯很少像法兰克福学派的学者那样津津乐道批判的问题,但这并不意味着福柯不关心批判问题。恰恰相反,作为一位有意用历史分析将康德的批判传统发扬光大的学者,福柯对究竟什么是批判、什么是知识分子的角色进行了深入的思考。而他毕生的工作可以看作不断尝试怎样才能将康德开辟的两个批判传统(对知识的分析和对现代性的审视)结合起来。1978年,在法兰西哲学学会宣读的一份报告中,福柯指出,批判就是"一种自发反抗的艺术,一种经过认真思考的不服从的艺术"[117]。在去世前的一次访谈中,福柯指出"知识分子的角色并不在于告诉别人他们应该做些什么,知识分子有什么权利这样做?想想过去两个世纪知识分子苦心阐述的那些预言、见解、指令和纲领吧。一个知识分子的工作并不是塑造他人的政治意愿,知识分子的分内之事是在他自己的领域中进行分析,探索,提出新的证据和假设,动摇人民的习惯、行为和信仰的方式,驱除常见的信念,采取一种新的规则和制度……知识分子的分内之事是参与一种政治意愿的形成,在这一过程中,知识分子履行作为一个公民的职责"[118]。这种新的方式的批判,意味着福柯坚决与传统知识分子"立法者"形象的批判方式决裂,后面这种批判方式的代表就是萨特。传统知识分子并不对社会制度、具体实践进行分析,而是急于得出有关社会的总体设想,迫切希望提出一套乌托邦式的改造社会的总体方案,让普通社会成员照单办理。因此,在这种总体设想的考虑下,他们的批判总是否定性的批判,总是在告知人们哪些制度、观念、做法是应该为他们的不幸负责的根本因素,是应该立即铲除的祸害。

福柯的做法恰恰相反,他指出"我的观点不是任何事情都是坏的,而是任何事情都是危险的,这并不等于说它就是坏的。如果任何事情都是危险的,我们

第八章　米歇尔·福柯

就总是可以有所作为的"[119]。这段论述简洁地概括了福柯的批判立场：一种指出危险的批判，它有三个方面的意涵。

首先，这种批判是具体的，而非抽象的；它是可以推广的（general），但却不是普适的（universal）。也就是说，这种批判是以具体的经验研究为基础，它关注的是一个具体的情境中，权力的微观运行技术、策略或战术，因此，批判也是针对这些具体问题做出反应，提出对策，无论这些问题是同性恋的问题，还是监狱的问题。关注危险的批判相信年鉴史学家常说的一句话，"重要的是细节"。特别是在现代社会，针对日常生活的细枝末节的管理，成为权力斗争的焦点。这个"焦点"实际上并没有一个中心，而是散布在日常生活各处，不断流动，而关注危险的批判也恰恰是要面对这样多形态的、不稳定的权力格局，以灵活的方式来做出反应，而不是致力于提出一个在社会各处普遍适用的抽象的法则，来一劳永逸地解决所有问题。因此，福柯的这种新的批判方式是和他对现代社会的权力分析紧密地结合在一起。正是基于这样的认识，福柯区分了那种全能型的知识分子（universal intellectual）和从事专门研究的知识分子（specific intellectual）[120]，前者的代表是伏尔泰，他是所有人的良知和意识（consciousness/conscience）。但自从二战以来，产生了一种与普通社会成员联系更加紧密的知识分子，他们直接面对日常的、真实的物质斗争，他们的代表就是反战运动的斗士——核物理学家奥本海默。

其次，批判者只是指出危险，并不代替行动者自己的决定。传统的批判建立在一个基本的假设上，即知识分子是社会的大脑，而普通的社会成员只是行动的四肢，只有大脑才能告诉肢体该做些什么。但指出危险的批判将只满足于让行动者指出话语、社会制度或实践的潜在危险，而将具体的抉择留给行动者自己去做。福柯则告诉人们，他的研究不是收集解决方法的历史，而是关注提出问题的谱系学[121]。同样，在政治行动方面，知识分子的话语并不具有任何本体上的优先地位。因为，在现代社会中，知识分子发现民众不再需要借助知识分子来获得知识了，他们非常清楚一切。知识分子不过是努力与那些在所谓"知识"、"真理"或"话语"的领域中将他们自身改变为权力工具的权力形式作斗争[122]。但这并不意味着，知识分子只是躲在舒适的房间中进行与实践无关的研究，恰恰相反，指出危险的批判并不是满足于告诉大家什么事情不对了，而是通过不懈的批评来激发思想，并改变它们，知识分子同样需要实践他们的批判[123]。

最后，危险要求我们重新来理解批判与反抗之间的关系，福柯指出，不要试图用某种理论来为一种革命活动在真理中找到根据[124]。批判和反抗不再是一种指南和操作的关系。相反,批判本身就是一种在知识分子的具体领域进行的反抗,行动和言语之间分裂的等级制被克服了。这并不是说批判性的社会理论毫无意义,每时每刻,伦理-政治的抉择都在于看清楚什么是主要的危险[125],但批判不再为反抗行动提供必须遵循的方案,在这方面,福柯组织的监狱信息小组,就是一个例子,反抗就是让那些"受压迫者"自己说话,知识分子不仅不是"立法者",也不是"代言人"。

二、不可容忍的政治

在福柯有关批判的设想中,与"危险"概念联系在一起的是"不可容忍"(intolerable)的概念。既然,所有的事物都是危险的,那么就并非所有的事物都要被清除,我们反对的焦点将只是其中的一部分——那些"不可容忍"的。

福柯根据他的权力分析指出,对许多政治制度、政治实践或观念,我们并不是认可它们,而只不过由于这些制度、实践和观念建立了某种自明性,在社会中被视为想当然的,我们才容忍它,接受它,对它不假思索。而福柯指出,批判的意义就是要破除自明性和想当然性,就是要向大家显示,事情并非人们相信的那样理所当然[126],这正是福柯的历史分析的目的所在。

福柯的历史分析尽管很少直接触及当代的处境,但他却一再强调他的分析是一种"当前史"(the history of the present)的分析,这也是谱系学的一个重要意涵。福柯力图通过历史分析来展示,我们何以成为现在这个样子,我们的社会何以成为现在这个样子。通过对各种谱系的考察,揭示各种制度、实践和知识本身的历史"出身"(herkunft),从而摧毁它们的自明性和想当然性,这正是现代社会知识分子批判和反抗的一个重要手段,也是从事专门研究的知识分子的分内之责。

值得注意的是,福柯的这种历史分析性质的批判是以一种可见性政治的方式进行的,与传统的话语政治不同。传统的批判观念,基于一种强调话语政治的论坛(forum)模式,认为任何社会的批判的关键就是围绕公共政治活动进行的话语论辩,通过这种论辩来达到真理。这种模式有三个问题:首先,这种批判方式往往狭隘地理解政治问题,这和这种模式背后的君主制时代的权力观念密切相关。其次,这种批判模式所提出的权力话语,往往是一种全景式的话语,它经常只不过是"圆形监狱"的全景视角的一个翻版。福柯曾经质问过:"如果让囚犯,而不是看守,坐在中央塔楼里,操作这部圆形监狱的机器,事情就会好多了吗?"[127]最后,在这种批判观念中,比起"道理"(logos)来说,"实践"(praxis)总是次要的问题,从属的问题,只有等到"道理"的问题解决之后才需要面对的具体执行问题,而没有认识到由于权力形态的多样化和复杂化,批判和反抗的"实践"问题已经具有非常根本性的意义。

可见性政治与话语政治截然不同,它主要是展示,而不是言说。福柯历史分析的杰出之处,正在于它体现了一种不同凡响的看的艺术[128]。福柯的著作中充满了许多鲜明的图画,以往批评家只把这一点看作福柯著作中无足轻重的修辞手法,而忽视了这些图画本身就是有力的批判手段,它们比许多分析更尖锐地展现了各种不同的权力技术(如《纪律与惩罚》的开头)、真理体制(如《事物的秩序》的开头)或社会实践(如《癫狂与文明》的开头)。但福柯的图画和那些全景式的话语不同,它总是局部性的,和"圆形监狱"的视野形成了鲜明的对照,正如福柯本人所指出的,谱系学是"短视"的,最关注那些最"近"的事物,如身体[129]。这种可见性政治,不再像话语政治一样"告诉"普通社会成员应该怎么做,而只是不停地"展示"权力运作不断变化的微观技术;它也不再局限于政治领域,而是遍布知识分子工作的各个不同的领域。

福柯的批判确立了理论和实践的崭新关系。早在1972年福柯与德勒兹的一次谈话中,双方就一致认为,我们已经进入了一个新的理论与实践的关系的时代。德勒兹提出可以将二者的关系视为是一种"接力"(relay)[130]。后来,福柯更明确地将这种"接力"关系概括为:"运用政治活动作为思想的增强剂,而将分析当作放大器,为政治行动的干预找到更多的形式和领域。"[131]

三、实验的伦理学

在他一生的最后阶段中,福柯对批判与反抗的探索,尤其体现在他对所谓自我技术的伦理的关注。如果知识分子不再是社会的意识或良知,那么知识分子的写作还意味着什么,福柯指出,写作就是改变自身的一项艺术。"一个人写作就是要成为与自己不同的人。"[132]"毕竟,如果对知识的激情只不过导致了某些学识的增长,而不是以这样或那样的方式,尽其可能,使求知的人摆脱他的自我,那么它还有什么价值可言?"[133]因此,写作作为知识分子批判和反抗的关键环节,它的基本特征就是实验。恰恰是在这个意义上,福柯说,"我更多地把自己看作实验者,而非理论家"[134]。正是这种实验的态度构成了福柯对反抗的崭新认识,从对自己的反抗开始。

旧的批判模式是和道德(morality)概念联系在一起的,批判往往依据一种特定的道德准则(moral code),这些准则针对社会上所有的人,这种准则最终就是要清除所有人内心的"阴暗区域",让大家生活在一个完美的透明的世界中[135]。从这一点看,旧的批判模式和道德模式,与边沁精心设计的圆形监狱没有什么两样。甚至这种批判模式和道德模式还构成了现代社会权力的基本环节,在这一点上,卢梭和边沁成了一个运作机制两个不可分离的组成部分[136]。

与此相反,福柯认为,在古希腊和罗马的世界中,人们更关注的是伦理(ethics)。在《性史》的第二卷《快乐的享用》中,福柯指出,在古希腊人那里,性的问题并不像我们今天一样,是和一套禁令体系直接联系在一起的,而是涉及一套对我们今天的社会也具有重要意义的"生存艺术"(art of existence)。这套生存的艺术,是一些自愿采取的行动,这种艺术并不是要为人们确立行为的准则,它也不适用于所有人,而只是针对少数自由人的自由实践,这些人用这些行动来改变自身,赋予自己的生活以一种独特的风格,使自己的生活成为一件艺术品,具有审美的价值,并具有风格上的统一性。在这种"生活技术"中,"风格"占有重要的地位,就像"准则"(code)在道德中占有核心的地位一样[137]。

但是,在从希腊时代步入希腊化时代的时候,这种生活技术逐渐转变成为一种自我技术(techniques of the self 或 technologies of the self)[138]。它开始发生了许多变化,从对自我克制和自我把握(self mastery)的强调逐渐转向强调人面对性活动可能导致的各种不同的病症时往往是脆弱无力的(frailty),并逐渐开始关注如何找到一些对所有的人来说都普遍有效的行为方式[139]。最终伴随基督教的发展,出现了新的道德体系,道德准则代替了自我伦理。希腊的伦理也就一步一步地走向了我们今天习以为常的道德。尽管古代的自我技术被纳入基督教之中,并进一步被现代社会的各种教育、医疗和心理学的实践所采纳,但它却丧失了重要性和自主性。因此,福柯晚年所谓的"伦理的谱系学"实际上考察的是自我技术的谱系,撰写的是伦理或者苦行(ascetics)的历史[140]。而这种自我技术,并不是与权力毫无关系。恰恰相反,希腊的生活艺术意味着如何避免滥用权力,成为自己的奴隶,从而更好使用权力,支配他人。在希腊人看来,这种生活艺术是一些如何成为自由人的技术。因此,在福柯的分析中,自由和政治、自我技术和权力技术从来就是密不可分的[141]。

当然福柯并没有盲目崇拜希腊,他指出,我们并不能回到希腊,在另一个社会不可能找到解决我们社会问题的出路,而且希腊时代自身就有许多问题。但是,我们仍然可以从希腊学到许多东西[142]。在现代社会,尽管这种"自我技术"已经不受重视,但却并没有消亡。在波德莱尔理解的"现代性"中就包含了这方面的因素,而正是这里提示我们,自我技术如何在现代社会扮演一种特殊的批判和反抗的角色。

正是在这里,我们可以注意到,福柯晚年的著名文章《什么是启蒙?》中探讨了康德对人类如何试图公开地运用自己的理性,摆脱自身不成熟状态的分析。

所谓摆脱不成熟状态,很大程度上在于我们必须将自我从他人的照看中解脱出来。正如我们在前面所看到的,这种照看正是"警察国家"的一个重要特征,因此,福柯在康德那里寻找的正是如何摆脱这种照看的"出路"。

四、启蒙与现代性态度

在许多学者的眼中,福柯一直对启蒙抱有深刻的怀疑态度,始终不遗余力地批判启蒙以降的人道主义,以至于有学者问:福柯到底肯定了什么东西[143]?福柯的《什么是启蒙?》一文大概正好回答了这个疑问。

这篇文章重新拾起了康德在近两百年前提出的一个问题[144]。福柯认为,康德对这个问题的回答是现代哲学史的一个重要事件。从黑格尔起,中经尼采或马克斯·韦伯,直至霍克海默和哈贝马斯,这些哲学都以某种特定的方式面临同样一个问题。为什么福柯认为这个问题如此重要呢?因为福柯在康德对这个问题的回答中发现了现代哲学以一种特殊的方式思考它与"当前"之间的关系。"康德用一种几乎完全是否定性的方式来界定启蒙,将其作为某种出口,某种出路。"这个出路就是将我们从"不成熟"的状态解放出来,而"成熟"状态的标志就是人们要有勇气来运用自己的理性。初看上去,康德的这一说法不过是启蒙时代常见的理性主义的论点罢了,但如果我们联系到福柯对"自我技术"进行的谱系学研究,我们就会明白福柯为什么会认为康德的文本意味着思想史上的一个重要事件,因为它标志着一种现代性的态度。

与当代的许多学者不同,福柯认为,也许更应该将现代性看作一种态度,而非一段历史时期,这里,福柯明确地将这种现代性态度和古希腊的一个重要观念——"精神品质"(ethos)联系在一起。在波德莱尔那里,福柯发现了现代性态度的体现:"一种改变现实面貌的自由游戏,一种苦行式的对自我的精心塑造。"[145]这里的论述和福柯在古希腊发现的"精神锻炼"(spiritual exercise)[146]具有类似的特点。因此,在福柯眼中,启蒙及其开启的现代性,其根本要素并非某种我们必须死死抱住不放的"理性的本质内核",或者意涵芜杂暧昧的"人道主义",而是一种现代性的态度,它的特点就是要面向"界限",弄清楚,哪些因素对于我们伦理主体的构成来说,不再是必不可少的了,我们应该勇于改变自身,改变我们的处境[147]。因此,在福柯这里,现代性的态度就是将自我技术与反抗和批判紧密地联系在一起。

当然,在现代社会中,由于权力与知识的密切关联,所以,任何批判和反抗都离不开细致的理论工作,因此,塑造自我,必须和历史研究联系在一起,而探究我们自身和我们的历史的批判研究,又必须和冒犯现实的逾越实践携手同行。这样,我们就可以更清楚地理解福柯晚年的工作,并不是单纯地抛弃了对权力—知识的探究,而是将这种研究和新的批判—反抗观念联系在一起,赋予"灰暗、细致入微和耐心"[148]的谱系学研究以新的意义,这个意义在《什么是启蒙?》的结尾表达得最清楚不过了:"对自我的急切渴望,需要耐心的劳作。"

第五节　福柯的影响与评价

一、福柯的广泛影响和持久意义

早在福柯生前,他就对人文学科和社会科学的各个领域产生了非常广泛的影响。他的许多研究都是开创性的,激发了无数试图验证或批评他的见解的研究。而在他的著作中体现的许多思想,也在各种政治运动乃至社会实践中产生了相当大的影响。

在哲学领域,正如列维－斯特劳斯所说的,他"使整整一代人恢复了对哲学的信心",为哲学指明了一种新的出路,一种通过具体的谱系学研究来治疗哲学的疾病的方法[149]。

在历史学领域,早在年鉴史学尚未成为知识界的"宠儿"时,福柯就大力推崇年鉴史学的研究取向,引为同道。而他本人的研究,尽管宣称是与历史学不同的考古学或谱系学研究,却对年鉴史学本身的发展产生了深远的影响。年鉴史学家的第三代对心态史和文化史的关注,就深受福柯的影响。埃利亚斯、阿里耶斯(P. Aries)和福柯,这三个人尽管都不是职业历史学家,但却是80年代以来文化史学者最常提及的名字[150]。

在文学批评领域,福柯的思想成了所谓"新历史主义"思潮最重要的灵感来源之一,怀特(H. White)等学者对历史叙事的分析,也受到福柯有关话语、作者、权力的论述的影响,并沿袭了福柯对传统历史学分析的批评。而反过来,"新历史主义"的一些研究,如格林布雷特(S. Greenblatt)对文艺复兴的研究,也对福柯晚年研究自我技术问题不无助益。

在社会学方面,福柯的分析改变了社会理论对权力的基本态度,促使学者更深入地思考权力、知识与自我的关系。更重要的是,福柯促进了社会分析突破了传统的社会学学科限制,通过与哲学、历史学等学科的创造性对话,迈向了一种更有弹性和活力的社会分析形式。

在社会实践领域,福柯的思想也是许多激进运动的推动力之一,他的《癫狂与文明》成了革新精神病学的国际运动和重要推动力,赢得了运动领袖莱恩

(R. Laing)和库柏(D. Cooper)的赞赏[151];尽管不无争议,但他的思想确实成了女性主义运动的一个重要的观念来源[152];虽然福柯本人主要关注的是西方文化的问题,并被一些学者指责带有浓厚的西方中心论,但他有关"排除"和"禁闭"的论述,直接影响了后殖民主义的思潮[153]。他的许多历史分析,也为人们更严肃地思考同性恋问题、性问题、移民问题、刑罚和法律问题,提供了重要的参照点。

二、围绕福柯展开的争论

不过,早在福柯生前,他与众不同的分析方式和观点就已经引发了许多争论。其中比较重要的争论,涉及如何理解福柯对真理的态度,权力与反抗的关系,以及福柯理论中的历史问题。

1. 福柯对真理的态度

福柯对现代理性的历史条件的分析,对真理体制及其与权力技术之间微妙而复杂的关系的探索,使许多学者认为,福柯的观点,难免陷入非理性主义或相对主义,乃至虚无主义。

首先,我们必须从法国认识论的传统来理解福柯的研究取向。福柯的工作不是要证明科学的逻辑是欺骗的逻辑,而是要通过研究今天的科学的历史谱系,来揭示它得以构成的历史条件。福柯的分析,实际上恰恰告诫科学的研究者,他们从事的事业面临的危险远远比他们想象的更多,而许多科学自身用来防卫非科学力量干扰的保障,也并不像他们想象的那么值得信赖,因此,从事真正的科学就需要更艰苦的努力,需要与许多潜在的"无意识"决裂。福柯在一次访谈中就曾经指出,真正的科学从来不在乎它们卑贱的出身,只有那些似是而非的伪科学才会讳疾忌医。当然,不可否认的是,福柯在这个问题上的立场,要比巴什拉或布迪厄更含糊一些。

其次,福柯进行的是历史分析,而不是像科学哲学中的逻辑学派,试图给出科学研究的规范。因此,我们不能简单地从历史分析中抽取规范分析的因素。福柯对西方的精神病学、医学和人文科学的考古学分析,并不是要否定我们从事这些科学研究的可能性,他的《知识考古学》也没有试图给出知识何以成为真理的规范条件,而是告诉我们,在一定的历史时期内,知识成为真理需要经过哪些阈限。至于是否每一种历史分析都蕴含了潜在的规范前提,那就是另一个问题了。就我所知,福柯从来没有谈过这个问题。我相信,即使有人向他提出这个问题,他也很可能会建议这个人去研究一下这个问题本身的历史谱系的。

再次,福柯在分析西方理性的历史进程时,曾经特别强调癫狂者等被理性压抑与排斥的经验,此后在他的许多研究中,他也一再强调逾越、无理性(unreason)的重要意义,但我们不能过于匆忙地将福柯认定为"非理性主义者"(irrationalist)[154],这就像因为他关注断裂和不连续现象,就称他的分析为"基于不连续性的历史哲学"一样荒谬。福柯对这些他后来称之为"外面"(outside)的关注,和他力图探索西方社会的各种界限(limit)的努力是分不开的。要理解这一点,我们不妨注意,福柯曾经屡次积极地评价日本、中国的许多文化现象,在他眼中,这些现象构成了西方文化现象的一个反例,可以借以理解西方理性和文化的历史,破除难以避免的自明性。例如,在《性史》中,中国的"房中术"在第一卷里和"性学"构成了对立,在第二卷中又和古希腊的"自我技术"形成了对立。

2. 权力与反抗

尽管福柯指出,"哪里有权力,哪里就有反抗"[155]。但是,福柯有关权力是无所不在的论述,仍使许多人对福柯的立场产生了疑问,认为在福柯的分析中,只是告诉我们,"世界是座大监狱",我们无路可逃。格尔茨指出,福柯的论述不过是一种颠倒的辉格党历史,在辉格党那里,是进步的历史,而在福柯这里,只是权力控制不断加强的历史。费里和雷诺指出,既然权力是无所不在的,即使承认存在反抗,权力和反抗也不过是同一个过程的两个侧面而已,没有不涉及权力的反抗。这种理论最终会使批判丧失了基础[156]。德·塞尔杜也认为,福柯理论的问题正在于,无所不在的权力观导致这一理论本身就像"圆形监狱"一样,使一切都暴露在光天化日之下[157]。面对这样的指责,福柯进行了反批评。首先,福柯指出,他的分析并没有说任何权力都实现了自己的目标,他分析的是"纪律社会"(disciplinar society),而非"完全被纪律支配的社会"(disciplined society)。其次,"权力无所不在"这一观点强调的是:一方面,权力不再局限在特定的社会领域,如国家、法律,而是遍布整个社会肌体;另一方面,我们不能通过隔离出一个纯净的区域或空间以逃避权力的危险。但这一论述并不意味着反抗是不可能的,相反,它意味着每个人在自己的日常生活中,工作环境中,家庭中,都面临着如何对权力做出反应的问题,反抗就由人民自己在日常社会实践中进行,而不再仅仅依赖某种完全集中化的、系统化的方式。这就意味着我们重新理解权力与批判、理论与实践、知识分子与所谓"普通民众"之间的关系。最后,正如我们在第四节已经看到的那样,福柯在晚年有关自我技术和主体化的谱系学的研究,正是对反抗问题的艰苦探索,许多批评囿于传统的批判模式,并没有充分地认识这一点。

3. 福柯理解的历史

福柯历史分析的独特方式，以及他对传统历史学和各种历史哲学思想的批判，也引发了许多争议。法兰克福学派的许多学者认为福柯实际上是反对历史的，这一批评实际上重复了1966年萨特的观点。萨特在福柯身上看到的也是一种"否定历史"的倾向，而且他认为，尽管福柯的事业是历史的，但他是"用魔灯代替了电影，用连续的静止画面代替了运动画面"，但是这种"折中色彩的综合法"不得不经常求助于他明确拒绝的实践和历史[158]。针对这一点，我们应该注意到，许多批评首先不是来自历史学界，而是来自哲学界。他们的忧虑从某种意义上恰恰反映了福柯的历史分析对历史哲学的潜在威胁。福柯就曾经反过来提出质问——究竟是他，还是那些批评者曾经进行过耐心细致的历史学研究呢？他讥讽地称这些满口历史，却远离真正的历史研究的学者为"历史的使用者"。相反，许多历史学家对福柯的历史学研究却倍加称赞，维恩称福柯的研究是"历史学的革命"[159]。在关于如何使用历史的问题，有许多历史学家倒可能会站在福柯的立场上，正如著名历史学家勒高夫所说的，"历史哲学是历史学最坏的敌人"[160]。

从这几个方面的批评可以看出，许多学者没有正确地理解福柯思想的重要意义，徒劳地从福柯的具体经验分析中挖掘具有普遍性的哲学命题或理论，而忽视了福柯开创了一种新的社会分析方式的重要意义。这种社会分析，一方面不局限于相对狭隘的社会学理论传统，而是将历史学、哲学和社会学、心理学等各种学科的洞察力创造性地结合在一起；另一方面，也不试图将各种研究传统的理论、观念、概念以抽象的方式组合成一个庞杂的折中体系，而是改造传统的观念史、社会史和批判分析，重新考虑了历史分析、理论反思和社会批判三者之间的复杂关系。对福柯社会分析的重要价值和独特风格，即使许多赞赏或捍卫福柯理论的人，也经常予以有意无意的忽视。这大概证明了布迪厄的观点，"认识论障碍"更多地源于学术制度，而不仅仅是观念问题[161]。

当然，强调福柯分析的这些特点并不是认为福柯的研究只对有限的具体历史情境适用，而没有什么更广泛的启迪意义。如果这样，福柯的思想大概也不会引发范围如此广泛的争论了。福柯的价值正在于他通过艰苦的工作和生活探索了社会分析与我们每个普通人的日常生活、与我们的"当前"之间的关联。福柯当年为德勒兹与瓜达里的著作《反俄狄浦斯》写下的一段话，大概也同样适用于他自己毕生的探索，"追查法西斯主义形形色色的变体，从围绕我们、并沉重地压迫我们的那些庞大的、穷凶极恶的法西斯主义，直到构成我们日常生活中暴虐的苦痛的那些细微、琐屑的法西斯主义"[162]。

注　释

〔1〕 有关福柯的生平资料,主要参考了埃里蓬、米勒和麦希撰写的福柯传记。分别参见埃里蓬:《权力与反抗》,谢强、马月译,北京大学出版社1997年版;米勒:《福柯的生死爱欲》,高毅译,台北时报文化公司1995年版;D. Macey, *The Lives of Foucault*, Pantheon, 1993。

〔2〕 Foucault, M., "Practicing Criticism", in Foucault, M., *Politics, Philosophy, Culture: Interviews and Other Writings, 1977—1984*, Routledge, 1988, p. 156.

〔3〕 Foucault, M., *The Archaeology of Knowledge & The Discourse on Language*, Pantheon, (1969)1972, p. 17.

〔4〕 埃里蓬:《权力与反抗》,第11页。

〔5〕 英译本改名为《事物的秩序》(*The Order of Things*),据福柯本人说,这个名字更符合他原来的设想。

〔6〕 根据福柯本人的知识分析,这种带有思想史色彩的"渊源"分析,本身就存在许多问题,与考古学的方法迥异其趣,参见 Foucault, M., *The Archaeology of Knowledge & The Discourse on Language*, Pantheon, (1969)1972。

〔7〕 除了上述影响之外,海德格尔的学说,伊波利特(Jean Hyppolite)和柯热夫(Alexandre Kojeve)对黑格尔的解说,以及一些历史学家的著作,都对福柯不同时期思想的发展产生了相当大的影响。

〔8〕 "Maurice Florence", "Michel Foucault, 1926—　", in G. Gutting ed. *in The Cambridge Companion to Foucault*, Cambridge, 1994. 现在已经基本可以确认,这篇文章是由福柯在他的助手Francois Ewald的协助下撰写的,参见 Macey, D., *The Lives of Michel Foucault*, Pantheon, 1993, p. xx。

〔9〕 福柯对于康德传统的强调,可以见于他为法国著名认识论学者康吉翰的代表作《正常与病态》的英译本所写的导言和他的著名文章《什么是启蒙?》,分别参见 "Introduction" to G. Canguilhem, *The Normal and the Pathological*, Zone Books, 1989; "What is Enlightenment", in P. Rabinow ed., *The Foucault Reader*, pp. 32—50, Pantheon, 1984,(收入《福柯文选》)。

〔10〕 卡特洛费罗从另一个不同的角度对比了康德与福柯,参见 Cutrofello, A., *Discipline and Critique: Kant, Poststructuralism, and the Problem of Resistance*, State University of New York Press, 1994。

〔11〕 布朗肖(Maurice Blanchot)语,in *Foucault/Blanchot*, Zone Books, 1987, p. 67.

〔12〕 转引自 Frank, M., "On Foucault's Concept of Discourse", in *Michel Foucault Philosopher*, Harvester, 1992, pp. 99—116。

〔13〕 埃里蓬:《权力与反抗》,第280页,译文有改动。

〔14〕 有关福柯与尼采的关系,Michael Mahon的专著进行了全面的探讨,*Foucault's Nietzschean Genealogy*, University of New York Press, 1992。

〔15〕 福柯:《真理、权力与自我》,收入 Foucault, M., *Technologies of Self*: *A Seminar with Michel Foucault*, ed. by L. Martin, et al., Tavistock, 1988, pp. 12—13。

〔16〕 据称,正是此书促使福柯深入研究尼采的著作,参见米勒的《福柯的生死爱欲》,第三章。并参考 Foucault, M., "Nietzsche, Genealogy, History", in M. Foucault, *Language, Counter-Memory, Practice*, Cornell University Press, 1977,以及 Nietzsche, F., *Unfashionable Observations*,特别是第二篇"On the Utility and Liability of History for Life", Stanford University Press, 1995。

〔17〕 参见尼采:《权力意志》,张念东、凌素心译,商务印书馆1991年版,并参见《思想体系史》一文中对尼采这一思想的概括,收入 *Language, Counter-Memory, Practice*, Cornell University Press, 1977。

〔18〕 尼采:《论道德的谱系》,周红译,生活·读书·新知三联书店1992年出版,有关福柯对自我技术的论述,参看第四节的讨论,并参见福柯的《性史》第二卷和第三卷,以及收入 *Technologies of Self: A Seminar with Michel Foucault*, ed. by L. Martin et al., Tavistock, 1988 的论述。

〔19〕 Foucault, M., "On the Genealosy of Ethics: An Overview of work in Progress", in *The Foucault Reader*, ed. by P. Rabinow, Pantheon, 1984.

〔20〕 参见内哈马斯从这一角度对尼采思想的出色概述,米勒撰写的福柯传记也深受此书的影响,Nehamas, A., *Life as Literature*, Cambridge, 1985。

〔21〕 哈贝马斯和吉登斯都这样看,分别参见 Habermas, J., *The Philosophical Discourse of Modernity*, Polity, 1987 和 Giddens, A., "From Marx to Nietzsche? Neo-Conservatism, Foucault, and Problems in Contemporary Political Theory", in *Profiles and Critique in Social Theory*, Palgrave, 1982, pp. 215—230。福柯本人有时也这样说。

〔22〕 Foucault, M., *Politics, Philosophy, Culture*, Routledge, 1988, pp. 250—251.

〔23〕 参见 Mitchell Dean, *Critical and Effective Histories*: *Foucault's methods and historical sociology*, Routledge, 1994,同时对比福柯的《尼采、谱系学与历史学》一文。

〔24〕 另外三位被列入这一结构主义的"核心集团"的分别是列维-斯特劳斯,拉康和罗兰·巴特。也有的说法,包括德里达,不包括拉康。一般认为,这五位学者构成了通常所说的"结构主义"思潮的主要代表,参见斯特罗克编:《结构主义以来》,渠东等译,辽宁教育出版社1998年版。

〔25〕 例如,福柯就嘲讽地谈到皮亚杰和他的一个学生在将他视为一个结构主义者时自相矛盾的做法,参见 Foucault, M., *Remarks on Marx*, Semiotext, 1991(1978), p. 113。

〔26〕 Foucault, M., *Politics, Philosophy, Culture*, Routledge. 1988, p. 19. 在《论马克思》中,福柯也谈到了同一问题,第3章,"但是结构主义并不是一个法国的发明"。

〔27〕 参见 Descombe, V., *Modern French Philosophy*, Cambridge, 1980;并参见米勒的《福柯的生死爱欲》一书中对这一点的讨论。

〔28〕 Foucault, M., *Remarks on Marx*, Semiotext, 1991(1978), pp. 83ff; "Critical Theory/Intellectual History", in Foucault, M., *Politics, Philosophy, Culture*, Routledge, 1988, p. 18ff.

〔29〕 埃里蓬的福柯传记简要地概述了这场争论。分别参见 Derrida, J., "Cogito and the history of madness", in *Writing and Difference*, University of Chicago Press, 1970, pp. 31—63; Foucault, M., "My body, this paper, this fire", *Oxford Literary Review*, 1970, Vol. 4, No. 1: 5—28。仔细对比一下德里达的这篇文章和福柯文章中经常被视为后结构主义代表作的《作者是什么?》,就会发现二者之间存在着非常大的差别,参看 Foucault, M., "What is an Author", in *Language, Counter-Memory, Practice*, Cornell University Press, 1977。

〔30〕 有关法国认识论传统的基本思想和这一传统对福柯思想的影响,参见 Lecourt, D., *Marxism and Epistemology: Bachelard, Canguilhem and Foucault*, Verso, 1975; Gutting, G., *Michel Foucault's Archaeology and Scientific Reason*, Cambridge, 1989。

〔31〕 Foucault, M., "Introduction" to G. Canguilhem, *The Normal and the Pathological*, Zone Books, 1989, p. 7.

〔32〕 Ibid., p. 8.

〔33〕 Foucault, M., "Introduction", in *The Archaeology of Knowledge & Discourse on Language*, Pantheon, 1972(1969).

〔34〕 访谈收入 Foucault, M., *Death and Labyrinth: the World of Raymond Roussel*, Doubleday, 1987(1963), p. 174。

〔35〕 《论逾越的前言》,收入《语言、反记忆与实践》。福柯作为巴塔耶全集的主编,十分熟悉后者的作品,并特别关注巴塔耶对逾越问题的探讨。勒默特等人认为,这也是福柯社会理论的基本特点,参见 Lemert, C. & C. Gillan, *Michel Foucault: Social Theory as Transgression*, Columbia University Press, 1982。

〔36〕 福柯:《福柯/布朗肖》,德勒兹认为"外面"是福柯思想中的一个非常重要的观念,参见 Deleuze, G., *Foucault*, Minneapolis: University of Minnesota Press, 1988(本文参考了福柯小组的中文译稿)。

〔37〕 Foucault, M., *Death and Labyrinth: the World of Raymond Roussel*, Doubleday, 1987(1963),以及《作者是什么?》中对贝克特的探讨,收入 Foucault, M., *Language, Counter-Memory, Practice*, Cornell University Press, 1977。

〔38〕 Foucault, M., *Death and Labyrinth: the World of Raymond Roussel*, Doubleday, 1987(1963), p. 185.

〔39〕 "Maurice Florence", "Michel Foucault, 1926— ", p. 314.

〔40〕 德·塞尔杜:《语言的黑太阳》,收入《异他性研究》(*Heterologies: Discourse on the Other*, Manchester University Press, 1986)。

〔41〕 Foucault, M., "On the Geneology of Ethics: An Overview of Work in Progress", in *The Foucault Reader*, ed. by P. Rabinow, Pantheon, 1984, pp. 349—350.

〔42〕 Foucault, M., *The Archaeology of Knowledge & The Discourse on Language*, Pantheon, 1972(1969), p. 47.

〔43〕 福柯认为,《事物的秩序》在自己著作中并不占据中心地位,而是属于边缘部分,比起他在其他书中所投入的强烈参与兴趣来说,这本书要差一些,参见 Foucault, M., *Remarks on Marx*, Semiotext, 1991(1978), p. 100。

〔44〕 第四卷《肉欲的忏悔》在福柯去世前已经基本完成,但根据福柯的遗愿,这本未经作者定稿的著作大概不会出版了。

〔45〕 Foucault, M., *The Archaeology of Knowledge & The Discourse on Language*, Pantheon, 1972(1969), p. 5. Note 2, by English translator.

〔46〕 Foucault, M., *The Birth of Clinic: an archaeology of medical perception*, Vantage, 1973(1963), p. xi.

〔47〕 福柯:《福柯访谈录》,第1页以下。

〔48〕 Foucault, M., *The History of Sexuality*, Vol. 2, *The Use of Pleasure*, Pantheon, p. 11.

〔49〕 Foucault, M., "Polemcics, Politics and Problemization: An Interview with Michel Foucault", in *The Foucault Reader*, ed. by P. Rabinow, Pantheon, 1984. 值得注意的是,不能将福柯的考古学和谱系学思想截然分开,参见下文的讨论。

〔50〕 下面的概述主要根据"Maurice Florence"的"Michel Foucault: 1926— "一文。

〔51〕 相对这两个方面而言,法国认识论传统中的巴什拉(对象构建问题)和康吉翰(观念史)更关注后者,而福柯似乎十分注意前者。

〔52〕 下面的分析主要参考 Foucault, M., *The Archaeology of Knowledge & The Discourse on Language*, Pantheon, 1972(1969)。

〔53〕 Foucault, M., *The Order of Thing: the Archaeology of human sciences*, Tavistock, 1971(1966), Preface by translator, p. XI.

〔54〕 Foucault, M., *Language, Counter-Memory, Practice*, Cornell University Press, 1977, p. 199.

〔55〕 实际上,更准确的译法也许是"实证场"。

〔56〕 Foucault, M., *The Archaeology of Knowledge & The Discourse on Language*, Pantheon, 1972(1969), pp. 118—119.

〔57〕 Ibid., p. 28.

〔58〕 Ibid., p. 117.

〔59〕 Foucault, M., *Technologies of Self: A Seminar with Michel Foucault*, ed. by . L. Martin, et al., Tavistock, 1988, p. 14.

〔60〕 Deleuze, G., *Foucault*, Minneapolis, 1988, 10ff. 并参见 Foucault, M., *The Archaeology of Knowledge & The Discourse on Language*, Pantheon, 1972(1969), pp. 163—164。

〔61〕 福柯指出,"话语关系既不在于话语之内,也不在话语之外,而在话语的界限上",Foucault, M., *The Archaeology of Knowledge & The Discourse on Language*, Pantheon, 1972(1969), p. 46。

〔62〕 尽管福柯从来没有用这样一个名目来称呼自己。

〔63〕 关于对这两种模式的概括和划分,可以分别参见 J. Scott 和 Lukes 为他们各自主编的权力文选撰写的导言:Scott, J. ed. , *Power*:*Critical Concepts*,Routledge,1994;Lukes, S. ed. , *Power*,New York University Press,1986。

〔64〕 Lukes, S. , *Power*:*A Radical View*, Macmillan, 1974, p. 15.

〔65〕 Dahl, R. , "Power", *International Encyclopedia of the Social Sciences*, 1968, Vol. 12:405—417.

〔66〕 Weber, M. , *Economy and Society*, University of California Press, 1978, pp. 53—54.

〔67〕 Arendt, H. , "Communicative Power", in Lukes, S. ed. , *Power*, New York University Press,1986, pp. 59—74.

〔68〕 Parsons, T. , "On the Concept of Political Power", in Scott, J. ed. , *Power*:*Critical Concepts*,Routledge,1994, pp. 16—61.

〔69〕 Arendt 上引文,第 64 页。

〔70〕 同上书,第 44 页。

〔71〕 Habermas, J. , "Hannah Arendt's Communicative Concept of Power", in Lukes, S. ed. , *Power*,New York University Press,1986, pp. 75—93.

〔72〕 当然,福柯的权力分析与上述的两种模式也不乏一些相似之处,如他也主张区分权力问题与支配问题,参见 Foucault, M. , *The Final Foucault*, ed. by J. Bernauer and D. Rasmussen, MIT Press, 1988, p. 3。

〔73〕 Foucault, M. , *The History of Sexuality*, Vol. 1, Allen Lane, 1979(1976), p. 82.

〔74〕 Foucault, M. , *Power-Knowledge*:*Selected Interviews and Other Writings 1972—1977*, Harvest, 1980, p. 139.

〔75〕 Ferry, L. and A. Renaut, "Foucault", in M. Lilla ed. , *New French Thought*, Princeton, 1994, pp. 54—62. 并参见 Foucault, M. , *The History of Sexuality*, Vol. 1, *The Will to Knowledge*, Allen Lane, 1979(1976), p. 88ff。

〔76〕 例如,在《纪律与惩罚》中,福柯就分析了现代社会中,法律如何在"非法"和"过失"之间错综复杂的关系中发展的历程,参见 Foucault, M. , *Piscipline and Punishment the Brith of the Prison*, Allen Lane, 1977(1975), part 3, ch. 2。

〔77〕 Foucault, M. , *The History of Sexuality*, Vol. 1, *The Will to Knowledge*, Allen Lane, 1979(1976), p. 94.

〔78〕 Foucault, M. , *Power-Knowledge*:*Selected Interviews and Other Writings 1972—1977*, Harvest, 1980, p. 91ff.

〔79〕 Deleuze, G. , *Foucault*, University of Minnesota Press, 1988, p. 71.

〔80〕 Foucault, M. , *Power-Knowledge*:*Selected Interviews and Other Writings 1972—1977*, Harvest, 1980, pp. 135—136.

〔81〕 Foucault, M. , *Language*, *Counter-Memory*, *Practice*, Cornell University Press, 1977, p. 152ff.

〔82〕 Foucault, M. , *Politics*, *Philosophy*, *Culture*, Routledge, 1988, p. 123.

〔83〕 Ibid., p. 104.
〔84〕 Foucault, M., *Power-Knowledge: Selected Interviews and Other Writings 1972—1977*, Harvest, 1980, pp. 90—91.
〔85〕 Deleuze, G., *Foucault*, University of Minnesota Press, 1988, p. 71.
〔86〕 Foucault, M., *Power-Knowledge: Selected Interviews and Other Writings 1972—1977*, Harvest, 1980, pp. 59, 119.
〔87〕 Ibid., p. 151.
〔88〕 Ibid., p. 69.
〔89〕 Deleuze, G., *Foucault*, University of Minnesota Press, 1988, p. 48ff.
〔90〕 Foucault, M., *The History of Sexuality*, Vol. 1, Allen Lane, 1979(1976), p. 85ff.
〔91〕 Foucault, M., *Power-Knowledge: Selected Interviews and Other Writings 1972—1977*, Harvest, 1980, p. 97ff.
〔92〕 Smart, B., *Michel Foucault*, Routledge, 1988, p. 72.
〔93〕 这一部分的论述主要根据 Foucault, M., *Discipline and Punishment: the Birth of the Prison*, Allen Lane, 1977(1975)。
〔94〕 Foucault, M., *Discipline and Punishment: the Birth of the Prison*, Allen Lane, 1977(1975), p. 47.
〔95〕 Foucault, M., *Power-Knowledge: Selected Interviews and Other Writings 1972—1977*, Harvest, 1980, p. 151.
〔96〕 Foucault, M., *Discipline and Punishment: the Birth of the Prison*, Allen Lane, 1977(1975), p. 131.
〔97〕 Weber, M., *Economy and Society*, University of California Press, 1978, p. 1148ff.
〔98〕 一些围绕在《经济与社会》(*Economy and Society*)周围的历史社会学家和英国的特纳(B. Turner)都在韦伯与福柯之间发现了许多共通之处,参见 Dean 上引书; Turner, B., "The Rationalization of the Body: Reflection on Modernity and Discipline", in S. Lash and S. Whimster ed., *Max Weber, Rationality and Modernity*, Allen and Unwin, 1987。而且福柯晚年也屡次谈到韦伯,并将自己的工作视为韦伯研究的一个继续和发展,即在更广泛的意义上探讨禁欲主义的实践, Foucault, M., *The Final Foucault*, ed. by J. Bernauer and D. Rasmussen, The MIT Press, 1988, p. 2。
〔99〕 Foucault, M., *Discipline and Punishment: the Birth of the Prison*, Allen Lane, 1977(1975), p. 18.
〔100〕 Foucault, M., *Discipline and Punishment: the Birth of the Prison*, Allen Lane, 1977(1975), p. 201; Foucault, M., *Power-Knowledge: Selected Interviews and Other Writings 1972—1977*, Harvest, 1980, p. 158.
〔101〕 Foucault, M., *Discipline and Punishment: the Birth of the Prison*, Allen Lane, 1977(1975), p. 228.
〔102〕 Foucault, M., *Power-Knowledge: Selected Interviews and Other Writings 1972—1977*, Harvest, 1980.

〔103〕 Foucault, M., *The History of Sexuality*, Vol.1, *The Will to Knowledge*, Allen Lane, 1979(1976), p.139.

〔104〕 Ibid., p.20.

〔105〕 Ibid., p.35.

〔106〕 Foucault, M., *Technologies of Self: A Seminar with Michel Foucault*, ed. by L. Martin et al., Tavistock, 1988, p.16.

〔107〕 许多学者业已指出,在福柯的分析中,自我是一种和权力运作密切相关的制度,参见 Caputo, J. and M. Yount eds., *Foucault and the Critique of Institutions*, Pennsylvania state University Press, 1993, 特别是导言。

〔108〕 Bourdieu, P., "A free thinker: do not ask me who I am", *Paragraph* 5, 1985, p.85.

〔109〕 本节的讨论主要参考 Foucault, M., "Governmentality", in G. Burchell et al ed., *The Foucault Effect*, University of Chicago Press, 1991, pp.87—105。

〔110〕 Foucault, M., *Technologies of Self: A Seminar with Michel Foucault*, ed. by L. Martin et al., Tavistock, 1988, p.18ff.

〔111〕 参见斯金纳:《现代政治思想的基础》,段胜武等译,求实出版社1989年版;《马基雅维里》,王锐生等译,工人出版社1985年版。

〔112〕 Foucault, M., *The History of Sexuality*, Vol.1, *The Will to Knowledge*, Allen Lane, 1979(1976), ch.5.

〔113〕 福柯注意到,类似的观念在柏拉图对国家的分析中就已经出现了,但与后来基督教中的形态很不一样,Foucault, M., *Politics, Philosophy, Culture*, Routledge, 1988, p.63ff。

〔114〕 Foucault, M., *Politics, Philosophy, Culture*, Routledge, 1988.

〔115〕 福柯晚年从生命政治和治理术的角度广泛地研究了福利国家有关的一些问题,Ewald在一篇简短的文章中扼要地概述了他的一些论述,参见 Ewald, F., "Bio-Power", *History of the Present*, 1988, No.2: 8—9。

〔116〕 当然从保留下来的文献来看,福柯在这一时期并没有停止思考,也不存在所谓"创造力的衰竭"的问题。但是,他似乎直到去世也没能将他反复考虑的几个主题(现代社会的权力技术、政治理性、自由实践、自我技术和真理体制)充分地结合起来。德勒兹特别强调这一时期福柯访谈的重要性,参见 Deleuze, G., *Foucault*, University of Minnesota Press, 1988, p.115。

〔117〕 转引自米勒:《福柯的生死爱欲》,第520页以下。

〔118〕 转引自 Goldstein, R., "Preface of Translator" to M. Foucault, *Remarks on Marx*, Semiotext, 1991(1978)。

〔119〕 Foucault, M., "On the Genealosy of Ethics: An Overview of Work in Progress" in *The Foucault Reader*, ed. by P. Rabinow, Pantheon, 1984, p.343.

〔120〕 Foucault, M., *Power-Knowledge: Selected Interviews and Other Writings 1972—1977*, Harvest, 1980, p.126ff.

〔121〕 Foucault, M., "On the Genealosy of Ethics: An Overview of Work in Progress", in *The Foucault Reader*, ed., by P. Rabinow, Pantheon, 1984, p.343.

第八章 米歇尔·福柯

〔122〕Foucault, M., *Language, Counter-Memory, Practice*, Cornell University Press, 1977, pp. 205—206.

〔123〕Foucault, M., *Politics, Philosophy, Culture*, Routledge, 1988, p. 154ff.

〔124〕Foucault, M., "Preface" to G. Deleuze and F. Guttari, *Anti-Oedipus*, University of Minnesota Press, 1983.

〔125〕Foucault, M., "On the Genealogy of Ethics: An Overview of work in progress", in *The Foucault Reder*, ed., by P. Rabinow, Pantheon, 1984, p. 343.

〔126〕Foucault, M., *Politics, Philosophy, Culture*, Routledge, 1988, p. 155.

〔127〕Foucault, M., *Power-Knowledge: Selected Interviews and Other Writings 1972—1977*, Harvest, 1980, p. 165.

〔128〕参见 Rajchman, J. "Foucault's art of Seeing", in Barry Smart ed., *Michel Foucault: Critical Assessments* (1): Vol. 1, Routledge, 1994.

〔129〕Foucault, M., *Language, Counter-Memory, Practice*, Cornell University Press, 1977, p. 155.

〔130〕Foucault, M., *Language, Counter-Memory, Practice*, Cornell University Press, 1977.

〔131〕Foucault, M., "Preface" to G. Deleuze and F. Guttari, *Anti-Oedipus*, pp. xi—xiv, University of Minnesota Press, 1983(1978).

〔132〕Foucault, M., *Death and Labyrinth: the World of Raymond Roussel*, Doubleday, 1987(1963), p. 182.

〔133〕Foucault, M., *The History of Sexuality* Vol. 2, *The Use of Pleasure*, Pantheon, 1985(1984), p. 8.

〔134〕Foucault, M., *Remarks on Marx*, Semiotext, 1991(1978), p. 27.

〔135〕参见斯塔罗宾斯基对卢梭的分析, Starobinski, J., *Jean-Jacques Rousseau: Transparency and Obstruction*, University of Chicago Press, 1988;并参考朱学勤对卢梭观念的政治后果的讨论,《道德理想国的覆灭》,上海三联书店1991年版。

〔136〕Foucault, M., *Power-Knowledge: Selected Interviews and Other Writings 1972—1977*, Harvest, 1980, p. 152ff.

〔137〕Foucault, M., *Politics, Philosophy, Culture*, Routledge, 1988, p. 244.

〔138〕Foucault, M., "On the Genealosy of Ethics: An Overview of work in Progress", in *Foucault Reader*, ed. by P. Rabinow, Pantheon, 1984, p. 346. 不过,福柯似乎对如何使用"自我技术"的概念始终犹豫不决。尽管在这篇访谈中,他严格地区分了"自我技术"和"生活技术",但更多的时候,他似乎十分宽泛地使用"自我技术"这一概念,来指不同的主体化方式。这使许多学者忽视了福柯这一区分的重要意义。十分遗憾的是,福柯本人没能进一步发展这一理论意义非常重大的区别。

〔139〕Foucault, M., *The History of Sexuality*, Vol. 3, *The Care of Self*. "Conclusion", Pantheon, 1985(1984).

〔140〕Foucault, M., *The History of Sexuality*, Vol. 2, Pantheon, 1985(1984), pp. 10, 29.

〔141〕Foucault, M., *The Final Foucault*, ed. by J. Bernauer and D. Rasmussen, The MIT Press, 1988, pp. 6,8.

〔142〕Foucault, M., *The History of Sexuality*, Vol. 2, Pantheon, 1985(1984), p. 20, p. 59ff. Foucault, M., "On the Genealosy of Ethics: An Overview of work in Progress", in *The Foucault Reader*, ed. by P. Rabinow, Pantheon, 1984, p. 344ff.。

〔143〕Lemert & Gillan 上引书,第 93 页以下。

〔144〕康德:《答复这个问题:"什么是启蒙运动"?》,收入《历史理性批判文集》,何兆武译,商务印书馆 1991 年版。

〔145〕Foucault, M., "What is Enlightenment", in P. Rabinow ed., *The Foucault Reader*, pp. 32—50. Pantheon, 1984.(本文引文均采用李康的译文,发表于《国外社会学》1997 年第 6 期)。

〔146〕福柯对"精神锻炼"的看法,主要受法国专攻古代世界哲学史的专家阿多的影响,参见 Hadot, P., *Philosophy as a Way of Life*, Blackwell, 1995。

〔147〕参见福柯在《康德论启蒙与革命》中对康德有关法国大革命论述的探讨,"Kant on enlightenment and revolution", *Economy and Society*, Vol. 15, No. 1, 1986。

〔148〕Foucault, M., "Nietzsche, Genealogy, History", in *M. Foucault Language, Counter-Memory, Practice*, Cornell University Press, 1977.

〔149〕列维－斯特劳斯:《今昔纵横谈》,袁文强译,北京大学出版社 1997 年版,第 94 页。

〔150〕参见 Goldstein, ed., *Foucault and the Writing of History*, Wiley-Blackwell, 1994。

〔151〕例如 Laing, R., "The invention of Madness", in B. Smart ed., *Michel Foucault: Critical Assessment*(2), Vol. 4: 76—79, Routledge, 1995。

〔152〕例如 Sawicki, J., *Disciplining Foucault: feminism, power and body*, Routledge, 1991。

〔153〕萨义德(E. Said)的著作就是典型的代表。

〔154〕Gutting 得出同样的结论,参见 Gutting 上引书,特别是第 7 章。

〔155〕Foucault, M., *The History of Sexuality*, Vol. 1, Allen Lane, 1979(1976), p. 95.

〔156〕Ferry 和 Renaut 上引文。二人对福柯的谱系学批判的批评还可参见 *Political Philosophy 3: From right of man to the republican*, p. 127, University of Chicago Press, 1992。

〔157〕De Certeau, *Heterologies: Discourse on the Other*, Manchester University Press, 1986, p. 190.

〔158〕埃里蓬:《权力与反抗》,第 195 页,引文和转述的句子均有改动。

〔159〕Veyne, P., "Foucault Revolutionizes History", in A. Davidson ed., *Foucault and His Interlocutors*, University of Chicago Press, 1997.

〔160〕Le Goff, J., *Time, Work and Culture in the Middle Ages*, University of Chicago Press, 1980, p. xiv.

〔161〕麦希就曾经讲过一个故事,当福柯建议试图从他的研究中发展一套女性主义理论的 Sawicki 像他一样进行谱系学研究时,Sawicki 不忍放弃自己四年的研究成果。Macey, D., *The Lives of Michel Foucault*, Pantheon, 1993, p. 450.

第八章　米歇尔·福柯

［162］ Foucault, M., "Preface" to G. Deleuze and F. Guttari, *Anti-Oedipus*, pp. xi—xiv, University of Minnesota Press, 1983(1978).

参 考 文 献

(1) 福柯的著述（括号中为最初发表时间）

Foucault, M., *Madness and Civilization: a history of insanity in the age of reason*, Pantheon, 1965 (1961).

Foucault, M., *The Birth of the Clinic: an archaeology of medical perception*, Vantage, 1973(1963).

Foucault, M., *Death and Labyrinth: the world of Raymond Roussel*, Doubleday, 1987(1963).

Foucault, M., *The Order of Thing: the archaeology of human sciences*, Tavistock, 1971(1966).

Foucault, M., *The Archaeology of Knowledge & The Discourse on Language*, Pantheon, 1972 (1969).

Foucault, M., *Discipline and Punishment: the Birth of the Prison*, Allen Lane, 1977(1975).

Foucault, M., *The History of Sexuality*, Vol.1, *an introduction*, Allen Lane, 1979(1976).

Foucault, M., *Power, Truth, Strategy*, ed. by M. Moms and P. Patton, Sydney, 1979.

Foucault, M., *Language, Counter-Memory, Practice*, Cornell University Press, 1977.

Foucault, M., "Governmentality", in G. Burchell et al. ed., *The Foucault Effect*, pp. 87—105, Hemel Hempstead, 1991(1978).

Foucault, M., "Preface" to G. Deleuze and F. Guttari, *Anti-Oedipus*, pp. xi—xiv, University of Minnesota Press, 1983(1978).

Foucault, M., *Remarks on Marx*, Semiotext, 1991(1978).

Foucault, M., *Power-Knowledge: Selected Interviews and Other Writings 1972—1977*, Harvester, 1980.

Foucault, M., *The Foucault Reader*, ed. by P. Rabinow, Pantheon, 1984.

Foucault, M., "What is Enlightenment" in P. Rabinow ed., *The Foucault Reader*, pp. 32—50, Pantheon, 1984.

Foucault, M., *The History of Sexuality*, Vol.2, *The Use of Pleasure*, Pantheon, 1985(1984).

Foucault, M., *The History of Sexuality*, Vol.3, *The Care of Self*, Pantheon, 1985(1984).

Foucault, M., *Politics, Philosophy, Culture*, Routledge, 1988.

Foucault, M., *The Final Foucault*, ed. by J. Bernauer and D. Rasmussen, The MIT Press, 1988.

Foucault, M., *Technologies of Self: A Seminar with Michel Foucault*, ed. by L. Martin, et al., Tavistock, 1988.

Foucault, M., *Foucault Live: interviews 1966—1984*, Semiotext, 1989.

Foucault, M., "Introduction" to G. Canguilhem, *The Normal and the Pathological*, Zone Books, 1989.

Foucault, M., *Ethics*, ed. by P. Rabinow, New York, 1994.

(2) 二手文献

Arac, J., ed., *After Foucault*, Rutgers, 1988.

Caputo, J and M. Yount ed., *Foucault and the Critique of Institutions*, Pennsylvania State University Press, 1993.

Davidson, A., ed., *Foucault and His Interlocutors*, University of Chicago Press, 1997.

Deleuze, G., *Foucault*, University of Minnesota Press, 1988.

Deleuze, G., "What is Dispositif", in *Michel Foucault Philosopher*, pp. 159—160, Harvester, 1992.

De Certeau, M., *The Practice of Everyday Life*, University of California Press, 1984.

De Certeau, *Heterologies: Discourse on the Other*, Manchester University Press, 1986.

Dreyfus, H. and P. Rabinow, *Michel Foucault: Beyond Structuralism and Hermeneutics*, Harvester, 1983.

Flynn, Thomas, "Foucault as Parrhesiast: his last course at the College de France", in B. Smart ed., *Foucault: Critical Assessment* (1) Vol. 3: 302—315, Routledge, 1994.

Cutting, G., ed., *Michel Foucault's Archaeology of Scientific Reason*, Cambridge University Press, 1989.

Cutting, G., *The Cambridge Companion to Foucault*, Cambridge University Press, 1994.

Habermas, J., "Taking Aim at the Heart of the Present" in D. Hoy ed., *Foucault: A Critical Reader*, pp. 103—108, Blackwell, 1986.

Habermas, J., *The Philosophical Discourse of Modernity*, Polity, 1987.

Hoy, D. ed., *Foucault: A Critical Reader*, Blackwell, 1986.

Kelly, M. ed., *Critique and Power: Recasting the Foucault/Habermas Debate*, the MIT Press, 1994.

Lecourt, D., *Marxism and Epistemology: Bachelard, Canguilhem and Foucault*, Verso, 1975.

Lemert, C. & C. Gillan, *Michel Foucault: Social Theory as Transgression*, Columbia University Press, 1982.

Macey, D., *The Lives of Michel Foucault*, Pantheon, 1993.

Michel Foucault Philosopher, Harvester, 1992.

Rajchman, J., *Truth and Eros: Foucault, Lacan and the Question of Ethics*, Routledge, 1991.

Rajchman, J., "Foucault's art of seeing", in Barry Smart ed., *Michel Foucault: Critical Assessments* (1) Vol. 1: 224—250, Routledge, 1994.

Smart, B., *Michel Foucault*, Routledge, 1988.

埃里蓬（D. Eribon）：《权力与反抗》，谢强、马月译，北京大学出版社1997年版。

刘北成编著：《福柯思想肖像》，北京师范大学出版社1995年版。

米勒（J. Miller）：《福柯的生死爱欲》，高毅译，台北时报文化公司1995年版。

第九章

让·布希亚

夏 光

第一节 导 言

布希亚(J. Baudrillard)在《冷静的回忆》第三卷的开头说:"在饱览传世之作、邂逅绝代佳人、游历至纯至美的沙漠之后,你告诉自己:人生境界如此而已。但事实上还会出现别的东西——另一本书,另一个女人,另一片沙漠。你的余生乃变成了生活本身,而从前有过的无非是对结局的幻觉。……如果在经历了此般境界后你对一切都无所谓了,那么为什么不能同样地把相反的情形——读过最糟糕的书、置身最乏味的景观、遇见最蠢最丑的女人,视为命中注定的呢? 那些无关紧要、一无是处、琐碎而平庸的东西自有其完备之处,因而也是一种绝境,舍此而外再没有什么是更值得期许的——就像在前一情形中一样。"布希亚作为名闻遐迩的社会理论家和文化评论家,为什么会有这样忧郁、诗意而颇具老庄色彩的感叹呢? 我们或许能从布希亚的学说中找到这一问题的答案。

晚福柯三年出生的布希亚无疑是后现代社会理论中的另一个核心人物。不过,与福柯的几乎是青云直上的学术生涯相比,布希亚应算是姗姗来迟而大器晚成者——布希亚在近四十岁时才发表他的第一部著作,而那时的福柯已卓有建树。当福柯的声望如日中天之年,布希亚曾不识时务地告诫人们要"忘掉福柯"。据说,本来就与布希亚无甚交往的福柯之反应是:"我恐怕更难记得……布希亚了。"[1]"文人相轻"之说可信也。当然,布希亚对福柯的学说烂熟于胸且多有借鉴,而他之呼吁人们"忘掉福柯"并非意在哗众取宠——因为他根本无须假福柯之"威"而立足和扬名。我们不妨来看一下布希亚为什么要人们忘掉福柯。布希亚声言,"那些大银行家们深知,钱什么也不是,钱是不存在的;那些大神学家们和宗教法庭审判官们深知,上帝并不存在,上帝死了;同样,那些大政治家们也知道,权力的秘密在于权力不存在。这一秘密使他们具有令人难以置信的优越性。只有当权力洞悉这一秘密并反过来以这一秘密的挑战来面对自身的时候,权力才真正成其为权力。如果权力不这样做,并假装发现了某种真理、某种实质,或某种(以人民的意志为名的)再现,那么权力就会失去其统治……之所以人们对权力运作和权力理论的普遍着迷会如此之强烈,是因为人们所着迷的是死的权力。死的权力同时是以'复活的效果'为特征的,这种效果以下作和模仿的方式复活了曾经有过的所有权力形式——就像色情媒体中的性一样"[2]。在布希亚看来:当人们都在谈论权力时,权力的秘密就不复存在了,而权力也就变得不相干了;或者说,当权力在非中心化(民主化、自由化)过程中弥散开来之时,它就处于终结状态了。福柯对权力的分析可谓尽善尽美,但"之所以(福柯)能如此确定地谈论权力、性文化、肉体和监管,或许是因为这些东西从某个时候起已经不相干了"[3]。权力并未消失,但它只作为模仿秩序中的符号而存在。布希亚进而指出:"福柯披露了种种关于权力的……幻觉,却未能涉及权力本身的模仿性。"[4]他得出结论说,福柯的学说乃是"权力之镜"——就像马克思的学说是"生产之镜"、弗洛伊德的学说是"欲望之镜"一样,当然,福柯的学说已过时了[5]。很显然,布希亚借用了拉康的"镜子"概念。旁观者未必同意布希亚的观点,但至少会感受到他的锐气。的确,如果说在福柯有生之年布希亚还只能望其项背的话,那么在福柯谢世后布希亚则有后来居上之势。如果说在福柯对现代性的批判中隐含了某种后现代态度的话,那么布希亚则把这种态度理论化和游戏化了。不用说,布希亚的生花妙笔对(现代性和)后现代性的虚虚实实(虚则漫无边际、实则入木三分)的描绘已奠定了其作为后现代社会理论中的经典作家之地位。著名社会学家鲍曼说,唯有布希亚才真正反思了"后现代状态的情况——该状态的节奏,该状态中形式与内容的不一致,以及该状态的速度和混乱"[6]。

凯尔纳在其出版于1989年的《让·布希亚:从马克思主义到后现代主义到……》一书的引言中说:"在由萨特、巴特、德里达和福柯等人引起的喧闹过后,让·布希亚在某些圈子里已进入文化舞台的中心。许多'后现代的'杂志和群体都宣称,布希亚(的学说)对马克思主义、精神分析学、哲学、符号学、政治经济学、人类学和社会学等领域中的正统和常识都构成了根本性的挑战。越来越多的书和文章都在大量地参考布希亚的著述,而在一些文化和艺术方面的期刊中引用和引证布希亚更是一件时髦的事。"[7]很显然,凯尔纳所描述的情形在这些年来丝毫没有时过境迁的迹象,反倒有愈演愈烈之势。可以说,经过若干年的苦心经营,布希亚已在法国思想界的众神殿中占据了一席之地。也像福柯等战后法国的文化精英们一样,布希亚的学说在西方世界范围中是国际性的。《冷静的回忆》第三卷英文版的背面封页引述激进主义文学家巴拉德的话称,布希亚是"过去二十年中最重要的法国思想家"。同一处还转载了一家杂志对布希亚的下述评语,(他)"是从巴黎产生的自罗兰·巴尔特以来最广为人知的思想界名人,更是自麦克伦之后在传媒理论领域最有影响的预言家"。这些话自然是广告语言,但从中可见布希亚的声誉之一斑。就其理论属性而言,布希亚"是一个形单影只的思想家,他与任何流派都无瓜葛,他不属于任何社会运动或任何学科领域"[8]。但这似乎并未限制、反而扩大了他的影响力。他是欧美一些大学的常客,而他的讲座往往会有轰动的效应。他在澳大利亚的一次讲演中吸引了差不多 1200 名听众,其中有许多人还戴着印有"布希亚"字样的棒球帽[9]。当然,对布希亚不以为然的大有人在。一些评论者们说,他的著作是"愚蠢透顶的";他的写作方式"宛如一个厚实的预防层,使人不得其门而入";还有人说,他的"愚蠢有时候太直截了当,以至于几乎使他的愚行得逞"[10]。

布希亚又是所从何来的呢?他于 1929 年出生在法国东北部的城市兰斯(Reims)。他的家庭世代为农,直到其父母这一代家境才开始有了变化。在一次访谈中他坦言:"我的祖父母是农民。我的父母是公务员。……在这个——不妨说部落中我是第一个上过大学的。……我不是在一个知识环境中长大的……我的父母是其所是,他们连小资产阶级都算不上,或最多只能算是低层的小资产阶级。那不是一个有文化的环境。因此,在上中学时我极为努力以弥补这种先天不足。这也正是我的原始积累时期。……此后我同父母之间就出现了某种断裂。"[11]不过,布希亚到底还是从其世代为农的家庭中继承了某种东西,即闲散的性情。他在《冷静的回忆》第二卷中声称:"就本质上而言,闲散是田园式的,它是以对'自然的'品性和'自然的'平衡之感觉为基础的。……它意味着对劳动与土地之对等关系的理解和尊敬的原则:农民付出,而其余的——也是主要的,东西则由土地和上帝来决定。……这一原则使人倾向于相信命运。闲散是命运的策略,而命运也是闲散的策略。……我讨厌人们的忙忙碌碌,讨厌主动性、社会责任、胸怀大志、彼此竞争。所有这些是外来的、城市的价值,是重效率的、人为的。它们是工业的品质,而闲散是自然的能量。"[12] 下面这些生活细节或许能够说明布希亚的闲散的性情：他早早从他的教职中退休了，退休后他热衷于旅游——他的一些后期著述也具有某种游记性；他更培养出对摄影的兴趣，他甚至还成功地举办过数次个人的摄影展（这在那些蜚声世界的当代法国文人中恐怕是绝无仅有的）；尽管他不厌其烦地谈论高技术与后现代的关系，但他并没有使用电脑——他所使用的是笔和电动打字机；此外，他抽自己卷的烟！他结过婚，有两个孩子，但最终还是离婚独居了。在一次访谈中他说："自从我的婚姻破裂后，我对我自己有了新的想法。……在我的小屋里我是自由的。我可以随心所欲地发出声音。我可以回到家中自得其乐。这是很难得的。"[13]

布希亚一度热衷于左派政治，他参加过巴黎的"五月风暴"，还与人合办过激进主义的杂志。但他对政治的热情越来越转化为对理论的热情，而他对理论的热情也越来越缺乏理论性了。中国古代有"大隐隐于闹市，小隐隐于山林"的说法，布希亚颇有隐士色彩，而且属于"大隐"者。《布希亚实录：访谈选编》的编者在该书的引言中说，在给布希亚打电话时，听电话的永远是留言机。他还对与布希亚的一次会晤作了如下记录："布希亚住在巴黎中部，住处四周有一些餐馆、电影院和小商店。我们进入他的公寓楼。由于没有电梯，我们循宽敞、环绕的楼梯拾级而上。到门口时，我们屏住了呼吸按响了门铃。很显然，站在面前的不是一个想象中的乖僻、枯燥、自负而做作的法国知识分子，而是一个和蔼可亲而妙趣横生的人。他为我们倒了咖啡，又加了葡萄酒。他的公寓朴素而合用，没有富裕和奢侈感。家具上铺的是平常的带褶皱的饰布，墙上挂着黑白照片（大概是他本人的），壁炉上有一面大镜子，此外还有一个电视机、一个录像机、一个激光唱片播放机和一堆唱片。我们坐在一张靠墙的桌子旁。……他更像是一个工会领袖，他看上去很结实，他抽自己卷的烟。烟灰往往掉在桌布上，他不时地用手抹去烟灰。"[14] 另一位造访过布希亚的人得出了这样的结论："布希亚不是一个不苟言笑的人，但他也不是一个爱开玩笑的人。他自在、镇定而机智。"更有造访者对他有如下印象："与布希亚谈话让你跟不上节奏。他的想法在他的言谈中自相交错而又自圆其说。"[15] 布希亚的已出版了三卷的《冷静的回忆》（时间跨度是1980—1995年）相对来说具有更多的个人色彩，从中也可窥见他在这些年来的一些行踪和他的个人生活的蛛丝马迹。但不难看出，他的这些"回忆"更多地与他的思想轨迹而非实际游历有关，确切地说，他不过是在触景生情、借物写意而已。这些"回忆"中隐隐约约地向人们呈现了一个闲云野鹤般游走四方的行吟诗人形象，一个不为生活所累的乐天知命者。

让我们还是回到布希亚的学术生涯中来吧。布希亚不只有闲散的性情和隐者的风格，他更是一个著作等身的文人。在大学里他主修德文，自1956年起他在一所中学教了十年的书。在此期间，他曾在由萨特主编的激进主义杂志《现代》发表了一些关于德国和意大利文学的评论文章，并把为数不少且内容广泛的德文著作译成法文。在马克思主义社会学家列菲伏尔和符号学家巴尔特的影响下他转向社会学。他于1966年完成博士论文，同年他任职于南特尔大学（巴黎第十大学），直到1987年从该校退休。1968年，布希亚出版了他的第一部著作《客体系统》（由其博士论文修改而成），从此以后他在著书立说上是一发不可收拾，甚至在退休后他仍时有惊人之作问世。

那么，到底是什么因素使布希亚成了后现代社会理论的执牛耳者呢？布希亚本人从未自称是后现代主义者。当问及他同后现代主义的关系时，他的回答是："（后现代主义）是一种表述，人们使用它，但它什么也解释不了，它甚至不是一个概念，它什么也不是。正因为不可能对现状进行规定，所以大理论，如利欧塔（即利奥塔）所言已过时了。换言之，出现了某种虚无、某种真空。也因为没有什么东西可以真正表述这一点，所以一个空无的术语被用来指称实际上的空无。在此意义上后现代主义是子虚乌有的。如果对后现代主义可作如此解释，那么显然我不代表这种空无。我对另一种空无感兴趣——我不知道那种空无是什么；我乐于分析一些事物的消失，我乐于分析模仿——模仿也是某种形式的空无……但这是一种紧张的、强化的空无，而不只是从某种处于终结状态的文化之残存物……中所产生的空无。我与后一种空无不相干，但它能说明何以后现代主义会出现在世上——因为后现代主义无非是由拼凑和混合而来的。在我看来，（后现代主义的）拼凑和混合是走过头了。……那么该怎么办呢？说我与后现代主义不相干、说我并非后现代主义者仍然是说得太多了，因为这样说是自相矛盾和自我保护的——那也不是我想做的。……因此，我对这个问题无话可说。我从经验中知道，即便我证明我不是后现代主义者，那也于事无补。人们会给你贴上那个标签。而一旦贴上了它就会粘着。……从表面上看，后现代主义似乎意味着，某人曾是一个'现代主义者'而且在现代主义之后还有某种东西。持这种看法的人已陷入线性的事物秩序中。……而我认为，后现代主义是某种历史的回归和倒退。毋宁说它是某种向着过去的复辟。……我无法从中识别出我自己来，因为我着眼于2000年之后；我所提倡的是抹去20世纪90年代而长驱直入到2000年之后……这就是我想说的。我不能改变什么，但我该有所澄清。"[16] 在这里，布希亚欲罢不能、欲语还休，支支吾吾中道出了他同后现代主义的"剪不断、理还乱"的关系。不难看出，布希亚别出心裁地先对后现代主义作了狭义的规定，以此来摆脱他同后现代主义的关系。但他也深知，他同后现代主义的关系并不是招之即来、挥之即去的,因此他只好徒唤奈何而听之任之了。实际上,在另外一些场合布希亚对后现代性和后现代主义作了不同的阐述,并明确地认同于后现代主义(对此后面将予以讨论)。

其实,顾名思义,后现代主义的特征主要还在于它是"后"现代的,换言之,它是从历史的角度来看待现代的,而相对于现代来说它是未来的。从这个意义上说,布希亚之"着眼于未来"与后现代主义有不谋而合之处;另一方面,就算后现代主义果真如布希亚所说的是文化遗迹的"拼凑和混合",是向着历史的"回归和倒退",那也不见得他与后现代主义不相干——其学说中的一个基本的概念(所谓"象征交换")正是从他对前现代的理解中演绎出来的。其实,布希亚之拒斥"后现代主义"标签不足为怪。与后现代主义相关的一个有趣的事实是:在后现代主义正如火如荼、方兴未艾的情形下,几乎没有什么人以"后现代主义者"自居;而在那些通常被"誉"为后现代主义之倡导者的人当中有的根本不知道后现代主义为何物,有的索性公开宣布与后现代主义无关。这种现象本身或许就是后现代的。当然,之所以人们会把布希亚同后现代社会理论联系起来,或把他看作是后现代社会理论中的核心人物,恐怕还是因为他的理论是对当代社会中的后现代性的"模仿"。至于当代社会为什么在布希亚看来是后现代的,我们将在下面予以解释。这里需要指出的是,布希亚把当代社会视为一个"模仿世界",而他本人有意识地用他的理论来模仿当代社会。他说:"如果要谈论模仿的话,就必须变成模仿,就必须与客体使用相同的策略。……如果理论不再以真理话语为目的,那它就应该采取真理所从中产生的世界的形式。"[17] 换言之,如果世界本身是后现代的,那么布希亚的理论——作为对它的模仿也是后现代的。

不过,布希亚并非从一开始就是一个不折不扣的后现代主义者。在早期数年中他一度同马克思的政治经济学难解难分。他先试图循结构主义符号学的路子来发展马克思的政治经济学,后来又根据迪尔凯姆(涂尔干)社会学的观点来批判马克思的政治经济学。发表于1976年的《象征交换与死亡》是其学说生涯中一部关键的过渡性著作,在该书中他宣告了"政治经济学"(包括他自己所倡导的符号学化的政治经济学)的终结,而差不多完全用自己的概念来营造自己的学说了。从此他的后现代主义理论乃洋洋洒洒地登堂入室。据布希亚的回忆,在他的前期,其理论是"社会的、政治的、马克思主义的批判",当时他把异化同符号和消费相联系,把革命视为对符号的颠覆;而后来他不再对异化及革命的问题感兴趣了,因为"(客体)系统已经远远超越了那些东西"[18]。需要指出的是,虽然布希亚的学术生涯的后期相对前期而言有了重要的变化,而且使他备受青睐的主要是其后期的著述,但在后期与前期之间并非一刀两断的关系,他的一些基本概念早就形成了。下面我们将分别对布希亚的前、后期观点予以讨论,并对两者之间的关系作必要的澄清。

第二节 商品和符号的政治经济学

在《象征交换与死亡》问世之前,布希亚已出版了四本书:除前面提到的《客体系统》之外,还有《消费社会》《符号政治经济学的批判》《生产之镜》。在这四本书中,布希亚的学说经历了一个将马克思主义政治经济学符号学化和社会学化的过程,该过程同时也是布希亚逐渐与马克思主义分道扬镳的过程。《象征交换与死亡》一方面是这四本书的理论发展的逻辑结论,另一方面也预示了布希亚的后期学说的大致走向。在这里,我们主要根据《象征交换与死亡》之前的四本书并结合《象征交换与死亡》的一些内容来说明布希亚的前期学说。

一、客体、消费和符号

在《客体系统》《消费社会》《符号政治经济学的批判》中,布希亚的理论大体还是一贯的。在这些书中,他试图将马克思主义政治经济学和结构主义符号学综合起来以分析现代社会中的消费现象。在这一阶段,布希亚的基本观点是:战后西方社会已经变成一个经济学家加尔布雷思所说的"富裕社会"(affluent society),在这一社会中起决定作用已不再是生产而是消费,而人们所消费的除了商品的使用价值外,还包括(也是更重要的)商品的符号价值,相应地对当代社会中的人的异化和文化现象也应该从消费的角度来理解。应该说,在《客体系统》中,布希亚对消费现象的分析就相对完整了。不仅如此,该书还包含了其后来的许多观点的萌芽。基于这一考虑,我们不妨先对《客体系统》作较详细的介绍,然后再来看看在《消费社会》和《符号政治经济学的批判》中布希亚的早期理论有哪些发展。

布希亚所说的"客体"是一个复杂的概念:在其前期著述中它通常指具体的物或消费品,因而多以单数小写形式出现(objects);但有些时候,尤其在其后期,客体具有形而上的意义而等同于世界本身,因而多以单数大写形式出现(the Object)。《客体系统》一书讨论了四种"客体系统":(1)功能性的;(2)非功能性的;(3)变态功能性的(metafunctional)或病态功能性的(dysfunctional);以及(4)社会—意识形态性的(socio-ideological)。

布希亚把功能性客体系统称为"客观话语"(布希亚从结构主义符号学的观

点出发把客体系统视为某种话语结构或符号结构)。布希亚从"室内设计的结构"和"室内环境的结构"两个方面来说明功能性的客体系统。

"室内设计的结构"所指的是家具的组织。依布希亚之见,"家具的安排为一个时代的家庭和社会之结构提供了一幅忠实的图像"[19]。基于这一论点,他比较了传统资产阶级家庭和现代家庭的室内设计。据他的解释,传统的室内设计是父权制的,它的基础是餐室和睡房的结合,以餐具柜和床为中心,功能各异的家具是高度整合的。这种结构倾向于积累、填充和关闭,它突出了单一功能性、不可移动性、庄严的表现和等级性标志。所有这些构成一个有机体,其结构是以传统和权威为基础的父权制关系,而其实质是把家庭成员联系起来的复杂的情感关系。在这一有机体中,家具或客体像家庭成员一样没有什么独立性可言,物和人联为一体了。另一方面,室内与室外的间隔和对立更使这一有机体成了私有财产的社会符号及家庭稳定的心理符号,从而使它成了某种封闭的超越的存在。随着个人与家庭及社会的关系的变化,室内设计也不同了。靠墙角的长沙发椅和床、咖啡桌及架子等新因素出现了。空间安排也变了——床变成了可兼作卧床用的睡椅,餐具柜和衣柜被壁橱取代了。这种较自由和开放的结构意味的是较多的流动性、灵活性和方便。在这种结构中,家具的安排不再有象征意义,而纯粹是功能性的。家具的功能已不再有道德意义,室内布置也不反映人际关系。于是,家具作为功能性客体被解放了——它们具有执行其功能的自由(这也是其唯一的自由)。相应地,人作为家具的使用者也被解放了。实际上,人变成了"室内设计者"。作为家庭居住者,人并不消费室内的家具或客体,而是对其进行"统治、控制和安排"——人成了功能性居住者[20]。

"室内环境的结构"所指的是室内的颜色、材料、形式和风格的配置。布希亚仍然将现代室内环境同传统室内环境进行比较。例如,就颜色而言,在传统上颜色被赋予心理和道德的意义。一个人会"喜欢"或"具有"某种颜色。颜色与特定的事件、仪式或角色是对应的,相应地各种颜色之间界线分明。在极端情形下颜色消失在意义中:红色意味着热情和主动,蓝色表示平静,黄色表示乐观,如此等等。因此,传统上对颜色的处理否定了颜色本身。颜色自身没有价值,其意义是外来的。在经过了一个追求"自然颜色"的时期后,颜色终于成了室内环境中的因素。颜色不再受道德考虑的限制,也与纯粹的"自然"无关,颜色只服从其彼此互动(组合和对照)的原则,只服从室内环境的要求。不同种类、不同层次的颜色之搭配构成室内环境的"节奏"。于是,颜色成了"功能性的",被归结为室内环境的结构中的"一个抽象的概念工具"[21]。与此同时,室内环境中所用的材料也有了变化。自然材料(羊毛、棉花、丝绸、亚麻、木、石和金属等)为合成材料(化纤、玻璃、塑料和水泥等)所取代了;仍被使用的自然材料已不是纯自然的,它同合成材料一样被人为地选用。这样一来,在室内环境中,自然材料与合成材料的形式对立被超越了,材料越来越失去其自然性而变得抽象了——任何材料都不过是室内环境的一种成分。尽管材料各不相同,但它们"作为文化符号是同质的——它们构成一个系统。正是其抽象性使得它们能够被自由地组合"[22]。由于颜色和材料等方面的这些变化,现代室内环境成了一个新的符号体系,一个颜色和材料等因素的配置。

基于其对室内设计和室内环境的结构的分析,布希亚得出结论说,室内的"整个系统是建立在功能性概念上的"。相应地,该系统有两个特征:其一,在系统中客体及其特性(颜色、形式等)已不具有自身的价值,它们作为抽象的符号只具有系统所规定的普遍价值;其二,自然因素在系统中的出现为系统提供了某种与"自然"的联系,但系统又是对自然的否定——相对于自然而言它是一个拒斥、缺失和伪装的系统。这两个特征"都是从符号的功能中衍生出来的,它们加起来构成了功能世界的唯一现实"[23]。

《客体系统》所讨论的第二种客体系统即非功能性客体系统,又称"主观话语"。与之有关的客体看上去是非功能性的(如古物及其他形式的收藏品)。它们不符合功能计算的原则,而满足别的要求——证据、记忆、怀旧和逃避等。但在布希亚看来,在现代性背景下这些客体具有双重意义。布希亚对古物收藏作了深入分析。他认为,一方面,古物没有任何实际的用途,其作用是纯符号性的,在此意义上古物是反结构的。另一方面,古物不是反功能的,也不纯粹是"装饰性的",它在室内功能系统中具有特殊功能——某种时间符号。古物收藏同收藏者对起源的怀旧感和对真实性的兴趣相关,这就决定了它在现代生活中的作用——人不会在纯粹的功能性中感到自在,而通过古物人可以认同于其在母体中的原初的、理想的状态,由此复归到出世前的生命本质中。所以,古物意味着某种内向的超越。同时,在私人领域中,古物赋予收藏者以某种私人性(privacy)——它为收藏者提供了某种逃避日常生活、回到童年时代的途径。它既非共时的,亦非历时的,而是不合时宜的。相对于在功能性客体中(人的)存在之缺乏而言,古物对人来说乃具有最小的功能和最大的意义。基于这些分析,布希亚得出结论:"从根本上说,使自然听命于技术客体的帝国主义与将文化私有为古物收藏的帝国主义是同一的。这种私人帝国主义是由被收藏物构成的、功能上家庭化的环境之组织原则。在这里,本来具有神圣意义的古物被非神圣化了,或者说神圣性/历史性转化为无历史的家庭性(domesticity)。这样一来,过去作为消费的一部分通过融入现时的(消费)形式中,从而构成了一个时髦的超越性领域。"[24]

布希亚还分析了其他一些收藏形式。他认为,任何客体都有两种功能,即被使用和被占有。前一种对应于世界的实用总体性领域,后一种属于主体的抽象总体性领域。这两种功能是成反比的:在极端情形下,纯实用的客体获得了某种社会地位,机器便是如此;在相反的极端情形下,缺乏任何功能或脱离其实用性的客体获得纯主观的地位——收藏品。通过收藏,"对占有的热情追求得以实现,而日常中客体的乏味被转化为诗、转化为……无意识话语"[25]。收藏者的崇高感并非来自收藏物的性质,而是来自收藏者的狂热。收藏式占有一方面取决于收藏物的绝对单一性,这种单一性使收藏物似乎等同于某种存在、等同于主体本身;另一方面取决于收藏物之构成为系列的可能性,这种可能性使收藏物处于无限可替代的状态中。对同质的系列性客体的收藏使收藏者(在被收藏物围绕时)感觉像是一个秘密宫殿的主人。这种感觉在人际关系中是无法产生的。当然,这种感觉是一种幻觉、一种骗局、一个抽象和复归的过程。但这无关紧要。说到底,收藏是一种自恋,"你真正收藏的是你自己";任何收藏都包括一系列客体,而该系列的最后一个是收藏者本人[26]。布希亚认为,无论收藏如何开放,它总含有某种使收藏者与世界脱离的因素:收藏者感到被社会话语所异化和摒弃了,所以他试图重建某种他能明白的话语——他控制其中的能指,他也是它的参照。但是,由于收藏者意识不到他只是把一个开放的客观的非连续体转化为封闭而主观的,他注定是要失败的,他所建立的话语不具有一般的正当性,而只是他的孤独之标志。

《客体系统》所讨论的第三种客体系统即变态功能性或病态功能性的客体系统。这种客体系统是人将功能绝对化——沉迷于自动化的结果。通常认为,机器的完善程度是同其自动程度相对应的。但布希亚却认为,自动化将机器的功能定型了,因而使机器更封闭、更脆弱;另一方面,自动化使机器不容易被重新设计,从而大大牺牲了其潜在功能性。在功能自足的机器面前,人不过是无责任的旁观者。在此景象背后的是人关于统治世界的梦想、关于完善的技术的梦想,是呆滞的人性,"人在自动化客体中所投入的不再是其身体的姿势、能量、需要和形象,而是其意识的自动化、其控制的权力及其自身的个性"[27]。虽然自动化本身只是技术的衍生物,但它导致了对功能的种种错觉。许多自动化的客体所体现的是不合理的复杂性、着了魔的细节性、稀奇古怪的技术和毫无道理的形式主义——变态或病态的功能性。这是一种为功能而功能的技术文明,是空洞的功能主义。在这里,功能性运作不仅是事物的功能,而且是事物的神话。像所有的神话一样,这种神话"也有两个方面:它通过将人淹没在关于功能

第九章　让·布希亚

的梦想中而将人神秘化了,同时它也通过将客体淹没在人……的非理性之中而将客体神秘化了"[28]。机器人是这种神话的典型例证——它同时是完全功能化和完全个人化的世界之象征。从根本上说机器人是奴隶,而在机器人是人的客体化这一意义上机器人是被奴役的人。不过,奴隶与反抗是相联系的。科幻小说中的一个常见主题是机器人的自我毁灭,这一主题所表现的是反抗的机器人。所以,自动化本身有自杀倾向。布希亚说,如果把弗洛伊德的精神分析学理论贯彻到底的话,那么它所表现的是人借助技术的最疯狂的形式来庆祝自身在未来的死亡。在这一意义上可以说,在该主题中有着某种"客体(objects)或客体(the Object)的秘密启示"。在这里布希亚已开始使用大写的"客体"了[29]。

　　布希亚进而指出,在现代社会中技术进步与道德滞后是相反相成的:道德滞后将技术进步理想化,使之成为唯一确定的价值、成为社会的最终权威;与此同时,以技术进步为特征的生产系统也被免除任何道德责任。为什么会这样呢?布希亚的回答是,事实上人与技术、需要和客体是密不可分的,在现代技术社会中更是如此。技术和客体像人一样处于被奴役状态,在技术进步与社会进步中会出现同样的障碍、越轨和退化。布希亚引用美国作家玛姆弗德的话说,"机器远远不是现今的人的力量和秩序之标志,而反倒常常是人的无能和社会麻痹的表征"[30]。在以美国为模型的技术文明和消费社会中,"我们似乎在历史上第一次面临着某种不可逆而有组织的趋势,这种趋势使社会为客体所充斥,把社会整合为一个无从逃避的系统——它取代了自然力量、人的需要与技术之间的开放性互动"[31]。于是,对功能性的刻意追求导致了病态和变态的功能之产生。

　　《客体系统》所讨论的第四种客体系统即"社会—意识形态性的客体系统"。布希亚从(1)客体的样式和系列、(2)信用、(3)广告三个方面来分析这一客体系统。

　　据布希亚的解释,客体的样式和系列是有社会学意义的。在前工业社会,不同类型的客体对应于不同阶级的地位,而且不同类型的客体之间的界线是难以逾越的,就像不同阶级的地位之间的界线一样。而在现代社会,这些传统的界线由于工业生产、市场机制和大众传媒的发展而消失了。金钱既是将不同客体区分开来的新的界线,又是使人可能突破这一界线的通道。现代社会的客体系统的内部差异取决于客体的不同的样式和系列。通常认为,样式和系列是对立的,样式是单一性和异质性的,而系列则是大众化和同质性的。但布希亚相信,在工业生产的条件下,样式走出了从前的与世隔绝、等级森严的状态,而与系列化的生产和流通相结合。由于在客体中引入了所谓"边际差异"（如颜色、材料和附加功能上的差异，布希亚称之为"非本质差异"），样式与系列已难分彼此了。同一样式的客体可以系列化，而一个系列的客体也可样式化；既不存在绝对的样式，也没有无样式的系列。在这种情形下，客体的差异与主体的选择是对应的。换言之，客体被个人化了。与此同时，个人由于不得不（基于其特定的经济地位）进行选择而进入客体系统中。即便是那些其自由选择受购买能力限制的人，也会因为有选择的自由而争取在社会中向上流动。所以布希亚说，"个人化"是现代社会中的"一个根本的意识形态概念"，社会把客体个人化的意图仅在于更有效地将个人整合到社会中[32]。正是在客体的个人化和对个人的整合之双重作用下，在相对富裕的社会中，赝品取代稀缺而成了贫困的标志[33]。布希亚从现代社会的客体系统中看到了某种必然性：一旦整个社会是围绕着样式而组织的，一旦样式转化为系列，而系列之中又有边际差异，一旦样式和系列的扩张把客体系统变成了一个秩序不可逆的范式（也就是说，在该秩序中，社会地位的阶梯是固定的，而社会游戏的规则是普遍的），一旦我们陷入这种被控制、被计划的客体系统之中，那么任何否定都是不可能的。其原因是，技术进步无法挑战客体系统中的稳定因素，或者说，生产力的增长并未导致结构性变迁[34]。

　　布希亚进而分析了现代社会的信用现象，即在购物时用信用卡支付的现象。曾几何时，现场支付或现金支付（一手交钱，一手交货）是资本主义秩序所倡导的美德。在清教伦理之下，支出是少于或等于收入的，得到的与付出的是相称的，因而购买某物乃意味着完全占有它。由于信用的出现，人们可以在挣得某物之前获得它，因而对它的消费先于对它的生产，在此意义上人处于永远落后于客体的状态。布希亚指出，信用是一种新经济伦理，而其基本假定是：信用是消费者的权利，或者说是公民的经济权利。不过，与这种形式上的自由相随的是对个人的另一种限制——个人无形中变成了欠债人。实际上，现代消费者自发地接受了强加给他们的没完没了的限制，他们购买，因而社会能继续生产，因而他们能继续工作，因而他们能支付以前所购买的。这是一种耐人寻味的幻觉：社会通过让个人有信用而使之获得形式上的自由，但就其实质而言，在此过程中所发生的是个人赋予社会以信用并将自己的未来异化了[35]。或者说，"信用系统意味着个人对自己的极端不负责任：购买者将自己异化了。购买者本来与自身是同一的，信用系统由于将其从时间上分开而确保其无从意识到自身的同一性"[36]。信用系统表面上促成了某种将现代消费者从其财产的限制中解放出来的文明，而实际上建构了一个把关于自由的社会神话与残酷无情

第九章 让·布希亚

的经济压力相结合的整合机制,"我们不再生活在奴隶制和高利贷的时代,但这些因素以抽象而放大的形式融入信用系统中"。[37] 关于信用系统的一个基本事实是:"客体已不是被占有和使用的东西,而只是被生产和购买的东西了。在这里,客体的结构既与人的需要无关,亦非基于对世界的合理组织,而完全由以商品生产和社会整合为内容的意识形态来决定。"[38]

广告是布希亚所说的社会—意识形态性的客体系统中的另一要素。在他看来,之所以本来对生产毫无用处的广告能成为客体系统的一部分,是因为广告与消费有关,而且广告本身也是消费对象。广告的作用本来是提供信息以促进销售,但它已逐渐演变为对消费者的"说服"(或隐藏的说服)和对消费的管理。人们或许能抵抗命令式广告,但却越来越容易接受陈述式广告。换言之,人们正日益把广告作为次级消费品、作为某种文化表现来接受。广告成了社会的奢侈品和社会的自画像。广告使消费者觉得,他们受客体之关爱,他们是存在的,他们被"个人化"了。如果说产品的丰富性结束了人们的稀缺感的话,那么广告的丰富性则结束了人们的不安全感。同时,在唯利是图的社会里,广告是最民主的"产品"——唯一对所有人免费的产品。在此意义上,广告把商业关系转化为个人关系。与使个人认同于群体的传统道德相比,广告哲学使个人认同于自己、认同于欲望。有鉴于此,有人认为广告体现了一种新人道主义、一种快乐主义。问题是,广告的意图是使人不再拒斥幸福呢,还是赚取利润?社会在广告中的再组织是为了让人满足呢,还是从某种利益出发的?广告在把人从与欲望相关的禁忌、焦虑和病态中解放出来的同时,也对人的欲望进行了日益严格的疏导和控制。"如果说在消费社会中欲望的满足是大众化的,那么对欲望的压抑也是大众化的,而两者都是通过广告在我们身上实现的。于是,广告在快乐原则的心脏贯彻了现实原则"[39]。说到底,广告是与人的社会地位有关的符号系统。广告中的典型语言是:"人们根据你的如此这般来判断你","优雅的女人当以如此这般为标志",诸如此类,不一而足。因此,在广告这种貌似民主而同质的符号系统中,可以看到"对等级和差异的迷恋之永久性再生"[40]。

在讨论了上述四种"客体系统"后,布希亚在《客体系统》的"结语"中对消费作了规定。这一"结语"可以说是他的下一本书即《消费社会》的导言——全面地阐发了"消费社会"概念,并对消费现象作了深入分析。下面我们不妨根据《消费社会》来说明布希亚的消费理论。

布希亚对"消费社会"作了这样的一般性描述:"在我们的时代,消费控制着生活的所有方面。……这一总体状态……代表了'消费的'进化之完美阶段——从纯粹而简单的财富,到由互相联系的客体所构成的系统,到对人的行为和时间的全面控制,而最后再到以百货商店、购物中心和现代机场为特色的未来主义城市,无不表明了这一阶段的来临。"[41] 从直观上说,在这一时代,人们为客体所包围,他们更多地与客体而非人打交道;同时,他们在生产上花的时间越来越少,而在生产之外——消费中花的时间越来越多。在新的消费社会中,消费对象不限于日常生活用品,知识、职业、权力、艺术甚至时间、空间、环境和身体都成了消费对象。消费社会中的人或消费者所崇尚的是一种新道德,即所谓"享乐道德"(fun morality),他们把享受自己、享受生活当作人生的一种义务,在好奇心的驱使下他们不断地发明或尝试新的乐趣和满足,他们通过消费来实现自己。

布希亚对消费社会的解释与经济学家加尔布雷思等人的解释迥然不同。后者认为,在从经济增长中产生的"富裕社会"里,尽管不平等分配仍然存在,但平等/不平等的问题已不相干了,因为这一问题同社会的贫富程度有关,而"富裕社会"的结构已经解决了贫困问题。不仅如此,经济增长会使整个社会趋于同质化。相反,在布希亚看来,无论社会财富的总量如何,任何社会都存在着结构性过剩和贫穷:"任何社会都产生分化和区别,这种结构是以财富等因素的使用和分配为基础的。社会(如我们所处的工业社会)进入增长的阶段丝毫改变不了这一过程。"[42]因此,增长本身既不意味着富裕,更不意味着平等。毋宁说,增长是不平等的功能性要求,"为了维持自身存在,不平等的社会秩序必须将增长作为其策略性因素产生和再产生出来。换言之,相对于社会结构的决定性来说,(技术和经济的)增长的内在自主性是微弱和次要的"。在消费社会中,不平等并未减少,而是转移了。对日常生活用品的消费日趋同质化,因而越来越不足以表示人们的社会地位;但在对知识的消费上有教育程度的差异,在职业上有工作类型的差异,在权力上有参与决策的程度差异,在艺术品上有欣赏和占有的差异,而对其他方面如时间(闲暇)、空间(住处)、环境(绿色和空气等)和身体(健康和美容等)等的消费也因人而异。简言之,消费社会中的增长所带来的是经济利润和社会分化[43]。

那么,在消费社会中人们的需要是否得到了更多满足呢?通常认为,消费是满足需要的过程。基于这种观点,一些学者,如加尔布雷思把需要区分为"真实需要"与"人为需要"[44];社会学家贝尔则进而把需要(needs)同要求(wants)区分开来。需要是全人类都有的,而要求是与个人的趣味和特性相联系[45]。布希亚没有像加尔布雷思那样从人与物的关系出发来规定需要,也不像贝尔那样把要求同个人相联系。布希亚认为,对需要的规定应从人与人的关系出发。他把需要同人的地位相联系:像别的文化因素一样,需要从社会的精英或上层向社会的其余部分传递。这一过程不是自发的,而是在社会的选择下进行的。"需要和满足之向下传递服从某种以符号形式来维持社会中的距离和差异的律令。该律令决定了新的客体被用来作为社会地位的标志之过程。……只有当某种需要不再是更高的(消费)模式的一部分而为其他需要所取代的时候,它才会在大众化水平上得到满足"[46]。如此说来,看上去是消费者的自由选择和自我实现的消费实际上是消费者认同于社会的过程,消费者的消费模式在确认其自身之时也接受了社会的差异秩序,而消费者在社会中的流动并未改变其等级结构(像经济增长一样)。用布希亚的话来说,"消费者在消费中体验其自由、抱负和选择。……其力求区别于他人的努力必然使自己进入超出自身范围的一般差异秩序中。……通过在差异秩序中占据一席之地,每个人都在维系这一秩序,因而都只能在该秩序中有相应的位置。每个人都会觉得其独特的社会地位是绝对的;……但(社会的)差异秩序却一仍如旧"[47]。

布希亚进而从消费同生产的关系来说明消费。依他之见,消费社会的出现与生产密切相关。"19 世纪发生于生产中的生产力理性化的过程在 20 世纪延伸到消费中。……生产和消费已变成了同一过程,即生产力及对生产力的控制之扩张性恢复的过程的一部分。"正由于其与生产的相关性,消费不是个人行为,而是集体行为,是在社会化中经学习和训练而形成的,"也就是说,随着新的生产力及相应的经济体系之垄断性重组的出现,产生了一种新的特殊的社会化模式";现代工业体系"在把人社会化为劳动力之后……还必须进而把人社会化为消费力"。所以说,消费是"社会控制中的一个强有力的因素"[48]。

就其本身而言,"消费社会"实际上是一个文化系统,在该系统中,由客体/符号化的商品和商品化的符号所构成的差异秩序或等级结构"取代了自然和生物的秩序,取代了满足和享受的偶然性世界"。就像索绪尔所说的语言系统或列维-斯特劳斯所说的亲属系统一样,消费社会是一个意义结构,而其中的客体之意义取决于不同商品或符号间的差异[49]。从这种结构主义符号学的观点出发,布希亚对"消费"作了如下的规定:首先,消费是一个以某种符号体系为基础的意义过程和沟通过程,而正是在该符号体系中消费行为确定其位置并获得其意义。其次,消费是一个分类和分化的过程,在这一过程中客体/符号的秩序同时是符号系统的意义结构和社会系统的地位结构。布希亚进而指出:对消费进行分析的原则应是这样的:"你从未消费客体本身(客体的使用价值);你一直在操纵作为符号的客体(最广义的客体),它们使你要么归属于作为理想参照系的你自己的群体,要么离开自己原来的群体而认同于地位较高的群体。"[50]如此说来,消费不过是对标志着社会地位的符号之操纵。

布希亚实际上把消费的意义相对化了。他说,我们从社会学上可以假设,"如果承认需要主要不是对某个特殊客体的需要,而是对社会差异的'需要'或对社会意义的欲望,那显然就谈不上对需要的满足了,也不会有对需要的定义"[51]。换言之,消费是排斥享受和满足的。"消费系统作为一种社会逻辑是以对享受的否定为基础的。……享受的目的是个人利益,而消费不可能由单独的个人来完成……消费者进入一个符号化价值的交换和生产的系统,在该系统中某个消费者(不管其自身感觉如何)都与其他所有消费者有关。"[52]基于这种消费概念,布希亚推断:有钱的女人从再买一件晚礼服得到的满足与饥饿的男人从一个汉堡包中得到的满足可能是相同的[53]。当中产阶级通过铺张式的消费来确认其社会地位的时候,上层阶级会通过不那么铺张但更为考究的消费来达到同样的目的[54];贫穷不存在于贫民窟或贫困区中,而存在于社会—经济的结构中,或者说贫穷和富裕是任何社会中的结构性因素[55]。正因为消费具有相对性,所以消费是无止境的[56]。

在《消费社会》中,布希亚还对一些消费现象,如对艺术的消费(艺术的通俗化)及对身体和闲暇的消费作了分析。以身体为例,布希亚指出,在长期的清教主义之后,身体在当代社会被"重新发现"了,它成了最精致的消费品:身体(尤其是女人的)出现在广告、时尚和大众文化中;身体被种种健康术、营养术和医疗术所包围;人们为青春、优雅、男子气(女人味)而着迷;而性生活中的肉体快乐更是不在话下,所有这些似乎都表明,人的身体被解放了。但布希亚却从中看到了更多的东西。他认为,身体之被解放是以某种重新神圣化的方式发生的,"对身体的崇拜不再与对灵魂的崇拜相矛盾了:它是对灵魂的崇拜及其意识形态功能的继承者。……在现代神话中制度化的身体并不比历史上的灵魂更具物质性。……像历史上的灵魂一样,身体成了非同寻常的客体化本体,成了消费伦理中具有指导意义的神话"[57]。因此,在60年代以来的肉体(性解放中),"唯一被解放的是购买的冲动"[58],确切地说是把身体作为消费对象的冲动。就拿女人的身体来说,"美成了绝对的、宗教的律令。美不再是自然的效果或道德的附加物。……对女人来说,美乃是标志着入选和拯救的符号:新教伦理距此不远。实际上,之所以美成了这样的绝对律令,是因为它是资本的一种形式"[59]。布希亚引用别人的话说:"女人被卖给了女人。……她自以为在打扮自己,抹上香水、讲究穿着……简言之在'创造'她自己,但她实际上是在消费她自己。"之所以女人是在消费她自己,"是因为她同自己的关系被客体化了、被女性模式所由构成的符号所刺激了,这种模式是真正的消费对象"[60]。当然,女人并非唯一的消费者。"现代男人……同样沉溺于自我。……如今我们所看到的是女性模式在整个消费领域的延伸。我们关于女人……的说法实际上且绝对地适用于所有消费者——男人和女人,且适用于各类社会成员……因此,所有的人都像女人一样……成了(其身体的)消费者。……他们的异化了的活动如今正在刺激着国民经济的增长。"[61]

在《消费社会》的结语中,布希亚进而指出,作为一种文化系统或符号系统的消费社会也是其自身的意识形态。"如果说消费社会已不再产生神话的话,那不过是因为它是其本身的神话。……也就是说,它是当代社会关于自身的陈述,是当代社会的自言自语。在某种意义上,与消费有关的唯一客观现实是消费观念。正是这一反身的话语式建构在日常语言和理性推论中不断被重复,从而获得了常识的力量"[62]。在消费社会,某种"集体自恋"使社会合并、融合于它呈现给自己的映象中,社会成了自身的"自我实现的预言",而消费者自然是这种集体自恋的一部分。消费者在广告中看到了自身的存在和自身的欲望,消费者与社会的"本体论距离"已不复存在了。所谓"名人"的说法无非是同义语反复,因为每个人都在模仿名人、变成名人。这样一来,消费者就消失在消费社会(的符号和模型)中了。像所有神话一样,关于消费的神话也有其话语和"反话语"(即批判消费社会的话语),而这些反话语同话语一道构成了消费的神话——"否定性话语是知识分子的第二个家。中世纪社会是上帝与恶魔之间的平衡;类似地,我们的社会是消费与对消费的批判的平衡"[63]。说到这里,有人可能会问:布希亚本人对消费社会的分析是消费社会的话语呢,还是反话语?换言之,他对消费社会的分析是不是一种批判理论呢?这个问题实际上是具有更一般意义的问题,我们将在后面回到这个问题上来。

布希亚的下一本书《符号政治经济学的批判》是由他在 60 年代末和 70 年代初写下的一些论文汇集而成,该书明确阐述了"符号价值"(sign value)的概念。在他看来,有四种与客体(商品)相关的"逻辑",即使用价值的功能逻辑、交换价值的经济逻辑、象征交换(symbolic exchange)的逻辑和符号价值的逻辑。第一种是实际应用的逻辑,第二种是等价交换的逻辑,第三种是模糊性逻辑,第四种是差异性逻辑。或者说,第一种是实用逻辑,第二种是市场逻辑,第三种是礼物逻辑,第四种是地位逻辑。相应地,我们可把客体理解为器具、商品、象征和符号。显然,消费是由第四种逻辑即符号价值的逻辑(地位的逻辑)规定的[64]。正如对商品的交换价值的理解必须抽象于商品的使用价值一样,对商品的符号价值的理解也必须抽象于商品的其他方面。布希亚说,"客体只有在从其作为象征的精神决定性、作为器具的功能决定性和作为产品的商业决定性中释放出来后,才能成为消费的客体。唯其如此,它才作为符号被解放了,转而臣服于时尚的逻辑,即差异性逻辑"[65]。布希亚的"符号价值"概念试图把马克思的政治经济学同结构主义符号学联系起来。他说,"如今,消费……精确地规定了商品在何处是作为符号或符号价值被生产出来的及在何处是作为商品(或交换价值)被生产出来的"[66]。正是基于这种联系,他建议把传统政治经济学扩展为一般政治经济学:"这种政治经济学的对象,其最简单、最核心的成分,就像商品之于马克思一样,既非商品、亦非符号,而是两者之联为一体,且只能是两者在各自的决定性被摒弃而又不失去其形式时的联为一体。确切地说这一对象……把使用价值、交换价值和符号价值融合为一种复杂模式,这一模式勾画了政治经济学的最一般形式。"[67]如此说来,布希亚关于消费的理论,即所谓"符号政治经济学",只是"一般政治经济学"的一部分,马克思的"商品政治经济学"乃是其另一部分,而一般政治经济学应是从两者的结合中产生的。

不过,布希亚没有为建立一般政治经济学作更多努力。他很快就告别了政治经济学,包括马克思的"商品政治经济学"和他自己的"符号政治经济学"。

二、告别政治经济学

虽然布希亚一开始就不是一个正统的马克思主义者,但在一个时期内他努力从结构主义符号学的角度来补充和发展马克思的政治经济学。只是好景不长,他失去了对政治经济学或所谓"一般政治经济学"的耐心。在《生产之镜》中,他断然与马克思主义的"商品政治经济学"分道扬镳了,而在《象征交换与死亡》中连他自己的"关于符号的政治经济学"也一概放弃了。

在讨论布希亚对政治经济学的批判之前,有必要对其"象征交换"概念作一些澄清。实际上,布希亚是从"象征交换"的角度出发来批判政治经济学(和现代工业社会)的。在《符号政治经济学的批判》中他明确地说,"对一般政治经济学的批判……同关于象征交换的理论是一回事"[68]。那么,什么是象征交换呢?

本文在这里把布希亚所说的 symbolic exchange(英、法文相通)译为"象征性交换或象征交换"(其中 symbolic 的名词为 symbol),是为了将这一概念与他所使用的另一相关概念 semiotic exchange 区分开来——本文将后者译为"符号交换"(其中 semiotic 的名词是 sign)。与象征交换相对应的是"象征秩序"(symbolic order),而与符号交换相对应的是"符号秩序"(semiotic order)。本来,symbolic exchange 的中译通常是"符号秩序",而 semiotic order 的中译也是"符号秩序"。这种混同并不奇怪,在英文(以及结构主义理论)中,symbol 和 sign 都有"符号"之意;相应地,symbolic order(即由 symbols 构成的秩序)与 semiotic order(即由 sings 构成的秩序)往往也是可以互换使用的。这种混同的另一个原因是:符号(symbol 或 sign)本身只是意义的象征或标志,故此符号秩序(symbolic order 或 semiotic order)也是(意义的)象征秩序。但也有人对 symbolic order 和 semiotic order 作出了严格的区分。如女性主义者克里斯蒂娃就沿袭了精神分析学家拉康的说法,而用 symbolic order 来指称"后俄狄浦斯"(post-Oedipal)阶段的秩序,即逻辑化或理性化的意义世界(语言、文化),同时用 semiotic order 表示前俄狄浦斯阶段的秩序。布希亚也刻意地将 symbolic order 和 semiotic order 区分开来,但他的区分与克里斯蒂娃的区分是两码事。在他的学说中,symbol 强调符号所象征的意义,相应地 symbolic order 是一个意义世界(前资本主义社会,尤其是原始社会)——在这种秩序中,人际关系是具有象征意义的,或者说是一种象征交换;另一方面,sign 强调符号或商品所执行的社会功能,是在资本主义的等价交换原则下已失去其参照物(商品的使用价值)而不再具有象征意义的符号,因而 semiotic order 是与商品世界相对应的符号秩序。为行文方便,本文在这里权将 symbolic order 译为"象征秩序"(而将 semiotic order 译为"符号秩序"),于是就有了"象征交换"的说法。

布希亚所说的"象征交换"不是一个容易理解的概念。他对这一概念的阐述主要见诸《符号政治经济学的批判》《生产之镜》和《象征交换与死亡》等著述中。总的说来,象征交换是人与人(或与自然、诸神、上帝)之间以一定的客体为媒介或象征的关系。它是社会性的且往往是仪式性的。它实际上是交换双方的给予和接受、获得和回报、挑战与应战的关系,因而是互惠的(reciprocal)和可逆的(reversible)。象征交换的最典型的例子是礼物交换。在这种交换中,客体或礼物不具有使用价值和(经济意义上的)交换价值,确切地说其使用价值和交换价值无关紧要。用来交换的客体同交换双方的关系是不可分割的,所以它本身没有独立性。用何种客体来交换是随意的,而交换完成后该客体之作为关系的象征又是独一无二而不可替代的。此外,被交换的客体具有某种透明性——直接地表示交换双方的社会关系。布希亚常把象征交换同现代社会的交换活动进行对比。在他看来,象征交换不同于市场上的等价交换,它与现代社会中的积累、稀缺、生产和剩余等现象更是格格不入。进一步说,与象征交换中的客体相比,资本主义的"客体系统"中的商品是被(消费者)利用、控制和操纵的符号。作为商品/符号的客体不依存于人与人之间特定的交换关系,也不具有礼物那样的人为的随意性和独特性,它(像语言的成分一样)服从符号体系的规则。在这种客体中,人际关系是不透明的,毋宁说它本身意味着人际关系的缺失(absence)或物化(reification)。不用说,在资本主义社会,起主导作用的是商品的等价交换和符号的结构差异的原则,很难有象征交换的生存空间[69]。简言之,在象征交换中被交换的东西(如礼物)之意义取决于人或交换者及其所属群体,物的作用在于象征人的意义;而在符号秩序中人被搁置在被交换的东西之关系中,人的地位取决于物的关系。

在这里,我们不妨先来看看《象征交换与死亡》的另一项主要内容,即对死亡现象的历史—社会学分析。在该分析中,布希亚深入地阐发了象征交换概念,这也是他拒斥一般政治经济学的另一出发点。

依布希亚之见,原始社会的"死亡"不同于现代社会的"死亡"。在原始社会,生与死之间并无绝对的界线,确切地说在生者与死者之间发生了可逆而互惠的象征交换:死亡是集体性或社会性的事件,生者通过葬礼、祭祀、纪念和继承业绩等活动来重建与死者的关系。于是,作为个体和肉体的死者消失了,但又通过社会的文化(仪式、记忆)而回到生者当中。死者与生者的象征交换化解了真实与想象的对立,从而使灵与肉、生与死、人与自然、真与不真的分界消失了[70]。这种交换的一个极端的例子是,在某些社会中,人(有时是战俘)死后其尸体被生者吃掉了。据布希亚的解释,这一现象的原因既非生者的生存需要,亦非死者之无足轻重。相反,吃掉死尸是为了表示对死者的敬意,是为了不让死尸自然腐烂,或者是为了使死者不再加害于生者。他说,"吃掉死尸是社会性或象征性的行动,其目的在于维持同死者或战俘的关系。……(在死者与生者间)存在着某种将荣誉和互惠相结合的冲突模式、某种挑战和决斗的模式,而最终的胜者乃是被吃掉者"[71]。象征交换的另一个极端的例子是,在有些社会中活人被杀死而用来作祭祀的牺牲品。这种现象更普遍一些,而且其意图是各种各样的。布希亚特别谈到了国王被杀死的情形:杀死国王乃是为了使国王作为一个人所拥有的东西(地位、财富、女人和权力)处于一种流动状态或象征交换中,从而消灭任何可能威胁到集体的象征性控制的因素。在布希亚看来,国王之死与暴力或犯罪无关,也不是为了夺取权力,国王"在交换中将其死亡奉献和归还(给集体),并用仪式来标志它"[72]。象征交换意义上的"死亡"显然也存在于"原始社会"之后的历史时期。如果按照布希亚的有关界说进行推论的话,那么印度教及佛教中的轮回和超生、希腊文化中的灵魂不死、基督教中的复活和天国以及中国文化中的祖先崇拜和丧葬礼仪等,在一定意义上都是生者与死者之间的象征交换。需要指出的是,布希亚从未对他所说的"原始社会"作过严格规定,他往往把原始社会与现代社会进行对比,就像迪尔凯姆把传统社会与工业社会进行对比一样。对布希亚来说,重要的不是历史分期的种种细节而是前现代社会中的象征交换。当然,在布希亚所说的原始社会,象征交换不限于死者与生者之间,经济交往中的互换礼物和婚嫁关系中的互换女性都属于象征交换。实际上,在他看来,在原始社会中,社会关注的基本形式是象征交换,或者说原始社会是一种象征秩序。不难看出,布希亚所说的原始社会与迪尔凯姆所说的传统社会有相通之处:在后者所说的传统社会中,图腾和仪式的象征意义超出了人们的日常经验,而这种象征意义是由社会规定的(集体意识、社会表象)。如果说布希亚曾经怀有什么乌托邦的话,那么他的"原始社会"、象征交换就是他的乌托邦,而他对现代社会的批判正是从这一乌托邦出发的。

布希亚认为,在现代社会中,作为象征交换的死亡不复存在了。"在从野蛮社会到现代社会的不可逆的进化中,死者终于消失了。他们被抛出群体的象征循环之外,他们不再起到什么作用、不再是交换的一方。……严格地说,我们已不知道如何对待死者,因为如今死亡不再被视为正常的。"[73]既然在现代社会中象征交换已成为历史,那就谈不上死者与生者的共存和互动了,而死亡也就成了一件令人不可思议且唯恐避之不及的事,"我们越来越少地言及死亡了……死亡是社交中的禁忌语。……巨大的送葬行列不再意味着某种表示敬意的秩序,而是死者被社会所抛弃的标志"[74]。于是乎就出现了现代意义的死亡。什么是现代意义的死亡呢?它又是如何出现的呢?布希亚指出,现代意义的死亡诞生于16世纪,即现代资本主义兴起之时。"我们的全部文化是一种将生与死区分开来的努力,一种以生命为价值、以时间为尺度而消除死亡之模糊性的努力。……任何别的文化都没有像这样为了生者的利益、为了对生者肯定而把生与死对立起来。在这里,生命是积累,而死亡是支付。"[75]简言之,现代意义的死亡是同资本主义体系相联系的。

据布希亚的解释,在现代社会有两种意义的死亡:一是在转化为劳动力后形同死亡的生命,再是与劳动过程(价值、利润)无关的死亡。

为什么生命在转化为劳动力后就形同死亡呢?据布希亚的解释,在资本主义条件下,生命被政治经济学规定为劳动、价值和积累,而与劳动不相干的死亡则是与生命对立的。与此同时,创造价值和积累财富的劳动是以消耗生命为前提的,因而劳动无异于创造死亡和积累死亡。进而言之,资本主义体系通过把人转化为劳动力而赋予其生命,但在转化为劳动力后人的生命实质上变成了等价交换原则下的工资或资本。正因此,资本主义社会中的"劳动力是死亡的制度化。人必须死去才能成为劳动力"[76]。在这一意义上可以说,与暴力的死亡或其他原因所致的立即死亡相比,资本主义条件下的生命只不过是"缓慢的死亡"(slow death)或"延迟的死亡"(death deferred)。在这里,布希亚实际上对韦伯所说的资本主义精神(新教伦理)作了重新解释:在新教伦理中,人的生命被视为通过劳动积累财富的过程,而人的死亡则被视为用生命、价值来赎罪的过程,所以说新教伦理早已接受了政治经济学[77]。与此同时,布希亚对弗洛伊德的"死亡本能"概念也作了重新解释:生命在劳动中对价值和财富的有意识追求其实也是对死亡的无意识追求,"死亡不自觉地成了欲望的对象。……这是我们能谈论死亡本能的唯一方式,也是我们能谈论无意识的唯一方式"[78]。显然,这种对生命、劳动力、死亡的解释与马克思的异化理论相去不远。布希亚还认为,从其与政治经济学的关系来看,废除死刑并非现代社会的进步之表现。在历史上,古希腊的战俘免死后成了奴隶,古罗马的犯人被送往盐矿区,决斗在17世纪被禁止了,强制劳动作为改造犯人的手段后来也逐渐制度化了,这些都说明废除死刑与经济利益而非道德考虑有关。于是乎,经济合理性代替了道德合理性。故此,现代社会之废除死刑只是为了通过社会化和再教育而将犯人按政治经济学的逻辑正常化,"在此意义上死亡是一种恶的东西"[79]。

那么,另一种死亡——与劳动过程无关的死亡的情形又如何呢?布希亚着重谈到了人的生物死亡或自然死亡。依他之见,在象征交换中不存在着生物死亡或自然死亡,因为象征交换把死亡转化为社会的和可逆的事件。在这一意义上,生物死亡或自然死亡是现代社会所特有的,这种死亡不过是发生在近亲人们之间的私人事件——它"没有意义,因为群体在其中不起作用";在这种死亡中,死者不再通过象征交换与生者发生关系,所以它是不可逆的。由科学规定的自然死亡是不为"事物的秩序"所接受的,它意味着对(传统意义上的)死亡之系统的否认;在政治经济学语境中,自然死亡不仅是人的权力,更是人的义务,其结果是,死亡被定量化了,生命被中立化了,因而人们不再拥有自己的死亡和生命[80]。布希亚还谈到了现代社会中的退休、老龄和生病等现象。他认为,在资本主义体系中这些现象无异于死亡,或者说是"社会死亡"(social death):涉身其中的人因为不可能转化为劳动力而被排除在理性化(功能化、功利化)的社会体系之外了,换言之,对于市场化的社会来说,这些人的生命已不存在[81]。总的说来,在现代资本主义条件下,与劳动过程无关的死亡(或生命)被排斥在社会的"正常"秩序之外,确切地说,这种"死亡"是现代社会所不能接受、无法化解和不可逆转的。有趣的是,布希亚把现代社会对死者的排斥看作福柯所说的现代社会对疯子(以及其他许多处于社会边缘或被边缘化的人或群体)排斥的继续。他更认为,现代社会对死者的排斥比其他形式的排斥都有过之而无不及:"甚至疯子、罪犯和其他难以融入社会者都能栖身于现代社会的合理性中,而对死者我们却束手无策、无法安置。"[82]

无疑,上述两种死亡都是资本主义体系的产物,用布希亚的话来说,"我们都是生产的牺牲品……都是发狂了的生产和再生产的牺牲品……死亡是内在于政治经济学之中的"[83]。布希亚并未像迪尔凯姆那样从现代社会中看到更高级社会秩序出现之可能性。相反,他认为,唯一的,也是几乎不可能实现的希望是,回到象征秩序中或重建象征秩序。为此,他诉诸象征交换意义上的死亡。他声称,"如果说政治经济学以最强有力的发生终止了(作为象征交换的)死亡的话,那么也只有死亡才能够终止政治经济学"[84]。布希亚甚至谈到了使象征交换意义上的死亡有可能发生的种种因素,如灾难、恐怖、事故和自杀等。他认为,"任何逃过国家垄断的死亡形式都是颠覆性的"[85]。不过,他似乎又意识到,在现代社会已出现纯粹的"模仿秩序"的情形下,"社会"和"意义"等象征秩序中的必要成分已杳无音讯了,全面而根本的(文化)革命之希望也更为渺茫了。

第三节 模仿世界中的定局与对策

在其后期理论中,布希亚对当代社会的解释有了重要变化,他越来越把当代社会看作一个"模仿"(simulation)的世界。实际上,"模仿"是他在后期所详加阐述和反复使用的一个概念。另一个相关的主要概念是"引诱"(seduction)。当然,他还创造了或创造性地使用了其他一些概念或说法,但它们或多或少都能用"模仿"(和引诱)来解释。我们很快将会看到,模仿和引诱这两个概念构成了布希亚对当代社会所作解释的基本框架。

一、模仿与客体的定局

早在《消费社会》中,布希亚就开始使用"模仿"概念了,但他对模仿的系统阐述见于《象征交换与死亡》《模仿物和模仿》和更晚些的《恶之透明》中。如果单从语义上看,布希亚所使用的"模仿"概念与通常所说的"模仿"没有什么区别,但他将这一概念形而上化了。实际上,他把模仿视为人与世界以及(符号化的)世界本身的基本关系。按布希亚的说法,模仿的内容是历史地演进的,而当代社会更是一个由各种符号及其互相模仿所构成的世界。

在《象征交换与死亡》以及《模仿物和模仿》中,布希亚把自中世纪和封建制以来的西方社会看作是一个符号(或映象或再现)与现实的关系之演进过程。在这一过程中先后出现过四种秩序。第一种秩序出现于现代性之前。它包含了关于上帝的自我认识和自我实现的神学,其实质是追求符号与现实的直接同一性。在这种秩序中,符号与现实的关系是固定而清楚的,从人们的服饰和外表能很容易地辨别出他们的社会身份和阶级地位。第二种秩序出现于文艺复兴和工业革命之间。在这个时期,从神学的和封建的等级体系中解放出来的符号的实质是效法自然(反映在当时的毛粉饰、时装、剧院、巴洛克艺术和民主政治中),由此产生的秩序服从所谓"自然价值律",即自然法和自然权利等。这种秩序已是人为的秩序,因而它标志着模仿(符号对自然的模仿)的开始。第三种秩序是随着工业革命而出现的。在这种秩序中,自然不再是被模仿的对象而是被统治的对象,处于主导地位的也不再是自然价值律而是以等价交换为原则的"市场价值律"或商品价值律。这种秩序中的机器化生产是以精确的复制、大众化系列、无限的生产和最终的自动化为特征的,因而社会的基本逻辑是机器对人的模仿以及产品之间的互相模仿。第四种秩序出现于当代社会。这种秩序是由通信网络、信息技术、传播媒介和广告艺术制造出来的种种模仿的符号和模型所构成的,所以说它是一个纯粹的模仿秩序。这种秩序服从"结构价值律",也就是说其内容是由不同的符号、模型之间的差异性或相对性结构决定的。因为从第二种秩序起就有了模仿,所以布希亚又把后三种秩序称为模仿秩序。

在《恶之透明》一书中,布希亚又提出,我们处于另一种新的模仿秩序中。他声言,"在价值之自然的、商品的和结构的阶段过后,出现了价值之分裂的(fractal)阶段。第一阶段的价值之参照物是自然,它是基于对世界的自然使用而发展的。在第二阶段,价值是根据等价交换的原则来确定的,而它的发展是以商品的逻辑为准则的。第三阶段由符号系统所统治,价值的发展是以种种符号、模型为参照的。在第四阶段,即价值之分裂的(或病毒的,或放射的)阶段,价值已不再有任何参照,价值向各个方向放射并占据所有空间……确切地说,价值律不存在了,存在的只不过是某种流行病般的价值、某种病态转移的价值,是价值的随意性增殖和扩散。其实,我们不应该再谈论'价值'了,因为如此的无限增殖和连锁反应使任何价值的生成都不可能。……我们已不可能衡量美与丑、真与假或善与恶,就像(在微观物理学中)不可能同时测定分子的速度和位置一样"[86]。不过,如果把《恶之透明》同布希亚以前出版的一些著作结合起来就不能看出,他所说的第四种模仿秩序,即价值之分裂的阶段,其实在很大程度上是第三种模仿秩序的延伸。这两种秩序中的价值都不再以外在的东西为参照,它要么是结构性的(在第三种模仿秩序中),要么连结构都没有(在第四种模仿秩序中);这两种秩序中的价值处于不同价值间的彼此模仿中(表现为符号、模型的无限再生产),都是对价值的化解,或都处于纯粹的模仿中。从布希亚的有关论述来看,两种模仿秩序都是当代社会中的模仿秩序。无须赘言,这也正是他特别关注的。

依布希亚之见,当代社会是一种"超现实"(hyperreality),意即"比现实还现实"的现实。在这种超现实中,事物与表象、现实与符号的对应关系已经不复存在了,存在的只是没有原型而互相模仿的各种符号和模型。原来意义上的"现实"(上帝、自然、人和产品)已不再成其为现实、不再是模仿的原型,符号秩序本身就是现实,此外别无现实。超现实的形成是与高技术尤其是信息技术和传媒技术密切相关的。实际上,正是高技术的广泛应用导致了当代社会的数据化和信息化,使之成了一个代码(code)或代码化(coded)世界:"数字控制是其形而上学原则,而 DNA 是其预言家。"[87]在符号的无限再生产中,关于事物的起源和终结的种种神话已失去意义了,而符号总是处于模仿与被模仿状态;相应地,社会控制在很大程度上是通过信息控制(预测、模仿、程序化的期望和不确定的变异)来实现的。布希亚认为,超现实远不止是高技术现象,而是当代社会的普遍特征。从超现实的角度来看,资本主义的政治经济学("商品政治经济学"和"符号政治经济学")已经寿终正寝了。在当代社会的超现实中,交换是在符号与符号之间而非符号与现实之间进行的,而价值则取决于由各种符号间的差异性和相对性所规定的结构。这样一来,价值——符号化的商品和商品化的符号之价值不再有任何外在的参照系,"参照性价值被消除了,结构性规则占了上风"。其结果是,需要、劳动、价值和货币等政治经济学的范畴都作为符号而不受"现实"限制地流动于符号的结构中。于是就出现了布希亚所说的"劳动的终结、生产的终结、政治经济学的终结"[88]。不过,此处所说的"终结"并不意味着消失,"整个商品价值律体系被更大的结构价值律体系所吸收并在其中循环,因而成了第三种模仿秩序的一部分"[89]。这就意味着,政治经济学是对商品世界的某种模仿,并且这种模仿由于商品的符号价值的出现而失去其外在现实的参照,在此意义上,政治经济学也成了纯粹的模仿秩序中的符号或模型。

当布希亚谈论政治经济学的终结时,其学术生涯也完成了从前期向后期的转变。实际上,按传统标准来说,《象征交换与死亡》是布希亚的最后一部学术性著作,在该书中他还通过诉诸客观的事实并参考别人的文献来推论和说理[90];此后他不再旁征博引、小心求证。他的著述越来越由印象、意念和警句堆砌而成,越来越接近散文诗了。换言之,布希亚不再与思想家们周旋了,他开始单枪匹马地直面当代社会、自圆其说地议论世事演变了,只不过在他身上偶尔还可看到尼采的影子。我们还是先同布希亚一道来看看他所说的当代社会的超现实——纯粹的模仿秩序是什么样子。

布希亚所描述的当代社会之模仿秩序的一个基本方面是大众传媒,他被公认为当代传媒研究中的主要理论家之一[91]。布希亚从高技术化的传播媒介中所看到的并不是通常所说的"全球村""全球化"或全球意识,而是一个信息愈多、意义愈少的符号世界:泛滥于电子传媒中的符号或信息化解了所有的意义和参照物,并使所有的观念和经验同质化了。电子传媒在社会中的普遍的"安家落户"抹去了公共领域与私人领域的区别,而传媒世界中的大众不过是传媒系统的无数终端。布希亚说,传媒世界是社会沟通的"忘乎所以"(ecstasy)[92]。在这种状态下,一切都是在电视屏幕中变为即时的和可见的,而电视观众也被各种绘声绘色的符号和信息占据了。传媒世界对大众的作用是毋庸置疑的。作为消费者,他们自以为是在自由地购买他们想要的产品,但他们实际上已受了电视广告的影响;作为投票人,他们自以为是在自由地选择他们喜欢的政客,但他们实际上已受了电视宣传的操纵。换言之,人们在无形中将从传媒中获得的符号偶像化、内在化了,他们成了具有"超顺应性"(hyperconformity)的大众,他们不再有社会性而只有统计性。布希亚把当代社会中的传媒化的大众称为"沉默的大多数",他们接收所有信息,但他们并不对信息进行反馈;他们不断地被传媒所测试和调查,但他们并不反思;他们并不能被"大众传媒"所代表,他们不过是被传媒所模仿罢了,正像他们也模仿传媒一样[93]。于是,大众和传媒已融为同一过程,在这一过程中大众即是信息(由麦克卢汉的"传媒即是信息"演化而来)。由传媒的符号和信息所产生出来的大众乃是一个消极、冷漠、惰性和沉默的人群。他们把一切社会能量和社会关系都中立化了,由此导致所谓"社会性的终结"(the end of the social)。他们并不构成为阶级或人民,他们不具有社会意义上的现实性。他们不再是(历史的)主体,因而也不能被异化了。他们既无过去也无未来,所以他们没有历史。

布希亚的传媒理论的一个实际应用是他对大众传媒与海湾战争的关系之分析。他所得出的一个惊人结论是:海湾战争没有发生。在战争将要爆发时他发表文章说,战争将不会发生;当战争正在进行时他又说,战争并没有进行;而在战争已经结束时他仍说,战争未曾发生过。布希亚作出如此断言的理由是(除了高技术已改变战争的性质外),对西方人来说,这场战争是传媒化战争,因而是对战争的模仿。在这场战争中,"传媒宣传战争,而战争也推动传媒"[94]。人们从电视上所看到的是一场"外科手术式的""干净的"战争。"(传媒的)沟通也是一种净化过程,从原则上说,它清除了任何暴力的和个人的效果。于是出现了奇怪的情形:在暴力和战争的心脏,人们却可以无动于衷、漠不关心。"[95] 从电视上看去,"伊拉克人好像是被施以电刑、被切除脑叶了,他们要么向电视记者跑过来以便投降,要么呆滞在他们的坦克旁边,他们甚至连士气低

第九章 让·布希亚

落都说不上。他们似乎失去理智、变得愚蠢了,而非被打败了。你能说这是战争吗?"不如说这是"伪造的战争、欺骗性战争……信息具有深刻的欺骗功能。它'告诉'我们什么、其'覆盖面'有多大是无关紧要的,因为它只不过是覆盖罢了,其目的是通过平展的脑电图来产生共识。所有在战场上(新闻对战争)的无条件模仿正是为了让人们无条件地接受这种模仿"[96]。在传媒的覆盖下,"作为零度民主的共识与作为零度民意的信息已合为一体了:新世界秩序将同时是共识性的和电视化的。……战争不再是从前的战争了"[97]。

当然,当代社会的模仿秩序不限于大众传媒。布希亚又从时装方面来说明这种秩序。时装无疑是与性和性文化有关的,但在布希亚看来,时装把性从某种肉体快乐模式转化为某种符号化的景致。时装本身就是一个悖论:时装乃意味着过时。时装永远是一个被设计的领域、一个符号的游戏、一种不同模型(样式、风格)的循环。时装是一个由符号构成的童话世界,而其中的符号是没有根据和自由流动的。时装所体现的乃是"对人为的东西之热情"。正是时装的荒诞性和无用性,正是其自成一体的完善性,正是其任意性及其由不同符号间的相对差异所规定的整体一致性,使得时装"既像传染病毒一样流行,又成了集体享受的对象"[98]。时装超越了善与恶、美与丑、理性与非理性以及有用与无用等的标准,因而它是一种非道德的颠覆性的社会力量;与此同时,"时装本身是不能被颠覆的,因为时装不与任何参照系相矛盾(时装是其自身的参照系)。我们更无从拒斥时装,因为时装已把对时装的拒斥规定为时装的特征"[99]。显然,时装是典型的模仿秩序:在时装中,没有现实和原型,唯有符号与模仿。

布希亚还从民主政治来说明当代社会的模仿秩序。当代民主政治中的一项重要内容是民意调查。布希亚认为,民意调查是一种问题、回答的游戏,这种游戏在科学性(统计、概率、控制论)的外表下虚构了现实[100],确切地说它把自身当作是现实的模型。在这一模型中,信息的传达是受控制的:它不仅将有明确想法的人的意见大为简化了,而且对想法不确定的人的意见也有操纵作用。因此,从民意调查中产生的种种"民意"符号只是对民意的模仿。在民意调查中回答者不能表达他们的"民意",他们只是在再生产出调查者所预定的东西。民主政治的另一项重要内容是政党竞选。发达国家的民主政治多为两党制。依布希亚之见,这里的两个政党并不真正代表两种不同的利益或意见,其立场是大同小异或相互模仿的。它们在表面上的彼此攻击中制造了某种模仿的对立,而这种模仿的对立反倒使两党制(与集权统治相比)成了一个更有效、更稳定的社会控制体系。所以说,两党制实际上是一党统治或寡头统治或"两方垄断"(duopoly),而两方垄断正是垄断的完成形式、垄断的技术划分,这与垄断资本主义的发展是一致的。

意识形态上的东西亦复如此。政治、性、生产力、破坏力、女人、儿童、无意识冲动和艺术等都解放了,一切乌托邦似乎都实现了。但"矛盾的是,我们还必须继续生存,仿佛它们尚未实现一般。不过,既然它们已经实现了,我们不能再对它们怀有希望,我们只好通过不断模仿来'超实现'(hyper-realize)它们。我们生活在种种理念、幻觉、想象和美梦的不断再生产中:我们经历过这些东西,但我们还得在某种必然的冷漠中继续地再生产它们"[101]。因此,一切都不是消失在其终结或死亡中,而是消失在"流行病式的模仿"中,毋宁说,一切都通过弱化和稀释、通过增殖和传染而变得充满和透明了。革命的确已发生过,但不是以我们曾期待的方式发生的。进步的观念已消失了,但进步似乎仍在模仿中继续。就拿人的身体来说,"当性解放领社会的风气之先时,'将性生活极大化、将再生产极小化'是为世人所响应的口号。而如今的热衷于克隆的社会则走向反面,尽量地扩大再生产和减少性生活。身体一度是灵魂的隐喻,后来又是性的隐喻,而现在它不再是任何东西的隐喻了,它只是转移所发生的地点、是与身体有关的种种过程之间的机器般联结的场所、是既无象征秩序也无总体意图的不断程序化的载体,于是,身体就沉迷于同自己的混乱关系之中,正如计算机网络和集成电路中的关系状态一样"[102]。这种纯粹的模仿秩序是超政治(transpolitics)、超经济(transeconomics)、超性状态(transsexuality)和超美学(transaesthetics),而在该秩序中我们不再能够进行判断。

布希亚相信,模仿,确切地说纯粹的符号间模仿是当代社会的一般特征。他认为,大众传媒之"忘乎所以"的状态(外表的刻意求新和符号的层出不穷)也存在于时装世界和民主政治中,存在于当代社会的其他现象中。用他的话来说:"恐怖主义是暴力的忘乎所以,国家是社会的忘乎所以,色情媒体是性的忘乎所以,煞风景(obscene)是风景(scene)的忘乎所以,如此等等。在已经失却了其批判性和辩证性之后,事物似乎只能够以加速和透明的方式不断地再生其自身了"[103]。简言之,"模仿是现实的忘乎所以"[104]。当代社会不过是一个模仿世界,"新闻使历史有可能消失,高保真音响使音乐有可能消失,试验使科学的对象有可能消失,而色情媒体使性文化有可能消失。我们到处都发现……在向现实的绝对接近中产生的同一效果,即模仿的效果"[105]。在这一模仿秩序中,"现实"只不过是"模仿的一个特例"[106]。

在《美国》这部思想漫游式的书中,布希亚把美国描述为模仿世界的一个代表。美国"既非梦想、亦非现实。它是超现实。……这里的一切都是现实而实用的,同时又是梦想之中的。或许唯有欧洲人才能看到美国的真相,因为他们能在这里发现完善的模仿。……美国人对模仿没有感觉……因为他们自己已经是(模仿的)模型"[107]。布希亚对他在美国所观察到的"模仿"作了许多耐人寻味的描述:美国是一个在文化上无深度、无意义、无美感的沙漠,是一个已经实现了的乌托邦;美国处于既没有来历也不知去向的运动中,像在高速公路上一样;美国是一个为肤浅而无情的符号、形象、面孔和仪式所充斥的社会。在这里,"真实的"东西无非是电视节目、好莱坞电影和迪士尼乐园。里根的微笑是美国的一个标志。里根广受欢迎的原因是他"诉诸纯动物式和婴孩式的沾沾自喜"。"任何单一的思想观念、任何基本的国家价值都没有这种效果。里根的可信度正在于其微笑的透明性和空无性。"缺乏政治想象的里根能从二流演员摇身一变而为一流政客,其原因乃在于历史本身已从一流降低至二流。里根的成功意味着人们对透明而空无的权力之冷漠,这反过来要求政治更具有观赏性。于是乎,政治表演、政治丑闻、道德审判和大众传媒乃沉瀣一气、彼此模仿、左右时局[108]。当然,美国这个已实现了希望,因而也不再有希望的社会、这个模仿世界的超现实也正是世界的未来[109]。

鉴于符号及符号间的模仿在当代社会中的决定性作用,布希亚说,当代社会已经处于"客体的定局"(the fatality of the Object)中。当然,布希亚在这里所说的"客体"与先前所说的"客体"有所不同。先前所说的"客体"多指符号化的商品和商品化的符号,因而常以复数小写形式出现;此时所说的"客体"指的是由商品、符号在相互模仿中或在无限再生产中构成的"模仿秩序",因而以单数大写形式出现[110]。"客体的定局"是布希亚的后期理论中的一个重要概念。据他的解释,该概念与形而上学的因果论无关。在"客体的定局"中没有任何先验或外在的因素,所以这种"定局"并无宿命论或启示论的含义;这里所说的定局是指客体已达到其终结状态,或事物的终结可从其起源中预测出来的状态。在此状态下"客体永远是既成事实",而主体消失于客体中[111]。一句话,"定局已预先存在了,已编入代码中"[112]。换言之,客体的定局是符号秩序或模仿秩序的定局。问题在于,在客体的定局中主体的革命是否还有可能呢? 布希亚认为,既然处于客体的定局中,那么相应的对策自然是"定局性对策"(fatal strategies)。不过,定局和对策都与"主体"无关。如前所述,主体已大众化了,而大众已成为"纯粹的客体"[113]。因此,定局性对策不是主体的对策,而是客体的对策。布希亚声称,当代社会中唯一可能的革命不是主体对事物的辩证超越,而是主体对事物、事物对事物的模仿,是事物自身的"忘乎所以"[114]。于是,一方面,主体"不再在对世界的超越和反思中赋予世界以意义了";另一方面,客体在对主体漠不关心的同时却"在其表象上热情洋溢地不断翻新和自相混淆"[115]。换言之,主体已失去了其主体性,而客体反倒表现出某种主体的特征,即主体客体化,而客体主体化了。

在《象征交换和死亡》和更早的著作中,布希亚曾经提出,(前资本主义社会或原始社会的)象征交换是互惠而可逆的,是同资本主义的商品生产和等价交换格格不入的。但在那些著作中,他并没有完全排除通过象征交换而对资本主义的符号秩序进行全面而根本的(文化)革命的可能性。他甚至相信,在为资本主义体系所无法理性化的一些死亡形式(如由灾难、恐怖、事故和自杀等引起的死亡)中还可能有恢复象征交换的机会。然而,当布希亚把视线转向当代社会时,其观点也随之不同了[116]。对此时的布希亚来说,虽然可逆性的交换存在于符号秩序中,但它与象征交换是不相干的,因为象征交换中必不可少的"社会"和"意义"已消失了。相反,"客体本身促成了可逆性的发生……但它不再属于象征秩序(象征秩序的前提是主体和话语的存在),而纯属取决于某种游戏规则的过程。世界的游戏已是可逆性游戏。世界的中心不再是主体的愿望而是客体的定局"[117]。这种可逆性是在客体世界的各种符号(符号化商品和符号化大众)的互相模仿和不断再生中实现的,因而它属于客体的定局或定局性对策。布希亚把客体的定局和定局性对策称为"客体的胜利"或"客体的主宰"[118],有时候他又称之为"客体的报复"和"事物之邪恶的天才"[119]。

客体的定局和定局性对策也决定了(已客体化的)主体对客体的顺应和模仿。正是在这里布希亚看到了"抵抗"的机会:主体通过站到客体一边或加入客体中而对客体进行反叛!这怎么可能呢?这是布希亚的理论中较晦涩的地方。他似乎相信,主体因为客体化了或比客体更为客体而使客体的压迫性和压抑性昭然若揭甚至不攻自破。用他的话来说:"试图占据权力之位置的权力、试图体现权力之实质的权力是可恶而不纯的,它迟早会在鲜血和嘲弄中崩溃。……明智的颠覆活动会避免直接攻击权力,而会让权力处于绝对彰显的地位上。这样一来,权力就会误认自身为现实,从而进入想象状态。在这里,权力只有将其真相败露才能够存在。"[120]布希亚指出,"从乃大众的抵抗:它就像一面镜子一样通过对意义的复制和反映,而不是吸收来把(客体)系统本身的逻辑返回到客体中去"[121]。大众的模仿和顺应是悖论式的,是"破坏性的超模仿、破坏性的超顺应"。例如,大众正是通过对社会健康保险的日益扩张的消费而使该制度濒于崩溃[122]。因此,客体的定局是主体的定局,客体的定局性对策是主体的定局性对策,而客体化的主体也分享客体的"胜利"和"优越性",这在某种意义上是一种物我两忘的境界。很显然,布希亚所说的"抵抗"与中文里的"无为而无不为"和"物极必反"有异曲同工之妙。

第九章 让·布希亚

二、引诱向模仿的趋同

布希亚的后期理论中的另一主要概念是"引诱"（seduction），它实际上是布希亚的一本书的标题，他在别的著作中也多次使用这一概念。在布希亚的学说中，引诱是一种模棱两可的现象——游移于象征秩序和模仿秩序之间，因而它的含义取决于它的语境；当然，在当代社会中，引诱越来越失去其象征交换的特征而向模仿趋同了。布希亚对这一概念的阐述和使用或多或少反映了他对当代社会的模仿秩序之若即若离的态度。在布希亚的有关讨论中，"引诱"概念先是从男人与女人的关系中引申出来的，进而用它来说明当代社会的模仿秩序中主体与客体的关系。

就男、女关系而言，布希亚所说的引诱是女人（对男人）的引诱。确切地说，引诱是与女性特征（femininity）相关的，正如性、性文化、意义和权力是与男性特征（masculinity）相关的一样。布希亚在一定程度上同意弗洛伊德对性文化的解释。他声称，"弗洛伊德是正确的。只有一种性文化和里比多，那就是男性的性文化和里比多。性文化具有某种很强的区别性结构，它是以阳具、阉割、父亲的名义和压抑为中心"[123]。问题是，在这种性文化中女性的地位又如何呢？布希亚承认，如果女人置身于这种性文化结构中，那么她们就是被奴役、被压抑的对象。但他又认为，女性还有不为精神分析学所知的一面，或者说超越于男性与女性之对立的一面，即"女性的力量在于引诱"[124]。据他的解释，女性本身是没有实质的，毋宁说其实质乃在于对男人的引诱。弗洛伊德所说的"生理结构决定了人的命运"只适用于男人，而女人的生理结构未必决定女人的命运，因为女人还能够引诱。具体说来，女性引诱男性而不反对男性。女人的引诱与色情、肉欲或权力不相干，引诱的意图不在于削弱、颠覆和转化现存的社会制度。女人的引诱是审美性的和仪式性的，它诉诸外表的魅力，它是一种在外表上做文章的游戏。女人的引诱不能为男人的权力所化解，而男人的权力却会化解在女性的引诱中，在引诱中女性的外表挫败了男性的深度。实际上，引诱并不表明"女性的外表与男性的深度是相反对的"，而意味着"女性对外表与深度、真实的东西与人为的东西不加区别"[125]。毋宁说，与女人的引诱相联系的是可逆性和不确定性——它由于含有游戏、挑战和象征性成分而对阳具统治（phallocracy）构成了挑战。女人的引诱本身不具有任何权力，但它却能够使男人的权力失效，而且它总会使后者失效。布希亚指出，"关于父权制、阳具统治、由来已久的男性特权之历史或许是虚构的。相反的假设同样是合理的，而且从某种角度来看或许更有意思一些，那就是：女性从未被统治过，女性一直是统治者"[126]。不用说,这一"假设"正是布希亚的结论。在《忘掉福柯》一文中他曾说:"引诱无所不在,引诱强于权力。"[127]。据他的解释,引诱之强于权力的原因乃在于,引诱是一个挑战、制胜和终结之循环而可逆的过程,而权力(像价值一样)所追求的是不可逆性、现实性、积累和不死[128]。确切地说,引诱并不涉及谁统治谁的问题,它是一种化解权力的游戏,是一种使权力不相干的游戏,或者说,在引诱中统治者与被统治者是可以互相转化的,而男女对立是不存在的。用布希亚的话来说,"男人与女人不应该彼此反对。我相信……女性的引诱(是)一种积极的德行,通过它能够超越男女的对立。当然,我有可能被误解"[129]。因为引诱能化解权力关系并超越两性对立,所以对女人来说引诱是快乐的、解放的力量。

基于其对女人之引诱的理解,布希亚对两性关系作了新的阐释,并对女性主义提出了批评。他从引诱、爱情和性欲这三个层次来分析两性关系:与引诱相关的是男女在审美和仪式上的区别,与爱情相关的是男女在道德和情感上的区别,而与性欲相关的则是男女在心理、生理和政治上的区别。布希亚认为,性欲所涉及的男女差异是最低层次和最不重要的。"就其本身而言,纯粹的(生理)性差异是没有什么意义的。……(它代表了)男女差异的最脆弱、最贫乏的形式,(它)是其他差异消失之后所剩余的差异。"引诱的情形则大不相同。在与引诱有关的男女差异中人为的成分远远超出了自然的成分,因而引诱的运作要复杂得多。此外,引诱是双方的,除非引诱者已被引诱了,否则引诱者不能引诱。爱情是介乎性欲和引诱之间的。爱情关系不再是纯自然的关系,但它也不一定是双方的互动,爱并不意味着被爱(这就是何以爱情与嫉妒是相伴而生的)。简言之,爱情是从对审美的和仪式的形式(引诱)的破坏中解放出来的,而性欲是从对道德的和情感的形式(爱情)的破坏中解放出来的。无疑,与爱情和性欲相比,引诱是女人在两性关系中所能够采取的更高明、更有效的对策[130]。换言之,在引诱这一最高层次中女人是稳操胜券的,而爱情和性欲这两个较低的层次却是男人的天下。从这种对照出发,布希亚嘲笑女性主义者们,尤其是与他同时代的那些法国女性主义者们(如伊里格芮等)。他认为,女性主义者们摒弃引诱而试图在爱情和性欲这两个较低的层次上寻求女性解放,这样做无异于扬短避长且强人所难,其结果是将女人男性化,从而削弱了女性文化的基础。在他看来,女性主义者们"耻于引诱,(对她们来说)引诱意味着人为地表现肉体,意味着顺从和娼妓。她们不明白,引诱是对象征世界的主宰,而(男人的)权力只不过是对现实世界的主宰"[131]。在两性关系中,"真正的关键性因素是象征性权力。而女人从来不缺乏象征性权力"[132]。如果用布希亚的理论来解释

"男人通过征服世界来征服女人,女人通过征服男人来征服世界"这段话中的后一句,那么可以说:女人乃是通过引诱来征服男人,进而征服世界的。所以,女人自有其制胜之道女人不是像男人一样去征服世界(如女性主义们所倡导的),而是征服男人(或世界的男性);它不是直接与男性相对立的,而是在引诱中"不战而屈人之兵"。当然,之所以女人能在引诱中征服男人,是因为引诱是一种象征交换。在象征交换中,如同死者能战胜生者一样,女人能征服男人。确切地说,在象征交换中,不存在任何形式的二元对立,如死者与生者、女人与男人的对立,因为象征交换中的关系不是权力关系。它在审美的和仪式的活动中包含了可逆性和互惠性。如此说来,引诱这一古已有之的女性对策要远胜于现代女性主义的种种主张。布希亚把法国女性主义说成是"男性模仿之镜",是"消极的模仿"和"不幸的模仿"。他认为,作为引诱者的女人并不像女性主义所说的那样是低下的,相反,"引诱的策略对女人来说是一种快乐的、解放的力量"[133]。

  需要指出的是,布希亚对女性、女人的规定不一定是现实的写照,而是指其理想中的女性、女人的状态。他说,"我把女人规定为欲望的缺乏。至于这种规定是否与现实中的女人相对应,是无关紧要的。它是我的'女性'概念"[134]。在此意义上可以说,布希亚对女性的引诱的分析,像他关于象征交换的理论一样,兼有怀旧与乌托邦的成分。不过,一旦进入当代社会的模仿秩序中,这两种成分就面目全非了。因为在当代社会中,引诱与模仿已难分彼此了,或者说引诱在向模仿趋同。进而言之,引诱作为模仿,是当代社会之"客体的定局"中的"定局性对策"。

  那么,从概念上说,引诱与模仿是什么关系呢?根据布希亚的有关论述,引诱与模仿的关系有两方面的内容。一方面,引诱与模仿有相似或相同的地方。(女人的)引诱诉诸外表、诉诸人为的东西,而且引诱使得外表与深度、人为的东西与真实的东西之对立消失了;同样地,当代社会中的纯粹模仿也是各种符号、模型之间的事,在这种模仿中符号与符号所指称的东西、模型与模型所代表的现实区别亦不复存在[135]。无论引诱还是模仿,在一定意义上都是被引诱、模仿者的再生产。在这种再生产中,被引诱、模仿者的"深度"(相对于外表或伪装而言)或"现实"(相对于模型或符号而言)已变得不相干了;在这里起决定性作用的是外表或符号中的结构性关系,确切地说是外表与外表之间、符号与符号之间的关系。这就是为什么布希亚有时候把引诱与模仿并用。例如,在论及大众传媒时他说:"引诱、模仿:(大众传媒所产生的)沟通作为社会性而运行于一个封闭的范围内。在这里,符号体系正在复制着一个让人永远无法穷根究底的现实。……传媒信息作为某种气氛、某种服务和某种有关社会性的全息图而构成了人们的经验世界。大众以某种逆反的模仿来回应(传媒)对意义的模仿,他们以疏远来回应劝诫、以迷信来回应幻象。模仿无所不在,它让人觉得有某种引诱在起作用。但这种引诱并无更多的意义,它只意味着对各种模仿中的信息的游戏般的执着,意味着各种模型本身所具有的感染力。"[136] 简言之,传媒在引诱,而大众在模仿。

另一方面,引诱与模仿又有所不同。像本杰明认为艺术有不同的阶段一样,布希亚也把引诱分为不同的阶段,模仿似乎不过是其最后的阶段。具体说来,引诱有仪式的阶段(有魔力的、对峙的和竞争的)、审美的阶段(与引诱者在外表上的游戏性对策有关),和"政治的"阶段。在政治的阶段,仪式的和审美的形式消失了,引诱变成了非正式的政治形式。在政治阶段,引诱为无内容的形式上的无限再生产提供了某种框架。所以,这一阶段也是引诱在范围上达到极大、而在强度上降至极小的阶段。很显然,处于政治阶段的引诱与模仿已没有什么区别了,也就是说模仿不过是失去了仪式性和审美性的引诱。应该说,按布希亚对象征交换的规定,在引诱的仪式阶段和审美阶段还含有象征交换的因素,而进入政治阶段的引诱已与象征交换无关了。如此说来,模仿是失去了象征交换的引诱,或者说引诱因为失去了象征交换的因素而变成了模仿。布希亚问道:"难道这就是引诱的命运吗?"他并没有直接回答这一问题。他的回答是:"我们如今生活在无意义的世界中。如果说模仿是它的不再着魔的(disenchanted)形式,那么引诱就是它的仍在着魔的形式。"[137] 不妨说,其中的"仍在着魔的形式"可以理解为引诱的仪式阶段和审美阶段(引诱),而"不再着魔的形式"即引诱的政治阶段(模仿)。当然,这里的不同"阶段"在形式上应该是能并存的。

因此,引诱与模仿既相似又不同。或许正是基于这种考虑,布希亚说,引诱与模仿的"奇怪的巧合表明了女性的模棱两可:一方面它为模仿提供了基本证据,另一方面它包含了超越模仿的可能性"[138]。

然而,引诱与模仿的区别对布希亚来说似乎并不太重要,他实际上把"引诱"这一概念泛化或形而上学化了,而且在其著述中引诱与模仿这两个概念往往是可以互换的。在布希亚看来,女人和客体(即当代社会的"模仿秩序")是类似的。女人是一种客体,客体也是女性的,所以女人的引诱与客体的模仿是一致或相通的[139]。据他的解释,在女人同男人的关系中,女人具有决定性优势,因为女人能扮演两种角色:女人可能意味着直接的性供给和性需求,还可能意味着游戏、隐喻和延搁的性。而男人却没有这种可能性,反而总会有丢面子的可能性:如果男人贸然地提出性要求,他有被拒绝的危险;如果他进行更微妙的游戏,他仍有可能被微妙地拒绝。在与男人的关系中,女人不是欲望者而是欲望的对象,也正因此女人处于相对优越的位置上。具有讽刺意味的是,使女人具有优势的原因正是她的无动于衷、她的缺乏主体性——是女人之作为客体。女人的客体性表现为顺从和软弱。用布希亚的话来说,"女人(在引诱时)如此娴熟,她们看上去百依百顺,她们深谙如何表现得不幸福,在这种表面下一定隐藏着什么"[140]。或者说,"引诱就是表现出软弱。引诱就是使对方软弱。我们以自己的软弱……来引诱。在引诱中我们让软弱行动,而这正是引诱的力量所在。……引诱以软弱而取胜:它以软弱来游戏,并有自己的规则"[141]。同样,在客体与主体的关系中,客体具有女人的那种决定性优势(客体的定局)。原因很简单,"只有主体才有欲望,只有客体才会引诱"[142]。客体没有欲望、不能自立,客体还会被占有、被买卖;正因此,客体不会为占有欲所困扰,同时也避开了被异化的情形,但客体却始终在引诱着主体。主体则不然,主体有占据客体的欲望,主体还得设法保持自立,其结果自然是主体在模仿中异化为客体或消失在客体中,而这样一来主体又必须想办法把自身从客体中解放出来(至于主体能否获得解放就另当别论了)。于是,"我们进入了某种悖论状态。在该状态下,主体已变得难以自持了,唯一的位置是客体的位置,唯一的对策是客体的对策。我们应该明白,这里所说的客体不是处于反异化过程中的'被异化的'客体,不是以主体的身份来要求自立的被奴役的客体,而是对主体进行挑战的客体,是使主体不可能存在的客体"[143]。当然,像女人一样,客体的成功之原因正在于其被动性和消极性,在于让主体在模仿中失去主体性。不难看出,布希亚所说的女性(客体)的制胜之道与道家所说的"示人以弱""以柔克刚""柔弱胜刚强"有相通之处。

如果从主体与客体及男人与女人的关系来看当代社会的"大众"的话,那么大众显然处于一种模棱两可的状态。一方面,大众是主体。"大众将被心理学化,这样才能够被引诱。他们被说成是充满了欲望的,因而他们为欲望所迷惑。昨天他们还有(神秘化的)意识并且被异化了,而今天他们有无意识及(被压抑的、被毁坏的)欲望并且被引诱了。昨天他们还为关于历史的(革命性)真理所吸引,而今天他们又转向关于其自身之欲望的真理。可怜的、被引诱的和被操纵的大众!他们一度在暴力的威胁下忍受统治,而现在又由于被引诱而必须接受统治。"[144]另一方面,大众是客体。"他们根本就不是被压迫和被操纵的。他们无须被解放,而且无论如何他们也不能被解放。因为他们是纯粹的客体,所以他们具有(超政治的)权力。换言之,他们以沉默和无欲来反对任何想使他们开口的政治意图。各种势力都在引诱、恩惠和打扮他们。但他们却是杂乱无章、深不可测的,他们在行使着被动而透明的主权。他们无言以对,从而以微妙的方式——就像是没有理智的无动于衷的动物一样,将所有的政治景象和政治话语都一一中立化了。"[145] 总之,大众既是主体又是客体,是已经客体化的主体,他们同时是被引诱者和引诱者。

就像主体在引诱、模仿中被客体化(为大众)一样,客体也以种种方式被主体化了。布希亚说,"我认为,计谋、反语、幻觉、否认、可逆性、双重性和激进性不单纯是主体或意识的情感或属性。我认为,所有这些东西都传递到客体中了;它们在一定程度上也是客体的情感或属性,正如我们在同世界游戏一样,世界也在同我们游戏。很显然,世界甚至具有进行双重游戏的优势,因为无欲望的世界之客观反语比我们的欲望和我们的主观反语远为优越"[146]。此处所说的"双重游戏"当是指,客体既能进行客体的游戏,也能进行主体的游戏,这是客体优越于主体的又一个原因。如此说来,客体也受主体的引诱,也在模仿主体。据布希亚的解释,在客体世界的游戏中,我们不过是游戏的参与者,而游戏不是由我们控制的。"从技术、形象和表面来看,我们不知道客体或世界是不是正在耍弄我们。同样,在思想上,我们不知道到底是我们在思考客体还是客体在思考我们。这是幻觉的秘密。"[147] 不用说,这正是一种"庄周蝴蝶"的状态。实际上,就主体与客体的关系而言,布希亚关于客体之主体化以及客体之优越性的观点与庄子所说的"道有情有信"以及"天在内,人在外"颇为相似。

布希亚所说的"客体"当然不是传统本体论意义上的"本体";它无非是当代社会的符号系统或模仿秩序。但在一定意义上这种客体也具有形而上的特征。用布希亚的话说,"在关于模仿、引诱和定局性对策的观念中也存在某种形而上的东西"[148]。他把在模仿、引诱中不断再生产其自身、不断向其极限扩张的客体之形成主要归因于技术,尤其是通信技术。他说:"电视所说的不过是,我是图像,一切的图像。互联网和计算机所说的不过是,我是信息,一切的信息。符号制造其自身的符号,传媒也为其自身做广告。……全球化是以传媒的优越性和信息的中立化为基础的。唯一的思维是'传媒'思维:市场、互联网、信息高速公路不断的循环。全球的整合是在空无的基础上、在最低级的信息(意义、观念、意识形态)的基础上实现的。……传媒的范围是无意义的范围,是……世界之平庸性的范围。"[149] 显然,这里所说的传媒已不局限于电视而包括了互联网和计算机的领域。布希亚认为,传媒世界及与之相关的全球化是一个信息过分饱和而意义趋于零度的世界。在这一世界中,引诱已变得不可能了。传媒和信息中的一切必须具有当下的可信度,因而真与假的区别就无关紧要了,相应地也不再有艺术的审美标准、记忆的历史标准、意见的政治标准、证据的科学标准了,总之,一切都是不确定的。既然不再有真与假的区别,那么谎言也不可能了,引诱的技巧更无从谈起了。"无论我们喜欢与否,我们已处于不可知论者的状态。在这种状态下,不管我们相信与否,一切都在迫使我们相信,都被假定为可信的。"[150] 如果说引诱还存在的话,那么它只能以模仿的形式而存在,或者说它只能是模仿秩序的一部分。在此意义上,引诱与模仿已难分彼此了。

第四节 结 语

在前面的讨论中我们曾提出这样的问题,布希亚对消费社会的分析是不是消费社会的反话语,或者说他的分析是不是一种社会批判理论?在这里我们不禁要问,布希亚的后期理论是不是对当代社会的模仿秩序的一种模仿呢?而如果是的话,这种模仿的意义又何在呢?布希亚学说的主要评论家之一凯尔纳认为,布希亚的前期理论是在新马克思主义框架内对马克思主义的补充和发展,是对现代资本主义的批判;但布希亚在其转折时期提出的"文化革命"或"总体革命"(即与象征交换有关的理论)缺乏理论的论证,同时更与他对客体系统、模仿世界的理解相矛盾;在其后期,布希亚则以某种后现代主义者的姿态来倡导某种恶意的玩世不恭和贵族式保守主义了[151]。布希亚学说的另一评论家给隐对凯尔纳的解释却不以为然。依给隐之见,布希亚的理论一直是激进的和批判的,且与后现代主义无关,只不过该理论经历了一个从前期的与马克思主义相联系的批判向后期的从象征交换出发对模仿秩序的定局性(fatal)批判的发展;而总的来说,布希亚的批判是悖论式的,其"最值得注意之点乃在于,一方面,它试图坚持对现代社会的某种批判性立场;另一方面,它又承认,超越而内在的批判已不再有可能了(如果曾经有过的话)"[152]。此外,评论家莱文认为,布希亚学说是一种文化形而上学,它把关于文化的社会学研究转化为哲学虚无主义,它是激进的,"因为它对知识分子自封的特殊地位提出了质疑,并因此动摇了文化研究的全部道德基础";它又是一个自由的、自足的审美领域,是一种在话语空间进行的缺乏道德参数的社会思想试验[153]。其实,在经过适当修改之后,这些不同角度的解释加起来就相对完整地概括布希亚的理论之特征:布希亚的前期理论确有强烈的批判性倾向,不仅是对消费社会的批判性分析,而且是批判地发展马克思的政治经济学理论的尝试。当然,他的批判说到底是从他关于"原始社会"之象征交换的假定出发的,而这一假定同样是他在后期对当代社会进行"批判"的前提,如果说其后期理论中还有任何批判性的话。不过,虽然"象征交换"概念偶尔还幽灵般出现在他的后期著述中,但在很大程度上他的后期理论是对当代社会的模仿秩序本身的模仿,只是在其模仿中他刻意地加进了(与象征交换有关的)游戏和反讽的成分,这大概是他所说的"在模仿中抵抗"吧。如果说在其学术生涯的前期,布希亚还能从象征交换的角度来批判消费社会和马克思主义的话,那么在后期他已认识到当代社会的模仿秩序之"客体的定局"排除了对当代社会进行批判的可能性。当然,在下述意义上还可以说,布希亚的理论始终是批判性的:他的前期理论是对所谓"客体"("客体系统"或"消费社会")的批判,而他的后期理论则是对主体(知识分子所自封的"主体")的批判性之批判,用莱文的话来说是"对纯粹批判的批判"[154]。布希亚自称是一个"叛逆者"[155]。显然,他所说的"叛逆"之含义是多重的和变化的,而说到底是无主体、无意图的"叛逆",是让主体消失在客体中的"叛逆"。

本文一开始将布希亚与福柯作了一些对照。基于上面的讨论,我们或许可以对他们作进一步的比较。显然,马克思、弗洛伊德和尼采对他们有特殊的影响,但这种影响的内容又因人而异。福柯差不多完全接受了马克思对资本主义的分析;但他又认为,现代社会的权力、知识之统治不限于阶级关系(更不能还原为阶级关系),而还存在于其他许多形式的中心(群体)与边缘(群体)的关系中。布希亚对马克思的理论则"始乱之终弃之",他在前期曾主张,我们需要同时从商品形式和符号系统来解释异化现象,因而需要建立将商品政治经济学与符号政治经济学融为一体的一般政治经济学;但在后期他却完全抛弃了马克思主义及由此而来的批判理论之传统。就其与弗洛伊德的关系而言,福柯所关注的是弗洛伊德对理性与非理性的关系之"精神分析",肯定了他试图在理性与非理性之间进行对话的努力,但福柯与他又有重要的区别:弗氏从理性、意识的角度来分析和规范非理性,而福柯从非理性或肉体的角度来审视和批判理性。与福柯不同,布希亚所关注的主要是弗洛伊德对人的性别特征与生理结构之关系的解释。布希亚同意弗洛伊德对男性的"解剖学"说明,但他与后者对女性的界定却截然相反,虽然布希亚并未用"母权制"来取代弗洛伊德理论所确认的"父权制",不过他相信女性的引诱优越于并能化解男性的权力。此外,福柯和布希亚都对尼采推崇备至,但他们同尼采的关系又不太一样:福柯在思路上颇得尼采真传,他从尼采那里继承的是其思想,是尼采对西方基督教及理性文明的批判及其对个体、个性之存在的强调。而布希亚(尤其在后期)则更钟情于尼采的自由散漫、激发想象的文风。他坦言,"散论的风格,尤其自尼采以来的这种风格一直吸引着我"[156]。需要指出的是,在其他方面尼采对布希亚的影响是有限的(远不如其对福柯的影响之深)。实际上,在类似的形式下布希亚与尼采的著述在内容上却相距甚远,例如,尽管布希亚像尼采一样主张"超越善恶",但尼采的出发点是某种新的"主体"(超人及其权力意志),而布希亚是从"客体"或"客体的定局"来立论的;尽管布希亚像尼采一样认为我们并没有生活在"真实的世界"中,但尼采仍然把超人及其权力意志看作"真实的",而布希亚则相信任何意义上的真实性已不复存在了,存在的只不过是对它的模仿和对模仿的模仿。布希亚曾含糊地说起过尼采对他的"形而上学或反形而上学的影响",但他又明确地说尼采并不是他的参照系[157]。

就其与同时代人的关系而言,福柯和布希亚的学术生涯多少也反映了战后法国思潮由结构主义向后结构主义的发展。虽然福柯对"(后)结构主义"标签不屑一顾,但其早期理论与结构主义在相当程度上不谋而合,而其后期理论则完全超越了结构主义框架而转向后结构主义。另一方面,尽管布希亚从未以(后)结构主义者自居,但其早期理论带有明显的结构主义符号学印记,而其后期理论也已不再局限于结构主义而有强烈的后结构主义的意味,他自己也言及索绪尔、巴尔特和拉康等人对他的影响[158]。

再从社会学理论的角度来说,福柯和布希亚的学说分别对应于两个不同的流派:福柯的权力、知识论与韦伯的理论(社会唯名论)较为接近,不过福柯最终又从个人、主体的肉体快乐和自我创造中看到了逃避"铁囚"或"圆形监狱"的出路。而布希亚似乎一直为迪尔凯姆的社会唯实论(社会是高于个人并决定个人的实体)所萦绕。在布希亚的理论中,个人、主体从未超越社会或客体;确切地说,个人、主体不存在。如果说福柯的主体是借助于人的人体才得以死而复生的主体的话,那么布希亚的主体是被符号化和客体化的主体。

那么,究竟在什么意义上布希亚是一个后现代主义者呢?在他所描述的当代社会中,作为西方现代性之核心成分的"主体"被(大众化和)客体化了,而"客体"也只是不再有本质或原型的符号世界或模仿秩序;相应地,西方现代性的一些基本概念如"意义""真理""劳动""价值""生产""阶级""权力""社会""革命"等在当代社会中已失去意义了。在这个意义上可以说,布希亚所描述的当代社会是一个后现代世界。需要指出的是,在 80 年代之前,布希亚并未使用过"后现代"概念以及由此衍生出来的一些概念,他一直都在用"现代社会""现代时期""现代性"等来指称当代社会。后来他也曾明确拒斥"后现代主义"的标签。但自 80 年代以后,他似乎开始接受"后现代"的说法了,他甚至还明白无误地把自己的理论视为对后现代性的分析。[159] 在一次访谈中他说:"后现代性既非乐观主义的亦非悲观主义的。它是在历史的废墟上进行游戏。这就是何以我们是'后……的'。历史已经终止了,我们正处于无意义的后历史中。我们不可能从中找到意义。……但这并不是不幸的。我的印象是：后现代主义包含某种试图在事物的反讽和游戏中重新发现一些快乐的努力。"[160]基于以上对其学说的讨论,可以说,布希亚在此处对后现代性和后现代主义的解释正是他本人的后期理论之实质的写照。

在《论虚无主义》一文中,布希亚更直截了当地将其后现代主义的虚无主义者形象和盘托出。他声称:"当上帝死的时候,还有尼采——直面……其死尸的虚无主义者来向人们报丧。而在所有事物都无从幸免的模仿世界之透明性的面前……再不会有理论的或批判的神来说明事物的真相了。整个世界和所有的人都进入模仿中,进入到邪恶的或(更确切地说)冷漠的被制止状态中:虚无主义以奇怪的方式(在这里)实现了。……我是一个虚无主义者。"在他看来,19世纪或现代性的革命是对"表象"(当指与象征交换相关的"表象")及表象之引诱的彻底摧毁,其结果是世界的神性之消失和种种"意义"(再现、历史、批判等)之诞生。而20世纪或后现代性的革命则是一场摧毁这些意义的革命;"意义在传媒中的爆炸;社会性在大众中的爆炸。大众在系统的加速运行之作用下的无限增长。能量的绝境;惰性的出现。……一个虚无主义者应当肯定这种惰性的出现并分析系统之没有归路的不可逆性,在这一意义上我是一个虚无主义者。一个虚无主义者应当为消失方式而非生产方式着迷,在这一意义上我是一个虚无主义者。……如果做一个虚无主义者意味着以系统所无法承受的方式来对其进行彻底的嘲讽和攻击,而系统唯有以自身的死亡来回答挑战的话,那么我自认为是理论上的虚无主义者和恐怖主义者,就像武装者(是暴力上的虚无主义者和恐怖主义者)一样。理论暴力,而非真理,是我们可用的唯一资源。"进一步说,理论上的虚无主义乃根源于客体本身的虚无性——"系统使一切(包括对系统的否定)都进入冷漠的状态,在此意义上,系统自身也是虚无主义的。……一切都在电视屏幕上被摧毁了。我们生活在一个有事件而无后果(且有理论而无后果)的时代。不再怀有对意义的希望。……这正是引诱开始的地方"[161]。一个虚无主义世界中的虚无主义者!一个被引诱的引诱者!显然,从后现代主义的角度来看,布希亚比福柯要走得更远。如果说福柯主要还是一个批判性的怀疑主义者和相对主义者,那么布希亚就是一个把批判与游戏相结合、在反讽中自得其乐的虚无主义者。有人曾经问布希亚,如果(当代社会)要拿一个后现代哲学家作公开的祭品,他是否愿意去作。他的回答很干脆:为什么不呢?[162]

在《消费社会》一书中布希亚说,"(自发的、互惠的、象征的)人类关系之消失是我们的社会的一个基本事实"[163]。在最近的一次访谈中他又说,"可悲的是,今日世界所发生的一切都(在信息的形式下)全球化了,而信息全球化的原则与普遍性团结的原则乃是格格不入的"[164]。可以说,这一基本事实是布希亚所始终关注的焦点,也是其全部学说的轴心。在前期他从这一事实出发来批判消费社会和马克思的政治经济学,而在后期他又通过对当代社会之模仿秩序的模仿来确认这一事实。在(象征交换下的)"人类关系"或"普遍性团结"已消失的社会,人不仅为"客体系统"——商品和符号的系统所包围,而且处于"客体的定局"中并通过(引诱和)模仿(对客体的模仿)而客体化了。在这种情形下,怀旧和空想都是不可能的或无意义的,我们生活在总体的幻觉和诗性的事件中[165];不仅世界已消失在模仿中,而且也不再有世界之存在的问题了[166]。布希亚把当代世界说成是一个"完美的罪行":正如在自杀中谋杀者和牺牲品是同一的,在当代社会之"客体的定局"中,世界的自我创造和自我毁灭也是同一的[167]。

布希亚的学说,尤其是其后期学说中的另一个值得注意的特点是,该学说在一定程度上同中国文化中的老庄传统是相通的。老子的许多说法如"反者道之动,弱者道之用"、"万物并作,吾以观复"和"弃圣绝智,弃仁绝义"等都可以在布希亚学说中找到印证,读过庄子的《逍遥游》和《齐物论》等不朽篇章的人在读布希亚的著述时应该有似曾相识之感,布希亚甚至不时地引用庄子来作为其理论的佐证! 所不同的是,老庄所面对的是"自然"(所谓"人法地,地法天,天法道,道法自然",用儒家的话来说即"蔽于天而不知人"),而布希亚所面对的则是以当代高技术为背景的符号世界之模仿秩序;老庄的境界是物我两忘、在宥天下、纵情山水且以"鱼之乐"为己之乐,而布希亚则听之任之、不亦乐乎地游戏于所谓"客体的定局"和主体的客体化中。

布希亚仍在模仿、仍在引诱、仍在游戏,这对那些试图理解后现代世界的人来说,布希亚无疑是一个不可多得的向导。

注　释

〔1〕　Gane, Mike (ed), *Baudrillard Live: Selected Interviews*. Routledge, 1993, pp.1—2.

〔2〕　Baudrillard, Jean, *Forget Foucault*. New York: Semiotext(e), 1987 (originally 1977), pp.59—61.

〔3〕　Ibid., p.11.

〔4〕　Ibid., p.40.

〔5〕　Ibid., pp.10,16.

〔6〕　Gane, Mike, *Jean Baudrillard in Radical Uncertainty*. Pluto, 2000, p.8.

[7] Kellner, Douglas, *Jean Baudrillard: From Marxism to Postmodernism and Beyond*. Stanford University Press, 1989, p. 1.

[8] Gane, Mike, *Jean Baudrillard in Radical Uncertainty*. Pluto, 2000, p. vii.

[9] Ibid. , p. 8.

[10] Ibid. , p. 7.

[11] Gane, Mike (ed), *Baudrillard Live: Selected Interviews*. Routledge, 1993, p. 19.

[12] Baudrillard, Jean, *Cool Memories Ⅱ: 1987—1990*. Polity, 1996 (originally 1990), pp. 6—7.

[13] Gane, Mike, *Jean Baudrillard in Radical Uncertainty*. Pluto, 2000, p. 4.

[14] Gane, Mike (ed), *Baudrillard Live: Selected Interviews*. Routledge, 1993, pp. 10—11.

[15] Gane, Mike, *Jean Baudrillard in Radical Uncertainty*. Pluto, 2000, p. 2.

[16] Ibid. , pp. 21—23.

[17] Baudrillard, Jean, *The Ecstasy of Communication*. Semiotext(e), 1988 (originally 1987), p. 98.

[18] Gane, Mike (ed), *Baudrillard Live: Selected Interviews*. Routledge, 1993, pp. 172—173.

[19] Baudrillard, Jean, *The Systems of Objects*. Verso, 1996 (originally 1968), p. 15.

[20] Ibid. , p. 27.

[21] Ibid. , p. 36.

[22] Ibid. , p. 39.

[23] Ibid. , pp. 63—65.

[24] Ibid. , p. 84.

[25] Ibid. , p. 87.

[26] Ibid. , p. 91.

[27] Ibid. , p. 112.

[28] Ibid. , p. 116.

[29] Ibid. , p. 122.

[30] Ibid. , pp. 123—126.

[31] Ibid. , p. 132.

[32] Ibid. , p. 140.

[33] Ibid. , p. 146.

[34] Ibid. , p. 154.

[35] Ibid. , p. 160.

[36] Ibid. , p. 162.

[37] Ibid. , p. 162.

[38] Ibid. , pp. 162—163.

[39] Ibid. , p. 178.

[40] Ibid.,p.195.
[41] Baudrillard, Jean, *The Consumer Society: Myths and Structures*. Sage, 1998 (originally 1970),p.29.
[42] Ibid.,p.53.
[43] Ibid.,pp.57—58.
[44] Galbraith,John Kenneth,*The Affluent Society*,40th anniversary ed.,Houghton Mifflin,1998.
[45] Bell, Daniel,*The Cultural Contradictions of Capitalism*, twentieth anniversary edition. Basic Books, 1996, p.xiii.
[46] Baudrillard, Jean, *The Consumer Society: Myths and Structures*. Sage, 1998 (originally 1970),p.62.
[47] Ibid.,p.61.
[48] Ibid.,pp.78—84.
[49] Ibid.,pp.79—80.
[50] Ibid.,pp.60—61.
[51] Ibid.,pp.77—78.
[52] Ibid.,p.78.
[53] Ibid.,p.73.
[54] Ibid.,pp.54—55.
[55] Ibid.,p.56.
[56] Ibid.,p.61.
[57] Ibid.,p.136.
[58] Ibid.,p.134.
[59] Ibid.,p.132.
[60] Ibid.,pp.95—96.
[61] Ibid.,p.98.
[62] Ibid.,p.193.
[63] Ibid.,p.196.
[64] Baudrillard, Jean, *For a Critique of the Political Economy of the Sign*. Telos, 1981 (originally 1972),p.66.
[65] Ibid.,p.67.
[66] Ibid.,p.147.
[67] Ibid.,p.148.
[68] Ibid.,p.128.
[69] Ibid.,pp.64—66; *The Mirror of Production*. Telos, 1975 (originally 1973),pp.61,79, 102—103,143;*Symbolic Exchange and Death*. Sage, 1993(originally 1976),pp.36—38.
[70] Baudrillard,Jean,*Symbolic Exchange and Death*. Sage, 1993(originally 1976),p.133.

〔71〕 Ibid. ,p. 138.

〔72〕 Ibid. ,p. 139.

〔73〕 Ibid. ,p. 126.

〔74〕 Ibid. ,p. 182.

〔75〕 Ibid. ,pp. 146—147.

〔76〕 Ibid. ,pp. 39—40.

〔77〕 Ibid. ,pp. 145—146.

〔78〕 Ibid. ,p. 147.

〔79〕 Ibid. ,pp. 166—172.

〔80〕 Ibid. ,pp. 131,158,162—164.

〔81〕 Ibid. ,p. 163.

〔82〕 Ibid. ,p. 126.

〔83〕 Ibid. ,p. 186.

〔84〕 Ibid. ,p. 187.

〔85〕 Ibid. ,pp. 164,175.

〔86〕 Baudrillard, Jean, *The Transparency of Evil*: *Essays on Extreme Phenomena*. Verso, 1993 (originally 1990) ,pp. 5—6.

〔87〕 Ibid. ,p. 57.

〔88〕 Ibid. ,pp. 6—8.

〔89〕 Ibid. ,p. 2.

〔90〕 Butler, Rex, *Jean Baudrillard*: *The Defense of the Real*. Sage, 1999,pp. 4—5,100—101.

〔91〕 Kellner, Douglas (ed), *Postmodernism/Jameson/Critique*. Maisoneuve Press, 1989; Genosko, Gary, *McLuhan and Baudrillard*: *The Masters of Implosion*. Routledge, 1999.

〔92〕 Baudrillard, Jean, *The Ecstasy of Communication*. Semiotext(e), 1988 (originally 1987).

〔93〕 Baudrillard, Jean, *In the Shadow of the Silent Majorities*: *Or, the End of the Social and Other Essays*. Semiotext(e), 1983 (originally 1978).

〔94〕 Baudrillard, Jean, *The Gulf War Did Not Take Place*. Indiana University Press, 1995, p. 31.

〔95〕 Ibid. ,p. 45.

〔96〕 Ibid. ,pp. 67—68.

〔97〕 Ibid. ,pp. 84—85.

〔98〕 Baudrillard, Jean, *Symbolic Exchange and Death*. Sage (originally 1976), 1993,pp. 93—94.

〔99〕 Ibid. ,pp. 94,98.

〔100〕 Ibid. ,p. 66.

［101］ Baudrillard, Jean,*The Transparency of Evil*: *Essays on Extreme Phenomena*. Verso, 1993 (originally 1990), pp. 3—4.
［102］ Ibid., pp. 4—7.
［103］ Baudrillard, Jean,*Fatal Strategies*. Pluto, 1990 (originally 1983), p. 41.
［104］ Ibid., p. 9.
［105］ Baudrillard, Jean,*The Illusion of the End*. Polity Press, 1994 (originally 1992), p. 6.
［106］ Baudrillard, Jean, *The Perfect Crime*. Verso, 1996 (originally 1995), p. 16.
［107］ Baudrillard, Jean,*America*. Verso, 1988 (originally 1986), pp. 28—29.
［108］ Gane, Mike (ed), *Baudrillard Live*: *Selected Interviews*. Routledge, 1993, p. 163.
［109］ Baudrillard, Jean, *America*. Verso, 1988 (originally 1986); Kellner, Douglas (ed), *Postmodernism/Jameson/Critique*. Maisoneuve Press, 1989.
［110］ Baudrillard, Jean,*Revenge of the Crystal*: *Selected Writings on the Modern Object and Its Destiny*. Pluto, 1990, p. 18; Gane, Mike (ed), *Baudrillard Live*: *Selected Interviews*. Routledge, 1993, p. 50.
［111］ Baudrillard, Jean,*The Ecstasy of Communication*. Semiotext(e), 1988 (originally 1987), pp. 87—89.
［112］ Baudrillard, Jean,*Symbolic Exchange and Death*. Sage, 1993 (originally 1976), p. 59.
［113］ Baudrillard, Jean,*Fatal Strategies*. Pluto, 1990 (originally 1983), p. 95.
［114］ Ibid., p. 41.
［115］ Baudrillard, Jean,*The Ecstasy of Communication*. Semiotext(e), 1988 (originally 1987), p. 95.
［116］ Kellner, Douglas (ed), *Baudrillard*: *A Critical Reader*. Blackwell, 1994, pp. 152—154.
［117］ Baudrillard, Jean,*The Ecstasy of Communication*. Semiotext(e), 1988 (originally 1987), p. 80.
［118］ Baudrillard, Jean,*Fatal Strategies*. Pluto, 1990 (originally 1983).
［119］ Gane, Mike (ed), *Baudrillard Live*: *Selected Interviews*. Routledge, 1993, p. 112.
［120］ Ibid., p. 79.
［121］ Baudrillard, Jean,*In the Shadow of the Silent Majorities*: *Or, the End of the Social and Other Essays*. Semiotext(e), 1983 (originally 1978), pp. 107—109.
［122］ Ibid., p. 47.
［123］ Baudrillard, Jean,*Seduction*. St. Martin's Press, 1990 (originally 1979), p. 6.
［124］ Ibid., p. 7.
［125］ Ibid., p. 10.
［126］ Ibid., p. 15.
［127］ Baudrillard, Jean,*Forget Foucault*. Semiotext(e), 1987 (originally 1977), p. 45.
［128］ Baudrillard, Jean,*Seduction*. St. Martin's Press, 1990 (originally 1979), pp. 46—47.

〔129〕 Gane, Mike (ed), *Baudrillard Live: Selected Interviews*. Routledge, 1993, p. 154.
〔130〕 Baudrillard, Jean, *Fatal Strategies*. Pluto, 1990 (originally 1983), pp. 99—106.
〔131〕 Baudrillard, Jean, *Seduction*. St. Martin's Press, 1990 (originally 1979), p. 8.
〔132〕 Gane, Mike (ed), *Baudrillard Live: Selected Interviews*. Routledge, 1993, p. 209.
〔133〕 Ibid. , p. 154.
〔134〕 Ibid. , p. 110.
〔135〕 Baudrillard, Jean, *Seduction*. St. Martin's Press, 1990 (originally 1979), p. 11.
〔136〕 Ibid. , p. 163.
〔137〕 Ibid. , p. 180.
〔138〕 Ibid. , p. 11.
〔139〕 Baudrillard, Jean, *Fatal Strategies*. Pluto, 1990 (originally 1983), pp. 111—122.
〔140〕 Ibid. , p. 123.
〔141〕 Baudrillard, Jean, *Seduction*. St. Martin's Press, 1990 (originally 1979), p. 83.
〔142〕 Baudrillard, Jean, *Fatal Strategies*. Pluto, 1990 (originally 1983), p. 111.
〔143〕 Ibid. , p. 113.
〔144〕 Baudrillard, Jean, *Seduction*. St. Martin's Press, 1990 (originally 1979), p. 175.
〔145〕 Baudrillard, Jean, *Fatal Strategies*. Pluto, 1990 (originally 1983), p. 94.
〔146〕 Baudrillard, Jean, *Paroxysm: Interviews with Philippe Petit*. Verso, 1998 (originally 1997), p. 70.
〔147〕 Ibid. , p. 71.
〔148〕 Gane, Mike (ed), *Baudrillard Live: Selected Interviews*. Routledge, 1993, p. 157.
〔149〕 Baudrillard, Jean, *Paroxysm: Interviews with Philippe Petit*. Verso, 1998 (originally 1997), p. 72.
〔150〕 Ibid. , pp. 72—73.
〔151〕 Kellner, Douglas, *Jean Baudrillard: From Marxism to Postmodernism and Beyond*. Stanford University Press, 1989.
〔152〕 Gane, Mike, *Baudrillard: Critical and Fatal Theory*. Routledge, 1991, pp. 1—14; *Baudrillard's Bestiary: Baudrillard and Culture*. Routledge, 1991.
〔153〕 Kearney, Richard & Mara Rainwater (eds), *The Continental Philosophy Reader*. Routledge, 1996.
〔154〕 Ibid. , p. 7.
〔155〕 Gane, Mike, *Jean Baudrillard in Radical Uncertainty*. Pluto, 2000, p. 4.
〔156〕 Gane, Mike (ed), *Baudrillard Live: Selected Interviews*. Routledge, 1993, p. 159.
〔157〕 Ibid. , pp. 203—204.
〔158〕 Gane, Mike (ed), *Baudrillard Live: Selected Interviews*. Routledge, 1993.

［159］ Kellner, Douglas, *Jean Baudrillard: From Marxism to Postmodernism and Beyond*. Stanford University Press, 1989, pp. 117—121.

［160］ Gane, Mike (ed), *Baudrillard Live: Selected Interviews*. Routledge, 1993, p. 95.

［161］ Baudrillard, Jean, *Simulacra and Simulation*. The University of Michigan Press, 1994 (originally 1981), pp. 159—164.

［162］ Gane, Mike (ed), *Baudrillard Live: Selected Interviews*. Routledge, 1993, pp. 168—169.

［163］ Baudrillard, Jean, *The Consumer Society: Myths and Structures*. Sage, 1998 (originally 1970), p. 161.

［164］ Baudrillard, Jean, *Paroxysm: Interviews with Philippe Petit*. Verso, 1998 (originally 1997), p. 72.

［165］ Baudrillard, Jean, *The Illusion of the End*. Polity Press, 1994 (originally 1992), pp. 120—121.

［166］ Baudrillard, Jean, *The Perfect Crime*. Verso, 1996 (originally 1995), p. 5.

［167］ Baudrillard, Jean, *Cool Memories II: 1987—1990*. Polity, 1996 (originally 1990), pp. 61—65; *The Perfect Crime*. Verso, 1996 (originally 1995).

参 考 文 献

(1) 布希亚的著作

Baudrillard, Jean, *The Mirror of Production*. Telos, 1975 (originally 1973).

Baudrillard, Jean, *For a Critique of the Political Economy of the Sign*. Telos, 1981 (originally 1972).

Baudrillard, Jean, *In the Shadow of the Silent Majorities: Or, the End of the Social and Other Essays*. Semiotext(e), 1983 (originally 1978).

Baudrillard, Jean, *Forget Foucault*. Semiotext(e), 1987 (originally 1977).

Baudrillard, Jean, *The Evil Demon of Images*. University of Sidney: The Power Institute of Fine Arts, 1987.

Baudrillard, Jean, *America*. Verso, 1988 (originally 1986).

Baudrillard, Jean, *The Ecstasy of Communication*. Semiotext(e), 1988 (originally 1987).

Baudrillard, Jean, *Jean Baudrillard: Selected Writings*, edited by Mark Poster. Polity, 1988.

Baudrillard, Jean, *Seduction*. St. Martin's Press, 1990 (originally 1979).

Baudrillard, Jean, *Fatal Strategies*. Pluto, 1990 (originally 1983).

Baudrillard, Jean, *Cool Memories: 1980—1985*. Verso, 1990 (originally 1987).

Baudrillard, Jean, *Revenge of the Crystal: Selected Writings on the Modern Object and Its Destiny*. Pluto, 1990.

Baudrillard, Jean, *Symbolic Exchange and Death*. Sage, 1993 (originally 1976).

Baudrillard, Jean, *The Transparency of Evil: Essays on Extreme Phenomena*. Verso, 1993 (originally 1990).

Baudrillard, Jean, *Baudrillard Live: Selected Interviews*, edited by Mike Gane. Routledge, 1993.

Baudrillard, Jean, *Simulacra and Simulation*. The University of Michigan Press, 1994 (originally 1981).

Baudrillard, Jean, *The Illusion of the End*. Polity Press, 1994 (originally 1992).

Baudrillard, Jean, *The Gulf War Did Not Take Place*. Indiana University Press, 1995.

Baudrillard, Jean, *Cool Memories Ⅱ: 1987—1990*. Polity, 1996 (originally 1990).

Baudrillard, Jean, *The Systems of Objects*. Verso, 1996 (originally 1968).

Baudrillard, Jean, *The Perfect Crime*. Verso, 1996 (originally 1995).

Baudrillard, Jean, *Cool Memories Ⅲ: 1991—1995*. Verso, 1997 (originally 1995).

Baudrillard, Jean, *The Consumer Society: Myths and Structures*. Sage, 1998 (originally 1970).

Baudrillard, Jean, *Paroxysm: Interviews with Philippe Petit*. Verso, 1998 (originally 1997).

(2) 二手文献

Bauman, Zygmunt, *Postmodernity and Its Discontents*. New York University Press, 1997.

Bell, Daniel, *The Cultural Contradictions of Capitalism*, twentieth anniversary edition. Basic Books, 1996.

Berman, Marshall, *All That Is Solid Melts into Air*. Verso, 1983.

Butler, Rex, *Jean Baudrillard: The Defense of the Real*. Sage, 1999.

Callinicos, Alex, *Against Postmodernism: A Marxist Critique*. St. Martin's Press, 1990.

Featherstone, Mike, *Consumer Culture and Postmodernism*. Sage, 1991.

Galbraith, John Kenneth, *The Affluent Society*, 40th anniversary ed. Houghton Mifflin, 1998.

Gane, Mike, *Baudrillard: Critical and Fatal Theory*. Routledge, 1991.

Gane, Mike, *Baudrillard's Bestiary: Baudrillard and Culture*. Routledge, 1991.

Gane, Mike (ed), *Baudrillard Live: Selected Interviews*. Routledge, 1993.

Gane, Mike, *Jean Baudrillard in Radical Uncertainty*. Pluto, 2000.

Gane, Laurence & Kitty Chan, *Introducing Nietzsche*. Totem Books, 1998.

Genosko, Gary, *Baudrillard and Signs: Signification Ablaze*. Routledge, 1993.

Genosko, Gary, *McLuhan and Baudrillard: The Masters of Implosion*. Routledge, 1999.

Jameson, Fredric, *Postmodernism, or, The Cultural Logic of Late Capitalism*. Duke University Press, 1991.

Jameson, Fredric, *The Cultural Turn: Selected Writings on the Postmodern*. Verso, 1998.

Kearney, Richard, *Modern Movements in European Philosophy*, 2nd edn. Manchester University Press, 1994.

Kearney, Richard & Mara Rainwater (eds), *The Continental Philosophy Reader*. Routledge, 1996.

Kellner, Douglas (ed), *Postmodernism/Jameson/Critique*. Maisoneuve Press, 1989.

Kellner, Douglas, *Jean Baudrillard: From Marxism to Postmodernism and Beyond*. Stanford University Press, 1989.

Kellner, Douglas (ed), *Baudrillard: A Critical Reader*. Blackwel, 1994.

Ritzer, George, *Postmodern Social Theory*. McGraw-Hill, 1997.

Rojek, Chris and Bryan S. Turner (eds), *Forget Baudrillard?* Routledge, 1993.

Rose, Margaret A., *The Post-modern and the Post-industrial*. Cambridge University Press, 1991.

Sarup, Madan, *An Introductory Guide to Post-structuralism and Postmodernism*, 2nd edn. The University of Georgia Press, 1993.

Sokal, Alan & Jean Bricmont, *Fashionable Nonsense: Postmodern Intellectuals's Abuse of Science*. Picador, 1998.

Zurbrugg, Nicholas (ed), *Jean Baudrillard, Art and Artifact*. Sage, 1997.

第十章

齐格蒙特·鲍曼

郑 莉

齐格蒙特·鲍曼(Z. Bauman,1925—2017)是英国著名的社会学家,也是当代西方研究现代性与后现代性问题的著名的社会理论家之一。鲍曼是一个高产的作家且理论视阈十分宽广,到目前为止共出版了24部用英文写作的著作和许多评论性的文章。他在理论界产生重要的影响是在20世纪80年代以后,尤其是在1987年出版《立法者与阐释者——论现代性、后现代性与知识分子》一书之后。鲍曼从不同的理论流派那里吸收理论的灵感并创造性地进行自身的理论建构。鲍曼以其在社会学方面超乎寻常的敏锐以及作为一个创作者与阐释者所表现出的高超的文学技巧而在后现代的理论阵营中独树一帜。

第一节 鲍曼其人及主要著作

齐格蒙特·鲍曼1925年出生于波兰波兹南市一个贫穷的犹太人家庭,1939年9月加入苏联红军,在苏联接受马克思主义的世界观,相信苏联是一个真正自由、平等、正义的国家。1950年他开始学术生涯,曾任华沙大学教授。1968年被波兰政府放逐。1971年到英国利兹大学担任教授。1990年正式退休。现在,他仍然是利兹大学和华沙大学的名誉教授。

在鲍曼用英语创作的24部著作和一本谈话录中,我们可以依据其理论关注的重点将其划分为四个阶段:第一阶段是创作于20世纪70年代和80年代初期的六本著作。在这一时期,鲍曼主要关注社会主义的乌托邦领域,著作有:

《在阶级和精英之间》(1972)、《作为实践的文化》(1973)、《社会主义：积极的乌托邦》(1976)、《论批判社会学》(1976)、《阐释学与社会科学》(1978)、《阶级的记忆》(1982)。这六部著作目前尚无中译本。第二阶段是写于80年代晚期和90年代初期的著作。在这一时期，鲍曼对自己进行了重新定位，他的社会主义乌托邦的希望衰退了，开始转向对现代性与后现代性的研究。鲍曼关注知识分子的新奇经历、大屠杀的事件和对源自现代性的"矛盾情感"(ambivalence)的分析。在这一时期，鲍曼倾向于从认知的视角来界定现代性与后现代性，其理论特征是通过后现代性的理论策略来凸显现代性的动力机制和理论追求内在的两难困境，著作有：《立法者与阐释者——论现代性、后现代性与知识分子》(1987)、《自由》(1988)、《现代性与大屠杀》(1989)、《通过社会学去思考》(1990)、《现代性与矛盾情感》(1991)。第三阶段是创作于90年代初中期的著作。这一时期是鲍曼思想较为激进的时期，他宣告了一个完全不同于现代社会的后现代社会的来临。鲍曼不仅描述了后现代的社会状况，而且主张建构后现代性的社会学与后现代性的伦理学。这一时期他的理论特征是强调后现代性所具有的独特性，著作有：《后现代性的通告》(1992)、《必死性、不朽与其他生活策略》(1992)、《后现代伦理学》(1993)、《生活在碎片中——论后现代道德》(1995)、《后现代性及其不满》(1997)。第四阶段是从1998年发表《全球化——人类的后果》一书开始，鲍曼很少使用"后现代性"一词，在2000年发表的《流动的现代性》一书中，鲍曼用"固态的(solid)现代性与流动的(liquid)现代性"这对概念代替了"现代性与后现代性"的概念。其理论特征是阐述西方社会所经历的社会结构的转型及其所面临的也许比现代社会更多的问题，著作有：《全球化——人类的后果》(1998)、《工作、消费主义与新穷人》(1998)、《探寻政治》(1999)、《流动的现代性》(2000)、《个体化的社会》(2001)、《与鲍曼的对话》(2001)、《共同体——在一个不确定的世界中寻找安全》(2001)、《被围困的社会》(2002)、《流动的爱》(2003)。从总体上说，后三个阶段都是围绕着现代性与后现代性这一核心主题而展开的。围绕这一核心主题，鲍曼从纵、横两方面展开了分析。从横的方面来说，鲍曼从认知、伦理与制度等不同维度深化了现代性与后现代性的研究主题；从纵的方面来说，鲍曼的理论经历了反思现代性—肯定后现代性—反思后现代性的发展过程。当然，这仅仅是一个粗线条的勾勒，只是为了分析的便利而使用的一种策略。

鲍曼始终认为他的两位波兰籍老师斯坦尼斯拉夫·奥索夫斯基(Stanislaw Ossowski)和朱利安·霍施费尔德(Julian Hochfeld)对他的影响非常大，这种影响不是具体的学术观点的影响，而是学术态度的影响。鲍曼认为，他从他的两位导师那学到的是:社会学除了尽可能按照经验自身短暂而自我更新的特点,不断地对人类"经历的经验"加以评论外没有其他意义,也不可能有其他意义。[1]对鲍曼思想进行传记式研究的英国学者丹尼斯·史密斯(Denis Smith)认为,除了他的两位波兰老师外,鲍曼早期的思想主要受到马克思、葛兰西、哈贝马斯的影响,而到了90年代中期则更多的是受到福柯、阿多诺、列维纳斯的影响。鲍曼于1990年获阿玛菲欧洲奖(the Amalfi European Prize),并于1998年获阿多诺奖(The Adorno Prize),这些奖项都是授予社会学家的最高荣誉。

第二节 后现代理论视阈下的现代性分析

一、"现代性与后现代性"——一个重要的分析策略

1987年是鲍曼理论的转折点,在同年出版的《立法者与阐释者——论现代性、后现代性与知识分子》一书中,鲍曼首次将"现代性"与"后现代性"作为两个共存的理论背景、分析视角和实践策略纳入对知识分子问题的分析中。对鲍曼而言,现代性与后现代性作为两个理想类型(ideal type),是把握西方社会历史变迁的最为重要的理论工具。正如鲍曼在1988年发表的《是否有一门后现代的社会学》(后收入1992年出版的《后现代性的通告》一书)中指出的:"现代性与后现代性无论它们的不同之处是在于现实状况(actual conditions)还是在于它们的感知(perception),在我看来,所讨论的这一对概念是最重要的。就'西方文化'的困境而言,此处对于这两个概念的定义方式雄辩地展示了它们是把握我们这个时代社会变化趋势所必须阐明的那些对立体中最为根本的对立体。"[2]也就是说,鲍曼认为现代性与后现代性这个对立体本身是最重要的,而不是它们在现实或在感知上的差别。当然,在不同的语境下,这一对概念既指涉存在,也指涉感知。因此,才会有后现代视角、后现代社会等不同的称谓。

在这个对立体中,鲍曼从后现代经验的角度来定义现代性,由生成中的"后现代性"概念来确定"现代性"概念的内涵。正如鲍曼所言:"在今天,现代性概念的内涵已经与'后现代'话语出现之前完全不同,再去讨论它的对与错,再对'后现代'争论中它被处理的方式提出异议是没有什么意义的。它置身于这场争论之中,从中获得意义。而且,只有当它与其对立体的另一方——后现代性概念共存时,并以后者作为对它的否定时,它才是有意义的。"[3]也就是说,后现代性的话语产生了它自己的关于"现代性"的概念,从而使得由于缺少后现代性的概念而隐藏起来的事物得以重现。

第十章 齐格蒙特·鲍曼

在对已经逝去的世界进行反思的过程中,鲍曼遵循了一种从现代性之外来反思现代性的理论策略。鲍曼指出,尼采、弗洛伊德、齐美尔对现代性的分析,如果从家族相似的特征进行概括的话,他们的共同特征是:首先,他们都相信现代性的"优越性"。尽管他们对现代社会生活的形态持有一种热忱的、苛刻的或直言不讳地批判的态度,但他们几乎从不会质疑现代性之优越性。其次,他们都把现代性看作一个过程性的语词,一个从本质上尚未实现(unfinished)但有待实现的规划。再次,他们都从"内部"看现代性,因此,只是一些途中的报道[4]。与此相反,鲍曼提倡一种从现代性之外的理论视角来审视现代性。鲍曼指出,被理论化的对现代性"内部"体验的方式,提供了一个理解非现代诸生活形态的参考架构。然而,如果没有一种来自外部的观察视角,就无法提供理解现代性自身的参考构架。现代性是一种具有丰富的历史背景的现象,然而由于缺少使现代性这一现象自身相对化或对象化的东西,在它之外我们看不到任何东西,也无法把它看作一个意义已经确定和完成了的事件[5]。因此,对现代性的审视意味着我们一定是站在现代性之外的。正是站在现代性之外,我们才能将现代性当作一项工程(一项有其意向、目的和手段的设计)来提及。也正是站在现代性之外,我们才发现在现代性的"尾迹"中,我们对现代性这艘轮船在设计中的严重缺陷有所察觉。我们意识到,这艘轮船不可能将我们带往更愉快的去处。面对这一事实,人类乐意以新的、批判的眼光重新查看以前的导航原则[6]。

二、后现代理论视阈下的现代性分析

鲍曼将现代性之外的理论视角称为"后现代性",即它是指在思想氛围中的一种清晰明了的性质,一种新的与众不同的"元文化"立场,一种对时代的明确的自我意识。这种自我意识的基本要素之一,便是认识到现代性已经完结。作为一个历史时期的现代性,已画上了句号。现在可以对这一时期进行全面反思,通过反思,不仅可以理解其理论追求,而且也可以了解它的实践效果。反思的智慧使在现代性中不成为问题的东西成了问题[7]。在对现代性进行回溯式的反思和超越过程中,鲍曼确认了现代性的核心特征:

1. 现代性表现为对秩序的一种永无止境的建构

鲍曼在《对秩序的追求》一文中指出:"在现代性为自己设定的并且使得现代性成其为是的诸多不可能的任务中,秩序的任务——作为不可能之最,作为必然之最,作为其他一切任务的原型(将其他所有的任务仅仅当作自身的隐喻)凸现出来。"[8]秩序是一项任务,也是一种实践,同时也是对生活状态的反省、维持和培育,这种理念是现代性所内在固有的。秩序的另一面并不是另一种秩

序:混乱是其唯一的选择。混乱是一切恐惧的源泉和原型。为了避开混乱,"格网"式的分类统治成为现代性追求的目标。然而,悖谬的是,为了实现有序而实施的各种干预似乎又在促成其他的失序,并带来失序的种种效应或者说"非意图的后果",这就造成了秩序整合念头的再生与重构。正是这种对秩序的永无止境地建构,使现代性处于不断地追求确定性的行动中。在对秩序寻求的过程中,分类学、类别系统、清点目录、分类目录和统计学成为至高无上的实践策略。然而世界并不是几何的,无法被硬塞进几何学灵感的产物——格网之中[9]。对现代性的后现代意识表明,对人类存在的复杂性强加严格划分的系统网络的现代抱负是注定要失败的。任何形态的社会设计所产生的痛苦如果不是比产生的幸福更多的话,至少也会和它一样多。因此,鲍曼得出这样的结论:各种各样的立法者是用他们的双手和头脑使行动计划"现代化"的人。他们很可能是自欺的、危险的。在最坏的情况下,他们会成为像希特勒那样的人。希特勒宣称自己能够创造一个更"完美"的世界,但他制造的却是人间地狱。

  鲍曼指出,在第二次世界大战期间,德国对犹太人的大屠杀是现代性对秩序追求的最杰出的"作品"。鲍曼以这一屠杀事件为例,对现代性进行了重新审视。对于鲍曼来说,大屠杀是一场犹太人的悲剧,但大屠杀并不仅仅是一个犹太人的问题,也不仅仅是发生在犹太人历史中的事件。大屠杀在现代理性社会、在人类文明的高度发展阶段和人类文化成就的最高峰中酝酿和执行,从这个意义来说,大屠杀是这一社会文明与文化中的一个问题。尽管现代文明不是大屠杀的充分条件,但毫无疑问是大屠杀的必要条件。没有现代文明,大屠杀是不可想象的[10]。由此,鲍曼探讨了大屠杀与现代性之间的选择性亲和关系(selective affinity)。

  之所以称为选择性的亲和关系,是因为在鲍曼看来,大屠杀既不是对现代性的"偏离",也不是现代性的一个"正常的""自然的"结果。鲍曼指出,根植于西方社会自我意识中的病因学神话(etiological myth)将大屠杀看成是文明的脆弱性的表现,是理智在对情感的斗争中的脆弱性的表现。这种观点认为,随着文明进程的深化,人类可以有效地防止这种野蛮行为的发生。与此观点相反,鲍曼认为,大屠杀可能远不仅仅是一次失常,远不仅仅是人类进步坦途上的一次偏离,远不仅仅是文明社会健康机体的一次癌变;简而言之,大屠杀并不是现代文明和它所代表的一切事物的一个对立面。相反,它与现代文明所向往的(令人欢呼的)那一面很好地、协调地依附在同一实体上。或许它们就是一枚硬币的两面,而且每一面都离不开另外一面而单独存在[11]。也就是说,大屠杀是现代文明进步的一个副产品(side-effects)。但这并不意味着现代性就是大屠杀,或者说现代性必然导致大屠杀。鲍曼反对将大屠杀宣称为现代文明的一个"范式",或者现代文明的"自然的""正常的"结果及它的"历史趋势"的观点[12]。鲍曼所要指出的是现代性中的"正常"("正常"所指的是完全符合我们所熟悉的文明、它的指导精神、它的精髓、它的内在的世界观等等;"正常"还指追求人类幸福和完美社会的正确方式)要素是如何在特定的情境下结合在一起而导致了大屠杀事件的产生。重要的不是这些要素,而是这些要素异常罕见地结合[13]。这些要素的奇妙结合体现为:现代性对秩序的追求以及对社会的宏大设计赋予了大屠杀以合法性,国家官僚体系赋予了它工具,社会的麻木则赋予了它"道路畅通"的信号[14]。

鲍曼对大屠杀事件的分析构筑了另一种历史的(或逻辑的)"真实"。他在不同语境下对这一事件进行分析,绝不是因为他挥之不去的"犹太情结",而是因为他预感到集中营和大屠杀时代并未终结。正如鲍曼所言,"我们的政府,为了我们的利益(让我们的工厂开工并保证我们的工作)而向谋杀者供应枪支弹药及毒气使杀人者为所欲为"[15]。这是一种变相的大屠杀,是以一种更为隐蔽更为迷惑人的形式的大屠杀。这也再一次印证了鲍曼的观点:只要现代性继续下去,大屠杀就既不是异常现象,也不是一次功能失调。如果现代性的理性化和机械化不受到控制和减缓,如果社会力量的多元化在实际中被销蚀,那么现代性的理性化和工程化趋势就可能带来大屠杀的后果[16]。

2. 知识与权力的共生是现代性的最显著特征

按照鲍曼的理论逻辑,如果说对秩序的追求是现代性内在的理论目标,那么在对有序化追求的过程中,知识分子作为现代国家规划与设计的"园艺师"的角色必然凸显出来。鲍曼关于知识分子实践模式的分析是围绕着合法化的主题而展开的。立法者的兴起是因为充当立法者角色的知识分子满足了社会的功能需要,为国家的统治提供了合法化的依据;而立法者地位的丧失则是国家不再需要知识分子为它的统治提供合法化的依据。相反,市场诱惑的力量能够提供更为有效的合法化依据。也就是说,并不是国家的统治无须合法化的依据,而是依据本身发生了改变,它不再由知识分子来提供,而是由市场来提供。立法者角色的沉浮说明了它既是在一个特定的历史脉络中形成的,也将随着历史的发展而发生变化。同样,阐释者经历了从边缘走向中心的地位转变,也是满足了社会发展的功能需要,但它也许也要经历同样的沉浮。正如鲍曼所言:"知识分子立法者的角色正在被阐释者的角色所取代,但是,这种转变是不可逆转的吗?还是知识分子仅仅在这一瞬间丧失了勇气?"[17]对此,无人能预知。

对于鲍曼来说,现代社会中知识与权力关系既不是从来就有的,也不是一成不变的,而是在历史中形成的。鲍曼认为这一关键的历史时刻的发生地在法国。在法国,知识分子和国家之间的联合是现代社会知识和权力融合的历史基础。鲍曼指出,现代民族国家的建立要求集中而长期地努力去发展和灌输一种超越本地、超越阶级并且超越种族的"国家意识",这种国家意识是稳固的政治统治所需要的。因此,统治者寻求文化霸权的支持,而知识分子正满足了这一需要。知识分子一方面以对民众进行启蒙的教化者身份出现,另一方面为国家权力提供合法化的依据。知识分子就是在这一历史脉络中确立了其立法者的身份。

在分析立法者身份确立的过程中,鲍曼对启蒙运动进行了全新的解读。在鲍曼看来,史称"启蒙运动时代"的社会—思想运动,不是以真理、理性、科学和合理性之名进行的一场声势浩大的宣传运动,也不是一场出于高尚的理想,把智慧之光带给充满困惑的受压迫者的运动。相反,启蒙运动是一场实践,分为截然不同却密切相关的部分:第一,国家扩张它的权力,它的胃口在增大。原来由教会履行的牧人式的职能,现在转交给了国家。经过重新组织后的国家,其核心是规划、安排、管理这些与社会秩序的维持相关的职能。第二,创造了一个全新的、有意设计的训导人们行为的社会机制,目的在于规范和调整作为这个教育者和管理者的国家和臣民的社会生活[18]。换言之,正是国家希望通过约束与训导人们的行为建立社会秩序的意愿,使得原本作为"独立的知识分子"的启蒙思想家在依据他们所喜爱的生活方式参与到对社会的改革时,设计了监狱、劳动救济所和其他社会机构来加强对社会的控制。因此可以说,当知识分子介入到政治权力中时,他就很难保持其独立思考和批判反思的精神。在对权威性话语的追逐中,知识迫切需要与权力的结合,而权力在寻求合法化的过程中又迫切需要与知识的结合。知识与权力的结合成为现代性最显著的特征。但问题是这种结合是否将一直持续下去呢?对鲍曼来说,知识与权力的结合既不是从来就有的,也不是永远存在的,它是一定历史阶段的产物,它也将伴随着历史的发展而发生变化。如果说,知识与权力的结合是现代性最显著的特征,那么知识与权力的分离则成为后现代最显著的特征。

鲍曼指出,由于西方社会的现实发生了变化,作为立法者的知识分子无法在社会结构脉络中发挥核心的作用,他们必须调整自身的角色以适应社会发展的需要,承担着阐释者角色的知识分子就是在这一时刻从边缘走向了中心。在鲍曼看来,立法者的衰落只是表明知识分子放弃了在社会整体中的普遍主义野心,而没有放弃针对自身的普遍主义野心,没有放弃在共同体内部充当立法者的普遍主义野心[19]。也就是说,虽然不存在适合于所有共同体的立法者,但在每一个共同体内部依然存在着立法者,依然存在着为争夺权威性话语而展开的斗争。但问题是:如果阐释者将他们的立法野心局限在自己的共同体内,那么,他们如何为自己的共同体划定边界,以确定他们立法活动的范围?因此,在后现代性的策略中,对于自身活动领域的合法性的论证,成了一个内在的困境,阐释者的立法活动也因此变得艰难。

在对知识与权力关系的分析中,鲍曼不仅探寻了知识分子实践模式产生和衰落的可能性条件,而且对具体权力技术的变化进行了分析。受福柯微观权力技术的影响,鲍曼探寻了从前现代、现代到后现代权力技术的变化。鲍曼认为,追求社会秩序,对社会进行有效的控制贯穿于前现代、现代与后现代一切社会中,它们的区别仅仅在于控制技术和手段的变化。鲍曼将前现代的权力技术称为散点监视[20]。在前现代社会,人们为了克服对不确定性的恐惧,保护自己的安全而学会运用的唯一武器就是"高密度的社会交往"。建立在高密度社会交往基础上的那种稳定性所运用的有效手段,就是使"他者"成为熟人。通过改造他者,使他者具有完全固定的身份,让他者在这个彼此熟识的社会中,占有一个固定位置。在这样的社会中,每个人的生活都是公开的,"透明性"是这种生活自然而然的产物。鲍曼指出,这是一种散点式的监视。共同体的所有成员同时也是监视者,并且永远都是监视者。这样的一种监视建立在人类学家所谓的"没有分化的相互性"的基础上[21]。在这种状况下,在同一个场合,或者在不同的场合,相互之间都具有相互控制的权利,从而使这种互相控制的行为成为合法的。

作为知识与权力结合的现代统治技术是全景监视(panopticon)的统治技术[22]。鲍曼指出,全景监视终结了监视的相互性,产生了完全的连续性的单向监视。这种监视实践的目的在于,通过将每个人置于被监视状态下,以形成一种相同的、普遍的人类行为程式。单向监视倾向于消除其对象的个体间的差异,倾向于用能够在数目字上进行管理的千篇一律性取代质的多样性。这有利于对人进行"客观化"的科学管理。同时,这种不均衡的单向监视将专家置于监视者的位置上,进而产生了一种新的社会结构。鲍曼认为,这种"全景监视"的统治技术是知识与权力结合的典型。

在后现代,单景监视[23](对观监视)的统治技术占据核心地位。对于鲍曼来说,"全景监视"的控制技术是现代性的核心控制技术,但在后现代社会中,它日益地成为"单景监视"(鲍曼从托马斯·马提埃森那借用的一个概念)的补充。鲍曼指出,在后现代社会,尽管全景监视依然发挥有效的监视作用,但对于更广大的普通民众来说,一个更为有效而非强制的约束技术出现了,那就是单景监视。不像少数人监视多数人的全景监视,在单景监视中,多数人在电视、电影院、杂志、报纸上注视着少数人。名人的生活为数以百万计的欣赏者提供了一个生存的模式。他们的行动好像天堂的广播。被声誉催眠的听众接受了有权有势的少数人在全球行为中表现出来的价值观和世界观。鲍曼认为,单景监视是一个有效的社会控制体系,它依靠的是一个特权阶层,这一阶层"只引导而不统治"。也就是说,在后现代社会中,最主要的控制技术是通过诱惑来实现的,只有那些无法接受诱惑的人才被实行"全景监视"的控制。

总之,在知识与权力的问题上,鲍曼通过将哈贝马斯意义上的合法化问题与福柯的微观权力技术结合起来,通过将后结构主义与批判理论结合起来而创造性地进行了自身的理论建构。

3. 时空的重组——现代性之社会结构的转型

鲍曼不仅从一种体验、一种思维方式、感知方式和认知框架的维度对现代性进行了反思,而且他也从社会结构的层面剖析了当代西方社会所经历的结构转型。这集中体现在鲍曼晚年的重要代表作《流动的现代性》(2000)一书中。之所以选取"流动的"(liquid)一词,不仅是因为液体所具有的渗出、涌流等易变与快速移动的特性更直观形象地反映了当今的社会现实,而且还因为它暗示了时空关系的重大转变。对于当代西方的社会现实来说,空间已丧失了它的重要意义,相反,与时间维度相关的速度日益显示其优势地位。这种快速移动的能力不仅将全球的居民区分为全球精英与地方大众,或者说全球性的富人与地区性的穷人,而且导致了全景权力关系模式的终结。因此,可以说,时空关系的变化推动了现代性从沉重的、固态(solid)的现代性到轻快的、液态的现代性的转变。鲍曼将这一转变过程称为,是一次比资本主义和现代性来临更为激进、更具深远影响的新的起点[24]。这种结构的转型主要体现在以下三个方面:

首先,空间丧失了它存在的优势地位。鲍曼指出,在沉重的现代性中,空间具有非常重大的意义。"福特主义工厂"作为最理想的管理模式所追求的大型工厂建筑、重型机械和大规模的劳动力体现了早期现代性的沉重、庞大、静止、固态的特征。征服空间是它的最高目标[25]。但随着软件资本主义的到来和轻快的现代性的出现,这一切都发生了改变。空间不再对行动和行动的绩效产生约束,空间已没有多大意义,或者根本没有意义。在轻快的现代性中,谁运动和行动得更快,谁在运动和行动上更为接近瞬时,谁就可以统治别人[26]。

其次,资本与劳动力的分离。在沉重的现代性时期,"福特主义工厂"是最让人渴望和迫切追求的理性管理模式。资本和劳动力紧密地结合在一起,劳资

第十章 齐格蒙特·鲍曼

双方相互依赖。工人依赖于雇用来维持生计,资本则依赖于雇用工人以求发展,而工厂是他们共同的家园。因此,在沉重的现代性中,购买劳动力者和出卖劳动力者各自的命运紧密地不可分割地长期交织。

在轻快的现代性中,资本却单方地离开了劳动力,而自由流动起来。资本的自由流动使人想起昔日的"在外地主"。但昔日的在外地主还要受到地方政府的限制,如今流动的资本的独立性尽管不是完全的、绝对的,但在大多数情况下,资本完全能够胁迫地域性的机构屈从于它的要求。"为自由贸易创造更好的条件"意味着让政治游戏去适应自由贸易的规则,即使用所有由政府来支配与管理的权力,来撤销对它的管制[27]。因此,地方政府想尽一切办法使资本相信它们有完全移动的自由,即通过低税率和灵活多变的劳动力市场来吸引资本的到来。但这里存在的悖论是,一旦资本失去了地方政府对它的限制,它就会依其自身的利益不负责任地自由移动,而不考虑给无法自由移动的地方民众带来的伤害。鲍曼将这一时代称为伟大的分离(great disengagement)时代,或解除管制(deregulation)[28]时代。

再次,权力与政治的分离。资本和劳动力的分离所带来的直接后果是以资本形式呈现的权力从政治活动中解放出来。真正的权力是超越地域的全球性权力,它居无定所,而政治还和过去一样局限在民族国家的框架中,仍然像以前那样附着在原地。由于权力具有全球性和超地域性,而政治依然是地域性和局部性的,因此权力与政治分离开来。

这种权力与政治的分离,标志着全景权力关系模式的终结,预示着权力关系双方相互抗争时代的终结。因为拥有权力者可以拒绝任何地域的限制,拒绝承担建立秩序、维持秩序所必然带来的不堪重负的结果,像拒绝承担它们必须承担的代价一样,拒绝对所有后果承担他们必须承担的责任。这意味着国家政治的自由已经被武装有可怕的治外法权、流动速度和躲避逃跑能力的新的全球力量——跨国公司和全球流动资本无情地削弱和损害了[29]。正是那些拥有资本自由流动的"全球人"在统治着这个世界。这种统治不是沉重现代性时期对领土的侵夺,而是通过全球化市场进行利益的侵夺。而且对于拒绝加入"全球金融市场"和"全球自由贸易"的地区的惩罚是迅速和冷酷无情的。因此,民族国家丧失了其原有的对经济、政治、军事所拥有的统治权,而沦为充当全球资本的地方警察的角色。这就是鲍曼所称之为"局部有序、全球混乱"[30]的全球化后果。

鲍曼从时空这对范畴入手,通过隐喻的方式展示了由古典的现代性向流动的现代性的结构转型。尽管他用一对新的概念——"固态的现代性与流动的现代性"取代早期使用的"现代性与后现代性",但他的理论关怀与追求依然是早期思想的延续。也就是说,鲍曼一方面坚持了现代性的持久性,另一方面又强调了两种不同的现代性之间所呈现的断裂关系。现代性的持久性表现在它对自身进行批判与质疑的现代精神上。正如鲍曼所言:被批判理论者作出诊断并推上审判台的那种社会只是丰富多彩、变换多端的现代社会中的一种形态。它的衰弱并不预示着现代性的终结,也不预示着人类苦难的终结。进入21世纪的社会与进入20世纪的社会是同等现代的,只是它们是不同方式的现代[31]。"现代性的计划不仅是未完成的,而且是无法完成(unfinishability)的,正是这种无法完成性是现代时代(modern era)的本质特征。因此,流动的现代性(后现代性)的时代是这样的一个时代:批判的工作没有限制,也不能达到终点"[32]。

从上述鲍曼对现代性的分析中,我们看到,一方面,鲍曼对现代性的分析建基于后现代性的分析视角之上,另一方面,鲍曼又始终将"现代性与后现代性"这一分析策略贯穿对知识与权力的关系、大屠杀事件及现代社会结构转型等问题的分析中。也正是在此意义上,塞德曼(Sediman)认为鲍曼有建构"宏大叙事"的理论倾向[33]。

第三节 后现代性的描述性分析与批判性质疑

由于鲍曼是从后现代性经验的角度来确定现代性的内涵,因此我们有必要厘清鲍曼后现代性概念的内涵。

鲍曼最初是从经验的角度将后现代性描述为知识分子的新奇经历(experience)。鲍曼指出,"'后现代性'的概念把握和阐释的仅仅是当代社会的一个重要类别——知识分子的新奇经历,就这一点而言,后现代性的概念具有一种完全属于它自身的价值。知识分子的新奇经历就是对他们自身社会地位的重新评估,对他们集体发挥的功能的重新定位以及他们的新策略"[34]。鲍曼指出,从三方面来说,知识分子对后现代性的体验是一种"焦虑、脱位(并)失去方向"的感觉。首先,当今世界不再需要知识分子提供"对认识真理、道德判断和美学鉴赏等问题的权威解答";其次,知识分子传统的合法化功能已被更经济有效的"诱惑与压制"机制所抹杀;最后,知识分子在不断扩大的文化生产和消费领域中(潜在)的影响和控制地位已为"资本家"和"官僚"所取代[35]。鲍曼指出,正是知识分子这种焦虑、失落以及迷惘的情绪构成了"后现代性"概念的真正所指。

然而知识分子的新奇经历并非是后现代性概念的唯一内涵。鲍曼在对现代性进行反思的过程中,确立了后现代性的认知框架。

与现代的认知框架关注秩序与混乱、正常与反常、中心与边缘的二元划分相反,鲍曼认为,后现代性所关注的恰恰是在这种二元划分中不断扩大的"灰色区域"。也恰恰是从这一灰色领域出发,后现代性寻求进行创造,并使自身永远陷入不稳定的更新状态的原动力。在鲍曼看来,现代性用两个世纪的时间阻止偶然性和无序进入到生活事务中,但结果是,它们不仅在视野中重现,而且是赤裸裸地出现在那里[36]。因此,后现代世界需要接受的是,人类世界的"混乱状态"不是一个暂时的、可修理的状态,这种状态也并非迟早要被有秩序的、系统的、理性的规则所代替。事实上,这种混乱的状态将会持续存在。因为我们在这个世界上创造出来的任何秩序和系统在受到进一步关注前都是脆弱的。这些秩序和系统像他们的对立物一样反复无常,最终也像他们的对立物一样将是偶发的[37]。在后现代的世界中,我们不仅要学会与尚未解释的事实和行为共存,而且要学会与无法解释的事实和行为共存。正是这些事实和行为构成了人类困境中坚硬的、不可消除的主要部分。因此,后现代性需要表达的恰恰是这种不确定、模糊、偶然、不可捉摸、不可表达、不可设定及不可化约的精神状态、思想模式、品位模式和事物状态。后现代性需要学会的是如何与矛盾情感(ambivalence)共处。

对鲍曼来说,后现代性除了代表一种体验、一种认知视角外,它还代表着一个成熟的社会系统,一个崭新的社会形态以及全新的生活策略。作为一个崭新的社会形态,鲍曼将其称为以"消费"为核心的消费者的社会。他认为,消费社会展示了新的历史时代的最重要特征,这就是消费者的来临,以及消费者的统治。鲍曼指出,消费者的行为和消费已经稳步地进入到认知和道德生活的中心。个体首先和最主要的是作为消费者而不是生产者而存在。工作逐渐离开它所占据的中心地位,而被消费自由所占据。在这种情况下,快乐的追求必然是透过服务和商品的消费,而非克制或延缓报偿。因此,在系统的再生产和整合过程中,提供复杂而微妙的诱因显得愈来愈重要。在一个消费社会中,合法化的武器已让位于两种互补的武器:诱惑与压制。其中诱惑是系统控制和社会整合最重要的工具,而压制则是对那些诱惑无法触及的区域的必要补充。也就是说,在市场依赖性无法起支配作用,即由"有缺陷的消费者"(flawed consumer)组成的社会中,压制依然是使这个社会相当大的边缘部分沦为附庸的重要的工具。因此,"市场依赖性"(对于被诱惑者或消费者)和"规范调节"(对于非消费者或说新穷人)成为社会的整合与再生的手段[38]。

在从生产者社会向堆积感觉的消费者社会转变的过程中,消费者实践着一种全新的生活策略。鲍曼以隐喻的方式将之称为"漫步者"(stroller)、"流浪者"(vagabond)、"观光者"(tourist)和"比赛者"(player)。鲍曼指出,现代性中以"满足的延迟"为目标的"朝圣者"(pilgrim)的生活策略在后现代消费社会中无法挽回地丧失了其核心地位,而漫步者、流浪者、观光者和比赛者这些新的生活策略曾经是边缘的人在边缘的时间和地点采取的行为方式,现如今它们已成为大多数人在其生活的主要时间和生活世界的中心地带的行为方式,成了完全的和真正的生活方式[39]。

鲍曼以隐喻和象征的修辞手法对后现代消费社会及人们生活策略的描述形象地再现了当代西方社会的现实,从而进一步证实了一个与古典现代社会完全不同的新的、成熟的后现代社会已然确立。

在鲍曼对后现代性的含义进行多重诠释的过程中,不可忽略的事实是,鲍曼在晚年以"流动的现代性"取代了"后现代性"一词。"固态的现代性与流动的现代性"这对概念是鲍曼晚年著作中的一对核心概念。因此,有必要阐述流动的现代性与后现代性之间的关系。在凯思·泰斯特(Keith Tester)与鲍曼的谈话录中,当鲍曼被问及"流动的现代性是代替了后现代性还是与后现代性平行"[40]这一问题时,鲍曼指出,"当我求助于用后现代性来指涉当今社会现实一切新奇东西的时候,我试图与被广泛使用的'后现代主义'的概念保持距离"[41]。在鲍曼看来,后现代性指涉一种特殊的社会类型的特征,它发生在我们的身上,而不是我们祖辈们的身上。鲍曼坦陈,早期他试图将"后现代社会学"(postmodern sociology)与"后现代性社会学"(sociology of postmodernity)区分开来,但后来发现这种希望很难被认可。在许多场合下,后现代性与后现代主义被无望地混淆在一起,而且谈论后现代性被作为加入后现代主义者阵营的一种标记[42]。由此,鲍曼从"后现代性"这个概念中撤出来,而使用"流动的现代性"。在鲍曼看来,吉登斯的"晚期现代性"、贝克的"第二现代性"不能准确、精当地反映当今社会所发生的重大变化,相反,他认为"流动的现代性"的概念有助于我们理解世界的变化和它的连续性。应该说,这种概念的转换,一方面表明了鲍曼理论关注重点的转移,他更趋于对当今西方社会现实的描述,重视社会结构所发生的重大变迁;另一方面也表明了他确认了对自身进行批判与质疑的现代性精神的持久性。鲍曼意识到了后现代性也许面临着比现代性更多、更难以解决的问题。正如鲍曼所指出的,后现代性移走了现代性在实现公正、自由和平等社会道路上的障碍。然而,这并不能保证这些价值观将得到实现,在某些方面,它变得更加困难。由此开启了鲍曼对后现代性自身的反思与批判。

鲍曼关于后现代性的研究绝不仅仅限于对后现代状况的描述,或仅仅通过模拟的方式将其复制出来。当鲍曼宣称后现代性作为一个成熟的社会系统确立之时,鲍曼并没有表示出乐观地与之拥抱的态度。鲍曼始终抱着审视与批判的态度来面对后现代社会所发生的一切。鲍曼认为,当后现代性作为一个主导的力量(历史与逻辑)登上历史舞台时,对它进行批判与反思的时刻也就来临了。正是在此意义上,鲍曼通过阐述后现代性社会学、后现代性伦理学及全球化的后果而展开了他在认知、伦理与制度层面上对后现代性的全面反思。

一、超越后现代社会学,建构后现代性社会学

鲍曼在《社会学对后现代性的回应》(后收入《后现代性的通告》)中首次对后现代社会学与后现代性社会学进行了区分。从表面上看,这似乎是在玩弄一种语言游戏,但实际上,它表明了鲍曼对社会学应如何回应后现代状况,或者说在后现代状况下应建立何种社会学的理论关怀。换言之,鲍曼的真实意图是"超越后现代社会学,建构后现代性社会学"。

鲍曼指出,社会学从产生之日起,就是现代性的附属物。社会学不仅作为现代性的一种理论和服务学科而发展,而且它潜在的世界观、概念工具、策略都由现代性的实践和宣布的野心所发动[43]。鲍曼认为,在令人难忘的帕森斯时代,社会学最好被理解为持续不断地解决"霍布斯主义的问题"。相应地,正统共识集中在整理和清除人类行为的无目的性和多元方向性的机制上,对离心力加以协调,对混乱施加秩序[44]。可是伴随着正统共识日益受到人们的质疑,启蒙运动以来的"运用法则般的通则来解释社会现象,以提供行政和管理社会的技术"的社会学方案与其说是失败了,不如说从一开始就错了,因此很难确立其正当性。在这种状况下,社会学应如何回应新的存在状况以确保其存在的正当性问题已经凸显出来[45]。鲍曼指出,伴随着现代性自身受到的质疑和后现代性情境的出现,社会学需要重新确立其存在的正当性。对鲍曼而言,当代西方社会所面临的问题不可能经由不断修正的现代性处方来解决。因此,应该创造新的概念和分析工具来应对新的社会情境。正是在这样的境况下,鲍曼提出了对后现代性情境进行回应的社会学构想。

在鲍曼看来,后现代社会学代表了社会学对新的社会情境的一种回应策略。与知识分子充当阐释者的角色相对应,鲍曼将社会学的这一回应策略称为阐释社会学。鲍曼指出,这种阐释学意义上的社会学虽然以其多元的范式状态与现代社会学不同,但它并没有从根本上改变"社会学从其诞生以来就与它的研究对象保持模仿关系"[46]的状态。因此,阐释学意义上的后现代社会学并不是鲍曼试图在后现代状况下努力去发展和建构的新的社会学形态。

鲍曼指出,后现代社会学由模拟(mimesis)组成,而不再是对现实状况进行阐述或模型化,据此形成的社会理论只能表示而不能解释后现代状况。也就是说,后现代社会学"通过采取与社会结构的同构性"[47]而将后现代社会符号化。这种符号化将社会学家置于一种阐释者的地位,即充当促进共同体和传统之间交流的符号中介人。在将后现代社会符号化的过程中,后现代社会学家不但承担起了在不同的共同体之间进行转译的任务,而且他们为那些仍未为人所察觉或听闻的文化与社区代言,并进而通过恢复各种不入流的、地方性的、通俗的与不具正当性的知识以抗拒具有统一体系的理论。对鲍曼而言,后现代社会学家所承担的这种转译的任务是重要且必要的,但后现代社会学不应满足于这种转译与中介的任务。因为如果我们将加芬克尔的常人方法学、舒茨的现象学分析、维特根斯坦(L. Wittgenstein)的语言学分析以及伽达默尔(H. Gadamer)的诠释学相结合的产物看成后现代社会学,那么,后现代社会学充其量只能提供我们理解社会现实的一些琐细的、协商的、不断建构的特质。因此,尽管鲍曼赞同后现代社会学的范式状态,即后现代社会学的"目标并不在于各种视野的融合,而在于通过揭示它们内在的多元性和互补性特征来拓宽各种视野"[48],但鲍曼并不准备支持后现代社会学。鲍曼认为,我们需要发展的是一种在很大程度上与社会学起源相连续的后现代性社会学。换言之,我们不应停留于阐释学意义的后现代社会学上,我们应该在系统的再生产、社会整合和生活世界的结构领域的深层次转变中确立一种新的分析范式。

鲍曼指出,以哈贝马斯为代表的理论家将当代西方的社会境况看作现代社会不断重复出现的危机的显现,看作是在连续的现代性中一个暂时偏离的征兆,而非一种新型的社会生活形态。与哈贝马斯不同,鲍曼将西方社会经历的转型看成是新社会生活形式正在发展的表现,而不是危机的导火线、解组的冲动或病态的偏差。对鲍曼而言,现代性的固有特质与同时出现的其他有问题的、负面的经验与情况必然是相互关联的。简言之,这些问题是现代性自身的后果。鲍曼认为,对现代性自身后果的认识本身界定了后现代的状况,而且这一认识参与形塑了一种独特的社会形态。鲍曼将这种新的、已经成熟的社会形态称为后现代性。鲍曼指出,后现代性具有独立自存的特征而不是现代性的某个阶段或偏离。"后现代性不是对现代性'常态'的暂时偏离,也不是现代性的一种病态,一种可以被矫正的失调,一种处于'危机中的现代性'症状。相反,它是一种为其自身独特特征所界定的,自我复制、自我维系、逻辑上自足的社会状况。"[49]

鲍曼将后现代性作为一个"羽翼丰满的、可行的社会系统"(fully-fledged,

viable social system)的观点,标明了他认定西方社会的发展已进入到一个新的阶段,它已经取代了古典的现代资本主义社会,并且需要依据它自身的逻辑进行理论化[50]。换言之,当代西方社会需要确立一种社会理论研究的新方法以达到与现代理论中进步的和普遍主义的思想进行决裂的目的。鲍曼指出,"后现代性的理论不可能是经过修正的现代性理论,即一种带着否定性标记的现代性理论。一种充分的后现代性理论也许只能在一个由一系列不同的假定组织起来的认知空间中建构起来,它需要自己的语汇。因此,从现代性话语滋生的概念和问题中解放出来的程度应是衡量这一理论充分性的恰当标尺"[51]。

鲍曼以社会性、栖息地、自我建构和自我组装等概念为基础,勾勒了他关于后现代性社会学的纲领性轮廓。鲍曼指出,社会性(sociality)、栖息地(habitat)、自我建构(self-constitution)、自我组装(self-assembly)应当在后现代性的社会理论中占据一个中心位置,而在现代社会理论中,这个位置是为社会、规范群体(阶级或共同体)、社会化和控制等范畴保留着[52]。鲍曼采用了与吉登斯的"结构化理论"、布迪厄的"结构建构论"和卢曼的"社会系统理论"相同的敏感化的分析策略,关注"行动者与结构"这一社会学理论的核心主题。他通过强调行动者主体所具有的自主性和系统所具有的不确定性与模糊性,凸显了行动者主体与系统之间双向互动的建构关系。与此同时,鲍曼也强调了后现代的个体对身体的关注和各种专家的权威及明星的示范效应对自我建构与自我组装的影响。所不同的是,鲍曼并没有形成一个较为系统完整的分析,这一方面与他采用的后现代的叙事风格有关,另一方面也与他建构后现代性社会学的初衷有关。

这一初衷不仅体现在鲍曼发出了对问题进行争论的邀请上,而且也体现在他关于后现代情境下所拥有的现代关怀上,即体现在他对于后现代知识分子与后现代性社会学的双重诠释上。首先,鲍曼指出,尽管当今社会呈现出一种新的社会形态,但这并不意味着他要放弃现代性的解放策略和双重追求,即增加人类的自主空间与增大人类团结的强度。因此,后现代性社会学包含了一种"在后现代条件下对各种现代关怀的继续","它与现代社会学的区别不在于新的社会学的工作程序和目的,而在于一种新的调查对象"[53]。其次,鲍曼指出,当知识分子作为立法者时,社会学意义上的规训就会出现。现在,知识分子(社会学家们)共同分担着解释的任务,在"各种语言游戏"或"多种样式的生活"之间的交接处工作。鲍曼认为,他们还能做更多的事情,他们应该通过"系统的、理性的话语策略"[54]发展后现代性社会学。这意味着要对全球化的性质、消费社会、缺乏充分就业的生活、后现代化以及后现代栖息地的主要性质进行研究。研究后现代性的社会学家应该接受后现代性带来的认知和道德思想的不确定性,但是,他们不应该放弃"理性思想汇合的启蒙梦想"[55]。对鲍曼来说,作为阐释者的描述策略,即对社会现实流动的、多元的特征或社会制度所产生的地方的或情境化特征的描述并不是社会学在后现代状况下的唯一任务,在后现代状况下拥有现代的理论关怀也许是鲍曼挥之不去的现代情结。

鲍曼对后现代社会学与后现代性社会学的区分,仅仅是提出了在后现代状况下,发展一种新的社会学分析范式的正当性与可能性的问题,他并没有建构起较为完备的关于后现代性社会学的分析框架。正如鲍曼所说:"我只是列出了一些问题,却提出了很少的解决办法。或者说我只是发出了进行争论的邀请。"[56]

二、后现代的道德

鲍曼对道德问题的关注最初体现在对大屠杀事件的分析中。他指出,正是现代性中最为正常要素的奇特结合导致了大屠杀事件的产生。在其中,"社会的麻木赋予了大屠杀畅通无阻的信号"[57]。由此,鲍曼从后现代视角出发,对现代科层制理性导致的道德真空进行了剖析。他集中批判了涂尔干关于道德的社会起源所带来的非道德后果。但鲍曼的批判并未止于此,他不仅描述了后现代社会的道德状况,而且提出了后现代道德的"应是"(should be)模式,进而将道德的问题与社会的正义联系在一起,并提出建构自治的个体与自治的社会的理论追求。

鲍曼首先从后现代视角对现代伦理进行了反思。在鲍曼看来,道德思想和现代性的实践被一种信念所激励,这种信念就是相信一种无矛盾的、非先验的伦理学法典存在的可能性[58]。鲍曼指出,整个现代社会就是在普遍伦理法典的面具下实践着狭隘的道德观念[59]。因此,对这种普遍的伦理法典的质疑就构成了鲍曼后现代伦理学的核心。或者说,对现代野心的后现代批判结果的探索构成了鲍曼后现代伦理学研究的主题[60]。就此而言,后现代伦理学就是"后现代视角"的伦理学。"后现代视角"首先意味着撕破幻想的面具,认识到某些假设是有问题的,某些目标是既不能达到又不值得达到的。对于鲍曼来说,伦理学的后现代方法的新颖之处不在于放弃有特性的现代的道德关怀,而在于拒绝从事道德问题研究的传统的现代方法(即用政治实践中的强制性的、标准的规则和在理论上进行绝对性、普遍性、根本性的哲学追问作为对道德挑战的回应)[61]。

在鲍曼看来,现代性是并且不得不是伦理的时代,否则就不成其为现代性了。在现代性中,伦理(ethic)先于道德(moral),道德是伦理的产物[62]。现代道德关注的焦点已从道德行为者的自我审视转变为对伦理准则进行制定的哲学、政治任务。道德权威也从道德主体转移为超个人的代理机构。其结果是,一方面形成了以伦理取代道德的趋势;另一方面免除了相当大一部分人的道德判断。鲍曼指出,把含糊的、人所共知的不确定的责任缩小为一张有限义务或责任清单,免除了行动者在黑暗中摸索的许多焦虑,有助于避免由没完没了的解释和永不停息的折磨带来的痛苦感觉。但是,用对规则的服从代替道德冲动,用他治的伦理责任代替自治的道德责任,导致了难以想象的可怕后果:它不仅赦免了行为者对所做错事的个人责任,而且为他解除了犯有罪孽的可能性[63]。大屠杀事件就是以对规则的服从而将罪过从选择中排除了。

然而,后现代时代的来临意味着伦理时代的终结和道德时代的来临。鲍曼认为,后现代的时代应该是一个道德的时代。尽管这一时代并不意味着创造更多的善、更少的恶;不意味着能简化道德选择或较少出现道德两难;也不意味道德生活比以前少一些强制多一些弹性。我们仅仅能在这样一个意义上称后现代是一个道德的时代:当道德问题从人类的生活经历中出现的时候,当它们在一切不可挽回并且无法更改的矛盾情感中面对道德本身时,我们有可能而且必然在它们裸露的真相中直接面对道德问题。只是到这一时代,行为对道德自身来说才是一种负责任的选择,最终是一种道德觉醒和责任[64]。也就是说,后现代时代在使个体面对善恶选择的永恒困惑中,赋予了道德存在的意义,或许也是道德存在的唯一意义。

鲍曼指出,后现代社会情境的碎片化、生活追求的插曲化以及伦理规范的多元化使得道德已经丧失了伦理的基础。人们再也不能为道德的自我提供伦理的指导。对人类而言,道德选择已经不可避免地是摇摆不定的(矛盾的)。正如鲍曼所言,后现代的时代是一个强烈地感受到了道德的模糊性的时代,这个时代给我们提供了前所未有的选择自由,同时也把我们抛入了一种前所未有的令人烦恼的不确定状态。我们怀念我们能够信任和依赖的向导,以便能够从肩上卸下一些为选择所负的责任。但是,我们可以信赖的权威都被提出了质疑,似乎没有一种权威强大到能够为我们提供我们所追求的信任。结果是,我们不信任任何权威,至少我们不依赖任何权威,不永久地依赖任何权威,我们对任何宣布为绝对可靠的东西都表示怀疑。这就是"后现代道德危机"最强烈、最广为人知的实践方面[65]。

那么,当道德丧失了伦理的基础,当个人必须独自在两难困境中面对道德选择时,就会生成一个道德的自我吗?对此,鲍曼并没有作出肯定的回答。也就是说,鲍曼在批驳涂尔干关于道德的社会起源时,并非要确立道德的前社会起源的正当性。在鲍曼那里,或许就没有对道德起源的探讨。正如鲍曼对"道德先于本体"所作出的解释一样。鲍曼指出,"先于"并不表示一种已经被制定的、赋予结构的存在秩序,"先于"代表一种对制定好的喧闹的拒绝,代表所有的将存在置于"它们所属于的位置"的结构的拒绝[66]。道德是一种"先于存在的存在",仅仅是在一种道德意义上的"先于",即在变得"更好"意义上的先于。而在本体论意义上,存在是先于道德的,因为,"先于存在的存在"也是一种存在。在存在的领域中,每当这两种意义竞争时,本体论意义就会占上风,**道德自我只能是一个道德的自我**。鲍曼指出,伦理学探求"先于"存在之存在,不是因为它知道它所探求的根基隐藏在那里,而是因为它知道恰恰是**探求的行动**本身创生了道德自我,好像是道德可能永远具有的唯一根基,也将是它能够提供的唯一根基[67]。这也如鲍曼在新近的文章[68]中所指出的:我们可以说伦理学先于本体论,但这不适用于道德。因为,道德本身是不能被给予的,它需要不断地被创造。因此,对于鲍曼来说,他并非要以道德的前社会起源来取代道德的社会起源,相反,在对道德的起源、根基进行永无止境的探求中,一个真正道德的自我得以生成。

这种探求在微观层面上表现为"为了他者"的道德。鲍曼区分了"与他者共在"(being with)和"为他者而存在"(being for)。鲍曼指出,"共在"(being with)是对称的,而"为他者而存在"(being for)很明显是非对称的。"为他者而存在"使参加者变得不平等,它通过将我的位置从对他者可能采用的所有立场的依赖性中解放出来给我的位置以特权。鲍曼认为,这种存在方式排除的不仅是孤独,而且还有冷漠。我在为他者,而不管他者是否在为我。可以说,他为我是他的问题,他是否为我或者他怎样处理这个问题一点不影响我为他[69]。

在此基础上,鲍曼区分了"向……负责"(responsibility to)与"为……负责"(responsibility for)。鲍曼指出,负责任意味着不再将他者看作一个种群或类属的样本,而看作是一个独一无二的个体,由此他也将自己提升到独一无二的位置。鲍曼指出,承担责任是善的必要但不充分的条件。在缺少确定性的帮助和权威的保证时,在善恶之间绘制一条最终的、清楚且无争议的界线没有希望时,履行责任意味着在善与恶之间指引一条行进的线路。"向……负责"是对规则、规则的制定者和规则的守护者负责。"为……负责"是对他者的健康和尊严负责。负责任并不意味着遵守规则,它常常要求个人蔑视法规或以法规不允许的方式行事[70]。在鲍曼那里,真正的道德应当采取"为……负责"的模式,因为道德的"原初场景"是"面对面"(Face to face)的领域。在这里,把他者作为一个独特的面孔而与之相遇。鲍曼指出,不确定性是生活的一个永恒条件,它也是道德自我扎根和生长的土壤。道德生活是一种连续的不确定性的生活;道德责任是无条件的并在原则上是无限的;道德也像未来一样,永远是未竣工的。因此,道德人对其道德表现有着永远难以抑制的不满意,他们总是苦恼地怀疑自己不够道德。

鲍曼之所以强调"为了他者"的责任,实际上是要为宏观的伦理学寻找一个微观的基础,或者说为实现真正正义与自治的社会寻求一个理论的基点。在这种微观伦理学建构的过程中,鲍曼并没有忽视交互性(reciprocity)和伦理的社会维度,只是在鲍曼看来,交互性不是道德的出发点而是其结果。正如鲍曼所言,如果孤独是道德行为开始时的标志,共在和共同体在最后出现——作为道德团体的共在,在作为"为他者而存在"的中心和表达的自我牺牲行动中,孤独道德人的结果超出了他们的孤独[71]。同样,鲍曼非常重视道德的社会维度,重视增强人类个体团结的强度。在《个体的伦理学》一文中,鲍曼指出,如果不是因为个体之间存在着相互依赖的网络,伦理的观念将失去意义。因为,伦理性(ethicality)与单个的个体存在无关,而与人类的相互作用有关。道德本身不是被给予的,它们需要被创造。道德不断再生的机会依赖于社会被建构的方式和它对个体生活方式的形塑。后现代社会中团结的生活陷入困境,并不是由于"未充分社会化"的个体天生的自私,而是由于充满团结的集体性缓慢地、无情地消退。它使得个体趋向于自我中心和自我专注。这种对自身的着迷导致了对"灵魂"窒息。也就是说,由于忽视、放弃或拒绝承担责任,简言之,就是漠不关心(indifference)导致了对灵魂的窒息。鲍曼指出,漠不关心意味着对参与的积极地拒绝。因此,尽管漠不关心不是错误的罪过,但它意味着非伦理性(un-ethicality),即不去承担他们应当承担的责任,同时也对他人的身体、精神方面丧失敏感性。这种无情的漠不关心统治到哪里,人类的亲密关系就在那里枯萎、消失[72]。

由此可见,当鲍曼通过后现代性使普遍的、根基牢固的伦理规范的现代雄心黯然失色时,他也使"团结的匮乏"和"个体的漠视"的后现代道德显得更为令人忧心。因此,对于"伦理世界中,后现代性被看作是前进了一步,还是后退了一步"这个问题,鲍曼的回答是,任何回答都是正确的,也都是错误的。因为它反映了社会变革的一个普遍特征——当它表述正确或削弱昨天的错误时,它也引导了新的错误,这些新的错误注定会变成明天治疗努力的一个目标[73]。

透过鲍曼对道德问题的关注,我们看到,鲍曼既从后现代的视角反思了现代伦理的困境,亦对后现代进程中的后现代的伦理困境进行了反思和批判。尽管他批判的立足点不同,但有一点是共同的,那就是无论是现代社会从认知空间对社会化(socialization)的强调还是后现代社会从美学空间对社会性(sociality)的强调,它们都导致了相同的结果:免除道德评估,在社会空间中剔除道德的维度。鲍曼通过对现代与后现代的双重批判在伦理学的维度上将建构自治的主体与实现人类的团结(solidarity)、社会的正义联系在一起。正如鲍曼所言:自主的、道德自立与自治的公民与自我反思、自我修正的社会如果要到来的话,只能一起到来。因此,在一定意义上说,道德问题成为鲍曼理论建构的基石,因为良善(good)社会的一切皆由此生发出来。

三、全球化的后果

鲍曼关注全球化实际上是关注经济(资本)全球化的后果,或者说是关注经济全球化所带来的一系列问题。这些问题体现在从民族国家到个人的不同层面上。鲍曼对这些问题与困境的思考实际上是从制度维度上对后现代性所面临的困境的思考。鲍曼首先是要凸显这些困境,然后尝试性地提出超越这些困境的办法。在对全球化问题关注的过程中,鲍曼淡化了早期一直使用的"后现代性"一词,而用"流动的现代性"取而代之。这说明了他已经从宣告一种崭新的社会形态的来临转到对这种社会形态进行深层的社会结构的探讨,进而对之进行批判性地诠释上。在批判性地诠释中,鲍曼日益关注当代西方社会人类的生存状况,尤其是关注处于边缘地位的"新穷人"的命运。

鲍曼指出,"全球化"(globalization)不同于"世界化"(universalization)。"世界化"这一概念传达了建立秩序的意图和决心(它是面向全球的倡议和行动)。不仅如此,它还指一种普遍的秩序,即世界性的真正全球规模上的秩序建构[74]。与此不同,"全球化"主要指的是完全非蓄意和非预期的全球性效应(后果),而不是全球性倡议和行动。也就是说,我们的行动可能经常具有全球化的后果,但我们不具有也不可能获得全球性地规划和实施行动的方法。全球化并不是关于我们所有的人或至少我们中最富有才干、最有作为的人所希望从事的东西,而是发生在我们大家身上的东西,它超越了任何人的计划和行动能力之所及。鲍曼就是在此意义上展开了对全球化后果的分析[75]。

首先,鲍曼指出,资本的全球化使民族国家面临着前所未有的困境。一方面,由于资本和金融的自由流动,"经济"已逐渐摆脱了政治的控制,从而使民族国家日益成为全球跨国公司的保安。无论是故意地还是潜意识地,在全球资本认可下的超地区机构对所有成员国或独立国家一次次施加压力,促使他们摧毁可能阻碍或延缓资本自由流通和限制市场自由的一切东西。结果是,弱小的准国家很容易降级为地方警察分管区的角色[76]。另一方面,与资本的全球化相

第十章 齐格蒙特·鲍曼

合拍的是,在全球范围内,更弱、资源较不丰富、"政治上独立"的新领土实体创建起来[77]。这反映了当今世界民族主义势力的抬头。鲍曼指出,由于民族国家放弃了提供确定性和安全性的使命,从而使得孤独的个体们又重新聚集在民族的羽翼下。这带来了当今世界不同文化类型、不同种族、不同民族之间的孤立与隔绝,甚至是严重的冲突。

面对民族国家的困境,鲍曼显示出了一种矛盾的心态。一方面,他认为民族国家主权的削弱是不可避免的,因为它无力为个体提供认同与安全。另一方面,鲍曼认为,没有什么能取代民族国家在经济、政治和文化上的重要作用,当前各种民族主义运动的空前活跃及在全世界引发的暴乱最好地证明了,各种"想象的共同体"(imagined community)(种族或民族共同体)无力承担起联结孤独个体的任务。在鲍曼那里,民族国家的出路依然是未知的。不仅如此,鲍曼对各种国际机构和各种非政府组织所发挥的作用不抱信心,对于哈贝马斯提出建立世界国家的构想也不感兴趣。

其次,鲍曼指出,资本的全球化所带来的直接后果是,在世界范围内产生了更为严重的两极分化现象。鲍曼指出,由于"参考群体"的崩溃和相对剥夺观念的个体化,穷人与富人、更穷的人与更富的人之间的差距,无论是在社会阶层之内,还是在社会阶层之间,都在全球范围内、在每一个国家内扩大[78]。与其他一切社会一样,后现代消费社会是一个阶层化的社会。"上层"与"下层"根据消费者的"流动程度",即选择何处去的自由度来划分。"上层"与"下层"之间是一条无形的界限,边界两边根本没有交流。鲍曼指出,在后现代这个阶层化的社会中,第一次没有给穷人分配角色。鲍曼将后现代消费社会的穷人称为"新穷人"。鲍曼指出,"新穷人"是资本从劳动中解放出来的一个成果。当资本从劳动力中解放出来之后,穷人只有真正被认为是"消费的储备大军"时,他们才能扮演一个类似于"系统内部"的角色。但"新穷人"不是消费社会中的一员,他们被排斥在"消费大餐"之外,因此新穷人也就永久地被排斥在社会结构之外。这正如法国著名的社会学家图海纳(A. Touraine)所说,过去的法国是一个金字塔式的等级结构,人们的地位是高低不同的,但同时又是在同一个结构中;而今天的法国就像一场马拉松赛一样,每跑一段都会有人掉队,即被甩到了社会结构之外。他认为,现在的法国还在继续跑下去的只有四五百万人,就是那些被吸纳进国际经济秩序中的就业者,其余的人都是掉队的[79]。

对于鲍曼来说,全球化的社会就这样被分化为"被诱惑者"与"被压迫者"、"全球性的精英"与"地区性穷人"这种截然对立的两极。由此,这个世界呈现为两个完全不同的画面。一个画面是那些被诱惑参与到消费中去,并体验到刺激的兴奋与快乐的全球人;另一个画面是那些拒绝消费诱惑,并只能被固定在原地的地区性的穷人。这两个世界中的人有着不同的生存体验,体现了两种不同的生存状况。对于当代西方社会来说,并不是中产阶级在逐渐扩大,而是中产阶级日益无产阶级化[80]。

可是比"新穷人"的贫穷更令人忧虑的是,穷人将它们的不幸看作是应该独自承受和解决的问题,由此他们没有形成一个寻求建立通过集体力量来解决个人不幸的利益共同体。结果是,个人在"系统化矛盾"的面前找不到有效的解决办法。正如贝克在《风险社会》一书中指出的,对于大多数人来说,分化的过程实际上是专家们把矛盾和冲突堆放在个体的脚下,善意地邀请他或她任其以自己的观念为基础对这一切做出批评性的判断。结果,我们大多数人被迫去寻求"对系统性矛盾的传记式的解决方法"[81]。寻求对系统化矛盾传记式的解决方法意味着没有任何他人为个体自身的苦难负责,个体必须从自身中寻找失败的原因。因此,个体在每天的生活中都将陷入自责与自卑之中。然而贝克指出,对系统化的矛盾绝没有传记式的解决方法,尽管我们被迫使或被引诱去发现或创造的正是这种解决方法。只要对人类状况日趋严重的不确定性所做出的反应仍将局限于个人的行为,那么这种反应就不可能是理性的[82]。与贝克一样,鲍曼也认为,对于系统化矛盾的后果,个体只能试图缓和它们对个体幸福的影响,而不能弱化它们对生活状况的控制,更不要说解决这些矛盾。对个体化而言,自由遗留下来的无法触及的核心是协商,甚至改变系统性框架的机会。后现代社会通过缩减制度的支持使个体单独面对他们的责任,但这并没有使个体变得勇敢和坚决,更不会使他们对共享生活社会化的形成状况保持警觉[83]。

系统化的矛盾不可能通过个人的方式来解决,就好比当前社会的结构性失业不是通过个人的努力所能解决的一样。因此,结构性的问题只能通过制度化的、集体的力量予以解决。在这个解决的过程中,重要的一个方面是促使公共领域的复苏和个体公民权的恢复。

与哈贝马斯批判工具理性导致"生活世界的殖民化"不同,鲍曼指出,在后现代社会中,"个人使得公共空间殖民化"了[84]。在哈贝马斯那里,生活世界的殖民化是指原本属于私人领域和公共空间的非市场和非商品化的活动,被市场机制和科层化的权力侵蚀了。也就是说,以市场经济和工具理性为主要成分的科层架构的社会组织或行政系统导致了现代社会的人际疏离,以及人类自由和生命意义的失落。与哈贝马斯关注人际间的亲密和谐关系不同,鲍曼关注的是过于个体化的社会使得个体只关注个人的私人问题,而丧失了其作为公民的身份,丧失了对社会问题的关注。

鲍曼指出,在今天,公共空间成为一个公开承认个人秘密和个人隐私的地方。公共空间日益缺乏的是公共问题。它无法扮演过去那种作为私人问题和公共问题聚会与对话的地点的角色。"公共空间"被"私人"占领着,"公共关注"被贬低为对公众人物私生活的好奇心,公共生活的艺术也被局限于私人事务以及公众对私人感情承认的公开展示。个体成为一个公民的保护性盔甲在逐渐地被剥除掉,与此同时,个体所具有的公民能力和利益也被剥夺一空[85]。对于鲍曼来说,公共空间的丧失,意味着法律意义上的个体与实际意义上的个体之间的鸿沟日益加深,也意味着一个真正自治的社会不可能到来。

鲍曼赞同托克维尔的"个体是公民最坏的敌人"的观点。鲍曼指出,个体化所带来的后果是当代个体趋向于从集体的协定中退却,从社会和政治的责任中退却。查尔斯·泰勒(C. Taylor)认为这是现代性的一个隐忧。泰勒指出,一旦个体的参与行为衰减了,一旦曾作为媒介的横向联合团体萎缩了,个体公民就会独自面对巨大的官僚国家。他们就会感到无能为力。这使得公民变得更加消极,并形成了"温和的专制主义"(托克维尔)的恶性循环[86]。这也如鲍曼所言,现在的公民将他们的政治权利拱手相让,退回到他们的私人家庭生活中去。但他们忘记了,家庭生活与公共生活、私人与公共之间有着复杂而密切的关系。因此,要使人们分担责任,还得花很大精力来帮助公民恢复他们失去的或不再努力使别人听到的声音。声音与退出的区别,是参加与缺席、责任与冷淡、政治作为与漠不关心之间的区别。鲍曼指出,权力应该属于成熟公民深思熟虑的事务,公民一旦丧失发言权,就不能将任何选择加诸他们身上[87]。因此,公民权的恢复也许是法律意义上的个体成为实际意义上的个体的首要前提,也是共和主义得以确立的首要前提。

上述鲍曼对全球化问题的分析,是以资本的全球化后果为切入点,而以建构自由公民的共和国度为最终目标的。在这其中,让最贫困者从贫困中获得解放,是实现共和理念的基本条件。也就是说,鲍曼希望在政治层面来解决全球化的问题。

对于鲍曼来说,全球化就是权力与政治的分道扬镳,全球化就是跨国化和地方化。用罗伯特森(R. Robertson)的话说,全球化就是"全球地方化"(glocalization)[88]。因此,尽管鲍曼赞同吉登斯所提出的关于远距离的事件会产生全球性的影响的论点,但他认为谈论全球社会或全球文化是非常草率的,更不用说全球政治与全球法律。鲍曼指出,就像不断地现代化不是一个通向现代性的过程,而是现代性的本质特征一样,不断地永远地未完成的全球化是人类状况新的全球性的特质。鲍曼指出,全球性并不意味着政治和文化上的全球性。相反,全球形构(global figuration)的不完整性、单一维度性,以及缺乏重叠、补充、整合政治经济网络的特性是最显著,也许是最重要的"全球性"特征。不均衡或协调的匮乏是全球性潜在的永恒特征[89]。

第四节 结 语

毫无疑问,鲍曼是当代西方最引人注目的社会学家之一。他敏锐的洞察力、高超的文学技巧、强烈的现实关怀不仅激发着社会学的想象力,而且激发了无数人类个体的想象力。在当代西方社会学众多的理论流派中,鲍曼的思想是独树一帜的。鲍曼对西方社会学理论发展的贡献体现在以下几个方面:

一、鲍曼提供了对现代性与后现代性问题的最有力的社会学分析

作为研究现代性与后现代性问题的最著名的社会理论家之一,鲍曼的与众不同之处不仅在于他多维度、多侧面地深化了现代性与后现代性的研究主题,更重要的是他提供了对现代性与后现代性问题的最有力的社会学分析。鲍曼以形象的暗喻而非抽象的哲学语言对后现代社会进行了生动描述,在此基础上,他提出了建构一种分析后现代状况的理论工具——后现代性社会学。可以说,鲍曼关于后现代性社会学的纲领性建构成为社会学回应后现代状况的标志性贡献。不仅如此,鲍曼关于现代性与后现代性问题的理论立场和分析策略(在指出现代性的理论局限与界限的同时,对作为感知与现实的后现代性自身也进行了反思与批判)在后现代的理论阵营中也是独树一帜的。这一理论立场和分析策略凸显了鲍曼既是一个从后现代性的理论视角反思现代性的后现代社会学家,也是一个研究后现代性的拥有现代关怀的现代社会学家。表面上看,这是一个悖论的理论表述,但实际上这是对鲍曼理论的真实映现。之所以将鲍曼称为一个后现代的社会学家,不仅因为他最坚决地使用和捍卫了"后现代性"一词,更主要的是他勾勒出了作为一个成熟的社会系统的后现代社会的形态,同时他对现代性的可能性与可欲性本身进行了最为彻底地反思与批判。之所以将鲍曼称为一个现代的社会学家,是因为不论他研究的对象是什么,他始终没有放弃现代性的解放策略和双重追求,即增加人类自主的空间与增大人类团结的强度。在对诸多问题与事件的分析中,鲍曼勾勒了一幅从前现代到现代、再到后现代的宏大叙事画面。因此,按照通行的理论观点来说,鲍曼既是一个现代社会理论家,又是一个后现代社会理论家。

二、鲍曼建构了独特的理论策略与分析范式

现代性与后现代性的问题是 20 世纪 70 年代以来西方学术界讨论的核心问题之一。这一问题是西方学者对当代西方社会所经历的结构转型的一种理论上的回应。尽管理论界由于缺少对现代性与后现代性内涵的清晰界定,而形成了一片"混战"的局面,但正是在这场混战中,当代西方社会的许多现实问题得以凸显并日益引起人们的关注。应该说,鲍曼并不是最早关注现代性与后现代性问题的社会学家,他对现代性与后现代性的关注有其深刻的历史原因,但他在对现代性与后现代性问题的分析中所确立的独特理论视角和分析策略,极大地丰富并发展了当代西方的社会学理论。因此,尽管这一独特的分析策略无法用通行的现代或后现代的标准来衡量,但它所表露出的批判的现代精神、隐喻的后现代修辞策略以及实现人类自由与团结的理论追求,在日益走向分裂的后现代社会中却是令人难忘的。鲍曼正是以一个批判者而非快乐的机器人的姿态,对资本主义因其普遍性而被当作想当然的一切进行了回应。因此可以说,鲍曼不仅以其独特的分析策略终结了各种"终结"之声,而且他所开启的逻辑可能性空间也成为激发社会想象力的不竭之源。

三、鲍曼阐发了关于社会学的独到见解

在后现代的理论阵营中,鲍曼是一个对社会学寄予厚望的人,也是最坚定地提出"超越后现代社会学,建构后现代性社会学"的理论家。对鲍曼而言,社会学最主要的是一种思考人类世界的方式,因为从原则上说,人可以用不同的方式来思考世界。鲍曼指出,用社会学去思考可以灵敏我们的感官,开拓我们的眼界,同时促使我们探索过去视而不见的人类状况。用社会学去思考可以使我们更加全面地理解周围的人们,理解他们的渴望和梦想、烦恼和不幸。然后,我们会更加欣赏人群中的每一个人,甚至更加尊重他们做自己正在做的事的权利以及希望做这种事的权利[90]。总之,鲍曼认为,社会学作为一种抗固化的力量,它打破了一成不变的压迫感,恢复了世界的弹性;它显示了世界的面貌大可以和今天不同。如果每个人都意识到"人可以用不同的方式来思考同一个世界",也许我们能比过去更容易与"他人"沟通,也许我们能多一分理解与宽容,也许人类真正的团结也就有其实现的可能性了[91]。对鲍曼而言,社会学能够并应该承担起促进人类团结的使命,这是社会学的魅力,也是鲍曼思想的永恒魅力所在。

四、鲍曼的理论表现了对社会现实问题的敏锐洞察和对人类生存状况的深切关怀

鲍曼指出,在后现代社会,尽管社会理论与分析不再能够以某种可信性为政治实践和伦理决策提供立法性的担保,但这并不意味着理论的终结,也不意味着对于政治和伦理的一种批判性分析旨趣的终结。对鲍曼而言,发生重大改变的是背景,是种种状况——社会状况、政治状况、文化状况、经济状况以及思想状况,但重大的伦理议题与政治议题,"比如人权、社会正义、和平合作与个人自我决断之间的均衡,个人行为与集体福祉之间的协调,丝毫不曾丧失其主题性"[92]。因此,与后现代理论家沉溺于文本的游戏不同,鲍曼的关注点直指西方的社会现实和人类的生存经验。他不仅试图在完全不同的旨趣、传统和文化之间寻求理解与对话,而且将培植自我与他者之间的宽容与团结作为其反思性社会理论的永无止境的任务。鲍曼采用了与德里达、布希亚等后现代理论家完全不同的分析策略。与德里达的解构原则不同,鲍曼的解构有其阿基米德支点,因为鲍曼从没有放弃他心中对未来社会的美好设想。与布希亚通过模仿来达到对社会的间接批判不同,鲍曼从认知、伦理与制度等不同的维度反思了西方的社会现实。他关注西方社会处于边缘地位的少数群体的生存状况,并努力探寻一种政治上的解决途径。正因如此,鲍曼被称为后现代时代的现代主义者。

上述分析表明,无人能否认鲍曼对当代西方社会学理论发展所做出的重大贡献。但诚如鲍曼运用"问题化"的理论策略来反思现代性与后现代性一样,对鲍曼理论自身也许同样要经历一个不断批判与反思的过程。正是在这一过程中,我们能不断加深对鲍曼理论的理解,同时也能增强对当代西方乃至全球社会现实问题的认识。当然,思想家的理论局限应该是开放而非封闭的。这不仅因为"仁者见仁,智者见智",更因为这里涉及两个层面的问题:一是直接批判理论家理论前提和假设的虚假性;一是在接受理论家理论假设和前提的情况下,寻求其理论自身内在的逻辑困境。前者的批判是一种外在的批判,而后者的批判则是一种内在的批判。由于鲍曼思想的研究者从不同的理论视角来探讨鲍曼的理论,对鲍曼理论的外在批判较多,即有将"策略"当成"问题"的倾向,因此我们试图对鲍曼理论进行一种内在的批判,也就是在接受其理论的前提下,深入到其理论文本中,探寻其理论内在的逻辑困境或理论策略的非意图后果。正是在这一原则的指导下,我们认为,鲍曼的理论存在以下几方面的局限:

1. 现代性与后现代性的核心叙事与历史性的丧失

当鲍曼提出现代性与后现代性这对概念时,他试图回避它们在"感知"与"现实"这两个层面上的区分,他始终强调这对概念本身是最重要的。鲍曼在现代性与后现代性历时性的理论框架中对知识分子、大屠杀、社会学、伦理学与全球化问题的分析中,构筑了一个从现代到后现代转变的宏大叙事。尽管鲍曼认为现代性与后现代性不是截然对立的关系,但在其建构的宏大叙事中,它们通常以成对的概念范畴出现,如立法者与阐释者、生产者社会与消费者社会、固态的现代性与液态的现代性等等。由此,在描述的层面上,鲍曼确立了关于现代与后现代的单一画面,或者说一种核心叙事。这种在相互比较和映衬中对现代性与后现代性的历时性分析使得现代性与后现代性不仅无法呈现出多样性的内涵,而且也失去了其本身所具有的历史性。

2. 阿基米德支点的悖论逻辑

鲍曼在运用其"问题化"的理论策略时,是以他所坚信的一种"元理论"立场展开批判与质疑的。也就是说,鲍曼在对各种问题进行分析时,有其一以贯之的规范立场。但与其他后现代理论家试图用地方叙事或局部叙事取代宏大叙事不同,鲍曼确立了一种对各种叙事进行反思的方法论原则。但恰恰是这种方法论原则,有可能成为一种总体化的、普遍性的和理性化的东西。因为悖谬的是——如果鲍曼的理论缺乏规范性的基础,那么他依据什么来批判社会现状,或他批判的意义是什么呢?如果他提供了一个阿基米德支点作为批判的基础,那么这个阿基米德支点本身是否应该接受批判与质疑呢?

3. 两难困境与概念的明晰性和逻辑的自洽性的缺乏

鲍曼重视对诸多悖论与两难困境的分析,这些悖论与两难困境不仅成为其理论研究的对象和关注的重点,而且也成为其理论的特色。对鲍曼而言,人的生活就是由无数的两难构成的,社会学家的使命正是要将这些两难展现出来。因为不能言说困境恰恰昭示了社会理论面临苦痛性的实践经验的无力和面对超越性的沉思理论的无力。鲍曼的理论就是要勇敢地正视人类的困境,并试图在"别无选择"的现实面前,对"可能的选择"展开真正的探讨。但问题是鲍曼的理论自身也由此陷入了两难困境之中。正是这种无穷的悖谬推理使得他的理论缺乏概念的明晰性和由严密的逻辑论证带来的自洽性。他所使用的概念的意义往往随着其写作的进展而不断改变。这使得他的叙述风格更倾向文学化而非学术化,即鲍曼秉承了后现代主义者的目标——"更经常地去震撼和触动读者,而不是试图以一种逻辑的、理性的论证来赢得他们"[93]。

4. 人类是否能走出"系统的强制"

鲍曼的理论中很少使用"危机"的概念,他更愿意将危机看成是与目标相伴的无意识后果。不仅大屠杀是现代性对秩序追求的无意识后果,后现代性社会的现实也是现代性宏大的理论设计的无意识后果。在鲍曼看来,只要人类在进行选择,那么他就不可避免地陷入某种系统内在的运作逻辑中。这就是我们称之为"系统的强制"的东西。换言之,一旦做出某种选择,我们就陷入了一种貌似自由的必然状态之中。鲍曼的理论一方面反复告诫人们要意识到这种"系统的强制"力量,另一方面又寄希望人们能从认知的层面上跳出系统的强制。鲍曼睿智且辩证的思想所蕴含的是对人类现实的失望、对人类未来的忧虑,或许还有人类在绝望中的希望。因此,鲍曼的理论在某种意义上是具有悲剧色彩的。

注　释

〔1〕 Bauman, Zygmunt and Tester Keith, *Coversation with Zygmunt Bauman*, Polity Press, 2001, p.20.
〔2〕 Bauman, Zygmunt, *Intimation of Postmodernity*, Routledge, 1992, p.103.
〔3〕 Ibid., p.95.
〔4〕 鲍曼:《立法者与阐释者——论现代性、后现代性与知识分子》,洪涛译,上海人民出版社2000年版,第154—156页。
〔5〕 同上。
〔6〕 鲍曼:《现代性与矛盾性》,邵迎生译,商务印书馆2003年版,第408—409页。
〔7〕 鲍曼:《立法者与阐释者——论现代性、后现代性与知识分子》,洪涛译,上海人民出版社2000年版,第158—159页。
〔8〕 鲍曼:《对秩序的追求》,《南京大学学报》1999年第3期,第37页。
〔9〕 同上,第37—43页。
〔10〕 鲍曼:《现代性与大屠杀》,杨渝东、史建华译,译林出版社2002年版,第18页。
〔11〕 同上书,第10页。
〔12〕 同上书,第8页。
〔13〕 同上书,第126页。
〔14〕 同上书,第151页。
〔15〕 Bauman Zygmunt, *Life in Fragment-Essays in Postmodern Morality*, Blackwell, 1995, p.203.
〔16〕 鲍曼:《现代性与大屠杀》,杨渝东、史建华译,译林出版社2002年版,第151页。
〔17〕 鲍曼:《立法者与阐释者——论现代性、后现代性与知识分子》,洪涛译,上海人民出版社2000年版,第166—167页。
〔18〕 同上书,第106页。

〔19〕 同上书,第 7 页。
〔20〕 同上书,第 60 页。
〔21〕 同上书,第 61—62 页。
〔22〕 同上书,第 61 页。
〔23〕 Bauman, Zygmunt, *Globalization*: *The Human Consequence*, Polity Press, 1998, p. 52.
〔24〕 鲍曼:《流动的现代性》,欧阳景根译,上海三联书店 2002 年版,第 198 页。
〔25〕 同上书,第 178 页。
〔26〕 同上书,第 188 页。
〔27〕 同上书,第 234 页。
〔28〕 Bauman, Zygmunt, *Community*: *Seeking Safety in an Insecure World*, Polity Press, 2001, p. 41.
〔29〕 鲍曼:《流动的现代性》,欧阳景根译,上海三联书店 2002 年版,第 289 页。
〔30〕 鲍曼:《个体化社会》,范祥涛译,上海三联书店 2003 年版,第 23 页。
〔31〕 鲍曼:《流动的现代性》,欧阳景根译,上海三联书店 2002 年版,第 42 页。
〔32〕 Bauman, Zygmunt and Tester Keith, *Coversation with Zygmunt Bauman*, Polity Press, 2001, p. 75.
〔33〕 塞德曼:《有争议的知识》,刘北成等译,中国人民大学出版社 2002 年版,第 223 页。
〔34〕 Bauman, Zygmunt, *Intimation of Postmodernity*, Routledge, 1992, p. 93.
〔35〕 Ibid., pp. 96—101.
〔36〕 鲍曼:《后现代伦理学》,张成岗译,江苏人民出版社 2003 年版,第 22 页。
〔37〕 同上书,第 38 页。
〔38〕 Bauman Zygmunt, *Intimation of Postmodernity*, Routledge, 1992, pp. 49—51.
〔39〕 鲍曼:《生活在碎片中——论后现代道德》,郁建兴、周俊、周莹译,学林出版社 2002 年版,第 98 页。
〔40〕 Bauman, Zygmunt and Tester Keith, *Coversation with Zygmunt Bauman*, Polity Press, 2001, p. 96.
〔41〕 Ibid.
〔42〕 Ibid., pp. 96—97.
〔43〕 Bauman, Zygmunt, *Intimation of Postmodernity*, Routledge, 1992, p. 54.
〔44〕 Ibid., p. 39.
〔45〕 巴里·斯马特:《后现代性》,李依云等译,台湾巨流图书公司 1997 年版,第 106 页。
〔46〕 Bauman, Zygmunt, *Intimation of Postmodernity*, Routledge, 1992, p. 41.
〔47〕 Ibid., p. 41.
〔48〕 Ibid., p. 133.
〔49〕 Ibid., p. 188.
〔50〕 Ibid., p. 52.

〔51〕 Ibid., p.188.

〔52〕 Ibid., p.192.

〔53〕 Ibid., p.111.

〔54〕 Ibid., p.86.

〔55〕 Ibid., p.64.

〔56〕 Ibid.

〔57〕 鲍曼:《现代性与大屠杀》,杨渝东、史建华译,译林出版社2002年版,第151页。

〔58〕 鲍曼:《后现代伦理学》,张成岗译,江苏人民出版社2003年版,第12页。

〔59〕 同上书,第17页。

〔60〕 同上书,第12页。

〔61〕 同上书,第4页。

〔62〕 鲍曼:《生活在碎片中——论后现代道德》,郁建兴、周俊、周莹译,学林出版社2002年版,第31页。

〔63〕 同上书,序言,第4—5页。

〔64〕 同上书,第41页。

〔65〕 鲍曼:《后现代伦理学》,张成岗译,江苏人民出版社2003年版,第24页。

〔66〕 同上书,第83页。

〔67〕 同上书,第87—88页。

〔68〕 Bauman, Zygmunt, "Ethics of Individuals", *Canadian Journal of Sociology*, Volume 25, No.1, pp.83—96, 2000.

〔69〕 Ibid., pp.58.

〔70〕 Bauman, Zygmunt and Keith Tester, *Coversation with Zygmunt Bauman*, Polity Press, 2001, pp.52—53.

〔71〕 鲍曼:《后现代伦理学》,张成岗译,江苏人民出版社2003年版,第70页。

〔72〕 Bauman, Zygmunt, "Ethics of Individuals", *Canadian Journal of Sociology*, Volume 25, No.1, pp.83—96, 2000.

〔73〕 鲍曼:《后现代伦理学》,张成岗译,江苏人民出版社2003年版,第261页。

〔74〕 Bauman, Zygmunt, *Globalization: The Human Consequence*, Polity Press, 1998, p.59.

〔75〕 Ibid., p.60.

〔76〕 Ibid., p.66.

〔77〕 Ibid., p.67.

〔78〕 鲍曼:《共同体》,欧阳景根译,江苏人民出版社2003年版,第106页。

〔79〕 孙立平:《断箭——关注当下中国发展中的社会断裂》,《社会学家茶座》2003年第2期,第34页。

〔80〕 Richard, Rorty, *Achieving Our Country*, Harvard University Press, 1999, pp.83—84.

〔81〕 Ulrich, Beck, *Risk Society: Towards a New Modernity*, Sage, 1992, p.137.

〔82〕 鲍曼:《个体化社会》,范祥涛译,上海三联书店2003年版,第189页。

〔83〕 Bauman, Zygmunt, "Ethics of Individuals", *Canadian Journal of Sociology*, 2000, Volume 25, No.1, p.88.

〔84〕 鲍曼:《个体化社会》,范祥涛译,上海三联书店2003年版,第130页。

〔85〕 鲍曼:《流动的现代性》,欧阳景根译,上海三联书店2002年版,第61页。

〔86〕 查尔斯·泰勒:《现代性之隐忧》,程炼译,中央编译出版社2001年版,第12页。

〔87〕 鲍曼:《定位政治》,李培元译,台北韦伯文化事业出版社2002年版,第200页。

〔88〕 同上书,第142页。

〔89〕 Bauman, Zygmunt, "The Great War of Recognition", *Theory, Culture and Society*, 2001, Volume 18, No.2—3, p.138.

〔90〕 鲍曼:《通过社会学去思考》,高华、吕东等译,社会科学文献出版社2002年版,第16—17页。

〔91〕 同上书,第17页。

〔92〕 Bauman, Zygmunt, *Postmodern Ethics*, Polity Press, 1993, p.4.

〔93〕 乔治·瑞泽尔:《后现代社会理论》,谢立中等译,华夏出版社2003年版。

参 考 文 献

(1) 鲍曼的著作

齐格蒙特·鲍曼:《自由》,楚东平译,台湾桂冠图书有限公司1992年版。

齐格蒙特·鲍曼:《生与死的双重变奏:人类生命策略的社会学诠释》,陈正国译,台北东大图书公司1997年版。

齐格蒙特·鲍曼:《对秩序的追求》,《南京大学学报》1999年第3期。

齐格蒙特·鲍曼:《立法者与阐释者——论现代性、后现代性与知识分子》,洪涛译,上海人民出版社2000年版。

齐格蒙特·鲍曼:《全球化——人类的后果》,郭国良、徐建华译,商务印书馆2001年版。

齐格蒙特·鲍曼:《现代性与大屠杀》,杨渝东、史建华译,译林出版社2002年版。

齐格蒙特·鲍曼:《流动的现代性》,欧阳景根译,上海三联书店2002年版。

齐格蒙特·鲍曼:《通过社会学去思考》,高华、吕东等译,社会科学文献出版社2002年版。

齐格蒙特·鲍曼:《生活在碎片中——论后现代道德》,郁建兴、周俊、周莹译,学林出版社2002年版。

齐格蒙特·鲍曼:《后现代性及其缺憾》,郇建立、李静韬译,学林出版社2002年版。

齐格蒙特·鲍曼:《个体化的社会》,范祥涛译,上海三联书店2002年版。

齐格蒙特·鲍曼:《定位政治》,李培元译,台北韦伯文化事业出版社2002年版。

齐格蒙特·鲍曼:《后现代伦理学》,张成岗译,江苏人民出版社2003年版。

齐格蒙特·鲍曼:《共同体》,欧阳景根译,江苏人民出版社2003年版。

齐格蒙特·鲍曼:《现代性与矛盾性》,邵迎生译,商务印书馆2003年版。

齐格蒙特·鲍曼:《被围困的社会》,郇建立译,江苏人民出版社 2005 年版。

Bauman, Zygmunt, *Legislators and Interpreters: On Modernity, Postmodernity and Intellectuals*, Polity Press,1987.

Bauman, Zygmunt, "Sociology after Holocaust", *The British Journal of Sociology*, 1988.

Bauman, Zygmunt, "Sociology and Postmodernity", *Sociological Review*, 1988.

Bauman, Zygmunt, "Is there a Postmodern Sociology?", *Theory, Culture & Society*, 1988.

Bauman, Zygmunt, *Freedom*, University of Minnesota Press, 1988.

Bauman, Zygmunt, *Modernity and the Holocaust*, Polity Press,1989.

Bauman, Zygmunt, "Social Response to Postmodernity", *Thesis Eleven*,1989.

Bauman, Zygmunt, *Thinking Sociologically*, Blackwell, 1990.

Bauman, Zygmunt,"Philosophical Affinities of Postmodern Sociology",*Sociological Review*,1990.

Bauman, Zygmunt, *Modernity and Ambivalence*, Polity Press,1991.

Bauman, Zygmunt, "A Sociological Theory of Postmodernity", *Thesis Eleven*,1991.

Bauman, Zygmunt, "Postmodernity: Chance or Menace?" Center for the study of cultural Values, 1991.

Bauman, Zygmunt, *Intimation of Postmodernity*, Routledge,1992.

Bauman, Zygmunt, *Mortality, Immortality and Other Life Strategies*, Polity Press,1992.

Bauman, Zygmunt, *Postmodern ethics*, Polity Press,1993.

Bauman, Zygmunt, *Life in Fragments: Essays in Postmodern Morality*, Polity Press,1995.

Bauman, Zygmunt, *Postmodernity and Its Discontents*, Polity Press,1997.

Bauman, Zygmunt, *Globalization: The Human Consequences*, Polity Press,1998.

Bauman, Zygmunt, *Work, Consumerism and the New Poor*, Open University Press,1998.

Bauman, Zygmunt, "What Prospects of Morality in Times of Uncertainty?", *Theory, Culture and Society*,1998.

Bauman, Zygmunt, *In Search of Politics*, Polity Press,1999.

Bauman, Zygmunt, "Urban Space Wars: On Destructive Order and Creative Chaos", *Citizenship Studies*,1999.

Bauman, Zygmunt, *Liquid Modernity*, Polity Press,2000.

Bauman, Zygmunt, "Ethics of Individuals", *Canadian Journal of Sociology*,2000.

Bauman, Zygmunt, *The Individualized Society*, Polity Press,2001.

Bauman, Zygmunt, *Community: Seeking Safety in an Insecure World*, Polity Press,2001.

Bauman, Zygmunt, "The Great War of Recognition", *Theory, Culture and Society*,2001.

Bauman, Zygmunt, "Wars of the Globalization Era", *European Journal of Social Theory*, 2001.

Bauman, Zygmunt, *Society under Siege*, Polity Press,2002.

Bauman, Zygmunt, "Cultural Variety or Variety of Cultures", in *Making Sense of Collectivity— Ethnicity, Nationalism and Globalisation*. Edited by Sinisa Malesevic and Mark Haugaard,

Pluto Press,2002.

Bauman, Zygmunt, *Liquid Love*: *On the Frailty of Human Bonds*, Polity Press,2003.

Bauman, Zygmunt and Keith Tester, *Conversation with Zygmunt Bauman*, Polity Press,2001.

(2) 二手文献

诺贝特·埃利亚斯:《个体的社会》,翟三江、陆兴华译,译林出版社 2003 年版。

本尼迪克特·安德森:《想象的共同体》,吴睿人译,上海人民出版社 2003 年版。

丹尼尔·贝尔:《社群主义及其批评者》,李琨译,生活·读书·新知三联书店 2002 年版。

乌尔里希·贝克、哈贝马斯等:《全球化与政治》,王学东、柴方国等译,中央编译出版社 2000 年版。

贝克、吉登斯、拉什:《自反性现代化》,赵文书译,商务印书馆 2001 年版。

乌尔里希·贝克、约翰内斯·威尔姆斯:《自由与资本主义》,路国林译,浙江人民出版社 2001 年版。

斯蒂文·贝斯特、道格拉斯·凯尔纳:《后现代理论——批判性的质疑》,张志斌译,中央编译出版社 1999 年版。

波德里亚(布希亚):《消费社会》:刘成富、全志刚译,南京大学出版社 2001 年版。

博兰尼:《巨变——当代政治、经济的起源》,黄树民等译,台湾新桥译业 1990 年版。

尼格尔·多德:《社会理论与现代性》,陶传进译,社会科学文献出版社 2001 年版。

迈克·费瑟斯通:《消费文化与后现代主义》,刘精明译,译林出版社 2002 年版。

冯俊等:《后现代主义哲学讲演录》,商务印书馆 2003 年版。

米歇尔·福柯:《权力的眼睛》,严锋译,上海人民出版社 1997 年版。

米歇尔·福柯:《规训与惩罚》,刘北成、杨远婴译,生活·读书·新知三联书店 1999 年版。

米歇尔·福柯:《疯癫与文明》,刘北成、杨远婴译,生活·读书·新知三联书店 1999 年版。

米歇尔·福柯:《临床医学的诞生》,刘北成译,译林出版社 2001 年版。

米歇尔·福柯:《词与物——人文科学考古学》,莫伟民译,上海三联书店 2002 年版。

福朗西斯·福山:《大分裂——人类本性与社会秩序的重建》,刘榜离、王胜利译,中国社会科学出版社 2002 年版。

福朗西斯·福山:《历史的终结及最后之人》,黄胜强、许铭原译,中国社会科学出版社 2003 年版。

高宣扬:《后现代论》,台湾五南图书公司 1999 年版。

杰弗里·戈德法布:《"民主"社会中的知识分子》,杨信彰、周恒译,辽宁教育出版社 2002 年版。

阿尔文·古尔德纳:《新阶级与知识分子的未来》,杜维真、罗永生等译,人民文学出版社 2001 年版。

尤尔根·哈贝马斯:《公共领域的社会结构》,《国外社会学》1998 年第 2 期。

尤尔根·哈贝马斯:《合法化危机》,刘北成、曹卫东译,上海人民出版社 2000 年版。

尤尔根·哈贝马斯:《超越民族国家?——论经济全球化的后果》,载自《全球化与政治》,中央编译出版社 2000 年版。

尤尔根·哈贝马斯:《作为未来的过去——与著名哲学家哈贝马斯对话》,章国锋译,浙江人民出版社 2001 年版。

尤尔根·哈贝马斯:《论欧洲的民族国家——关于主权和公民资格的过去和未来》,载自《文化研究》2001 年第 2 辑,天津社会科学院出版社 2001 年版。

尤尔根·哈贝马斯:《包容他者》,曹卫东译,上海人民出版社 2002 年版。

韩德强:《碰撞——全球化陷阱与中国现实选择》,经济管理出版社 2000 年版。

威尔·赫顿、安东尼·吉登斯:《在边缘——全球资本主义生活》,达巍、潘剑等译,生活·读书·新知三联书店 2003 年版。

阿格尼丝·赫勒:《现代性理论》,李瑞华译,商务印书馆 2005 年版。

河清:《全球化与国家意识的衰微》,中国人民大学出版社 2003 年版。

黄平:《从现代性到第三条道路》,《社会学研究》2000 年第 3 期。

马克斯·霍克海默、西奥多·阿道尔诺:《启蒙辩证法——哲学断片》,渠敬东、曹卫东译,上海人民出版社 2003 年版。

安东尼·吉登斯:《现代性与自我认同》,赵旭东、方文译,生活·读书·新知三联书店 1998 年版。

安东尼·吉登斯:《民族国家与暴力》,胡宗泽、赵力涛译,生活·读书·新知三联书店 1998 年版。

安东尼·吉登斯:《现代性与后传统》,《南京大学学报》1999 年第 3 期。

安东尼·吉登斯:《现代性的后果》,田禾译,译林出版社 2000 年版。

安东尼·吉登斯:《社会理论与现代社会学》,文军、赵勇译,社会科学文献出版社 2003 年版。

罗伯特·吉尔平:《全球资本主义的挑战》,杨宇光、杨炯译,上海人民出版社 2001 年版。

斯科特·拉什、约翰·厄里:《组织化资本主义的终结》,征庚圣、袁志田等译,江苏人民出版社 2001 年版。

利奥塔:《后现代状况——关于知识的报告》,岛子译,湖南美术出版社 1996 年版。

利奥塔:《重写现代性》,《国外社会科学》1996 年第 2 期。

李惠彬编:《全球化与公民社会》,广西师范大学出版社 2003 年版。

弗里德里希·李斯特:《政治经济学的国民体系》,陈万煦译,商务印书馆 1961 年版。

梁光严:《全球化研究与社会学的范式转换》,《国外社会科学》2000 年第 3 期。

刘小枫:《现代性社会理论绪论——现代性与现代中国》,上海三联书店 1998 年版。

阿兰·鲁格曼:《全球化的终结》,常志霄等译,生活·读书·新知三联书店 2001 年版。

罗兰·罗伯森:《全球化——社会理论和全球文化》,梁光严译,上海人民出版社 2000 年版。

贾斯特·罗森伯格:《质疑全球化理论》,洪霞、赵勇译,江苏人民出版社 2002 年版。

赖特·米尔斯:《社会学的想象力》,陈强、张永强译,生活·读书·新知三联书店 2001 年版。

乔治·瑞泽尔:《后现代社会理论》,谢立中等译,华夏出版社 2003 年版。

爱德华·萨义德:《知识分子论》,单德兴译,生活·读书·新知三联书店 2002 年版。

第十章 齐格蒙特·鲍曼

史蒂文·塞德曼(编):《后现代转向:社会理论的新视角》,吴世雄等译,辽宁教育出版社 2001 年版。

史蒂文·塞德曼:《有争议的知识——后现代时代的社会理论》,刘北成等译,中国人民大学出版社 2002 年版。

弗朗索瓦·沙奈:《资本全球化》,齐建华译,中央编译出版社 2001 年版。

丹尼斯·史密斯:《后现代性的预言家》,萧韶译,江苏人民出版社 2002 年版。

莱斯利·斯克莱尔:《跨国资本家阶层》,刘欣、朱晓东译,江苏人民出版社 2003 年版。

巴里·斯马特:《后现代性》,李依云等译,台湾巨流图书公司 1997 年版。

孙立平:《断裂——20 世纪 90 年代以来的中国社会》,社会科学文献出版社 2003 年版。

布赖恩·特纳:《社会理论指南》(2 版),李康译,上海人民出版社 2003 年版。

查尔斯·泰勒:《现代性之隐忧》,程炼译,中央编译出版社 2001 年版。

查尔斯·泰勒:《自我的根源:现代认同的形成》,韩震等译,译林出版社 2001 年版。

滕尼斯:《共同体与社会》,林荣远译,商务印书馆 1999 年版。

爱弥尔·涂尔干:《道德教育》,陈光金等译,上海人民出版社 2001 年版。

爱弥尔·涂尔干:《社会学与哲学》,梁栋译,上海人民出版社 2002 年版。

阿兰·图雷恩:《我们能否共同生存?》,狄玉明、李平沤译,商务印书馆 2003 年版。

汪民安、陈永国、马海良主编:《后现代性的哲学话语》,浙江人民出版社 2000 年版。

汪晖、陈燕谷主编:《文化与公共性》,生活·读书·新知三联书店 1998 年版。

马克斯·韦伯:《新教伦理与资本主义精神》,于晓、陈维纲等译,生活·读书·新知三联书店 1987 年版。

阿尔布莱希特·维尔默:《现代和后现代辩证法》,《南京大学学报》1999 年第 3 期。

马尔科姆·沃特斯:《现代社会学理论》,杨善华、李康等译,华夏出版社 2000 年版。

伍德:《现代性、后现代性或者资本主义?》,《国外社会科学》1998 年第 3 期。

伍德:《什么是"后现代的"纲领?》,《国外社会科学》1999 年第 2 期。

夏光:《后结构主义思潮与后现代社会理论》,社会科学文献出版社 2003 年版。

谢立中:《西方社会学名著提要》,江西人民出版社 1998 年版。

谢立中:《后现代主义方法论——启示与问题》,载于《中国社会学年鉴(1995.7—1998)》,社会科学文献出版社 2000 年版。

谢立中:《现代性及相关词义辨析》,《北京大学学报》2001 年第 4 期。

谢立中:《后现代性及相关词义辨析》,《社会科学研究》2001 年第 5 期。

杨善华(主编):《当代西方社会学理论》,北京大学出版社 1999 年版。

姚大志:《现代之后——20 世纪晚期西方哲学》,东方出版社 2000 年版。

詹明信:《晚期资本主义的文化逻辑》,张旭东编,陈清侨等译,生活·读书·新知三联书店、牛津大学出版社 1997 年版。

章国锋:《"全球化"与"系统的强制"》,载《问题》2003 年第 1 期,中央编译出版社 2003 年版。

郑乐平:《超越现代主义与后现代主义》,上海教育出版社 2003 年版。

Adorno, Theodor, *Negative Dialectics*, the Seabury Press, 1973.

Abbinnet, Ross, "Postmodernity and the Ethics of Care: Situating Bauman's Social Theory", *Cultural Values*, Volume 2, No. 1, pp. 87—116, 1998.

Bancroft, Angus, "Closed Spaces, Restricted Places: The Resurgence of Politics in the Work of Zygmunt Bauman", *Contempory Politics*, Volume 6, No. 3, pp. 283—288, 2000.

Baudrillard, Jean, *Baudrillard Live: Selected Interviews*, edited by Mike Gane, Routledge, 1993.

Baudrillard, Jean, *The Consumer Society: Myths and Structures*, Sage, 1998.

Baudrillard, Jean, *Paroxysm: Interviews with Philippe Petit*, Verso, 1998.

Bauer, Yehuda, *Rethinking the Holocaust*, Yale University Press, 2001.

Beck, Ulrich, *Risk Society: Towards a New Modernity*, Sage, 1992.

Beck, Ulrich, *What is Globalization?* Polity Press, 2000.

Beilharz, Peter, "Counting Memories? Revisiting Bauman, Reading Wright", *Political Theory Newsletter*. Volume 9, pp. 3—10, 1997.

Beilharz, Peter, "Reading Zygmunt Bauman: Looking for clues", *Thesis Eleven*, Volume 54, August, pp. 25—36, 1998.

Beilharz, Peter, "McFascism? Reading Ritzer, Bauman and Holocaust", Barry Smart(ed), *Resisting McDonaldization* (Sage), pp. 222—233, 1999.

Beilharz, Peter. *Zygmunt Bauman-Dialectic of Modernity*, Sage, 2000.

Beilharz, Peter(ed), *The Bauman Reader*, Oxford and Malden, Blackwell, 2000.

Beilharz, Peter(ed), *Zygmunt Bauman*, Sage Publication, 2002.

Berman, M, *All That is Solid Melts Into Air: The Experience of Modernity*, Verso, 1985.

Best, Shaun, "Zygmunt Bauman: Personal reflections within the mainstream of modernity", *British Journal of Sociology*, Volume 49, No. 2, pp. 311—320, 1998.

Bourdieu, Pierre, "Universal Corporatism: The Role of Intellectuals in the Modern World", *In Poetics Today*. Volume 12, No. 4, 1991.

Burkitt, Ian, "Civilization and Ambivalence", *The British Journal Sociology*, Volume 47, No. 1, pp. 135—150, 1996.

Campain, Robert, "Zygmunt Bauman, Liquid Modernity", *Thesis Eleven*, Number 66, 2001.

Clammer, John, "Transcending Modernity? Individualism, Ethics and Japanese Discourses of Difference in the Post-war World", *Thesis Eleven*, No. 57, pp. 65—80, 1999.

Delanty, Gerard, "Creativity and the Rise of Social Postmodernism: Foucault, Lyotard and Bauman", *Social Theory in a Changing World*, Polity Press, pp. 100—121, 1999.

Delfini, Alex & Piccone Paul, "Modernity, Libertarianism and Critical Theory: Reply to Pellicani", *Telos*, No. 112, pp. 23—46, 1998.

Derrida, Jacques, *Writing and Difference*, University of Chicago Press, 1977.

Dodd, Nigel, "Society under Suspicion: Bauman and Rorty", in *Social Theory and Modernity*,

Polity Press, pp. 160—184, 2000.

Elias, N, *The Germans: Power Struggles and the Development of Habitus in the Nineteenth and Twentieth Centuries*, Edited by Michael Schröter, translated by Eric Dunning and Stephen Mennell, Polity Press, 1996.

Foucault, Michel, *Power/Knowledge*, edited by Colin Gordon, New York, 1980.

Fletcher, Jonathan, "Genocide and Decivilizing Processes in Germany", in *Violence and Civilization: An Introduction to the Work of Norbert Elias* (Polity Press), pp. 148—175, 1997.

Freeman, Michael, "Genocide, Civilization and Modernity", *British Journal of Sociology*, Volume 46, No. 2, pp. 207—223, 1995.

Friedman, *The Nexus and the Olive Tree*, Lime Rinner Publishers, 1999.

Gane, Nicholas, "Chasing the 'Runaway World': The Politics of Recent Globalization Theory", *Acta Sociologica*, Volume 44, pp. 81—89, 2001.

Gane, Nicholas, "Zygmunt Bauman: Liquid Modernity and Beyond", *Acta Sociologica*, Volume 44, pp. 268—275, 2001.

Gane, Mike, *Baudrillard: Critical and Fatal Theory*, Routledge, 1991.

Gane, Mike, *Jean Baudrillard in Radical Uncertainty*, Pluto, 2000.

Giddens, A, *Social Theory and Modern Sociology*, Polity Press, 2000.

Habermas, Jürgen, *Modernity versus Postmodernity*, New German Critique, 1981.

Habermas, Jürgen, *The Philosophical Discourse of Modernity*, Polity Press, 1987.

Habermas, Jürgen, *The New Conservatism*, Polity Press, 1989.

Held, David, *Introduction to Critical Theory: Horkheimer to Habermas*, Hutchinson, 1980.

Heywood, Ian, "Bauman, Intellectual and Modernity", in *Social Theories of Art* (Macmillan Press), pp. 96—104, 1997.

Holmes, Leslie, "On Communism, Post-Communism, Modernity and Post-Modernity", Janina Frentzel-Zagorska (ed), *From a one Party State to Democracy: Transition in Eastern Europe* (Rodopi), pp. 21—43, 1993.

Hughes, Bill, "Bauman's Strangers: impairment and the invalidation of disabled people in modern and postmodern cultures", *Disability & Society*, Volume 17, No. 5, pp. 571—584, 2002.

James A. Beckford, "Postmodernity, High Modernity and New Modernity: Three Concepts IN Search of Religion", Kieran Flanagan & Peter C. Jupp (eds), *Postmodernity, Sociology and religion* (Macmillan Press), pp. 30—47, 1996.

Jamieson, Ruth, "Genocide and the Social Production of Immorality", *Theoretical Criminology*, Volume 3, No. 2, pp. 131—114, 1999.

Joas, Hans, "Bauman in Germany: Modern Violence and the Problems of German Self-Understanding", *Theory, Culture and Society*, Volume 14, No. 1, pp. 47—55, 1998.

Junge, Matthias, "Zygmunt Bauman's Poisoned Gift of Morality", *British Journal of Sociology*,

Volume 52, No. 1, pp. 105—119, 2001.

Kellner, Douglas, "Zygmunt Bauman's Postmodern turn", *Theory, Culture and Society*, Volume 15, No. 1, pp. 73—86, 1998.

Kilminster, Richard and Varcoe, Ian: "Three Appreciation of Zygmunt Bauman", *Theory, Culture and Society*, Volume 15, No. 1, pp. 23—28, 1998.

Lash, Scott, "Postmodern ethics: The missing ground", *Theory, Culture and Society*, Volume 13, No. 2, pp. 91—104, 1996.

Latham, Alan, "An Ethics of the Ephemeral? The Possibilities and Impossibilities of Zygmunt Bauman's Ethics: A Review of Some Recent Books by Zygmunt Bauman", *Ethics, Place and Environment*, Volume 2, No. 2, pp. 275—285, 1999.

Law, John, "Introduction to Organizing Modernity", *Organizing Modernity* (Oxford: Blackwell), pp. 1—30, 1994.

Luhmann, Niklas, *Observation on Modernity*, Stanford University Press, 1998.

Lyon, David, *Postmodernity*, Open University, 1994.

Lyon, David, "Everyday Life in Informational Societies: Uncertainties, Morals, and Zygmunt Bauman's Sociology", *International Review of Sociology-Revue Internationale de Sociologie*, Volume 11, No. 3, pp. 383—393, 2001.

Lyotard, Jean, *Peregrinations: Law, Form, Event*, Columbia University Press, 1988.

Lyotard, Jean, "Discussions, or Phrasing 'after Auschwitz'", in *Lyotard Reader*, edifed by Andrew Benjamin, Basil Blackwell, 1989.

May, Tim, "The Discontented Epoch: Freedom and Security in Bauman's Postmodernity", *Theory, Culture and Society*, Volume 15, No. 1, pp. 117—130, 1998.

Marotta, Vince, "The Stranger and Social Theory", *Thesis Eleven*, No. 62, pp. 121—134, 2000.

Matthes, Joachim, "'Living with Ambivalence', Zygmunt Bauman's Half-hearted Critique of the 'Modern'", *Soziologische, Revue*, Volume 17, No. 3, July, pp. 291—297, 1994.

Moraswski, Stefan, "Bauman's Ways of Seeing the World", *Theory, Culture and Society*, Volume 15, No. 1, pp. 39—45, 1998.

Nijhoff, Piet, "Modern? Postmodern? Zygmunt Bauman's Diagnosis of Ourtimes", *Amsterdams Sociologisch Tiddschrift*, Volume 23, No. 2, Oct, pp. 287—315, 1996.

Paul du Gay, "Is Bauman's Bureau Weber's Bureau?: A Comment", *British Journal of Sociology*, Volume 50, No. 4, pp. 575—587, 1999.

Pellicani, Luciano, "Modernity and Totalitarianism", *Telos*, No. 112, pp. 3—22, 1998.

RenéTen Bos, "Business Ethics and Bauman Ethics", *Organization Studies*, Volume 18, No. 6, pp. 997—1014, 1997.

Ritzer, G., *Postmodern Social Theory*, New York: Mc Graw Hill, 1997.

Robinson, Gillian, "The Consequences of Alterity: Zygmunt Bauman's Modernity and Ambivalence", *Thesis Eleven*, Volume 31, pp. 168—178, 1992.

Rosemary H. t. O'Kane, "Modernity, the Holocaust and Politics", *Economy and Society*, Volume 26, No. 1, pp. 43—61, 1997.

Seidman, Steven, "Zygmunt Bauman", in *Contested Knowledge: Social Theory in the Postmodern Era*, Oxford: Blackwell, pp. 310—320, 1998.

Siniša Malešević and Mark Haugaard(ed), *Making Sense of Collectivity-Ethnicity, Nationalism and Globalisation*, Pluto Press, pp. 167—180, 2002.

Smart, Barry, "Zygmunt Bauman", Anthony Elliott & Bryan Turner(eds), Profiles in *Contemporary Social Theory*(Sage), pp. 327—337, 2001.

Smith, Dennis, "Modernity, Postmodernity and the New Middle Ages", *Sociological Review*, Volume 40, pp. 754—772, 1992.

Smith, Dennis, *Zygmunt Bauman: Prophet of Postmodernity*, Polity Press, 1999.

Taylor, S. (ed), *Sociology: Issues and Debates*, Macmillan Press, 1999.

Torevell, David, "The Terrorism of Reason in the Thought of Zygmunt Bauman", *New Blackfriars*, Volume 76, No. 891, pp. 141—153, 1995.

Touraine, Alan, *Critique of Modernity*, Polity, 1998.

Varcoe, Ian, "Identity and the Limits of Comparison: Bauman's Reception in Germany", *Theory, Culture and Society*, Volume 15, No. 1, pp. 57—72, 1998.

Warde, Alan, "Consumers, Identity and Belonging: Reflections on some Theses of Zygmunt Bauman", Russell Keat, Nigel Whiteley & Nicholas Abercrombie (eds), *The Authority of the Consumer* (Routledge), pp. 48—74, 1994.

Warde, Alan, "Consumption, Identity-Formation and Uncertainty", *Sociology*, Volume 28, No. 4, pp. 877—898, 1994.

Woodiwiss, Anthony, "Against 'Modernity' A Dissident Rant", *Economy and Society*, Volume 26, No. 1, pp. 1—21, 1997.